思復堂文集

[清] 邵廷采 撰
祝鴻杰 點校

上

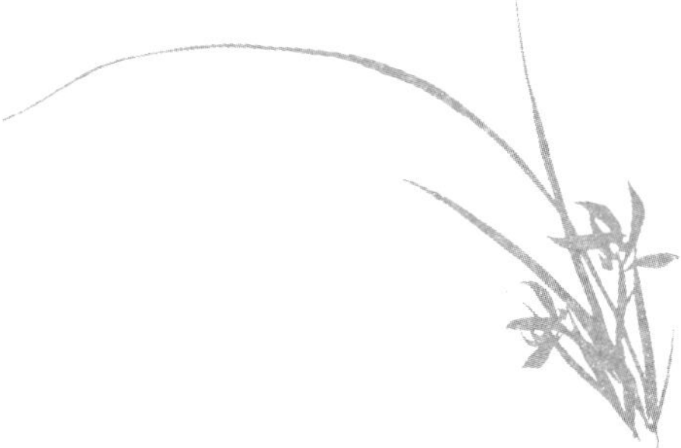

上海古籍出版社

圖書在版編目(CIP)數據

思復堂文集 /（清）邵廷采撰 ；祝鴻杰點校.
上海 ：上海古籍出版社，2025. 5. -- ISBN 978-7-5732-1655-7

Ⅰ. K248.06-53

中國國家版本館 CIP 數據核字第 2025AS7799 號

特約題簽：史楨英

思復堂文集

（全二册）

［清］邵廷采　撰

祝鴻杰　點校

上海古籍出版社出版發行

（上海市閔行區號景路 159 弄 1-5 號 A 座 5F　郵政編碼 201101）

（1）網址：www.guji.com.cn

（2）E-mail：guji1@guji.com.cn

（3）易文網網址：www.ewen.co

上海惠敦印務科技有限公司印刷

開本 890×1240　1/32　印張 18.625　插頁 4　字數 358,000

2025 年 5 月第 1 版　2025 年 5 月第 1 次印刷

印數：1—1,100

ISBN 978-7-5732-1655-7

K·3882　定價：88.00 元

如有質量問題，請與承印公司聯繫

出版説明

邵廷采（一六四八—一七一一），字允斯，號念魯，浙江餘姚人。邵氏出身陽明學世家，曾問學於黄宗羲、毛奇齡，學問湛深，見聞博洽，尤以史學見稱。邵氏撰《思復堂文集》十卷，收傳、記、論等文百餘篇，對明清之際的史事、人物有豐富的記載，其行文取法《左》、《國》、班、馬，『洪鑪鼓鑄，自成一家』，深爲後世學者推許。

二十世紀八十年代，文史學者祝鴻杰先生點校此書，由浙江古籍出版社出版，先後收入『兩浙作家文叢』（一九八七）、『浙江文叢』（二〇一二）。這是《思復堂文集》的第一個點校本，爲學術界利用此書提供了很大便利。

本次改版，由於祝鴻杰先生已逝世，我們據《思復堂文集》存世各版本，修正了舊版部分誤字，調整了少數斷句，增補了若干校記，以便讀者更好地閱讀《思復堂文集》，並以此表達對祝鴻杰先生的深切懷念。

上海古籍出版社
二〇二五年三月

一九八七年版前言

《思復堂文集》，清邵廷采撰。廷采原名行中，字允斯，改名廷采，號念魯。浙江餘姚人。生於清順治五年（一六四八），卒於康熙五十年（一七一一），終年六十四歲。

邵廷采是清朝初期浙東地區的重要史學家。少時聰明穎悟，勤奮好學，博覽群書，尤喜讀史。年二十，師事餘姚韓孔當，又問學於黄宗羲、毛奇齡諸前輩，經史之學大進。二十二歲游邑庠，補諸生，此後淹滯科場，以教授爲業。康熙三十三年，講學於姚江書院，以學問湛深，操行高潔，見重一方。晚歲，出游齊魯燕趙等地，孜孜訪求遺民孤臣軼事。回鄉後，屏居里閈，潛心著述。主要著作有《思復堂文集》，此外尚有《東南紀事》《西南紀事》《詩經兒課》《禮經節要》《姚江書院志略》等多種。

廷采爲學，主於經世。倡言經學與心性之學本出一原，倘於經學之外，別求心性，必失聖人作經之意，流於空談。又以爲治史在於鑒古知今，以救時弊。故所著『論』、『略』，洋洋灑灑，遠溯原委，詳述流變，而其意趣則在明辨當世舉措的得失，謀求翼正之道以利人民。這種經世致用的治學觀點，是進步的觀點，與同一時期名世大儒顧（炎武）黄（宗羲）顔（元）李（塨）基本相同。

廷采論文，謂文章無關世道者可以不作，有關世道者不可不作，即文采未極，亦不妨作。故於明亡殉國臣子，傳記特詳，敬仰哀痛，情見乎詞。旁及宋、明遺民，亦廣搜軼事，爲之作傳，表章幽仄，期勿沉没。浙東地區自明王守仁倡爲致良知之説，親炙私淑，代有傳人，書院講授，亦常宣師説，學術源流，了了分明。故列學人及書院傳記於卷首以尊學術。經史之學，博大精深，不示門徑，難登堂奥，因作《後蒙説》啓迪初學。崇節義，尊學術，教後生，廷采所著『有關世道，不可不作』之文，大致如此。今天看來，只要剔除其封建性的糟粕，這些著作對於稽考史實，辨章學術，仍有一定的價值。

《思復堂文集》迄今所能見到的最早版本，是康熙五十一年刻本。《四庫全書總目》列入『存目』。光緒二十年會稽徐友蘭重刊，收入《紹興先正遺書》。徐刊本較康熙本增收文八篇、附録四篇，并對康熙本文字訛奪有所訂正。此次整理以徐刊本爲底本，校以大興長恩閣傳節子手校康熙本。爲避繁瑣，擇要出校。增加全祖望《答諸生問思復堂集帖》一篇，列入附録，以供參考。集中文章概加標點分段。凡對少數民族帶有侮辱性的字樣，概用今天的正字。底本各卷標目，卷五爲『序、壽序』，今改爲『贈序、壽序』，卷六原缺，今標作『書序』，其他一仍其舊。

限於學力，校點失誤在所難免，敬祈讀者是正。

祝鴻杰

一九八四年九月於杭州

目録

卷五　贈序　壽序……（二七五）

卷六 書序……（三〇五）

卷七 書啓……（三一九）

卷八 論

卷一　傳

明儒王子陽明先生傳

先生名守仁，字伯安，紹興餘姚人。講學於陽明洞，自號陽明子。父華，成化十七年進士第一，歷官南京吏部尚書。先生少有才名，弘治十二年進士，授刑部主事。十七年，改武選主事。湛若水爲庶常，一見定交，相期倡明聖學，門人始進。

正德元年，劉瑾掌司禮監，放逐大臣劉健、謝遷、韓文等。南給事中戴銑、御史薄彦徽合六科十三道公疏，請黜奸回，留碩輔，以安社稷。緹騎逮問，先生抗疏：

銑等職司諫。如其善，自宜嘉納。即未善，亦宜包容，開忠讜之路。乃今赫然下命，遠事拘囚。臣恐自兹以往，雖有上關宗社危疑之事，陛下孰從而聞之？况天時寒沍，萬一遣去官校督束過嚴，銑等在道或遂失所，填溝壑，有殺諫臣名，關係國體不淺矣！伏願追收前詔，俾各供職如故，以弘大公無我之仁，明改過不吝之勇。

疏入，杖五十，謫貴州龍場驛丞。至錢塘，瑾使人尾之急，懼不免，乃托投江而浮冠履水上。附海舟至閩，入武彝山。已而慮及其父華，卒赴驛。龍場在萬山中，蛇虺蠱蟲所居。從者皆病，親析薪取水作糜飼之。鑿石椁待盡，諸苗伐木爲室，以居先生。明年，提學御史席書聘主貴陽書院，率諸生問學，始論『知行合一』。

水西安氏慕先生，致饋，且咨及減驛事。復書諭以朝廷成制，言：

驛可減也，亦可增也。驛可改也，宣慰司亦可革也。使君之先，自漢、唐迄今，歷傳千百年久者，以能世守天子禮法，竭忠盡力，不敢分寸有所違。是故天子亦不得逾禮法，無故而加諸忠良之臣。不然，使君之土地人民富且盛矣，朝廷悉取而郡縣之，其誰以爲不可？

所云奏功陞職事，意亦如此。夫剗除寇盜以撫綏平良，亦守土常職。今縷舉要賞，則朝廷平日之恩寵禄位顧將欲以何爲？使君爲參政，已非設官之舊；又干進不已，是無抵極也，衆必不堪。夫宣慰，守土之官，故得以世有其土地人民；若參政，則流官矣，東西南北唯天子使。朝廷下方尺之檄，委使君一職，或閩或蜀，其敢弗行乎？則方命之誅不旋踵而至。捧檄從事，千百年之土地非復使君有矣。由此言之，雖今日之參政，使君將恐辭去之不速，其又可再乎！

又書：

阿賈、阿札等畔宋氏，爲地方患，傳者謂使君使之。此雖或出於妒婦之口，然阿賈等自言使君嘗錫之以氈刀，遺之以弓弩。雖無其心，不幸乃有其迹矣。始三堂、兩司得是説，即欲聞之於朝。既而以使君平日忠實之故，且信且疑，姑令使君討賊。苟遂出軍剿撲，則傳聞皆妄。其或坐觀逗留，徐議可否，所以待使君者甚厚〔一〕。既而文移三至，使君始出。衆論紛紛，疑者將信。喧騰之際，適會左右來獻阿麻之首，偏師出解洪邊之圍，群公乃復徐徐。

今又三月餘矣，使君稱疾歸卧，諸軍以次潛回。其間分屯寨堡者，不聞擒斬以宣國威，唯增剽掠以重民怨，衆情愈益不平。而使君之民罔所知識，方揚言於人，謂：『宋氏之難，當使宋氏自平。安氏何與，而反爲之役！我安氏連地千里，擁衆四十八萬，深坑絶坉，飛鳥不能赴，猿猱不能攀。縱遂高坐，不爲宋氏出一卒，人亦卒如我何！』斯言稍稍傳播，不知三堂、兩司已嘗聞之否。使君誠久卧不出，安氏之禍，必自斯言始矣！

使君與宋氏同守土，而使君爲之長。地方變亂，皆守土者之罪，使君能獨委之宋氏乎？夫連地千里，孰與中土之一大郡？擁衆四十八萬，孰與中土之一都司？深坑絶坉，安氏有之。然如安氏者，環四面而居以百數也。今播州有楊愛，愷黎有楊友，酉陽、保靖有彭世麒等。斯言苟聞於朝，朝廷下片紙於楊愛諸人，使各自爲戰，共分安氏之所有，蓋朝令而夕無安氏矣。深坑絶坉，何所用其險？使君可無寒心乎！

且安氏之職，四十八支更迭而爲。今使君獨傳者三世，而群支莫敢争，以朝廷之命也。苟有可乘之釁，孰不欲起而代之？然則揚此言於外以速安氏之禍者，殆漁人之計。蕭墻之憂，未可測也。使君宜速出軍，平定反側，破衆讒之口，息多端之議，弭方興之變，絶難測之禍，補既往之愆，要將來之福。某非爲人作説客者，使君幸熟思之！

安氏得書悚息，卒定阿賈之難。居龍場三年，動忍增益，中夜得致知格物之旨，默證《五經》無不合，著《五經臆説》。

四年，瑾誅，陞廬陵知縣。其冬入覲，陞南京刑部主事。即月調驗封，陞署員外郎。又調文選，始論晦庵、象山之學。七年，陞考功郎。其冬，陞南京太僕少卿，分署滁州。從游學者日衆，始教人静坐，閑天理人欲之分。九年，陞南京鴻臚卿。是年，始揭『致良知』之教。

十一年七月，陞僉都御史，巡撫南、贛、汀、漳。王思輿語季本曰：『陽明此行，必立事功。』本曰：『何以知之？』曰：『吾觸之不動矣。』初，陳金、俞諫等討華林、桃源群盗，多所招撫，賊未大創；又民間父兄被殺者不得報讎，汹汹不安，數年間轉復嘯聚。於是賊首謝志山、藍天鳳據南安横水、桶岡諸寨，池大鬢據漳州浰頭諸寨，福建、江西、湖廣、廣東之界數千里皆亂。兵部尚書王瓊知先生才，特薦用之。先生以爲：兵不素練而徒恃機謀，不能力戰。一時偶幸成功，非萬全策。且客兵一萬，不如鄉勇一千。前者多調狼達土軍，糜餉不貲，民苦兵甚苦寇，以故盗賊旋滅旋起。乃令四省兵備官於各屬弩手、打手、機快中，選驍果有膽力者，縣千人，優其廩餼，最者拔爲將領。原額官軍，汰老弱三之一，專守城隘。而以新募精兵隨方出奇，由是戰無不勝。首攻信豐、龍南流賊，連敗之。兵既足用，上疏請申明賞罰以厲士氣，願假便宜，臨陣誅賞，不限以時，唯成功是責。

王瓊請上，即與先生兵符，改提督軍務。先討横水、左溪之賊，獲謝志山。乘勝進攻桶岡，其帥鍾景納款，而横水、左溪奔入者持不可。先生遣使至鎖匙籠促降，而别遣邢珣、伍文定等冒雨入。賊方聚議未決，兵已奪險。猝震愕，急奔入内隘，阻水爲陣。珣麾兵渡水，張戢衝其右，文定又自戢右緣厓繞出賊旁。賊敗，奔十八磊。唐淳先至，嚴陣迎擊，賊又敗。會日暮，扼險相持。明日合戰，邢珣先破桶岡大巢，俘斬甚衆。湖廣兵亦至，餘賊遁入山谷。遣諸將分道捕之，於是横水、左溪、桶岡之賊略盡，藍天鳳等皆就擒。凡出師兩月，平賊巢八十四。設安遠縣，控制三省。晋右副都御史。

十三年正月，進討浰頭。先是征横水、桶岡時，慮浰頭乘虚出擾，使人招降羈縻之，池大鬢不從。及横水破，大鬢懼，遣弟池仲安以二百人叩軍門降，陰覘虚實。先生令從别哨，遠其歸路；召近浰頭被賊者，各授方略遣歸。及桶岡破，大鬢益懼。先生遣使至浰頭，賜牛酒。賊嚴備，詭曰：『龍川新民盧珂恐見襲，故備。非官兵虞也。』盧珂者，抗賊不被脅，賊讎之。先生佯信其言，檄龍川廉珂擅兵狀，且令大鬢除道，候還兵討之。大鬢謝：『無勞官兵，當自防禦。』比兵還，珂來告變。先生佯怒珂，收縛，將斬之。曰：『大鬢方遣弟領兵報效，安得有此！』遂散軍，使歸農。

十二月，至贛州，大享將士，下令：『横水、桶岡既平，浰頭歸順。民久勞苦，宜休兵爲樂。』而遣仲安歸報以盧珂被繫，令其兄勿撤備，防珂黨掩襲。大鬢意大安。乃購其所親款賊：『官意良厚，何可不一往謝？』大鬢謂其下：『欲伸先屈。贛州伎倆，須自走觀之。』至，則見軍門無用兵形，珂等在獄，意益安。先生夜解珂，使歸發兵。官屬以次設牛酒宴犒，緩大鬢歸。度兵已大集，乃廷犒伏甲，引大鬢等入，悉擒之。而促諸路兵同抵賊巢，親兵由龍南、冷水徑直擣下浰，諸路兵皆入三浰。賊久弛備，官兵驟集，驚悸，悉其精鋭千餘，倚險設伏。官軍爲三衝，犄角進。指揮余恩首擊賊，戰良久，賊敗。王受等追之，伏發被扼。會推官危壽兵至，鼓譟前衝之。千户孟俊率兵繞其後，賊大潰，遂克三浰大巢。餘賊尚八百人，屯九連山，山四面險絶，設礌石、滚木，官兵莫敢前。先生令軍人衣賊衣，暮若敗奔者上山。賊見，果相招呼。得度險，遂扼其路。賊覺，急禦，則大衆已闌入。退走潰出，四路皆遇伏，擒斬略盡。餘徒二百人慟哭請降，納之。相視險隘，設和平縣，南、贛自此無盗。兵力精鍊，用之以義，文武官吏並能敵愾，功成寇除而無跋扈，幾復古者井田養兵遺制焉。

師還，至贛。立社學，舉鄉約，修濂溪書院，刻《大學古本》《朱子晚年定論》。所至會講明倫，武夫介士執兵環立。躡蹻擔鐙之夫千里遠至，長揖上坐，一言開痦，終身誠服。風教四被，訖於江表嶺嶠。

十四年六月，寧王宸濠反，起兵吉安，討之。先生久知宸濠且反，慮南、贛未平，得與群盜通，益不可制。及盜平，而先生已爲提督，鎮上游，濠乃起事。王瓊言於朝曰：『王伯安在，何患！不出兩月，捷疏至矣！』時福州三衛軍人進貴作亂，瓊謂主事應典：『進貴事，不足煩守仁。可假此便宜與敕書，待他變。』乃命先生出勘福建亂軍。

甫至豐城，反狀聞。幾爲濠追所及，匿漁舟潛走。臨江知府戴德孺迎入城調度。先生以臨江要衝，逼省會，不可駐兵。乃反吉安，與知府伍文定定謀。召邢珣等遣諜四出投檄，言京師、湖廣、廣東西、南京、淮安、浙江各發兵，共數十萬，以疑宸濠，使不敢出南昌。賊果疑，遲回半月，始出攻南康、九江、安慶，則官兵大集矣。又密書與賊心腹李士實、劉養正，若有約内應者。宸濠搜得書，内相猜。士實勸去安慶、趨南京；否，徑出蘄、黄，趨京師。皆不從。

七月癸卯，先生自吉安起師，會於樟樹鎮。知府戴德孺自臨江，徐璉自袁州，邢珣自贛州，通判胡堯元、童琦自瑞州，及新淦知縣李美、太和知縣李楫、寧都知縣王天與、萬安知縣王冕，各以其兵至。己酉，至豐城，議所向。或欲勿攻南昌，以大兵逼之江中，與安慶夾攻之。先生曰：『不然。我越南昌而趨江上，安慶之衆僅能自保，豈能援我中流？而南昌兵議其後，絶我糧道，南康、九江合勢乘之，是腹背受敵也，不如先攻南昌。寧王久困堅城，精鋭皆出，守禦必單。我兵新集，氣鋭可克。寧王聞之，解圍還救，暨來，已失南昌。彼則奪氣，首尾牽制，此成擒矣。』乃分兵十三哨，哨三千人，各攻一門，以四哨爲游兵策應。寧王別伏兵墳廠，爲城中聲援。遣知縣劉守緒夜襲破之。二十日昧爽，至南昌，令曰：『一鼓，附城；再鼓，登；三鼓不登，誅。』遂援梯登。城中倒戈，門有不閉者。師入，擒居守宜春王拱樤及萬鋭等千餘人，宫中皆縱火自焚死。散遣脅從，府庫被宸濠取充軍資及兵士掠取不盡者籍封之，城中始定。

宸濠先遣兵二萬還援江西，自以大軍繼之。衆請堅守待四方援，先生曰：『不然。寧王兵力雖强，所至徒恃焚掠，劫衆以威，未嘗逢大敵，誘惑其下以事成封爵富貴。今遇一城不能克而南昌失據，衆心已離。我乘鋭邀之，將不戰自潰。』遂進，遇於黄家渡。賊乘風鼓譟，氣驕甚。伍文定、余恩佯却致之。賊争進，前後不相及。邢珣從後急擊，横貫其陣，賊敗走。文定、恩還乘之，徐璉、戴德孺合兵夾攻，賊大潰。追奔十餘里，擒斬二千餘級，溺水死者萬計。賊退保八字腦。是日，建昌知府曾璵、撫州知府陳槐亦率兵至。遣槐攻九江，璵攻南康。宸濠盡發兩郡兵，厚賞將士。丙辰合戰，官兵敗死者數百人。伍文定急斬先却者以殉，身立銃砲間，火燎其鬚不移足，士殊死鬬。兵復振，炮及宸濠舟，賊遂大敗。退保樵舍，聯舟爲方陣。文定等爲火攻，邢珣擊其左，徐璉、戴德孺擊其右，余恩等四伏，火舉兵合。

丁巳，遂破賊。執宸濠及其世子、郡王、儀賓、僞丞相、元帥等官，斬首三千餘級，溺水死者約三萬。棄衣甲財物與浮尸積聚，横亘如洲。餘賊數百艘四逸潰逃。遣兵追擊，破之樵舍，又破之吴城，擒斬略盡。曾璵、陳槐亦收服九江、南康，餘黨悉平。宸濠檻車入南昌，軍民聚觀，歡聲動天地。仰見先生，呼曰：『吾欲盡削護衛，降爲庶人，可乎？』先生曰：『有國法在。』遂俯首不言。以婁妃嘗諫濠，求葬其尸。凡交通中外大小臣僚手籍，悉焚之。

前是，先生上宸濠僞檄，末謂：

陛下在位一十四載，屢經變難，民情騷騷，尚爾巡幸不已，以致宗室黠者謀動干戈，冀竊大寶。且今天下之覬覦，何特一寧王！天下之奸雄，豈直在宗室？興言及此，悚骨寒心。昔漢武帝有輪臺之悔，而晚節莫安；唐德宗下奉天之詔，而士民感泣。陛下宜痛自克責，易轍改絃，罷絀奸諛以回天下豪傑之心，絶跡巡游以杜天下奸雄之望，則太平尚有可圖，臣民不勝幸甚。

左右多弗悦。以方起義師，不能難也。而上則自稱『威武大將軍鎮國公總督軍務』，帥京邊驍卒數萬，假親征南游。至良鄉，捷書至。大學士梁儲、蔣冕等請回鑾，不聽。

九月，上至南京。先生慮沿途奸黨潛伏，欲自獻俘闕下。是月，發南昌。太監張忠、安邊伯許泰以數千人浮江而上，抵江西。先生乃俘宸濠，取道浙河以進。忠、泰使人要之廣信，弗聽。

時太監張永已至錢塘。先生夜見永，頌其誅劉瑾功，永悦。因極言江西遭亂，民困已極，不堪六師之擾。永深然之，曰：『吾出，爲群小在側，欲左右默輔聖躬，非爲掩功來也。第事不可直致耳。』先生乃以濠付永，身至京口，欲謁駕。江彬等誣先生初附濠，度勢敗乃擒之爲功。張永語家人曰：『王都御史忠臣爲國，今欲以此害之，異時朝廷有事，何以復使人？』乃見上，具道□□□狀，彬等毀遂不入。張忠又誣先生將反，試召之，必不來。先生聞召即奔命，至龍江，忠等又阻之。乃綸巾野服，入九華山，日坐草庵。上使人覘之，曰：『王守仁，學道人也。寧有反乎！』會有巡撫江西命，乃還南昌。

忠、泰奉内降討宸濠餘黨，根搜羅織。京邊軍萬餘駐省城五閲月，糜費繁浩，公私騷然。北軍旦暮呼先生名嫚罵，或衝道啓釁，先生略不爲動。先令市人移家鄉落，以老稚應門。給示内外，述北軍離家苦楚，居民當致主客禮。每出，遇北軍喪，必停車問故，厚與之櫬，嗟嘆乃去。久之，北軍咸曰：『王都堂待我有禮，我安得犯之！』會冬至，新經濠亂，民間哭亡酹酒，北人無不思家泣下。忠、泰自挾所長較射教場，江西官軍射多不中，乃强先生。先生故不得已，應之。三發三中，北軍同聲踴躍，呼應遠近。忠、泰不樂而罷，曰：『我軍皆附彼矣！』遂班師。

當是時，宸濠未死，諸奸佞先通濠得金錢者多在上左右，頗有異謀。畏先生，不敢發。先生沉機曲算，内戢凶倖，外防賊徒，撫定瘡痍，激厲將士，日夜如對勍敵，宸濠竟得伏誅。内閣大臣素惡王瓊，忌先生以提督專制討賊，歸功瓊。久之不賞。居南昌，求録陸象山子孫，集門人於白鹿洞。

世宗即位，封奉天翊衛推誠宣力守正文臣、特進光禄大夫、柱國、新建伯。詔至，直父華生日，奉觴爲壽。

嘉靖元年二月，丁外艱居越，弟子益進。黄綰薦先生才可入相，而他疏刺譏楊一清，故與輔臣齟齬。而其鄉人之忌者至誣之史，詆其講學收召朋徒，共爲名高。屢形奏牘，上亦不能無疑也。服闋，不召，不與鐵券。歲録勤王諸臣，唯伍文定得副都御史，餘並閒廢。先生上疏辭爵，論白諸有功者，竟格不行。廷推本兵、三邊、團營，皆不用。

二年，南宫策士問『心學』，陰闢先生，門人徐珊不對而出。三年八月，宴門人天泉橋。四年，會龍泉山中天閣。十月，立陽明書院於越城。

六年，起總督兩廣、江西、湖廣軍務，征思、田。至南浦，民歡迎夾道。講《大學》於明倫堂，諸生擁蔽，多不得聞。唐堯臣代獻茶者，上堂旁聽，驚曰：『三代後安得有此氣象耶！』師至田州，開示恩信，盧蘇、王受等自縛來歸，衷甲受杖。上疏言：『思、田久苦兵革，況外捍交阯，縱克之而置流官，餉窮兵弱，必生他變。岑氏世有功，因其俗可，請降田州府爲田州，以岑猛子邦相爲判官，蘇、受爲巡檢。别立思恩府，設流官統之。』上皆從焉。

師旋，以蘇、受爲先鋒，合永順、保靖兵討斷藤峽諸盜。進剿八寨瑶賊，悉平之。方欲移府治、建衛所、增兵設官而病作，疏乞骸骨。十二月，度大庾，疾劇，謂布政使王大用曰：『爾知孔明所以託姜維乎？』大用擁兵護衛，且敦匠事。舟次南安，門人推官周積來見，問何遺言。曰：『此心光明，亦復何言！』卒，年五十八。官屬、師生、士民遠近遮道，自贛送櫬至會城，哭聲震地，屬路不絶。

桂萼等因言先生攻南昌日紀律不肅，奏捷誇揚，而學術僻狂，足壞士習，宜削官爵。上憐先生功，不許。田州之出，萼與張璁薦之。萼本不善先生，以璁强之。萼長吏部，暴貴，喜功名。諷先生取安南，先生不應，以故搆隙。再論先生離職及處田州失當，下公卿議。停䘏典、世襲，詔禁僞學。隆慶初始贈新建侯，謚文成，賜葬祭。子正億得嗣伯。萬曆中，從祀孔子廟庭。正億卒，子承勳嗣。承勳卒，子先通嗣。

自宋世理學昌明，程、朱大儒擇精語詳，有國者至以《五經》《四書》制科取士，可謂盛矣。然人人崇用朱傳，而不知反驗之身心。口之所能言，筆之所能書，顧茫然也。先生思振其衰弊，以爲人皆可堯舜，獨恃此不學不慮之良知。而作聖之功，不廢學慮。孩提之不學不慮，與聖人之不思不勉本體同，而求端用力在於致。《大學》『致知在格物』，《中庸》『致中和』、『致曲』，推而極之，畢天下之能事，至於天地位、萬物育，而非有加良知也。孔子曰：『我欲仁，斯仁至。』不得謂良知之遠且難也；曾子曰：『仁以爲己任，任重道遠。』不得謂致良知之近且易也。良知即明德，是爲德性；致之有事，必由問學。尊德性而道問學，致良知焉盡之矣。故謂象山爲尊德性，而墮於禪學之空虛，非尊德性也；謂晦庵爲道問學，而失於俗學之支離，非道問學也。非存心無以致知，後人自分而晦庵、象山自合耳。顧晦庵之學，已皎然如日月之麗天。先生欲表章象山，以救詞章帖括之習，使人知立本、求自得，故其言曰：『朱、陸二賢者天姿頗異，途徑微分，而同底於聖道則一。其在夫子之門，視如由、賜之殊科焉可矣。而遂擯放廢斥，若碔砆之於美玉，奚爲也？』

至於『四無』之説，流失在龍溪。而天泉夜論，其師不以爲不然，故滋後人口實，然其中正有可詳求者。陽明之所爲『四無』，固異於龍溪之所爲『四無』。龍溪之所謂『四無』，以無爲無者也，蕩而失歸，恍惚者託之矣。故其後爲海門、爲石梁，而密雲悟之禪入焉。陽明之所謂『四無』，以無爲有、以有爲無者也。前乎此者，濂溪之『無極而太極』；後乎此者，蕺山之『無善而至善』。『上天之載，無聲無臭』，『形而上者謂之道』，是不可名者也。故『知善知惡是良知，爲善去惡是格物』，統中人以上、中人以下，循循焉俱由此二言入。教人有序，雖卓立喟嘆之顏子不能出其範圍，固當以緒山之所守爲正矣。致良知實功唯爲善去惡，故曰：『致知在格物。』其小異於朱子者，正心誠意之事并攝入格致中，舉存心、致知不分爲二，是固《中庸》尊德性、道問學之本旨也。

善乎，鄭端簡之言曰：『王公才高學邃，兼資文武，近世名卿，鮮能及之。特以講學故，衆口交訾。蓋公功名昭揭，不可蓋覆。唯學術邪正，未易銓測。以是指斥，則讒説易行，娼心稱快爾。今人咸謂公異端陸子静之流。嗟乎，子静豈異端乎！以異端視子静，則游、夏純於顔、曾，而思、孟劣於雄、况矣！公所論叙，《古本大學》《則言》《傳習録》諸書具在，學者虛心平氣，反復融玩，久當見之。寧庶人反時，又能不顧九族，身任其事，不踰旬朔，卒平大難。宣德樂安之變有如公者，景陵無羈靮之勞矣。』

萬曆十二年十月，大學士申時行等疏曰：

前御史、詹事建白先臣王守仁、陳獻章從祀學宫，下九卿、科道官議。諸臣不能深惟德意，雜舉多端，或且詆訾守仁。奉旨：『王守仁學術原與宋儒朱熹互相發明，何嘗因此廢彼。』大哉王言，亦既明示之矣，而議者紛紛，迄無定論，又命廷議歸一具奏。

仰惟王上重道崇儒，德旨屢下，深切著明。今覆議乃請獨祀布衣胡居仁，臣等竊以爲未盡也。彼詆訾守仁、獻章者，謂之『僞學』、『伯術』，原未知守仁，不足深辨。

其謂各立門户者，必離經叛聖，如老、佛、莊、列之徒而後可。若守仁，言『致知』出於《大學》，言『良知』本於《孟子》。獻章言『主静』，沿於宋儒周敦頤、程顥。皆闡述經訓，羽翼聖真，豈其自創一門户耶？事理浩繁，茫無下手，必於其中提示切要以啓關鑰，在宋儒已然。故其爲教，曰『仁』曰『敬』，亦各有主。獨守仁、獻章爲有門户哉？

其謂禪家宗旨者，必外倫理、遺世務而後可。今孝友如獻章，出處如獻章，而謂之禪，可乎？氣節如守仁，文章如守仁，功業如守仁，而謂之禪，可乎？

其謂無功聖門者，豈必著述而後爲功耶？蓋孔子嘗删述《六經》矣，然又曰『予欲無言』，曰『吾無行而不與二三子』。門人顔淵最稱好學矣，然於道有以身發明者，比於以言發明，功尤大也。

其謂崇王則廢朱者，不知道固相成，並行不悖。蓋在朱時，朱與陸辨，盛氣相攻，兩家弟子有如仇敵，今並祀學宫。朱氏之學，昔既不以陸廢，今獨以王廢乎？

大抵近世儒臣，褒衣博帶以爲容，而究其日用，往往病於拘曲而無所建樹；博覽洽聞以爲學，而究其實得，往往狃於見聞而無所體驗。習俗之沉錮，久矣！今誠祀守仁、獻章，一以明真儒之有用，而不安於拘曲；一以明實學之自得，而不專於見聞。斯於聖化豈不大有裨乎！若居仁之純心篤行，衆議所歸，亦宜並祀。我國家二百餘年，理學名臣，後先輩出，不減宋朝。至於從祀，乃止薛瑄一人，殊爲闕典。昔人有云：『衆言淆亂折諸聖。』伏惟聖明裁斷，益此三賢，列於薛瑄之次，以昭熙代文運之隆。

制曰：『可。』

康熙某年，湯斌答陸隴其書曰：

手教：『孔、孟之道，至朱子而大明。學者但患其不行，不患其不明，但當求入其堂奥，不當又自闢門户。』再讀《學術辨》云：『天下有立教之弊，有末學之弊。』又云：『涇陽、景逸未能盡脱姚江之藩籬。』聖人復起，不能易也。獨謂弟不欲學者詆毁先儒，是誠有之，然有説焉。

弟少無師承，長而荒廢，茫然無所知。竊嘗泛濫諸家，妄有論説。其後學稍進，心稍細，甚悔之。反復審擇，知程、朱爲吾儒正宗，欲求孔、孟之道而不由程、朱，猶航斷港絶潢，而望至於海也。

若夫姚江之學，嘉、隆以來，幾遍天下矣。近有一二巨公昌言排之，不遺餘力，姚江之學遂衰，可謂有功聖道。然海内學術，澆漓日甚，其故何與？蓋天下相尚以僞久矣。今天下深明理學者固衆，隨聲附和者實多。更有沉溺利欲之場、毁棄坊隅、節行虧喪者，亦皆著書鏤板，肆口譏彈，曰『吾以趨時局』也。亦有心未究程、朱之理，目不見姚江之書，連篇累牘無一字發明學術，但抉摘其居鄉居家隱微之私，以自居衛道闢邪之功。夫許以爲直，聖賢惡之，唯學術所關，不容不辨，如孟子所謂『不得已』者可也。今舍其學術而毁其功業，更舍其功業而訐其隱私，豈非以學術精微未嘗深討，功業昭著未易詆誣，而發隱微無據之私，可以自快其筆舌？此其用心亦未光明矣。在當年，桂文襄之流不過同時忌其功名，今何爲也？責人者，貴服人之心。自古講學，未有如今日之專以嫚罵爲能者也。

或曰：孟子嘗闢楊、墨矣，楊、墨何至『無父無君』？孟子必究其流弊而極言之。此聖賢衛道之苦心也，何怪今之君子與？

竊以爲不然。孟子得孔子之心傳者，以其知言、養氣、性善、盡心之學，爲能發明聖人之蘊也。蓋有所以爲孟子者，而後能闢楊、墨，息邪説，閑先聖之道；若學術不足繼孔子，而徒日告於人曰：『楊、墨無父無君也，率獸食人也』，恐無以服楊、墨之心而熄其方張之焰矣。孟子曰：『今之與楊、墨辯者，如追放豚，既入其苙，又從而招之。』則知當日之與楊、墨辯者亦不乏人矣，今無片言隻字之存，則其不足爲輕重可知也。然則楊、墨之道不傳於今者，獨賴有孟子耳。今不務爲孟子之知言、養氣、崇仁義、賤功利，而但與『如追放豚』之流相頡頏焉，其亦不自重也已。

臺諭云：『陽明嘗比朱子於洪水猛獸，是詆毁先儒莫陽明若也。今亦黜夫詆毁先儒者耳，庸何傷！』

竊謂陽明之詆朱子也，陽明之大罪過也，於朱子何損？今人功業文章未能望陽明之萬一，而止效法其罪過，如兩口角駡，何益之有？恐朱子亦不樂有此報復矣。故弟之不敢詆斥陽明者，非篤信陽明之學也，非博長厚之譽也，以爲欲明程、朱之道者，當心程、朱之心，學程、朱之學，窮理必極其精，居敬必極其至，喜怒哀樂必求中節，視聽言動必求合禮，子臣弟友必求盡分。久之，人心咸孚，聲應自衆。即篤信陽明者，亦曉然知聖學之有真也而翻然從之。若曰能嫚駡者即程、朱之徒，則毁棄坊隅、節行虧喪者皆將俎豆洙泗之堂矣，非弟之所敢信也。

弟年已衰暮而學不加進，唯願自體勘，求不愧先賢。或天稍假以年，果有所見，然後徐出數言就正海内君子未晚。此時正未敢漫然附和也。

斌號潛庵，睢州人，孫徵君鍾元門人。

論曰：道固一貫，其流則萬。析焉既精，支離是患。儒者之學，固以經世務爲驗也。昔孔子作《春秋》，空文當行事；孟子游事梁、齊，闊其言弗用；漢董、賈，宋周、程、張、邵、朱諸賢，未得大展所爲；陽明遭際運會，值昏亂之朝，而能以動名完立，卓然爲一代安國家、定社稷元臣。即其初謫龍場，亦有一紙書剪安之烈，使天下見儒者經綸無施不可，蓋皆其學之厚積有以發之。忌者顧從而指爲僞，甚矣。石齋黄公稱先生氣象類孟子、明道，而出處建功之跡近於伊尹，知人知言哉！

明儒劉子蕺山先生傳

先生諱宗周，字起東，紹興山陰人。父秦臺公坡死五月而先生生，因念父，號念臺。居貧，依外祖父章公穎。章公儒者，趨步繩尺，常爲開説忠孝，以是少成而莊，卓犖有聖賢志度。辛丑萬曆二十九年，成進士。内艱，爲堊室容膝，日夜哭其中。陶文簡望齡來弔，曰：『教衰禮壞久矣，未見善喪若劉君者也！』先生冀上母節於朝，詣郡陳乞，哀動左右。仁和陳植槐感其誼，言於德清許敬庵孚遠而見之，遂納贄焉。自嘉靖中葉以後，學陽明之學者多失其真，唯敬庵恪宗程、朱，居敬窮理，言動皆有矩準，長興丁元薦從之游。先生侍杖履纔月餘，終身守師説不變。

三十三年，筮仕行人。沈一貫當國，給事錢夢皋朋邪亂政，楚獄妖書械起，縉紳重足。先生將論劾，念大父年老，厲聲自呵曰：『身非我有，何得乃爾！』遂假終養歸。

四十年，大父服闋，起原官，充副使封益王。親見宗藩困敝，因使竣獻六議，末曰：『陛下深居宫禁，務與臣下隔絶，雖皇太子至親，未嘗宣召。春秋鼎盛，講席不設，託之阿保之手。豈陛下之所厭者賢士大夫，復推之而於皇太子亦厭之也？陛下之所狎者宦官宫妾，復推之而使皇太子亦狎之也？』時鄭貴妃危太子，而神宗久不視朝，故疏及之。不報。

先是，顧憲成講學東林書院，以激揚名教爲任，朝野翕然嚮著其言。而用事者不便，思中傷之。會淮撫李三才豪墨敗。憲成惜其才，遺書朝貴爲疏解，黨議門户自此始。崑山顧天竣、宣城湯賓尹，所謂崑、宣黨也，以不謹中考功法，諸附崑、宣者并黜，其徒積不平。值熊廷弼督學南畿，逢賓尹意，庇諸生之淫者，與巡方荆養喬相訐，養喬不勝。讒人聚蚊，坐東林主使，欲碑奸黨，平憾崑、宣。先生憂國是，上疏，略曰：『東林云者，先臣憲成倡道其鄉，以淑四方之學者也，何至被以黨名？且攻東林可，黨崑、宣不可。憲成，學朱子者也。世日尚奇，朱子以平；世日尚圓，朱子以方。合方與平，和之至也。夫王守仁之言良知也，無善無惡，其弊也爲佛、老，頑鈍而無耻；顧憲成之學朱子也，善善惡惡，其弊也爲申、韓，慘刻而不情。佛、老之害，得憲成而救。臣懼一變復爲申、韓。虞廷授受曰「中」，孔門得之爲傳心要法，斯則有進於東林者矣。』南臺孫光裕論先生顛倒是非，借東林袒養喬。同邑某謂先生曰：『慎毋及時事，且晚吏部矣。』先生不聽。明年，以病免歸。

光宗立，遺書首輔葉向高，言：『宰相職進賢退不肖。始閣下參政，姑用調停，釀成二十年叢脞之禍。願以前事爲鑒。』

辛酉天啓元年，起禮部儀制主事。逆奄魏忠賢與保母客氏爲對食，用中旨關通。先生受事九日，抗疏曰：

頃者奉聖夫人客氏於陛下有阿保恩，不忍遽出，至出而復入。夫以大內森嚴，恣一宮人出入不禁，非所以閑內外也。陛下方以人言及之，一舉而逐三諫臣，罰者一人，至閣部以下，舉朝争之不得。則陛下又以一宮人，成拒諫之名矣！

古者公卿有罪，下廷議而理之，不聞以禁中決也。乃今朝逐一諫官，中旨也；暮逐一諫官，中旨也。此中旨者，陛下方用之以快一時之喜怒，而孰知前後左右又不難乘陛下之喜怒，以快其私？方且日調鷹犬狗馬以蕩陛下之心，日進聲色貨利以蠱陛下之志，凡可以結人主之歡者無不至，使人主日視此法家弼士如仇讎，而後得以指鹿爲馬，盜陛下之威福，或降斜封之敕，或興鈎黨之獄，生殺予奪，唯所自出，而國家之大命隨之。

試問今日得時用事、親幸於陛下如左右手者，非魏忠賢也耶？然則導陛下逐諫官者，忠賢也；導陛下以優人、雜劇、射擊、走馬者，亦忠賢也。陛下清明在躬，將追邁古先哲王，乃爲賢等所誤，豈不深可惜哉！

有旨廷杖，向高力救，免。時上書者多言客氏，而忠賢之糾自先生始。

遼、薊餉詘，議輸金補諸生。先生揭上禮部尚書孫慎行，謂：『學校人才自出，天下黌序皆賈豎子，豈能濟緩急？』因條上祖制七事，慎行不能用。

左都御史鄒元標、僉都馮從吾以闗門戒嚴，人心崩潰，率同志講學首善書院。都下士大夫興起，先生與太常少卿高攀龍實左右之。累遷光禄丞、尚寶、太僕少卿。見客、魏焰張，衣冠之禍將作，固請告歸。

四年，起右通政使。時高邑趙南星爲吏部尚書，特重先生，將推入閣而知其難進，因有是命。曰：『俟其入朝，用未晚也。』比部檄至浙，而楊漣等已被逐，國事大變。向高致仕去，南星、攀龍尋亦罷。先生拜疏辭，竟革職。

緹騎四出，削籍遍天下。先生居里中，與諸生會講蕺山，痛言：『世道之害釀於人心，人心之惡以不學而進。今日亟欲明人心本然之善，他日庶不至凶於而國，害於而家。』楊、左六君子死，先生作賦，哀正直，陳邪惡。高攀龍寄語曰：『此何異公子無忌約賓客入秦軍乎？唯杜門謝客爲正。』先生然之，輟講遁跡。

惠世揚被逮，詞連先生。御史王業浩救，得免。已逮黄尊素過郡，先生餞於郊，灑涕與別。返，謂門人：『吾常自信於生死關無動，今利害當前，猶爾怦怦，知向者乃依傍也。』因獨契濂溪主静立極之説，存省交用，詣力益進。

烈皇帝即位，客、魏伏誅。戊辰崇禎元年十一月，起先生順天府尹。二年九月受事，上疏曰：

堯舜之道，仁義而已矣。出乎仁義，則爲功利，爲刑名。其究也爲猜忌壅蔽，與亂同事。以陛下厲精求治，宵旰靡寧，雖堯舜之憂勤弗切於此矣。然程效太急，不免見小利而慕近功。

夫今日所汲汲於近功者，非邊事乎？誠得在事之臣，以屯守爲上策，簡卒節餉，修政刑而威信布之，需之歲月，必有望風束甲者。而陛下方鋭意中興，刻期出塞。竭天下之力以奉驕軍而軍愈驕，聚天下之兵以博一戰而戰無日，此計之左也。

今日所規規於小利者，非理財之事乎？陛下留心民瘼，惻然恫瘝。而輒以司農告匱，講求掊克聚斂之政。水旱災傷，一切不問。條例紛紜，輾轉得之民手，爲病甚於加賦。

功利之見動，而廟堂之上有不勝煩苛者。頃陛下誅贓吏，坐者十餘人，輔臣劉鴻訓亦蒙嚴譴。雖法在不赦，臣終爲揆地惜。廠庫諸臣，敕問既往，積弊相仍，事屬曖昧，此而置之重典，是謂不教之誅。從此深文，習爲頑鈍矯飾以欺陛下，度豈能一一問之？

且陛下所以焦心勞思而不辭者，爲未得賢人君子而用之也。聖明天縱，諸所擘畫，動出諸臣意表，不免有自用之心。臣下自以不及，益務爲謹凛救過，讒者因而間之，猜忌之端遂從此起。

夫天下可以一人理乎？恃一人之聰明，而使臣下不得關其忠，則陛下之耳目有時而壅矣；憑一人之英斷，而使諸大夫國人不得衷其是，則陛下之意見有時而移矣。方且爲内降，爲留中，又何以追喜起之盛乎？

然則兵陳而不戰，財散而不私，刑以不殺爲威，求天下之賢人以自輔，遂可以希堯法舜乎？未也。堯舜之道，堯舜之學爲之也。學之大者，在『執中』數語。陛下求治之心，操之過急，不免醖釀而爲功利；功利不已，轉而爲刑名；刑名不已，流而爲猜忌；猜忌不已，積而爲壅蔽。正人心之危所潛滋暗長而不自知者，於焉默證。此心之出於道者，止此仁義之良。而精以擇之，一以守之，則隨吾心所發，無過不及之差，而中道在我矣。中者，天命之性，仁義之極則也。仁以育天下，義以正天下，由朝廷達於邊境，舉而措之，陛下已一日躋於堯舜矣。

末引漢宣帝、唐德宗、宋神宗爲鑒。上憚其直，且謂所學迂，心不然之。先生疏：

古者京尹主治貴戚，誅豪右，漢張趙、宋包歐是也。國朝加設撫按，又設五城御史，京尹事權乃輕。臣雖不才，請自今考課。或民生未遂，或教化未行，或紀綱不立，或風俗敗壞，或人心澆漓，一一問臣，坐臣罪，以稱古京兆之職。

不報。先生曰：『雖未奉俞旨，吾唯設誠行之。』令下，豪貴斂跡，奸吏屏息。都人慶喜，謂百年來京尹所未有。

冬，十月，我師由大安口入。京師戒嚴，遠近避難者麕至，煤米踴貴，京軍饑疲謗騰。先生曰：『吾官守土，當以民生内憂爲急。』奏發内帑二萬，捐門税以通煤米，出太倉粟平價，豫給軍人月糧一月，亟運通倉抵之。

遵化失守，難民叩都門，主者恐有變，將插之郊關。先生曰：『民心一失，何恃城守？此京兆事，無庸諸君過慮。』乃嚴保甲，籍名居編入，遍置粥廠。僵仆者火室温之，道殣瘞之。勸民貧富相卹，人自爲養。

十一月，我師攻德勝門，敗袁崇焕，移營南海子。中旨辦布囊八百，廷臣各進馬騾，先生頓足曰：『是將遷幸耶？乘輿出，大事去矣！』跪午門，力陳利害，請上御皇極門調度方略。俯伏至暮，傳旨始退。復造閣門揖輔臣曰：『上輟朝二旬，中外䩄咙，閣下可不力爲之所？』先生見上下解體，不勝憤，乃大會官屬民士於城隍廟，爲文告于謙。召父老，述高皇帝開造功德、列聖休養，詞淚俱湧。衆皆環哭，人有固志。

崇焕下獄，上任滿桂爲總理，統援兵。大學士錢龍錫等坐焕黨，簿問，復以他事杖殺郎署數人。益疑群臣謀國不忠，用奄人提督京營，刑賞皆亂。先生抗言：『上不開示誠心爲濟難之本，禍無已時。且軍旅重任，文臣提督，定制也。今以不信文臣故，委之武臣，致祖大壽以跋扈逃，申甫以睚眦隙，其他入援諸將率多潰散，則桂果能孤軍取勝乎？張鴻功、侯世禄，皆以援兵潰，而與之戴罪；若滿桂失事，又何以處之？文武之途既盡，勢不得不與一二内臣同患難，曾有宦官典兵不誤國者？魚朝恩、童貫，千古明鑒。』諸帥竟不受桂節度，桂敗。會除夕，我師拔營，由灤、永去。先生瘞戰亡將士，自德勝門、涼水、蘆溝，埋骨三萬，標以柳榆。拜疏言：『兵必再至。請除詔獄，蠲新餉，以祈天永命。戒閣臣勿驅除異己，終朋黨之禍，阿人主富强，釀土崩之勢。』周延儒、温體仁見而惡之。因先生辭職，遂予告。

凡守京兆一載。每坐堂皇，奄人闖入言事，或出語詬誶，治事如故。奄人反笑而謝曰：『公執拗人。如是，無怪也。』武清伯奴子争道，毆諸生，使吏入武清家捕之。武清及門言謝，拒不見，曰：『奴辱士，罪在主將。』上告天子，卒棒奴，何校武清門外。初至，即焚司禮監樂器於通衢，盡驅倡優出境，輦下震烈。單丁窮户，周其情隱。是以重遭兵革，民不疲乏。比出都，都人罷市而哭。守門奄者見行李蕭然，顧嘆曰：『真清官也！吾輩死且服矣！』

五年，冬，會推通政使，體仁格不用。八年，上念置相不得人，親試大小九卿詹翰於廷，命吏部並推在籍者，及先生。陶石梁奭齡送之曰：『願先生安其身而後動，易其心而後語，使天下實受其福。』九年正月，召對文華殿，問用人、足餉、平寇之策。先生言：『皇上求治太急，用法太嚴，布令太煩，進退天下士太輕，遂使在事諸臣，相率畏罪飾非，莫肯盡心職業，所以有人而無人之用，有餉而無餉之用，有將而不能馭兵，有兵而不能擊敵。臣請盡改前所爲，天下方有太平之望。至於流寇，本皆赤子，撫之有道，還爲吾民。今日急務，在收拾人心，先寬有司之參罰。

參罰重則吏治壞，致民生失所，盜賊日起。』又問東事。對不稱旨。遂相林釬，用先生工部左侍郎。上封事曰：

皇上即位之初，鋭意太平，直欲躋一世而唐虞三代之，甚盛心也。至於二帝三王治天下之道，未遑求論，得其要領。於是首屬意於恢遼，而賊臣以五年蕩平之説進。

己巳之役，謀國無良，朝廷始有積輕士大夫之心。自此耳目參於近侍，腹心寄於干城，治術雜以刑名，政體歸之叢脞，天下事遂日壞而不可救。天牖聖衷，一旦撤總監之任，重守令之選，下弓旌之檄，收酷吏之威，維新之政，次第舉行，方與二三臣工洗心滌慮，以聯泰交，而不意君臣相遇之難也。得一文震孟，而以單詞報罷矣；得一陳子壯，而以過戇下獄矣。此關於國體人心非淺鮮者。

夫皇上所恃以治天下者，法也，而非所以法也。所以法者，則道也。如以道，則必體上天生物之心，而不徒倚用風雷；則必念祖宗監古之統，而不至輕言改作；則必法堯舜之恭己無爲，以簡要出政令；法堯舜之舍己從人，以寬大養人才；法堯舜之從欲而治，以忠厚培國脉；更法三王之發政施仁，亟議拊循，以收天下涣散之人心。而且還内廷以掃除之役，杜後世宦官之釁；正儒帥以失律之誅，杜後世藩鎮之釁；慎宗賢以改職之途，杜後世宗藩之釁。於是下尺一之詔，痛言前日所以致敵之由，與今日不忍輕棄斯民之意。

遣廷臣賚内帑，巡行郡國，以招其無罪而流亡者。陳師扼險，堅壁清野，聽其窮而自解來歸。誅渠之外，猶可不折一矢而畢此役，又奚煩觀兵爲而日勤聖慮哉！

内劘上多過切，上覽之，大怒，傳諭内閣重擬。手先生疏繙數過，起周行，久之得解。時山陵城築郊壇，工作並興。太僕缺馬，温體仁、朱純臣倡爲義輸。又議罷明年朝覲，聽輸路貲。先生諫曰：『臣聞爲人臣者，竭股肱之力，繼之以忠貞，不聞其出於利也。今國步艱難，瑣瑣進奉，何當報稱？且輯瑞何典，而以入貲報罷，倘遂行之，辱國滋甚。』上不悦，然察其忠鯁，可寄大政，意欲遂相先生。體仁大懼，募會稽許瑚上疏，頌先生才諝不足，道學有餘。上疑瑚同邑，知之必真，遂不果用。七月，先生移疾歸，次天津。會我師破昌平州，焚皇陵。先生謂國難崩摧，非臣子接淅時，乃入津城，佐巡撫賀世壽設守。越月，兵退，始南行至德州。念上欲求治而爲體仁所蔽，荷殊絶之知，潔身去國，所不忍也，復上疏曰：

皇上注意邊防，無日不疇咨側席，而邦畿震蕩，禍至於此，臣以爲非一朝夕之故也。

往者己巳之變，誤國者袁崇焕一人，其他爲法受惡耳。有小人起而修門户之怨，概坐以焕黨。自此小人進而君子退，中官用事，外廷浸疏。則今日之禍，實己巳以來釀成之也。

且以丁魁楚之失事於邊，而與之戴罪，何以服劉策之死？張鳳翼之溺職中樞，而與之專征，何以服王洽之死？諸鎮撫勤王之師，争先入衛者幾何人，不聞以逗留蒙詰責，何以服耿如杞之死？今幸以二州八縣藉敵飽颺，而朝臣之累累若若者充位如故，又何以謝韓爌、李邦華之或戍或去？豈小人昔爲異己驅除者，今不難同己相庇乎？

語曰：『大奸似忠，大佞似信。』頻年以來，皇上惡私交，而臣下多以告訐進；皇上録清節，而臣下多以曲謹容；皇上崇厲精，而臣下奔走承順以爲恭；皇上尚綜覈，而臣下吹求瑣屑以示察。此正似忠似信之類。窺其用心，無往不出於身家利禄。皇上不察而用之，則聚天下之小人立於朝而有所不覺矣。天下即甚乏才，何至盡出一二寺人下？而每當緩急，必寄重任。乃者三協有遣，通、津、臨、德有遣，又重其體統，同之總督，率天下而奔走中官。

夫小人與中官氣誼一類，而君子獨岸然有以自異。皇上誠欲進君子，退小人，決消長理亂之機，奈何復用中官以參之？此明示天下以左右袒也。當時有御史金光宸起而争之，竟以見逐，若唯恐傷中官之心者，非所以示天下也。

至近日刑政之最舛者，無如成德、申紹芳、鄭鄤數事。此皆爲故輔文震孟引繩批根，即向者驅除異己之故智，廷臣無敢言者，皇上亦無從知之。於乎，八年之間，誰秉國成，而至於是！臣不能爲首輔温體仁解矣。

疏入，中官大恚，共擠之上前。而體仁指理成德等偏黨，再革職爲民。

體仁既去，後相薛國觀復以罪賜死。上念先生久之。十四年，會推少宰，上意不屬，臨朝而嘆。罷朝，傳諭吏部用先生。再疏辭，不許。時先生病癃，故不欲出。明年五月，忽聞我師破松、杏、寧、錦；流寇陷歸德，進圍開封。蹶然起曰：『此何時，豈臣子言病日乎？』遂襆被上道。

行至淮安，拜疏陳三事：

一曰明聖學以端治本。臣聞天下無無本之治，本一端而萬化出焉，人主之心是也。請陛下求之吾心：當其清明在躬，獨知之地炯然而不昧者，得好惡相近之幾，正所謂道心也。致此之知，即是惟精；行此之知，即是惟一。精且一則中，隨吾喜怒哀樂之所發，無往非未發之中而中其節。此慎獨之説也。雖聖如堯舜，不廢精一執中，以此。後之學聖人者，亦曰慎獨而已矣。

二曰躬聖學以建治效。臣聞天下大矣，而以一人理，非徒以一人理天下也。陛下留心治道，事事躬親，群臣奔走受成不暇，益相與觀望，爲自全之計。致一人孤立於上而莫之與，豈其知人之道，猶未之或講與？仰惟陛下躬親聖學，法堯舜之明目達聰，而推本於舍己。亟舍其聰明而歸之闇，非獨舍聰明，并舍喜怒，舍好惡，舍是非。至於是非可舍，而後以天下之是非爲真是非，斯以天下之聰明爲大聰明，合衆論之同，建用中之極，即讒説殄行，亦不至震驚朕師。自此陛下端拱無爲，而天下治矣。

三曰崇聖學以需治化。天春生萬物，而秋以肅之，莫非生也；君仁育萬民，而義以正之，莫非仁也。化天下自朝廷始。請百僚有犯，悉下法司，永除詔獄，不至以非刑辱士。至廷杖一節，原非祖宗故事，願與廠衛一體并罷，還天下以禮義廉耻之坊。由是化群臣以化兆民。乘中原殘破之餘，亟議撫循之法。特遣才望大臣，宣示德意，悉蠲勦餉金錢，改爲牛種廬舍之資，聽有司設法招徠。仍罷天下督師等官，明示與民休息，而專責兵事於巡撫。陛下躬修明德於上，坐收干羽之化可矣。

上温旨嘉納，然終見爲迂闊，不能施用。

在道，晉都察院左都御史。十月，陛見，問都察院職掌安在，對：『都察院職，正己以正百僚，其次責成巡方。巡方得人，則吏治清，民生安。』出，集諸御史申飭，復列風紀六事以上：

一曰建道揆。請復京師首善書院，崇祀馮從吾爲讋宗，昭聖明興道致治之意；復天下社學，選明德老成爲師，聚彦士教之。

二曰貞法守。自今一切輕重獄詞，從三法司聽斷，不得下詔獄。其有不公不法，五城御史覺察之，廉其情罪之重者，送刑部究擬。

三曰崇國體。著令大臣三品而上，有犯者先行九卿科道會議。議詳，付司寇，司寇議定。坐殊死者始收繫，其他即以其罪行遣。

四曰清伏奸。自今朝紳交結近侍，蹤跡著者，立置典刑。此外大小臣僚，或借事呈身，或假途干進，因而敕類斜封、官同傳奉者，臣銜門以白簡從事。

五曰懲官邪。官之失德由寵賂始，其途多自臺省而上。自今有輦金入長安者，臣單辭檄之，立置三尺。

六曰飭吏治。察吏之責，專在巡方。天下事事宜歸惇大，獨於風憲受贓之律，毫不可貸。且亟罷減俸行取，行久任之法。

上是先生議，亦未能盡行也。

周延儒再相，修託名譽，然性故妒冒。士大夫遂以爲真能遷改，因相契結。每朝畢，輒就屏語，唯先生兀然孤峙，見者皆慚而止。

中書王育民爲絳州知州孫順考察地，行賄於先生，先生糾之，且自劾。上革二人職，法司逮問，百僚肅然。

亡何，上惡給事中姜埰言，行人司副熊開元又因召對，面劾首輔延儒，俱下詔獄。先生言於朝曰：『上方開弘政門求直言，一日而逮二言官，非所以昭聖德。』時我師由界嶺、黄崖諸口入，甚急。閏十一月己未，上御中左門，議督撫去留，群臣皆候於廷。有密旨下錦衣衛，賜埰、開元死。先生曰：『刑人於市，古今通義也。惡得私斃諫官？今日宜空署爭之，不者何顏立交戟之下！』衆許諾。奏事畢，御史楊若僑薦西洋人湯若望善火器。先生進而叱之，以爲：『用兵之道，太上仁義，其次節制。近來邊臣於安攘屯戰之法概置不講，專恃火器爲司命。我用制人，人亦用制我，不見河間反爲火器所破乎？先臣戚繼光數十年在塞上，謹烽燧，嚴斥堠，未嘗專恃火器。不恃人而恃器，國威所以愈頓也。若望唱邪説以亂大道，又作爲奇巧，撓惑軍政，乞放還本國，永絶異教。』上不悦。先生又請正大帥跋扈、援師逗留罪，言：『范志完身督寧、薊，關門三協，皆其汛轄，既無先防，又借援南下，致關門無阻。處分當自志完始。』上曰：『志完固難辭咎，但入援乃奉詔，何便坐彼？』先生曰：『十五年來，由皇上處分未當，致有今日。乃不改絃易轍，仍欲以一切苟且之政，補苴罅漏，非長治之道也。』上變色曰：『從前已不可追，今日事後之圖安在？』對曰：『亟選將練兵，擇賢督撫，尤在吏兵二部得人。斯技能畢出，捍禦疆圉不難。然宋臣有言：「文官不愛錢，武官不惜死，則天下太平。」今日用人之弊，在狥才望，不求操守，徒以機辨恢張相尚，故鮮實效。』上曰：『大將別有才局，非徒操守可望成功。』先生曰：『當於才局中審有操守者。如志完，操守不謹，總兵偏裨無不得賄補授，所以三軍解體，士莫用命。』上色解，曰：『已知。』敕先生起。

於是户部尚書傅淑訓論救埰、開元，上不納。先生進曰：『陛下聖度淵遠，如臣愚，累寬鈇鑽，黄道周亦被譴召還。群臣敢復請二臣。上曰：『道周有學有守，豈二臣可比？』先生曰：『二臣學守，誠不及道周。顧朝廷待言官有體，言可用用之，不用置之。即有罪，合付法司。遽下詔獄，終於國體有傷。』上怒曰：『三法司、錦衣衛皆朝廷官，朕處一二言官，何至遂傷國體？假有欺君骫法，終不可問乎？』先生曰：『掌衛刑者多膏粱子弟，未必讀書知義者也。每聽寺人頤指，勢不容於不私矣。即上欲問欺君骫法，亦不可不付之法司也。』上大怒曰：『開元疏必有主使，疑即宗周。』命刑部擬罪。閣臣周延儒、蔣德璟、尚書林欲楫、侍郎馮元飈、勳臣吴遵周等申救，僉都御史金光宸言尤力。德璟引述『唐太宗惡魏徵直諫，入宫，言「會須殺此田舍翁」。皇后具服賀』等語未畢，上遽曰：『太宗才，朕不如；至閨門内行，亦不效太宗所爲。』德璟曰：『陛下安肯效太宗？第太宗巧於取名。』上曰：『何爲？』德璟曰：『人主納直言，則名歸於君。太宗優容徵，祇以成己名耳。』上意頗回。延儒等復以先生年老婉解，乃免擬罪，再革職。光宸亦謫外。先生在院六十八日，正色率屬，光宸嚴介，操望相亞。一時偕去，朝野惜之。然上自是亦遂不置埰、開元於死，卒改刑部，各杖戍。

先生以未解嚴，不忍竟去，止城外蕭寺。士大夫交送於途，張瑋、吴麟徵、祁彪佳、劉理順、金鉉、陳龍正、董標及舉人祝淵、諸生惲日初咸來問學。時彪佳被命掌河南道，先生謂之曰：『道祇在事君當官間，此外他求，妄也。君當以諫諍明職業，毋負所學。』標，關中人，故游馮從吾門，時官南城兵馬。問《大學》之要，先生曰：『在誠意。』退，作《心意十問》相叩質。淵試南宮，疏理先生，下部擬罪，淵略不懾，遂納贄。時李邦華代先生，未至，吏部尚書鄭三俊請留先生戴罪計吏，先生遂行。淵留京邸，欲上書掊擊用事者，先生挽之南歸。

先生歷神、懷朝，凡三革職爲民。雖家居，戀戀日以國存亡爲念。紹興推官陳子龍行取入京，過別，先生纚履出迎，曰：『僕有一言告公。南北多事，京師坐困屢矣。萬一有變，外援不至，都城必破。今日急策，當令皇太子監國南京；否，亦分封二王淮、泗，爲後事圖。公至，與當事者籌之。』

十七年四月，聞李自成逼居庸，移書巡撫黄鳴俊，請發兵勤王。五月，聞京師陷，上殉社稷，徒跣號慟，荷戈渡錢塘，趣鳴俊發喪出師。諸生、門人從者數百人。鳴俊曰：『事未審，少鎮定，以安衆心。』先生勃然曰：『君父變出非常，公專閫外，當枕戈泣血以倡同仇。反藉口安民，作全軀計乎！』杭人洶洶環館舍，先生指謂鳴俊曰：『人心如此！禮有常有變，九廟淪喪，臣子豈容食稻衣錦？公即疑凶問，亦當行哭廟禮。』是月甲午，行禮祐聖觀。先生尺布裹頭，伏地而號，官吏士民和者數萬，聲震屋瓦。鳴俊終不出兵，先生與前吏部給事中章正宸、户給事中熊汝霖、淮揚巡撫朱大典募義旅。將出，會福王立南京詔至，乃解。

先生起原官，稱：『先朝罪人，當歸死司寇，不敢受職。』詔慰，趣上道。六月，行至杭州，拜疏曰：

今日宗社大計，舍討賊復讎，無以表陛下渡江之心；而苟非陛下毅然決策親征，亦何以作天下忠臣義士之氣？

至討賊次第，一曰據形勝以規進取。江左非偏安之業，請進圖江北。鳳陽號稱中都，東扼徐、淮，北控豫州，西顧荆、襄，而南去金陵不遠，則請以駐親征之師。大小銓除，暫稱行在，少存臣子負罪引慝之心。從此漸進，秦、晋、燕、齊必有響應起者。

一曰重藩屏以資彈壓。淮、揚數百里間，設有兩節鉞，不能禦亂卒南下。路振飛坐守淮城，久以家屬浮舟遠地，是倡之逃也。於是劉澤清、高傑遂相率有家屬寄江南之説。軍法，臨陣脱逃者斬，臣謂一撫二鎮皆可斬也。請自今重撫臣事權，責以彈壓鎮臣，無多設督臣以滋掣肘。

一曰慎爵賞以肅軍情。請分别各帥封賞，無失或濫。夫以左帥之恢復而封，高、劉之敗逃而亦封，又誰爲不封者？武臣既封，文臣隨之；外臣既封，中璫隨之。恐天下聞而解體也。

一曰核舊官以立臣紀。燕京既破，有受僞官而叛者，有受僞官而逃者，有在封守而逃者，有在使命而逃者，亟宜分别定罪。至於僞命南下，徘徊順逆之間，或陰陽詭秘，爲賊行間，尤宜明示誅絶。

又追論督撫不赴援，致賊長驅犯闕，及新朝既立，不急出兵北伐，中外諸臣謀國不忠不職罪。

時馬士英專定策功當國，與李沾、劉孔昭等結爲死黨，出吏部尚書張慎言，而薦逆案阮大鋮知兵。召陛見，群陰翩翩且起。先生次丹陽，寄子汋書曰：『時下邪正尚在相持，吾有疏論事，行吾言則進，不然則義難入朝。』士英及四鎮深銜先生，言其上書稱草莽孤臣，不書新命，明示不臣。會黄鳴俊入朝，至鎮江，其兵與防江兵鬭。南都傳言先生與鳴俊入清君側，士英大恐，稱詔止鳴俊兵。傑、澤清遣刺客數輩詣丹陽，見先生危坐僧舍，竟日無惰容，太息而去。政府患廷臣交攻無已，擬上傳兩慰解之。先生不得已，乃拜命。

首疏請肅風紀，曰：『願陛下求之正心之地，心正而朝廷從之，百官則而象之。故内閣而干六部之事任，爲擅權；六部而承内閣之風旨，爲亂政；臺省而依附閣部，爲植黨；介胄而與議朝政，爲要君；外官而通賄朝士，爲作奸；朝臣而交結近侍，爲罔上行私。臣院皆得過而問之。』在臺一月，諸所條奏，無不深切時弊，而君臣僔沓戲豫，並寢不用。已授阮大鋮爲兵部右侍郎，復設廠衛詔獄，紹述崔、魏之政。先生言大鋮進退繫江左興亡，争之不得，請告歸里。出都門，都人揮涕曰：『劉公去，吾輩無死所矣！』

自聞北變，遂蔬食，以身餘一死爲憾。語及，輒愴然曰：『吾安得從先皇帝於地下哉！』既歸，杜門。有問學者，止之曰：『守所聞，行所知，足矣。今乾坤何等時，猶堪吾輩擁皋比從容論學乎？此所謂不識人間羞恥者也！』

明年五月，南都潰，馬士英擁太后奔浙，撫按郊迎。先生憤曰：『士英實亡南國，今棄天子、挾母后而逃，此國賊恨不手刃，忍迎之耶！』潞王監國杭州，復約正宸、汝霖赴難，又勸守道于潁保越江之險，潁不能用。六月，丙寅，聞會城降，慟不食。餘姚諸生張應煒、吕滋進曰：『先生係天下之望。今浙東尚有魯、惠二王，宗室有楚將軍華堞，聞黄石齋越在近郊。誠擇諸王賢者，與石齋間道走閩，檄鄭帥以海師直擣南都，浙中不攻自定。轉危行奇，願先生更慮之。』先生曰：『向累請于公城守，褎如充耳。今大勢去，亦何及！余老矣，力不能勝，有一死正命而已。』

戊辰，出居郭外水心庵，遣人訪道周，趣正宸、汝霖食少糜以俟。庚午，通判張愫渡江降，先生復不食。聞門人王毓蓍沉柳橋，曰：『元趾死，吾尚何濡滯哉！』女夫秦祖軾爲書稱：『江萬里身爲宰相，義不苟免；先生則有文山、叠山、袁閎故事在。』先生詳論不可義，係之辭曰：『信國不可爲，偷生豈能久。止水與叠山，只争死先後。若云袁夏甫，時地皆非偶。得正而斃焉，庶幾全所受。』

丙子，辭墓，赴西洋港。久不得溺，旁人扶之出。是日，我大清將軍以禮來聘，復書曰：

『遺民劉某頓首，國破君亡，爲人臣子唯有一死。七十餘生，已絕粒經旬，正在彌留。敢尚事遷延，遺玷名教！口授荒迷，終言不再。』付使者，并來書不啓封。自是勺水不進。

戊寅，就祖軾於楊枋。王毓芝入，呼之曰：『嗟！紫眉當以道義相成，勿作兒女子態！』語及毓著，爲淚下，曰：『吾講學十五年，僅得此人。』口吟絕命辭曰：『留此旬日死，少存匡濟意。決此一朝死，了我生平事。慷慨與從容，何難亦何易。』祖軾欲書之，曰：『偶然耳。』既而曰：『吾感熊雨殷而賦此。』因謂祖軾曰：『爲學之要，一「誠」盡之矣，而主敬其功也。敬則誠，誠則天。若良知之説，鮮有不流於禪者。』又曰：『日來静坐小庵，渾無事，浩然與天地同流。』又曰：『餓死事小，失節事大。吾今而後知孟子所言「無以饑渴之害爲心害」。明乎此，於道也幾矣。』訓子汋曰：『常將此心放在寬蕩蕩地，則天理自存，人欲自去。』屬之曰：『死後，葬我下蔣，碑曰：有明秦臺先生藏衣冠處，子某婦某合葬之墓。』言訖，泫然淚下，曰：『生平未嘗言及二親，以傷心之甚，不忍出諸口也。』又曰：『胸中有萬斛淚，半灑之二親，半灑之君上。』

閏六月朔，辛巳，謂毓芝曰：『吾今日自處合義否？』毓芝曰：『甚正。雖聖賢處此，無以加。』張應鰲侍側，攜其手曰：『學問未成，全賴諸子。』復厲聲曰：『爾曹勉之！』應鰲進曰：『先生今日與高先生事相類。高先生曰：「心如太虛，本無死生。」』先生曰：『微不同，非本無死生，君親之念重耳。』丁亥，聞祁彪佳殉，舉手者再，已不能言。指几上筆，書一『魯』字，蓋念魯王。戊子，先生考終。前後絶粒二十餘日，勺水不入口十三日。年六十八。魯藩贈某官，謚忠端。唐藩贈某官，謚忠正。學者稱蕺山先生。

先生篤實類朱文公，而言誠意慎獨與朱不合，曰：『意者心之存主，所謂「道心惟微」，即未發之中，天下之大本也。獨體在是，慎者慎此而已。然未發之中，下不得個静字。延平教人静觀氣象，終落偏枯。至龍溪以心、意、知、物并歸無善無惡，不從性善歸根，則性命事功俱無依泊。』時俗學宗傳注，王學宗『四無』，先生説出多未服。惟濮州葉廷秀，餘姚史孝咸、孝復兄弟，遺書往復相叩，學者漸知歸向。袁黄『功過册』有仿爲『遷改格』者，善與過對。先生曰：『是功利之學，有意爲善，皆惡也。論本體，有善無惡；論功夫，則先事後得，直無善有惡耳。』於是作《人譜》，專紀過。始獨知，次七情、九容、五倫、百行。曰：『行此，知道不遠人矣。』

其論方希古曰：『先生禀絶世之姿，慨然以斯文自任，直欲排洪荒而開二帝，驅犀獸而見三王。既而時命不偶，以九死完天下萬世之責。其扶持世教與孔、孟同，誠不愧千秋正學。』論吴聘君曰：『先生涵養性情，安貧克己，不事著述，而獨契道真。言動之間，悉歸平淡。充其所詣，庶幾依乎中庸，遯世不見知而不悔。』又曰：『薛文清多困於流俗，陳白沙猶激於聲名，唯康齋醇乎醇。』論王文成曰：『先生承絶學於詞章訓詁之後，反求諸心，而得其所性之覺，曰「良知」。因示人以求知之方，曰「致良知」。良知爲知，知不囿於聞見；致良知爲行，行不滯於方隅。即知即行，即心即物，即動即静，即體即用，即功夫即本體，即下即上，無之不一，以救學者支離眩騖之病。孔、孟以來，無若此之深切著明也。特其急於明道，往往將向上一機輕於指點，啓後學躐等之弊。天假以年，盡融其高明踔絶之見，而底於實地，則範圍朱、陸而進退之，有不待言矣。』

先生之學出許敬庵，已入東林首善書院。博取精研，歸於自得，專用慎獨，從嚴毅清厲中發爲光霽。粹然集宋、明理學諸儒之成，天下仰其人如泰山北斗。所著書數十種，載《文集》。子汋，自有傳。

論曰：有夷之清而不絶物，有干之忠而克全歸。君子而不仁者有矣。若先生，仁者也。告君必陳堯舜，由執中慎獨，引而合之時務，一一可立施行。微獨世主未寤，至後學亦尚有憚其説者，豈功利之没人哉？於乎，道之行不行，寧獨一代之存亡乎！

伯繩先生著其先人蕺山先生年譜，詳慎有體，實能見先生之學所以發先儒所未發者。末又綴生平細行别爲編，其先生之小德川流乎？

事太夫人，筋力致養，柴水之事靡不躬親。祖兼峰公病，抱持卧起，身爲薦席。居喪歠粥，闔門蔬食。次女患痢，醫用黄雞爲藥，勿許也。三世七喪，淺土營立冢墓，御史徐縉芳資之百金，謝曰：『百金之餽，其所取，義乎？不義乎？僕所未了者，止有先人一事，將茹荼帶索以畢餘生，何至煩故人爲念。』御史不敢復言。

事女兄如母，赴官，聞其不豫，輕舸徑返。卒則養其子，子卒又養其孫，曰：『以終事母之念耳。』叔母朱無子，迎養，已而朱欲異爨，自艾曰：『古多數世同居，一叔母不能安，何古今人不相及耶？』再從弟宗祐流落閩中，尋歸。冬月製衣，家人與之布，見而恚曰：『弟衣布，兄能安於帛耶！』易之。

初，劉氏家廟所行，皆世俗禮。先生立宗長一人，總宗教，宗翼二人佐之，宗老一人以齒，宗幹一人司錢穀，宗糾一人司賞罰。舉宗之事，質成宗長，未聽而牒於官者罪之。置義田百畝，定卹例：一卹賢，二卹鰥，三卹嫠，四卹孤，五卹喪，六助婚。罪人與醮婦不卹。

終養歸，聞許敬庵先生喪於途，不至家而往哭焉。丁長孺、劉靜之卒，每過必哭。

崇禎八年、十年，越郡饑，募米，遣諸生分賑，活數萬人。十三年又饑，亦如之。郡邑下教，每坊積米二百石，需明年平糶。先生謂非本計，即所居昌安坊立社倉，分三等行賑，一坊遂無饑者。

鄉黨有冤結，必爲平理。奸吏踢蹐，唯恐先生之知。

通籍四十五年，立朝僅四年，家居强半授經。帷榻甑竈不改舊，士夫多毁衣入見。偶服紫花布袍，價爲頓高。飯客不過數器，享先生者亦遂以寒漿乾飯，未嘗不心知其僞也。會稽令趙士諤問疾，至榻前，見其單陋，嘆曰：『豈意今日得覩管幼安！』丁巳京察，劉廷元、韓浚尋怨於東林，士諤時爲考功，曰：『劉大行清修，人所不堪，此諤之親見也。』乃止。

給事中徐耀使浙，渡江來見，先生方閉門掃軌。耀託倪鴻寶爲介曰：『昔人不得見劉元城，以爲如過泗州不得見大聖。耀若徒返，亦何顔面鄉之父老乎！』先生乃見之。都督劉應國，遼東中前所人，固請見，見輒涕泗再拜，自言：『不遠萬里，得見先生，不覺喜絶而悲也。』金壇周仲馭謁先生，留飯，仲馭語人以匕箸長短若何，杯盤大小若何，爲一生未有之榮。郎官秦祖襄入京，止宿逆旅，騶從紛沓，主人供應不給。周視同旅，一人幅巾危坐，童子侍側，問之，曰：『劉都御史也。』皇恐避去。其爲世所欣慕畏憚如此。

先生門墻高峻，不特小人避其辭色，雖君子亦望崖而返。周延儒使其客薦誠，先生不答。後有爲馬士英言者，曰：『所貴大君子，以能化小人爲君子。國事爲重，不宜拒絶太深。』亦不答。黄漳浦祭告禹陵，及門者三，先生不見，曰：『際此亂朝，豈大臣徜徉山水之日！』漳浦聞之，即行。

先生德日慎小，心日謹微。官行人時，夢遷衛經歷，覺而自責曰：『終有不忘榮進意在。』待罪中左門時，惲日初欲上書留先生經筵，先生聞之，曰：『僕自反必名利心不盡，有聲音笑貌爲人所見，至使同人中有迎風而動者。益覺闇然一關不易過也。』

世之言先生者蔽以節義，又或謂其學之粹，勿以節義當之。此皆惑於成説，推其弊，禪宗之寂、武俠之剛，兩託之矣。不知先生敬義並立，内直外方，養獨體於未發之中，而天地萬物、生死晝夜，胥一以貫。洎乎垂革，猶爭儒、佛之渺茫於彌留呼吸間。信乎擇中庸而能其不可能者與！至於朱、王之學，聚訟且百餘年，小儒老衲番休更勝，卒以翳蔽人心，爲世大厲。唯先生直以得之心者，正諸儒之異同，如懸日月於終古之天，光景常見。綜其大旨，由慎獨誠意該之。於乎！衷於先生之人與書，彼邪説淫辭，其亦庶乎有所底也與！

倪子新先生曰：五朝之事，德、功、言三不朽之人，萃於一傳，文不可殺。《宋史》李忠定公傳亦至三十餘頁，讀者不以詞繁難竟苦之也。

朱夏夫先生曰：惓惓不忍去國之意，千載發人歌泣。思陵雖迂闊先生，每飯不忘。北變時流傳有蒙塵之説，先生慟哭曰：『上必殉社稷。』不幸末造，君臣之間，固稱知己。

張敬可先生曰：先師於及門最愛先君子，出入兩都，無不隨侍。南都嘗命作《中興金鑒》，欲上，不果。簡時方冠，幸獲耳承緒論。六十年來，夢寐飲泣，民生於三，其敢或忘。

今見此傳，語言謦咳恍如復侍先師，乃知私淑之與親炙，此心此理，自相接也。作者許大精神，紹揚聖學，豈當徒作史傳觀？

王門弟子所知傳

周室既衰，治教分統。文、武以前，有王者，必有名世，相與裁成，輔相天地，以興治平。其後匹夫當素王，亦有門弟子講聞切究，明先聖之道，以覺後學。自仲尼没而微言絶，七十子之徒遵揚謨訓，大義不乖。戰國時，莊列申韓，異同堅白，三鄒子之學，可謂棼亂矣。然及秦没漢初，百家皆息，而孔子之道獨明，以有顏、曾、子貢、游、夏、思、孟之家法，世世傳守弗衰也。孟子之門，有師無弟，設爲問答，纂著七篇，大闡仁義王伯之辨，其教與孔子之『引而不發』殊矣。所以然者，以無顏、曾、子貢、游、夏諸賢，親與鈞陶成就，不得已存語言文字，俟後之君子以心相接。越千百年，稱爲絶學。以知道有統會，學有師承，寧非自天鍾生，五百年隆運相須以起，不可多遘哉！

漢董子大儒，門人未有著録；馬融、鄭玄傳經絳帳，何與開繼；王通河汾之教，殆其庶幾。自是至有宋，程、朱宫墻，號稱多士。程有尹、楊、游、謝，朱有輔、蔡、黄、饒，覃及金華、東陽，亦能敬守所聞，開明治之盛。由此言之，道之不行而得明，不可謂非從游有助也。

陽明之世，門士多矣。其師實能開誘，吟風立雪，浴沂詠雩，灑然窺孔、顔樂處。時雖有僞學之禁，而信道彌堅。後稍龐雜，隆極而微。持盈砥柱之功，可不謹哉！故擇其有功傳習，徐愛、錢德洪、鄒守益若而人，而審别其未醇者。若夫澤遠志勤，識操純確，則亦附之私淑，以見聖道之大，豪傑之士無所待而興起，固前哲所樂引也。

餘姚徐愛，字曰仁，號横山。正德戊辰進士。初，娶文成女弟。及文成歸自龍場，納贄稱弟子，喟然以聖學爲己任。後數年，文成遷南太僕，愛亦自祁州調南工部，同舟歸越。論《大學》宗旨，首作《傳習録》。性深純開徹，善發師門旨意。在南都時，同門雲集，輒令愛分接之。文成出撫南、贑，愛亦請告，約歸陽明之麓，以究竟百世之業，曰：『朝聞道，夕死可矣！』年三十一而卒。文成哭之哀，擬於慟顔子焉。在祁直劉六、劉七之亂，有保障功。

餘姚錢寬，字德洪，以字行，號緒山。文成倡明絶學，人多未信，德洪與同郡王畿首奮然從之。及論無善無惡宗旨，天下多歸錢之篤實，而訾王爲近禪。嘉靖壬戌，成進士。終師喪三年而後出，累陞刑部員外。以論郭勛失入下獄，會御史楊爵、都督趙卿亦在獄中，請曰：『箕子明夷，文王羑里，先生今日也。昔黄霸，夏侯勝受《尚書》，今請受《易》。』德洪爲闡其義。久之，乃出。隆慶初復官，年七十九卒。先後主講席二十年。

泰和鄒守益，字謙之，號東郭。正德辛未進士第三人，授編修。壹意問學，嘗讀《中庸》，嘆曰：『程、朱補格致傳，而《中庸》首言慎獨，不及格物，何耶？』積疑於懷。比謁文成虔臺，涣然冰釋。從討宸濠，與奏凱，往來留越。文成謂門人曰：『曾子所謂「有若無，實若虛」、「犯而不校」，謙之近之矣。』以議大禮謫判廣德。建復初書院，延同門王艮講學興禮，風動鄰郡。陞南主客郎中。文成卒，於師服心喪，奔哭，存撫孤子。聚同門講學天真書院，始與吕柟、湛若水，後與徐階、羅洪先相切劘。陞南祭酒。因九廟災自陳，疏中寓交儆意，解官歸。壬戌卒，年七十二。隆慶初，贈南京禮部侍郎，謚文莊。嘗言：『士之通病，在於局量狹而學力麤。官職、貨賄，小小便眩奪；技藝、事功，小小輒滿假。古人明明德於天下，吾儕自省有此願欲否。』子善，孫德涵、德溥，能世其學。

會稽季本，字明德，號彭山。弱冠，舉於鄉。丁父母憂，家居十二載，於書無不讀。已師事文成，翻然悔其舊學，一意《六經》。懼學者騖於空虛，思身挽其敝。著書數百萬言，精考索，務實踐，從游常數百人。時論學者多以自然爲宗而厭拘檢，爲《龍惕説》以反之。始以進士理建寧，務在平反。及爲御史，以言事謫，終長沙知府。

吉水羅洪先，字達夫，號念庵。自幼慕羅一峰之爲人。年十五，聞文成講學虔臺，心向往，遂卑視舉子業，常歛目静坐。《傳習録》出，探讀至忘寢餐。嘉靖八年，以進士第一官修撰。外艱，致毁，三年不内處。會讀《楞嚴經》，得反聞之旨，覺身在太虚。忽自省曰：『無乃誤入禪耶？』乃反求諸孔、孟，與同郡鄒守益相劘切。改左春坊贊善，疏請豫定東宫，朝議罷爲民。家居，凡應酬儀節，一裁古禮。親賢問道，未嘗以言詞先人。贛江水漲，寓宿田家。巡撫馬森以洪先嘗却臺省餽坊銀數千金，檄縣取爲搆室，竟辭之。同榜唐順之以兵事起官，約偕出，時相亦遺書道款，並婉書以謝。其後順之雖禦倭海上有功，卒罹清議。晚歲謝客，能前知，曰：『此偶然，不足道。』疾作，子世光就省試，謂家人：『兒歸，但語以莫厭窮，窮固自好。』卒，年六十一。文成之學，得洪先難進易退之節以立堤坊。雖私淑，猶顔、曾也。其所見，出入二氏而不雜越，於黜邪扶正尤有力云。隆慶元年，贈光禄少卿，謚文恭。

渭南南大吉，字元善。嘉靖初部郎，出守紹興。初至，若不諳事理。既三月，召諸吏抱案，立剖數十條，且數其某事欺骫狀，郡驚爲神。時文成里居講學，納贄稱弟子。葺稽山書院，創尊經閣，收八邑才士，講習其中。四方雲集，庖廩相繼，大吉左右之也。政尚風威，喜任事，諸興除，民賴其利。以大計去。

海寧董澐，字蘿石。以能詩名江湖間。已游會稽，謁文成山中。長揖，踞上坐，文成異其氣貌，咨其年，六十八矣。語連日夜，乃廢其詩卷，北面納拜。留數月，欣然忘歸。故時爲詩社者或招之返，曰：『翁老矣，何自苦若是！』澐笑曰：『吾方幸逃於苦海，方知憫若之自苦也。顧以吾爲苦耶？吾將從吾之所好。』遂自號曰從吾道人。文成爲之記。子穀士，知漢陽府〔二〕。

山陰朱節，字守忠。與徐愛、蔡希顔同舉於鄉，受學文成，始立師弟之道。後第進士，官監察御史。巡按山東，統兵勦劉六、劉七等，卒於師，文成哭之哀。贈光禄少卿。

餘姚徐珊，字汝珮。嘉靖壬午舉人。從文成學。癸未會試，策士以心學問，陰闢文成。珊嘆曰：『烏能昧吾之所得，以幸時好乎！』不對而出。聞者高之，曰：『尹彦明後一人。』錢德洪亦不第，與珊俱歸。文成喜曰：『聖學從此明矣！吾學既非，天下必有起而求真是者。』珊深然之。後官辰州同知。

餘姚夏淳，字惟初。事後母極孝。從文成學，嘉靖戊子舉於鄉。時魏莊渠主天根、天機之說，淳曰：『天根、天機，一物二名。云静爲天根、動爲天機則可；若曰静養天根、動察天機，歧動静而兩之，是所執有端矣，非所以語性也。』人服其精。官思明同知，立社學，以禮教爲急。

餘姚胡瀚，字川甫。七歲端重如成人，一日，問塾師：『學孔、孟以何入門？』師異之。其從父支湖召語曰：『孺子願學乎？學在心，心以不欺爲主。』乃著《心箴圖》就正文成，文成曰：『吾小友也。』王畿、錢德洪皆與交，會講天真書院。時主朱學者疑陽明，宗王學者論考亭，瀚爲指别其補偏起敝之故，同學皆服。

餘姚范引年，字兆期，文成弟子。講學青田，從游日進。青田人建文成祠，以引年之主配食。

餘姚柴鳳，字後愚，翰林廣敬孫，文成弟子。主教天真書院，衢、嚴之從學者甚衆。

餘姚孫應奎，字文卿，號蒙泉。嘉靖己丑進士。文成撫江西歸，率同縣之士七十餘人往師之，由是鄉閭教澤浹行。爲禮科，彈冢宰汪鋐，廷杖幾斃，鋐竟以此不安其位去。轉江西參政。宦江右者莫不禮嚴嵩門，應奎獨不往。累陞右副都御史，總理河道，踰年歸。家居三十年，紹講良知之學。年八十三卒。

餘姚聞人銓，字邦正。嘉靖丙戌進士。以文成表弟執贄。知寶應縣，擢御史。論救都御史王應鵬，廷杖。後視南京學政，以士無實學，校刻《五經》《舊唐書》。隨與錢德洪等定《陽明文録》。世宗嘗幸承天，行宫尚存，人心憂其再巡，銓上疏撤之。自湖廣副使告歸。

餘姚趙錦，字元朴，號麟陽。嘉靖甲戌進士。知江陰縣，擢御史，巡按江蘇。因元旦日食，疏引《春秋》之義：『日食爲陰盛陽微，由閣臣嚴嵩怙寵納賄，害民凶國所致。』削籍。穆宗即位，起河南道御史。後巡撫貴州，宣示德威，苗蠻俱就約束。萬曆初，歷南禮、吏尚書。張居正柄國，屢言朝政得失，被劾，去。復起左都御史。議文廟從祀，謂白沙，陽明當與其列。改兵部尚書。内艱，歸，年七十六。贈太子太保，謚端肅。

姚江自文成後，大臣以剛正著者，趙端肅錦、孫清簡鑨、陳恭介有年，皆能以身明道。至施忠介邦曜、孫碩膚嘉績，學文成之學，而生死大節同國休戚存亡，與夫世之口說良知者相萬也。鑨、有年、邦曜、嘉績自有傳。熊汝霖入《劉門弟子傳》。沈國模、管宗聖、史孝咸、孝復入《姚江書院傳》。於乎！王劉道同也，弟子豈各分門户哉！然而致知誠意，因時指授，取其篤信，不必定宗一家也。

山陰張元忭，字子蓋，號陽和。性篤孝。父天復爲雲南副使，擊武定畔者有功。讒人文致逮訊，扶父萬里赴滇就理，復馳京師訟冤，一歲三返，始得辨。釋屨及門，血縷縷滅趾，天下聞而哀之。隆慶辛未進士第一，官修撰。故事，詞林唯清茗，元忭獨講求世務人才。學宗文成，摘考亭論著與文成意符者，祛世儒之惑。初，出張居正門，不詭不亢。歷左諭德。卒年五十一。

時越中先後有三鼎元：諸大綬、羅萬化及元忭。皆修身潔行，著忠孝節。大綬爲講官六年，以哭穆宗升遐而卒。念生母例不得封，哀請於朝，報可。人臣之得封生母，自大綬始也。萬化與元忭讀書龍山，謂近世講良知者率言自然，沿二王之習，務崇躬行，砥實踐，而元忭更多發明。見舊志王門弟子唯立徐愛、季本傳，疑未備，然終不敢以己意輒增。其用心之慎如此。萬化傳見後。

山陰王畿，字汝中，號龍溪。文成倡致良知之教，郡人觀聽移駭。畿高才，首授業。出，以所聞爲諸士稱道，由是願從者日衆。嘉靖癸未，舉南宫，不就廷試，卒業師門。文成舉四語爲教法：『無善無惡心之體，有善有惡意之動，知善知惡是良知，爲善去惡是格物。』畿謂心、意、知、物止是一事，天命之性，神感神應，惡固本無，善亦不得而有也。於是『四無』之説興，而天下漸以禪寂爲師門病矣。然畿爲人卓犖多大節，聞師喪，不赴廷試，與德洪迎櫬廣信。三年服畢，始入都，除南職方主事。六科疏薦畿學有淵源，宜備顧問。夏言票旨詆爲僞學，罷薦首吏都給事戚賢官。又忤考功薛應旂，以考察去。萬曆癸未卒，年八十六。

泰州王艮，字汝止，號心齋。子璧〔三〕，字宗順，號東崖。父子布衣，不求仕進。文成在贛州，有自江西來安豐者，聞艮説《論語》，詫曰：『此絶類巡撫王公説也！』艮大喜，造軍門，以賓禮見。論證數日，納贄下拜，曰：『先生之學，得諸心者也。』或勸之著述，不應。文成卒，始受徒淮南。當是時，泰州有艮，紹興有王畿，皆揚良知之説以倡道東南者。其弟子幾遍京邑，人稱爲『二王之學』。艮最早出，而畿之末年授羅汝芳，又稱『二溪之學』。璧少奇雋，師事王畿、錢德洪，嗣父主講席。艮門人著者，同郡林春子仁，起家進士，以質行稱。

越中之學宗龍溪者，爲周汝登及陶望齡、奭齡兄弟。

汝登號海門，嵊縣進士。親贄龍溪，篤信『四無』之教，其言曰：『子云：「我有知乎哉？無知也。」』移良知而歸之無知，去性善之説遠矣。德清許孚遠恪宗程、朱，設《九諦》示學者，汝登作《九解》折之。然居官廉慎，循績可稱。終户部侍郎。崇禎九年卒。

望齡字周望，號石簣。會稽進士，南宫第一，廷試第三人。越中古文推陽明、石簣，冠絶有明。陽明灑然自德性流溢，石簣鎔鑄周、漢、八家，歸之冲淡。其爲人高簡，不受滋垢。沈一貫欲假妖書殺正人，率同類以大義折止之。其學與海門同時，嘗言：『吾自悦禪，從此得力，何能顧人非議耶！』人稱其不欺。官終國子祭酒。

奭齡字君奭，號石梁。以舉人終肇慶知府。啓、禎之際，與蕺山劉子分席而講。悦禪者皆從陶，然蕺山稱其門人多求自得。石梁作《遷改格》，教人爲善去惡，蕺山更作《人譜》，曰：『道不遠人。論本體有善無惡，工夫直有惡無善耳。』於是以念過爲事，其同異如此。

江西之學宗龍溪者爲羅汝芳，再傳歸善楊起元。汝芳號近溪，南城進士，官雲南副使。張居正惡其收召朋徒講學，嗾言者劾免之。歸，復與門人走安城，下劍江，趨兩浙、金陵，往來閩、廣，益務張皇，不爲龍惕而爲龍亢，論者惜焉。起元號復所，官編修。册封崇藩還，道盱江，執贄汝芳，曰：『乃今如客得歸矣。』戊子較士八閩，試策大發所學。官終吏部右侍郎。

劉門弟子傳序

先人有言：世之論王子者概之以事功，不知其事功由學而出。王子之事功，斯真事功；真事功，斯真學也。論劉子者概之以節義，不知其節義本學而成。劉子之節義，斯真節義；真節義，斯真學也。士之生各隨其世，故孔、孟皇皇游聘，程、朱亦事科舉。王、劉二賢，並起進士，爲時名臣。顧王子當明世之隆，爲其弟子者遵遺教，謹取與進退而已。劉子際末流，守死善道，其弟子之出而仕者多以生死明學術。迨王毓蓍、祝淵之徒，未嘗事任，亦審大義，皎然與星漢争光。蓋以言明道不若以身明道之爲能真知而實踐也。

劉子嘗有言曰：『此乾坤何等時，猶堪吾輩從容擁皋比講學，此所謂不識人間羞恥者也。』而陳洪綬亦云：『但存君父心，得升先生堂。』余録劉門，取其死義者得若干人。其次張奠夫、惲仲升諸君子，皆能兀守故廬，不交當世之權貴，亦足多矣。至其纂言提要，發誠意、慎獨之旨，則梨洲黄氏與有力焉。是以次而列之。傳未成。

姚江書院傳 癸未

昔南宋之世，儒者盛於東南，國統中微，斯文彌烈。晦庵朱子集諸儒之成，傳《四書》《詩》

《易》，修《通鑒綱目》，老、佛之流息，孔子之道著。猶窮河源者溯崑崙，沿江、漢者放東海，到於今五百餘歲，未有跨而越之者，良由體大而思精，力全而用博也。然當其時，金谿之陸、永康之陳，已自侈談經濟，喜言覺悟，遂有鵝湖、鹿洞之派。一再傳何、王、饒、輔，頗傷詞費。沿及於明，用經義取士，浸以性理，開利禄之門，人心苟趨科目，不以修身體道爲事。庠序之設雖賖，先賢餘澤衰矣。

浙東承金華數君子後，名儒接出。正德、嘉靖之際，道統萃於陽明。陽明氣象類孟子、明道，至出處就功之迹，知覺先民之意，則往往近於伊尹。閔學者久牽文義，特本原性善，開迪良知。良知加之以致，必有事焉。曾子弘毅任重，固曰『死而後已』；顔子欲從末由，猶云『未見其止』。然則先難之功，畢生不輟；道心之發，一日可獲。孔子曰：『我欲仁，斯仁至。』孟子曰：『無爲其所不爲，無欲其所不欲。』陽明祖述孔、孟，直示以萬物皆備，人皆可爲堯舜之本。曲成誘人，於是爲至。其與朱子『存心致知』之教蔑有二也。

然當是時，禪宗盛行，門人不能謹持師説，每以禪宗所得舉歸之師，而墨守朱傳者則悉以聖人之精微讓之佛氏。又陽明天資踔絶，高明者自聞其説，輒不喜爲積累集義之學。矯枉則直必過，固當爲後人受其咎也。

若夫攻禪者反戈攻王，而即以攻王爲衛朱，則兩背也。象山稱元晦太山喬嶽。陽明功勳節義，卓爲一代宗臣。此見於行事之實，其揆固一。經生家舍己之田，蕪穢不治，而越其疆畔，以疵求前哲，空復何施？至於本遠原分，微言大義，各有流極，固賴學者補偏起敝以振興之。昔石渠、虎觀諸儒，講文煩密，遂啓老莊糟粕《六經》之説。陽明自天泉論《大學》，亦貽二溪、二王之弊。使仲尼復生，文、行、忠、信兼以爲教，寧有斯失哉！

崇禎末，沈、管、史諸公特起姚江書院，講陽明之學。其人皆能嚴立志節，循理處善，世以輩金、許之於朱。雖未涉崑崙之顛，傾雲漢之波，要亦涉其末流，不至於溺焉者。後之人放尋遺緒，固於此有取爾也。惜其文章語録久多湮落，又師資所承頗衆，不能詳載，特著其關世教、裨聖路者見於篇。

沈求如先生，諱國模，字叔則，餘姚人。憤舉業陷溺，天下之人不知聖學，奮然棄諸生，倡明之。初入嵊，見周海門汝登，既與念臺劉子會講證人社，歸而建義學於半霖。同志者，管先生霞標，史先生拙修、退修兄弟。其學以求仁爲宗，教人當下察取本心，擴充克治。遇有向道者，泥首鼓勸，雖在齠齔，提耳訓告。姚江講學之盛，前稱徐錢，後稱沈史焉。

崇禎末，築室石浪，屏居。聞劉子死節，哭之慟。自謂後死，作人明道之意益篤。使門人重繕義學，月旦臨講，曰：『陵谷變遷，唯學庶留人心不死。』順治十三年，卒於石浪，年八十二。

始山陰祁忠敏彪佳與先生善。忠敏巡按三吴，一日杖殺巨憝數人。會先生至，欣然以告。先生字呼曰：『世培，亦聞曾子云「如得其情，則哀矜勿喜」乎？』後忠敏嘗謂人：『吾每臨讞，必念求如，恐倉卒喜怒過差，慚此友也。』

管霞標先生，諱宗聖，字允中，餘姚人。曾祖見，廣東參政。先生爲人孝友忠亮，强氣自克，謂人心不正在學術不明。於是與沈、史三先生會講陽明之學，以躬行實踐爲則，一言一動必準乎禮。邑中後生、先達皆化之。孫少保鑛、楊中翰文焕、葉臬使憲祖與先生詩文山水和游，既以聖學相勉。少保病中向信益篤，嘗復先生曰：『此理深，非造次可答。向嗜讀《左》《國》，秦、漢、百家等書，今先生爲我洗盡矣！』崇禎十四年卒，年六十四。

祁忠敏嘗薦之於朝，特徵不起，號曰徵君，崇祀鄉賢。後不疑趙公貞請史拙修先生碑志徵君，稱徵君『淵海之學，山嶽之行，冰鑒之識，金玉之品，今日郭有道』。拙修先生因其説爲傳，無所加。

史拙修先生，諱孝咸，字子虚，宋太傅浩之後也。父元熙，江南按察僉事。自陽明倡良知之教，天下學者尊姚江，徐愛首作《傳習録》推揚師説。及王畿，以心、意、知、物俱歸無善無惡，錢德洪不然之。後人稱徐、錢爲王門功臣。

崇禎中，沈、管、史諸公特起，講學於半霖，時人頗共迂怪。沈先生識行超卓，教人當下識取良知，故議者有禪學之目。及見拙修先生衣冠言動一準儒者，醇潔之士徐稍歸之。然劉子稱求如之斬截，霞標之篤實，子虚之明快，一時共相伯仲。沈先生卒，拙修先生主書院。

先生和平光霽，以名教爲宗主。家貧，日食一粥，泊如也。嘗謂：『良知非致不真，證人改過則聖。吾輩頭頂儒冠，家畜妻子，學宗孔孟，教遵先哲，何至借徑於禪？』令學者鞭辟近裏，以立誠爲第一步。曰：『學問自有向上功夫，勿以必信必果爲駐足之地。』又曰：『空談易，對境難，但將《論語》「居處恭，執事敬，與人忠」深佩而力行之。』順治十六年卒，年七十八。門人稱其博學工文章，要歸於道，潛隱高節，有陶潛、金履祥之風焉。

子起曾，字尊聞，能守家學，安貧蹈道。

弟孝復，字子復，號退修。志行淵密，灑然和樂，人以比南州孺子。劉子舉慎獨誠意之説，謂『意爲心之主宰，即道心惟微。存發一機功夫，專在未發處用；致知不先主誠意，必有知非所知之病。』門人葉廷秀、董標等競相質問，退修最先言之。崇禎十七年十一月卒。學者並稱『二史先生』。

韓遺韓先生，諱孔當，字仁父，餘姚人。沈求如先生弟子。其學以致知爲宗，求友改過爲輔。久之自得，兀然忘言。正己率人，狂愚俱革。教學者援上蔡『透得名利關，是小歇脚處』，及敬軒舉孟子告景春大丈夫之説，使人有壁立萬仞氣象，如濯江漢而暴秋陽。康熙八年，主院事。十年，卒，年七十三。

自沈、史兩先生没，書院輟講竟十年。先生挽其墜緒，舊人新進翕然咸來問學，弟子至七十餘人。持論較師説亦頗闊，恪遵濂洛，兼綜群儒，以名教經世指勖學者。每臨講席，默對良久，乃始發語。咸共内怍，至於沾汗，曰：『比從韓先生來，不覺自失。』其教人感切如此。早歲學於禪，知禪之害，曰：『佛氏與聖人異，大端在君父上。』又曰：『佛氏意主了生死，陽明子所謂自私自利也。聖人天地萬物一體，學者無自狹小。』

其居貧長約，敝衣齏粥，終身不改，無向人稱貸事。痛近世吉凶不遵古禮，延僧道，盛宴會鼓樂，風俗既敝，財力亦空，曰：『志聖人之學，須從立身處家始。不節用，則取與進退，造次妄投，何處尚有學問？』因出陸梭山《居家四則》，命各書一通，曰：『能倣此，亦自足用。不必出見紛華而悦也。』

又曰：『否泰剥復，乃天行消息。知《易》者唯仁山、白雲。』病亟，謂門人曰：『吾於文成宗旨，夢醒覺有新得。努力察識，擴充此心，簡點形迹，終無受用。』

門人最著者，同里徐景范文亦。有學識，純潛和正，光采動人。康熙丙午舉於鄉，都門士大夫爭欲屈致與交，輒謝弗往。文亦既没，姚江人士風靡，雖先賢餘教猶存，興起者少矣。

金如王公，諱朝式，山陰人。爲諸生，常有憂世之志。崇禎初，奉母司馬氏隱居四明山。從沈求如先生學，亦學於念臺劉子，與王毓蓍、秦弘佑等侍講證人社。劉子主誠意，而公篤守致知，曰：『學不從致良知入門，有誠非所誠之弊。』由是會者多異同。十年，入嵊賑饑，全濟四萬二千一百二十口。又同禺氏蘇公、奠維鄭公營立姚江義學。順母意，首倡捐田，學會大盛。已喟然曰：『流寇延蔓，必危宗社。吾徒雍容談道，欲以何爲！』將走四方求奇傑，以謀時難。十三年，卒，年三十八。劉子祭以文，稱其『有超世之識，不必印之於古；有過人之才，不必韜之以静；有隨處傾倒之肝膽，不必出之以養』。時謂定論。

禺氏諱元璞。父萬傑，雲南左布政使。奠維諱錫玄。皆餘姚人。沈求如先生弟子。自義學始建，迄書院之成，多二人力。禺氏有容孝德，承父志，喜任卹。李賊陷京師，倡勤王議，事雖不行，論者韙之。奠維舉義倉，釐崇祀，謂：『良知之教，陽明子欲人直下承當，徹始徹終，莫作光景看過。如顔子「一日克己復禮，天下歸仁」，學者能事斯語，置良知不談可也。』同門邵振韶，卓識士也，以奠維之言爲然。

長孺邵公，諱元長，餘姚人。沈求如先生弟子。爲人言行無枝葉，意象豁如。嘗稱：『古之學者爲己，今無此實心，雖云談道，實長浮競，終身長自暴墮，可惜也。』值外氏風沸，與遺韓先生力扶正學，消邪説，諸狂誕者皆避色去。陽明子之道復明。嘆曰：『先儒之學，爲此鬼怪輩害事！』進門人，較量志行，商確取與，曰：『此外更無學。久而益熟，自有異境。須虚心廣見，師古聖賢人，不可安於近今淺薄，在能者自取之。』康熙十三年，卒，年七十二。

沈先生高弟有安元邵公資仁，嗣主石浪，鄉黨稱善人。梅夫吕公滋、禹銘錢公九鼎、蜀庵陳公正衎、棐臣吴公琳，並杜門編書求志，以遺民終。

吾之俞公，諱長民，餘姚人。沈求如先生弟子。書院之立，延公司文課，月旦講會，發難常數千言。沈、史兩先生没，諸高第弟子張客卿、蘇玄度、邵以貫等相繼逝，姚江書院中微，而釋氏臨濟宗大盛。高明者輒往濟宗門下，争詈道學而仇視儒者。同人或不能自守，議論往往出入釋氏。唯韓布衣孔當、邵文學元長屹然爲儒宗主，嚚競潛息，遂復書院之舊。布衣没，公承之，嗣舉月會，以文章號召，門士多歸者。每語：『今之霖間，昔之河汾也，諸生有能爲董、薛、房、魏其人乎？爲萬世開太平，此沈先生志矣。』嘗序刻《陽明王子全集》行世。年八十餘卒。無子。抗言高志，人顧思之。

王父魯公先生，諱曾可，字子唯。在娠七月而孤，終身孺慕，有曾子養志之節。迨除母喪，没齒素食。饔飧纔具，而惠於三黨。師友宗之，賢者交之。貧者、里之昏喪無告者，無不假也，不責其償。下至傭夫莊户，並感其義。少時頗愛書畫，一日讀《孟子》『伯夷聖之清』語，即涣然釋去，篤向聖學。

時書院初立，姚中有道學之目，家人咸以爲疑。先生厲色曰：『不如是，便虚此生。』徑往從之。月旦院會，請業者各持成見，殆同紛訟。先生獨正襟斂容，如不能言。退而書所答問，近思精擇，期於動息有合。諸先生喟然曰：『今英才滿前，如魯公之孝友端厚、五倫無闕者，未見其多比也。』於是皆愧服焉。

初年功專主敬，後乃深詣致知，曰：『吾今而知知之不可以已。如日月有明，容光必照。不爾，日用跬步俱貿貿。』盈科後行，思以魯得之，故自號魯公，曰：『成吾學者，魯也。』教二子讀儒書，近高賢，持身渾樸，莫漫馳思經濟。冢孫幼，授陽明《客座私祝》、康節詩句、《朱子家禮》，語之以必爲聖人。道行於家，交游信之。順治十六年十一月，卒，年五十一。

先生居平不見喜怒之色，不服闇，不登危，稱道不亂，好禮不變。善善惡惡，同其清汙，門無雜賓，鄉黨儀式。與遺韓先生交篤，勤受規諍。事拙修先生，無方就養，且走十餘里叩牀下省疾，不食而返。如是月餘，因亦困病。同門躬行充實，以先生爲首。至於身没之後，雖平時詆譏者轉深懿好，服其純誠，到今懷思。

多貯明儒書：敬軒、康齋、白沙、陽明以下，曰仁、緒山、東郭、南野。坐卧北樓，手鈎玄要。常爲後生開説，提撕本原。及院會請益教言，稽古質疑等，蠹餘隻字，力闡師傳，無或謬缺。其後修《姚江書院志略》，皆出先生遺笥所留云。

贊曰：一邑之教，千聖之文。卜氏西河，王通龍門。德性問學，其流孰分。洋洋優優，以待其人。懷此先哲，叙我彝倫。

吴逸茉先生曰：八傳首尾聯絡，不可移掇。藹然嚴師尊祖之思。

吴次張先生曰：倣范史《逸民》《循吏》諸傳，格論。只疏别王學源流，不更牽朱、陸，特識。

陶及甫先生曰：後人無學無識，各持同異，無論矣。即意中右其所尊，亦復崇古替今，尚存朱朱王王之見，不知二子登孔子廟庭，位次斷在七十二子上，則朱曾王孟無疑也。假令從旁進講，夫子必不左都右咈。傳序直能道孔子意中欲言，數百年來有功聖門之文。

叔祖培風先生曰：少時見家魯公先生同門諸前輩講良知之學者，皆篤行君子也，今則搦管爲時文家。夫人談朱稱陸矣，此傳出，直可鍼膏肓，起廢疾。

顧涇陽以來，已憂良知病道。東林正人門户，然持論太深。其《二大辨序》有云：『江西頓悟，永康事功，今且兼而踞之，朱子復起，憂更何如？』須搗其窠巢始得。』因指『無善無惡心之體』句，摭入根搜，不知致良知功夫全在爲善去惡。宗旨四語，特本其寂感一機、體用共原者言之耳。此等源流關係，蕺山劉子洗刷最精，吾輩當虛心諦觀。庶洛、蜀本是一家，無容鬩墻，見識外人矣。自記

陳恭介公傳

公名有年，字登之，紹興餘姚人。父克宅，正德九年進士，知嘉定。以清丈革豪右詭灑，治行爲吴中第一。嘉靖初，召拜御史，劾太監劉允取佛烏思藏，惑衆當斬，又劾武定侯郭勛大不敬，直聲震中外。出按貴州、河南，備兵四川，勒兵殲叛番，諸番無敢犯者。歷湖廣左布政使。楚中連年潦旱，重以大工採辦，百方裁量，民賴以甦。陞副都御史，巡撫松潘。囤賊負險，久逆命。乘雪夜，令死士攀崖上，以索梯度軍，一鼓克之。改應天巡撫，方移任而餘孽復叛，有以爲言，罷歸。

公登嘉靖四十一年進士，累遷驗封郎中。萬曆二年冬，成國公朱希忠薨，其弟希孝請贈王

爵。時希孝席世勳，位太傅，掌錦衣衛，貴用事。閣臣張居正、司禮監太監馮保仗爲腹心。王篆攝部，承居正指，遂欲予贈。公上疏曰：

高皇帝約，非奇功大勳無贈王。故徐氏王者，唯中山一人。張士三王〔四〕，河間靖難，祥符平交阯，又死土木，此於例宜贈也。寧陽在正德中逢迎射獵，與彬、寧近狎，武廟欲封之，争者滿朝，迄不見聽。後假平曹欽，不爲無名。

伏見成國公太師希忠，恭誠寅畏，奉御三朝，爲國元臣。然遭荷承平，非有統軍臨敵汗馬之勞，何奇功大勳，而贈王之？在希孝，誠出孝子悌弟之心。而越違舊章，處以非分，亦非所以褒崇其兄也。故臣以爲越請者非法，遂請者不職，臣終不敢溺職狥非法。

篆欲削牘，固争不可，以原疏上。居正不悦，中旨用寧陽王張懋例，贈定襄王。公即日乞病歸。迨居正敗，篆亦削籍，謫馮保而没其家財。卒奪懋、希忠贈王。上追思公議，起考功、文選郎中。拜疏請召還海瑞，中外相慶。二十一年，代孫鑨爲吏部尚書。明年，以會推閣員，予告歸。

先是，大學士申時行、許國、王錫爵、王家屏先後疏請建儲，家屏持之獨堅。上心害之。禮科李獻可以請豫教削籍，家屏封還御批，上怒。科道鍾羽正等並降謫，孟養浩至杖一百爲民。家屏不自安，三疏乞歸，許之。至是，會推列家屏及原任左都御史李世達，上見其名，大怒，降處選郎顧憲成等。公奏言：『冢宰及總憲廷推，自有故事。舊輔家屏爲相有名，若宰相不廷推，恐將來開私竇無已時。』因乞歸，疏十餘上，命馳驛回籍。遂用沈一貫、陳于陛入閣，而正士日退矣。初，陸光祖亦以執奏趙志皋、張位密薦入閣事忤申時行去位。嗣是，孫鑨用京察不狥王錫爵去。光祖平湖人，鑨公同縣，時人稱『浙中三賢太宰』，浙人榮之。

公一生嚴正，秉難進易退之節。銓郎時，以成國封典乞休，或言其硜硜，曰：『小臣與大臣異。大臣忍小就大，小臣不得其職則去，是吾分也。』及因廷推歸，又譏其既爲大臣，何不能忍小。曰：『大臣者以道事君，不可則止，如此而已矣。』屏杜中貴請託，復國初銓臣體，陛除不關內閣，中外交不便之。立朝居鄉，所相從往來無數人。然培護善類，言官有錮謪，必爲之請，務於得允。平心恕物，家素寒清，自奉陋約，常服角巾、紫花布衣，攜一僮閒視郊原，遇之者不知其爲冢宰。二十六年三月，卒，贈太子太保，謚恭介。

邵廷采曰：采母陳，蜀庵先生女。先生守布衣之節，終身不試。博覽典文，精研性理，尤好《左氏春秋》、司馬遷《史記》，旁及《昭明文選》。窮竭硃墨，以致自娱。與兄儀一先生帛冠奉祠，言及祖德國恩，涕泗交下，至於廢酒撤席，不能答語。甚哉，其傳家忠孝，保世之遠也！少侍講席，得聞恭介公家居軼事，以其頗涉纖細，不載。然兹傳所約，亦可以想見其大概矣。陳氏世牒出於宋中興賢相并松潘公文系，具《保定公墓碣》，不更入。

羅文懿公傳

公諱萬化，字一甫，號康洲，紹興會稽人。其先以勤穡忠厚啓基，至東溪先生霆，有陰德，再傳爲皇考拱璧，以孝聞。

公生而神度端凝，與同郡張元忭讀書卧龍山，講王文成之學，務爲真知實踐，曰：『以此克治，異日將舉而措之。』嘉靖四十三年甲子，舉於鄉。隆慶二年戊辰，成進士。御試制問以外攘内安之道，公對曰：

臣聞帝王之莅天下也，必安攘兼舉，而後可成天下之至治；必明斷並行，而後可收天下之實功。故務本重農，以厚民之生；治兵修備，以固國之防。是二者誠有國之先圖，不可以後時而偏廢者也。然非明以燭之於先，而斷以行之於後，則雖日慕乎安内之名，而實效罔臻；從事於攘外之文，而成功莫奏。其何以合内外之治，而用紓夫宵旰之憂也哉！故必君以實心主之，而委任以責成者奮英明果斷之勇；臣以實心效之，而謀猷以宣力者竭左右勷贊之誠。然後君臣道合而百度貞，上下志同而萬邦理，中國可安，四荒可攘，内可順治，外可威嚴，久安長治之功可垂拱而俟矣。

欽惟皇帝陛下躬大聖之德，膺曆數之歸，至誠享帝，恭己臨民，天下臣庶孰不翹首拭目，跂伫維新之化？而陛下方且望道未見，求治愈殷，乃特進臣等於廷，俯賜清問，惓惓乎安内攘外之策。顧臣愚陋，曷足以知當世之務，徒悚懼焉。雖然，陛下之設此舉，蓋將采而行之，非虚循古事已也。蘇軾有言：『君以名求之，臣以實應之。』矧今陛下以實求之，臣敢不披瀝以對揚萬一耶？

臣聞之《書》曰：『天降下民，作之君，作之師，惟其克相上帝，寵綏四方。』則知天之生民，所以鈞陶而涵育之者，其責恒寄之君；而君之主民，所以生養而安全之者，其道實法乎天。惟人君有同天之道，則凡曆象日月，以經天之時；體國經野，以相地之宜；立綱陳紀，以定民之極；愛養撙節，以盡物之利：皆所以興化而致理也。然語其政之大者，則唯曰務本以重農、治兵以修備二者而已。昔成王初親大政，正天心陟降之際，人心觀仰之時也。惟周公殷殷告戒，一則曰『知稼穡之艱難乃逸』，一則曰『其克詰爾戎兵，以陟禹之迹』。蓋知稼穡之艱難，則農事修，而民食有資，人君養民之責盡於此矣；知戎兵之當詰，則武備飭，而民生有衛，人君安民之責盡於此矣。卒之，穡人成功，而明昭之烈，於前有光；守在四裔，而重譯之朝，靡遠勿届。此古之稱善治者必曰成、周，而誦周公輔理之功亦至今不衰也。

洪惟我太祖高皇帝籍田有諭，諄諄乎重農之意。成祖文皇帝務本有訓，切切乎逐末之戒。而又作《祖訓》一書，兢兢於選將練兵之事、居安忘備之憂。則當時所以足兵食而成民信者，已周詳而曲盡，故民皆樂業，而太和在宇宙；夷來貢琛，而王享及雕題。内固無不順治，而外亦無不威嚴。誠上追成、周之盛，而啓我國家億萬年無疆之休矣。

伏惟陛下臨御以來，躬率臣民耕籍南郊，屢敕邊吏慎固封守，博求制外之長策，謂宜農無不足之貯，國無不寧之宇也。乃窮陬僻壤，猶有啼饑號寒之衆；寇賊奸宄，且有潢池弄兵之形。廑我皇上宵旰不遑暇逸者，何也？臣嘗反覆思之而得其故矣。

試以農言之：方今四方之民，游惰者多，歸農者少，此生之所以不衆，而用之所以不舒也。陛下誠欲驅天下之民而皆力於本，其道無他，惟貴穀粟而已。我國家罪有折贖，鹽有飛輓，其初非不貴也。後以國用不支，而見小以忘大，於是有折色之兑，有解銀之額，而穡人之功漸輕矣，何怪其趨末而去本也哉！故臣願貴五穀，賤金玉，使曉然知稼穡之重，如晁錯屯田徙塞下之議焉，則激勸倡導之下，豈無力本之農矣乎！若夫屯政之善，鹽法之理，祖宗之制具在也。修而復之，以利天下之商，厚天下之農，在一推行間耳，孰謂其有不可哉！

以兵言之：方今邊疆之地群醜匪茹，警報歲聞，此備之所以不嚴，而國之所以不固也。陛下誠欲嚴天下之備而克壯其猷，其道無他，惟重將帥而已。我國家總兵有官，參將有職，其初非不重也。後以承平日久，而重文以輕武，於是有巡撫以轄之，有總督以統之，而文法之拘加密矣，安責其臨敵而制勝也哉！故臣願重其權，專其任，使屹然當一面之寄，如充國湟中守便宜之事焉，則委任責成之際，豈無敵愾之勇矣乎！若夫精練驍果，罷調客兵，將帥之略固在也。控而操之，以奮天下之武，安天下之民，亦一運用間耳，孰謂其有不能哉！

雖然，爲之有本末，施之有先後。其具在方册，而其用則在於陛下之明與斷而已。伏讀聖諭有曰：『朕日夜圖維安攘之策，莫急於斯，而行之靡效，其故何與？』臣以爲，天下事未有行之而無效者，陛下特未實行之，而臣下亦未能實奉承之耳。願陛下致精明之氣，勵明作之功。穀所當貴也，則斷然以貴之，而不牽於權算之謀；將所當重也，則斷然以重之，而不惑於優柔之論。賢否欲明以辨，昭然如日月之行於天，而光不可掩也；賞罰欲必以信，轟然如雷霆之鼓於天，而威不可測也。然後君宰其權，則臣終其事；上作其氣，則下效其能。守令司民牧者，誠知重農而勞心於撫字，則國無不闢之野，而何患游民之不歸農哉！將帥司兵柄者，誠知奮武而盡力於封疆，則國無不振之威，而何憂遠人之不率服哉！是蓋惟明克允、惟斷有成者，既並用而不偏，故内安中國、外攘四荒者，斯兼舉而立效。周成王之治不專美於前，而我二祖列宗之盛業，將由此式廓而光大之矣。

抑臣又有獻焉：心也者，萬化之原而明與斷所從出者也，使其心純乎天理之公，而絶無人欲之私，則明斷固渾然而在。苟一以私蔽之，則明有時而昏；一以欲累之，則斷有時而失。其何以主宰化機，而役使群動哉！范氏曰：『君心惟在所養。』故臣願陛下存養省察以體其心，精知力行以强其心，廣詢博采以大其心，親賢遠佞以純其心。一念之萌，則曰：『我其忘稼穡之艱矣乎？』一慮之發，則曰：『我其忘戎兵之詰矣乎？』然後心無不存，而可以全明斷之德，可以保安攘之功，惟陛下少垂察焉。

穆宗御極，援遺詔，悉反嘉靖之政。竄誅方士，起用舊人，褒録建言死事諸家，夢想名儒，以資啓沃。是科殿試，親禱於天，閲公對至『君心惟在所養』，亟加嗟異，遂賜及第第一。傳臚之日，拜舞進趨，如舊相習。大學士華亭徐階見而器之，授翰林院修撰。甲戌，陞侍讀。終張居正當國，居六品官，十年不遷。居正卒，累陞春坊諭德、國子祭酒。丙戌，丁外艱。服除，起南京吏部右侍郎，召爲吏部左侍郎，佐太宰平湖陸光祖掌内計。光祖行，代者餘姚孫鑨未至，公攝部三月，宿弊一清。陞禮部尚書，兼翰林院學士，教習庶吉士。

時皇后未有子，王恭妃生皇長子，宜立儲，及鄭貴妃生皇三子而貴妃寵，上意未定。群臣皆執奏，以皇嗣不可久虚，上益厭之。前大學士申時行等屢請册立，于慎行、李長春先後爲秩宗，争之不得，各引去。公繼長春後伏閣上疏曰：

前下明詔，期以今春二十一年恭行建儲，兼舉封王，定國本，廣藩屏，甚盛典也。比奉聖諭，忽更成命云：『思遵祖訓立嫡之條，少遲册立，并封三王，以待皇后生子。』臣等深惟大計，有不能不爲皇上一敬陳者。

祖訓立嫡不立庶，蓋以有嫡有庶，自不得舍嫡而立庶耳。非嫡未出而必待嫡之謂也。臣考本朝故事：太祖以洪武元年，成祖以永樂二年，英宗以天順元年，憲宗以成化十一年，孝宗以弘治五年，世宗以嘉靖十八年，有嫡立嫡，無嫡立長，並因時豫建。惟我皇上正位東宫，即當先帝御極二年。今天下仰聖明之御宇，莫不追先帝之遠猷，豈非近事明效哉！兹皇后高禖之兆歲久未彰。皇長子睿齡日茂，時當出閤。況前此屢奉明旨，中外臣民，望切雲霓。而復援立嫡之經，從封王之典，將使觀瞻靡定，疑慮叢生，失大信於天下，此臣等之所爲私憂過計也。

且皇后母儀天下，衆子孰非其子與？虚東宫以待嫡，不若立長以安天下。伏願俯賜采擇，仍敕臣部，以册立皇長子與册封皇三子、皇五子同日具儀舉行。則匕鬯有歸，維城永固，天下幸甚。

先是，並封之旨下閣，王錫爵持之不堅，在廷因歸咎曰：『此錫爵密進者。』工部郎中岳元聲等數十人面詰錫爵於朝房曰：『閣下奈何誤引親王入繼之文，爲儲宫待嫡之例？』庶吉士李騰芳上書錫爵曰：『古之賢豪將立權謀之事，必度其身能作之，身能收之，則不難晦其迹於一時，而終可皎然於天下。公欲暫承上意，巧借王封，轉作册立。然以公之明，試度事機，急則旦夕，緩則一二年，竟公在朝之日，可以遂公之志否？恐王封既定，大典愈遲。他日繼公之後者，精誠智力稍不如公，容有壞公事，隳公功，而罪公爲尸謀，公何辭以解？此不獨宗社之憂，亦公子孫之禍也！』錫爵讀訖，豳然曰：『諸公詈我，我無以自明。如子言，我受教。』

於是公復上疏曰：

伏見皇長子始生，皇上布告覃恩，明示天下主器之重，今睿齡十有二矣，已及加冠之期，未幾且當大婚之吉。蒙養匪豫，則趨向靡端；情竇一開，則攝調不易。故一日册立之典未具，即一日出講之儀不行。此宗社大計，皇上豈不心明之？而行之寡斷者，豈猶有格於中而無由自決耶？

夫上意之微渺，或有不能喻之於下；下言之委曲，容有不敢畢之於上。皇上深居九重，臣等未由瞻望顔色，假借面陳。竊念今廷臣倚信，莫如王錫爵。請特御便殿，親賜召問，使考古證今，速定大禮，慰中外臣民之望。

夫人情所在，即天意所在也。方皇上覽臺臣之疏，明旨下部，朝野歡聲雷動，誠内結於心，忠愛之至也。《易》曰：『天之所助者順，人之所助者信。履信思順，則自天祐之，吉無不利。』臣司禮言禮，安上定民由禮則治。我朝禮制，定自高皇，列聖嗣守，二百年内無凌替之憂、外絶覬覦之萌者，本此。豫建太子，禮素定也，皇上奈何忽更之？借待嫡之虚詞，違立長之成憲，欲以紹述祖考，計安宗社，不亦遠哉！

伏見皇上篤親親之誼，親王而下，歲一遣使册封。今四月又届期矣，臣等循故事以請，悉得奉明詔舉行。乃獨於元良之建，舉朝奏議，一切留中不報。陛下試思青宫之與藩服，孰重孰輕？立儲之與封藩，孰緩孰急？古人早建豫教，在敦叙九族之先，而陛下易之，此臣所謂舛也。日本爲東患數年矣，然譬之人身，朝鮮之被侵，猶四肢也，太子，天下本，則腹心也。舍腹心而肢體之是憂，臣所未解也。

昔人謂君之聰明少蔽，則司耳司目之官均受其罰。臣忝秩宗，爲陛下股肱耳目，而令大禮久闕，中外狐疑，臣之罪實深。是以不憚補牘，昧死上言，惟陛下垂鑒。

章八上，卒未得請，公廢不寐食。念留侯本招四皓，有吕后爲主；今皇長子非后出，故不足恃。惟有使戚夫人自請，以鄭用鄭，覺悟上聰，事乃得諧。會儀制司郎中鍾化民、主事李茂春與公交密，而鄭妃從子順天府諸生某嘗出入化民所。公令二人諭鄭生，使説貴妃母，入告貴妃，開陳奪儲禍福。貴妃初聞之恚，後乃漸移，乘間特請於上。而錫爵又密陳：『皇上縱欲少緩册立之期，豈可不先行豫教之禮？』上命明年二月皇長子出閣就學，長幼序明，國本遂定。然其謀本出於公，外廷莫知也。

公於是念太夫人老，累疏請終養，馳驛歸覲。時憂勞疾成，在道卒於寶應舟中，年五十九。贈太子少保，謚文懿。

公早勵名節，庚辰分較禮闈，江陵子豫請題目，不答。即得第，猶載重贄稱門生，終却之。及掌邦禮，臺諫以建儲，章奏碎激，獨鎮之以和静，與二王、申、許諸相國不立異同，潛移默運，卒襄大謀。寧夏之役，議召苗兵，公謂：『不可，是示苗弱也。賊倚西人爲援，第乘其未至，先破西人。賊，穽獸耳。』已而果驗。其知兵勢又如此。日本關白請封，本兵石星主之。封使既出，復發勘使。公謂：『封已誤，勘再誤。王言無反汗，若國體何！』已而沈惟敬等充詔使，議久不決。比關白死，行長等乃撤歸。時論以公之才得在相位，大業當更可觀。而兩經枚卜不用，蓋忌者阻之也。其鄉邦孝友惇睦，故老皆能道之。

子光鼎，由蔭監官刑部郎中，有廉直聲。壬子，孫元賓舉順天鄉試。天啓二年，復疏陳建儲事。援于慎行、趙用賢卹蔭例，得請，以讓其弟元賢。是科元賓成進士，歷任河南道御史，陞操江都御史，自有傳。

論曰：嘉、隆之季，言理學者人人殊方。由師承漸遠，高識之士挾其靈明，游於恍惚。遡厥由來，咎有攸歸。而康洲先生以純誠之德、淵衍之量，見之立朝任事，不阿不峻，確有本末。所與交鄒南皋、耿楚侗、許敬庵、鄧定宇諸人，皆篤行君子也。越中龍溪之後，接以海門，駸駸乎如程、朱之有慈湖焉。激極因衰，顧涇陽矯之以名節，遂啓東漢黨錮之禍。嘻，亦甚矣！先生鑒末俗之流失，憫人心之澆漓，務砥實功，省議論以自守。唯淡泊寧静，未造文成堂室。其言曰：『君子修身立命，則存順而没寧；忍性動心，則德崇而業廣。勉乎哉，學而已矣！』於乎！世徒以科名重先生者，其志識何如也？

黄忠端公傳

公名尊素，字真長，號白安，紹興餘姚人。性嚴介，諸生時以經濟名節自許，持論操行，卓犖不爲苟同。萬曆四十四年，成進士。除寧國府推官。能治强宗，以廉直稱。天啓三年，擢御史。時逆奄魏忠賢與保母客氏爲對食，專竊朝權，用王體乾、李實、崔呈秀等爲腹心，阮大鋮、曹欽程、楊維垣等司搏擊，許顯純、田爾耕等任爪牙。又聽大學士沈潅謀，大開内操，震驚宫廷。四年三月，公因星變，指陳時政十失，末云：『阿保重於趙嬈，禁旅近於唐末，蕭墻之憂慘於伏莽。毫末不戒，將尋斧柯。』奉旨，責其疏中有『天下誰之天下』語，奪俸三月。未幾而汪文言之獄起。

文言者，徽人，本名守太，以武學不第，納監，入王安幕。邵輔忠論劾，下刑部，徒三年。更今名，仍入監，遇纂修《實録》，授中書。往來諸大老門，頗驕蹇。顧慷慨曉大義，僉都御史左光斗、吏部給事魏大中皆與遊。時逆奄久欲傾陷君子，授意刑科阮大鋮造謀。大鋮乃遺吏部尚書趙南星書：『吏部陞轉，請告者率引人相代，有頂首之謠。』南星不知墮其欺，毅然以爲前弊當革，上疏曰：『吏部四司，惟稽勳一人，餘皆二人，以稽勳事少故。然今日之稽勳，實儲文選、考功用。如就近量推，不拘資及，即一省二人亦可。』引陸光祖調吕坤、黄克念同邑同司例爲言。上從之，遂調職方郎中鄒維漣爲稽勳，管外察。而維漣與原任主事吴羽文并江西籍，於是刑科傅櫆論南星違制，并及光斗、大中狎文言。下文言詔獄。其後因之延蔓羅織，櫆與大鋮始禍也。大中片紙求救於忠端公曰：『事急矣，勿殺義士！』公即至北鎮撫司劉僑所，密計不竟其獄，文言因此得寬。忠賢怒，以他事削僑，用許顯仁代之〔五〕。

六月，左副都御史楊漣論忠賢二十四罪，忠賢欲結輔臣韓爌爲地，爌嚴拒。遂令魏廣微條旨，切責漣而温慰忠賢。自廣微、顧秉謙入閣，葉向高强半注籍。午門杖殺郎中萬燝，又逮御史林汝翥。汝翥恐先斃群奄手，亡走詣遵化獄。群奄疑汝翥閩人，向高匿之，直入邸寓，嫚駡坐索。向高奏之，亦置不問。文言竟杖一百爲民。於是向高奏：『數十年不行之廷杖，用之旬日，實傷國體。且自楊漣首劾，舉朝閧然。皇上誠欲保全忠賢，莫若聽其自請，且歸私第，遠勢避嫌，其於轉禍爲福直俄頃耳。内操一事，祖宗朝所無，聚數千兵甲於宫廷肘腋間，終屬隱憂。』不聽。向高、熿予告去，漣、光斗皆削籍。

先是，公繼漣上疏言：『小人爲惡，至於情見勢極。先時臺諫折之不足，後恐干戈取之亦難。』及萬燝杖死，又言廷杖之弊：『爲廷杖者必曰祖制，亦思彼行之者何人耶？二正之朝，行之者王振、劉瑾也；嘉靖時，行之者嚴嵩也；萬曆時，行之者張居正也。曾見二祖、宣、孝之世有此事耶？』

公深沈謀斷，處群小能不爲已甚。大中劾魏廣微，公曰：『不可。此小人之包羞者也。』大中不聽，廣微遂決與正人敵。忠賢知劉僑寬汪文言之獄，其謀出公，尤忌之。五年二月，遂與周宗建、李應昇等同削籍去，而復逮汪文言。秋，七月，逮漣、光斗、大中下鎮撫司。脅文言證其受熊廷弼賂，文言不肯承。顯仁乃自爲爰書〔六〕，織入定罪，追贓酷掠，皆死於獄。六年三月，復逮高攀龍、周順昌及公。

先是，五年冬，三吴訛言翻案，以公爲主，用蘇杭織造太監李實爲張永，誅逆奄。逆奄聞之，大懼。刺事至江南四輩，無影響。刑部侍郎沈演欲自以爲功，奏記逆奄曰：『事有跡矣。』逆奄使人日譙訶李實，取其印信空本，填七君子姓名，皆指爲吴人，而不知公越人也。攀龍拜疏，坐園池正命。吴人因順昌毆殺緹騎，而緹騎之逮公者方泊胥門，誅求供應，榜笞驛官。義士許爾成偏袒一呼，衆叢擊，焚其舟，沈其輜重於水。有司擁護出境，抵杭關，失駕帖，竟不内，去。撫按逮公赴京，與李應昇同就詔獄考，身無完膚。再考及公，公仰首顧顯純曰：『吾忍見李君負病受楚毒乎！』顯純爲之動容。閏六月，卒於獄。前一日，獄吏告以『内傳欲斃公。公有語，亟書寄家』。即於三木上賦詩，南北向拜，謝君親，不及他事。

先後死璫難者十有七人，名列兩朝忠烈祠碑，而中書汪文言、吴懷賢不與焉。

莊烈帝登極，贈公太僕寺卿，謚忠端，予祭葬，蔭子宗羲入監。而封其父曰中如其官。妻姚氏，封淑人，鄉黨榮之。

曰中號鯤溟，通《易》《春秋》，與人言必原本經傳。忠端公之喪，蔣令弔之於途，鯤溟公曰：『此郊弔也。明府以《春秋》起家，豈宜有此？』一邑利害，他人不敢言者，公獨言之。有伍伯倚令勢魚肉市民，公投以治生帖，伍伯叩頭請死，令亦從此不敢近伍伯。逆案尚書某使其僮客越境追人，公呼僮客，杖之曰：『吾非杖汝，聊以寄汝主耳。』其疾惡如此。

姚淑人，上虞人。從忠端公在京，楊、左諸公多夜過邸寓，商論時事，燭累見芰，管勾茶鐺酒罍無失候。魏大中尤數過，以小人陰謀相告，形之嘆息。客去，輒迎謂公：『得無又有嘆息事耶？』獄急，上書求代。每哭公至暈絶，諸子前相慰解，曰：『無庸，第無忘大父粘壁書耳。』蓋鯤溟公於諸孫出入處大書『爾忘勾踐殺爾父乎』八字於壁，諸子受教慟哭，淑人亦哭。一生經荷艱危，後三十年益遭亂離，播遷無定居，每以舊國存亡係念。康熙十九年卒，年八十七。

子五人：宗羲、宗炎、宗會、宗轅、宗彝。宗羲自有傳。

贊曰：黃氏之系，出於潁川。漢相霸。慶元不屈，厥支是延。仕爲慶元通判者，金人破慶元，死之。三子分地避兵，一居定海，爲東發始祖。東發殿宋，震，宋末名臣。茂卿啓明。文茂，泰定進士。受學吴草廬，主教於鄉。從學草廬，以大其聲。墀當遜國，思效全忠。天造多奇，翻與叛同。賦詩：『爲臣真欲效全忠，豈料翻成與叛同。』赴水死。伯川有詩，小野亟嘆。東河撫孤，不先一飯。伯川舉天順，壬午，主考陝西。有《竹橋十咏》，倪小野稱其蕭散閒遠。素庵生稔，號東河，娶章氏，撫孤子。孤子入城市，必向其所之而立，待其歸始食。忠節之後，斯文之傳。知孫必昌，慰我對川。公大父。三品及封，七品死節。始疑不符，終乃券合。公言三品封祖，後以御史七品死，贈冏寺，果三品得封。同文之獄，孰非錦歸。天壽其翁，善養不違。鯤溟公後死受封。兩朝忠烈，碑峙孤山。六忠祠祀，越城具瞻。我遵竹浦，潮赫斯怒。宛在其中，英英白露。

刑部左侍郎梅墩公家傳

邵氏道一公之族登進士者，始自白竹公、月湖公。月湖公第四子梅墩公復以穆宗隆慶元年丁卯舉鄉薦。明年戊辰，成進士。由是亞六房孟氏蒸蒸盛矣。白竹諱德容，官刑部主事。月湖諱德久，知邵武府。二公同父，考曰菊莊公文達。文達考曰守原公珉。珉考則傳二公悌思也。自梅墩公上溯傳二公，爲世四。自傳二公溯福一公、宗一公至道一公，爲世三。余五世祖海州公與梅墩公同出傳二公，爲高祖兄弟。其仕也，同在萬曆初年，故因近宗爲立傳焉。

梅墩公諱陞，字世忠。凡通籍二十四載，由庶吉士爲御史，三出巡按，閱臺資終一星。及陞都察院右僉都御史，督撫南、贛，則以便道歸省，直月湖公之艱而不涖任。服除起家，巡撫湖廣，累陞左僉都、左副都，協理院事者二年。轉刑部右、左侍郎，理部事又一年。有浮言求多於公，因乞身歸。歸之歲，萬曆二十一年也。後二年，病終於家，年六十。贈太子少保、刑部尚書。

先是，隆慶四年，爲江西道御史，上疏請行：『公侯伯應襲之子，與已襲而年三十以上者，俱赴京營提督，教習騎射韜略。并選中式武舉，及武學官生之穎出者，淬勵以儲將材。』從之。時有買珠之役，李都諫争之甚力，忤繫。公特疏都商破産哀號狀，請上躬行損節，并釋諫臣。已而念母恭人，心動，告歸。

萬曆元年，内艱服闋，補河南道御史，出按蘇、松，首疏寬四郡宿逋。時張居正當國，專用催科考成，持下甚急。公獨以博大寬厚，紓恤民力。松江吳某者嘗爲邵武推官，故下石月湖公。公至，則出其子於重繫，曰：『朝廷繡衣豈吾修郄地乎！有直道在，亦不以沽直焉爾。』

四年，再按鳳、淮。江北故患水，比歲潦甚。將爲祖陵、漕河梗，公根脉之，創築泗堤，濬海口。具疏改折、留賑、蠲恤數事，民賴以蘇。

六年，移按江西。有旨查革書院，公請存白鹿。縉紳翕然，以爲公故陽明同里，能明輔道術、裨政化也。土産赫蹏，額有輸。俗不理機杼，額又有輸。公疏減紙直，而裁絲絹之半，以輕齎供焉。

九年辛巳報命，會當京察，留掌河南道，以公慎稱。

其巡撫湖廣也，在萬曆十六年。歲祲，饑民白晝焚掠都市。公梟狗首掠，多方賑發以安集之。賊劉汝國出没太、宿、蘄、黄間，饑民多從之，勢披猖。公設堡哨，遏賊衝。移應天府撫，操下流犄角。賊負固，堅壘不出。公檄播兵先進，而身督師黄州，徑抵其巢。賊倉皇焚巢走，追斬俘獲甚衆，汝國旋就縛。是年，鄖陽兵譟，圍撫治李材軍門，材避走襄樊。久之，乃定。人謂公得先幾，威惠兼克。在楚一年，轉左，回院協理。初，潞王之國，有以景邸莊田啖之者。王請之頗溢，故額濫及民間世業。公瀕代，慨然曰：『奈何心知目視其事而忍不言！』乃列見田實課以聞，且議徵輸歸州縣，毋滋官校擾。其爲屬境慮長久如此。

陳太宰有年稱公閎達有用世才。終始法官，常依於慈厚。早歲以孝弟聞。月湖公有子八人，歸自邵武，時悒悒。公燕進曰：『大人慮諸兒乎？伯兄蒙大人之教，魁鄉薦矣；仲善爲生；叔簿太湖；兒雖謭然而諸生哉，當强自力，不腆先世之遺與。大人節縮二千石餘禄，請畢分殤弟之嫠及三弱弟者。』月湖公嘉其義。已卒如約，諸兄咸無異辭焉。其後母弟圭舉於鄉，庶弟皆立。公禄入，輒分遺均給，及宗戚朋舊賢貧者。世父白竹公素奇公。公第，白竹公方捐館，祭祀必迎主並薦，保植其子孫，公之大德可知也。

立朝不阿權要。掌河南道時，南督學缺，時相以書致殷勤，言此席當屬公，公力辭。己卯，監江西試，策問更議考成。或言：『不虞忤首輔耶？』公曰：『士君子安有以字句逢人！』趙用賢劾居正奪情，都御史用他事論罷之。公語同列曰：『都臺從蒲團中度半生，今日乃爾哉！』或以語都臺，公亦不顧。已而晋江王司寇時爲户部郎，疏論都臺，得罪去，交游無敢送者，公獨具贐祖道。立交戟之下，務修實事，不以意氣封彈。自公没十餘年，而東林黨議興，臺諫之門户與國事終矣。於乎！時爲之與？人爲之與？

公葬豎玉山。子二：欽順、欽馴。明之末年，欽順孫不倫聚兵四明山，被獲，不屈，死之。不倫兄子曰進，字大赤，有文名於時。

校勘記

〔一〕其或……甚厚　據《王文成公全書》卷二十一《與安宣慰》三，『徐議可否』下脱『亦未爲晚，故且隱忍其議』十字，當據補。

〔二〕子穀士，知漢陽府　據《明儒學案·浙中王門學案》，董澐之子名董穀，進士，曾官漢陽知縣。

〔三〕子璧　據《明儒學案·泰州學案一》，王艮仲子名王襞，字宗順，號東崖。

〔四〕张士三王　下文談及張玉家族三人封王之事，『张士』當爲『張氏』之誤。

〔五〕用許顯仁代之　許顯仁，康熙本作『許顯純』。據《明史·許顯純傳》和《明史·魏忠賢傳》，作『許顯純』是。

〔六〕顯仁乃自爲爰書　據《明史·魏忠賢傳》和《明史·楊漣傳》，『顯仁』當爲『顯純』之誤。

卷二　傳

明户部尚書死義倪文正公傳

公諱元璐，字玉汝，一字鴻寶，紹興上虞人，父贈尚書涷，徙郡城。涷有經國才。隆慶辛未，試南宫，對策指陳時政得失，下第。甲戌，成進士，官南工部郎。定船政，軍衛皆便之。江陵相居正忮其直，出之知撫州，歷守撫、淮、荆、瓊四郡，所至有循吏聲。公幼承幃庭，講聞忠孝大節，居身矜重，才氣絶世。天啓二年，成進士，充翰林院庶吉士。四年，授編修。首輔葉向高特器公，曰：『三年來無片刺及吾門，何處得此風采！』然是時璫焰遂熾，向高未幾罷相。五年，公奉使封德王。使竣，即乞假省太夫人。尋召還京，魏忠賢已進爵上公，至配享孔子。公典試江西，命題譏切，忠賢大愠。會熹廟崩，思陵登極，誅忠賢，公乃得免於禍。

崇禎始政，天下清明，而逆黨阮大鋮、楊維垣等猶在班列。所刊《三朝要典》背顛公論，群小陰持其説以動摇國常。楊、左衆君子死，士氣未復，冀幸小安，莫能盡言。公以爲此邪正之幾、治亂之本，遂不謀同列，獨上疏曰：

臣頃見邸報，凡攻崔、魏者必引東林，並稱邪黨。崔、魏而既邪黨矣，向之彈忠賢、糾呈秀者又邪黨乎？夫東林，則亦天下之才藪也。其所宗主者，大抵秉清挺之標，而或繩人過刻；樹高明之幟，而或持論太深。謂非中行則可，非狂狷則不可。且天下之議論，寧涉假借，而不可不歸於名義；士之行己，寧近矯激，而不可不準諸廉隅。自以假借矯激深咎前人，而彪虎之徒公然毁裂廉隅，背叛名義，連篇頌德，匝地生祠。夫頌德不已，必將勸進；生祠不已，必且嵩呼。乃從寬之，曰『無可奈何』。嗟乎！充此無可奈何之心，又將何所不至哉！議者能以忠厚之心曲原此輩，而獨持已甚之論苛責吾徒，亦所謂悖也。

天祚明德，陛下龍飛，出諸臣鼎鑊之中。恩綸酌用，凡屬崔、魏之異己，即可化牛、李爲同心。而猶堅執方隅，深虞報復。夫曩年借東林媚崔、魏者，其人自敗，無可施報復之端；若其不附崔、魏又能攻而去之者，其人既已喬嶽矣，雖百東林烏能報復哉！

疏末，請亟召用韓爌、文震孟，而復天下講學書院：『蓋書院、生祠，相爲貞勝。生祠毁，書院豈不當復！』上方深思，未即納用，而維垣起，争公疏甚力。公復上疏曰：

觀臺臣維垣所奏，事事與君子爲仇，言言與明詔相背。明詔戒諸臣『無立同異』『天下爲公』，而維垣論列輒曰孫黨、趙黨、熊黨、鄒黨，動分門户，持此彌堅。陛下當陽，皎日既出，而維垣猶舞魑魅於容光臨照之下，欲起地下諸奸而更生之，取正人灰燼，重加燔炙，乃快其願。臣竊以爲計過矣。

維垣怪臣盛稱東林，意東林予李三才而緩熊廷弼也。然當時議三才特推其揮霍之略，而未嘗不指之爲貪；於廷弼特未即西市之刑，而未嘗不坐之以辟，則未爲失論失刑也。若維垣之稱魏忠賢曰『廠臣公』，『廠臣不愛錢』，『廠臣爲國爲民』，而何況三才！五虎、五彪，律當處斬，而初擬止於削奪，維垣不聞駁正，又何尤昔之寬廷弼者乎？『韓爌清忠有執』，天語煌煌。即條旨廷弼，僅免一梟，未嘗赦之。今舍其抗疏抵璫之言，而加以關説莫須有之事。廷弼行賄，璫口假以汙蔑諸賢，追贓酷掠，此天下所共知。維垣奈何尚守是説乎！

至於不附紅丸，及孫慎行君子之論，臣言原非矛盾。慎行清望，與王之寀不侔，議雖刻深，不失《春秋》書趙盾之法。夫董狐不爲沽直，趙盾亦未嘗貶賢。而以臣爲謬，臣不受也。王紀清正，因參沈㴶忤璫而斥，文震孟薦紀削奪，均之得罪於逆璫者也。至以破帽策蹇傲蟒袍馳驛之人，此何可譏？夫刑賞出於朝廷，斯榮辱因之。若當日，則忠賢之刑賞而已。年來破帽策蹇之輩，較之超階躐級者，誰榮誰辱？抑宮保橫玉之劉詔，何如桎梏抵罪之耿如杞？自此義不明，相率爲生祠頌德，呼公呼父而不顧。而維垣以臣爲謬，臣不受也。

鄒元標始則峭直，後則寬和，正其暮年進德。都門講學，扶正人心，爲益非細，而今詆之爲婪取多藏。且逆璫逐元標而毀書院者，正以箝學士大夫之論，而恣其無所不爲。自元標以僞學見排，而逆璫遂真儒自命，學宫之席，儼然揖讓宣尼，書之史官，貽後世笑。而以臣爲謬，臣不受也。

崔、魏時，人皆任真率性，罔辨頑廉。使有一人矯激假借，猶足以立朝野之坊。若東林已故諸賢鄒元標、王紀、高攀龍、楊漣而外，又有若顧憲成、馮從吾、陳大綬、周順昌、魏大中、周宗建、周起元其人。遣戍謫放，有若趙南星其人。臣不敢臚名，以侵薦舉之職。其爲理學清節，要何可疑？存没不同，並歸真品，豈有所矯激假借其間？而以臣抑揚之詞爲一成之論，謂臣大謬，臣益不受也。

若維垣持論之悖者，謂小人待其惡稔，乃攻而去。夫待小人惡稔，天下事已壞矣，殺天下正人亦已盡矣，思攻而去之，不嗟何及乎？崔、魏惡稔，不遇聖明，誰攻而去之？又始終以無可奈何爲附璫解嘲。脱一旦舞蹈稱臣，挺戈弑逆，亦託之無可奈何乎？

又言『忠良不當以崔、魏爲對案』。夫今日亂賊，非崔、魏而誰？王安石非真小人，而附安石者，皆真小人；豈崔、魏真亂賊，而附崔、魏者反非真亂賊？以維垣之邪説，護亂賊之崔、魏，孔、孟復生，爲世道懼，必有甚於前日矣。夫古今惟意見不同，議論偶異。如宋臣蘇軾、程頤互相訶詆，均不失爲正人。本朝大禮之争，折衷未平，皆主於愛君尊祖，若品節大閑，豈有兩是？品節試之於崔、魏而定，無問其爲東林與非東林也。

總之，人才不可不惜，我見不可不除，衆鬱不可不宣，清議不可不畏。臣前疏論列，本爲維垣。不斥其名，意使之聞而愧恨，面熱發赬而食不下咽。不意其怙終遂惡，乃至於是。且猶揚揚以正人自負，語言首鼠，豈能上逃睿鑒？《書》曰：『作僞心勞日拙。』臣願維垣之熟思之也。

書奏，上嘉嘆。公於是請毁《三朝要典》，略曰：

伏見梃擊、紅丸、移宫三案，始自清流。當事起議興，盈庭互訟。主梃擊者力護東宫，争梃擊者計安神祖。主紅丸者仗義之言，争紅丸者原情之論。主移宫者弭變於幾先，争移宫者持平於事後。六者各有其是，不可偏非。

至魏忠賢竊命，始假三案以殺人，而求富貴者萬口和之。既又編立私書，名爲《要典》。凡推慈歸孝於先皇，正其頌德稱功於義父。批根今日，則衆正之黨碑；免死他年，即上公之鐵券。聖神御世，誅罰既行，則於此書唯毁之而已。假奄豎之權，役史官之筆，亘古未聞，當毁一；未易代而有編年，不直書而加論斷，當毁二；矯誣先帝，僞託宸篇，既不可比司馬光資治之書，亦不得援宋神宗手序爲例，當毁三。此書不毁，必有受其累者，非主三案者之累，而争三案者之累，又纂修三案者之累也。願敕部立將《要典》焚毀，明詔廷臣，章奏無得漫舉向時點將之謡、選佛之説、一切市語妖言，以塵聽覽。舊染汙俗，咸與更新，昭陛下寬簡蕩平之治，天下幸甚。

上從之。

時公已遷侍講，屢上書言事。海内傳其奏牘，希望光儀。同郡大學士來宗道曰：『渠何事多言？我詞林故事，唯有香茗耳！』時謂宗道『清客宰相』。

公復與其兄御史元珙追論前大學士魏廣微、顧秉謙。削籍詔以廣微實爲禍首，持國柄授璫，毒遍宇内。以先朝焦芳例，除名爲民。於是御史毛羽健劾阮大鋮，御史鄒胤祚劾楊維垣，御史高弘圖劾劉應選、梁夢環、劉詔，給事中顔繼祖劾李魯生、李蕃、霍維華。旬月之間，魏忠賢之黨以次盡去。上親定逆案，分七等，錮之終身，皆公三疏啓之也。

四年，遷右中允。自袁崇焕敗後，罷大學士韓爌、錢龍錫、劉鴻訓，而相温體仁、周延儒。史堃等謀借封疆翻逆案，日夜汲汲，龍錫下獄論戍。上益疑廷臣朋黨，無徇國心。會大凌河久圍，復遣中官督戰，公嘆曰：『此觀軍容之漸也。外廷無人，使主上不得已出此。』是時，前右中允黄道周以救龍錫謫外，公上疏願以己官讓道周：『道周行清絶俗，奥深經史，精識時宜。天爲陛下生此一人，非臣等所及。請用道周，出臣，猶棄魚目、碔砆得隋和。又前順天府尹劉宗周清恬剛介，正與道周相類，宜召還京師，風厲臣節。』不報。四乞歸省，政府以公人望，藉客致殷勤慰留，啗以美遷。公辭焉，謂所知曰：『平生不愛熱官，不喜居要人牢籠之内。今石齋、九一既去，而我獨留。「有靦面目」，《詩》其謂我哉？』引退益力，上不許。

六年，遷左諭德，充日講官。七年，陞右庶子，掌坊事。上制實、制虛各八策。制實者，成敗得失見於行事之實；制虛，則本之心，運之廟堂，以虛應實，可包百世，利子孫黎民，無遠勿屆。内規執政，論吏部侍郎張捷薦吕純如事，又請盡撤監視内臣，以重邊疆。上置公書御榻，時時省覽焉。

八年正月，賊陷鳳陽，焚皇陵享殿，放高墻罪宗。公上疏，以爲：『寇禍非常，祖宗大辱，人心所在思亂。賊據南北衝，事變未可知。請上亟下詔罪己，悉蠲崇禎七年以前逋賦，并東南雜解改折。發弊追贓，勿或根搜濤濫，并寬有司參罰。使官民咸得安枕，以祈天永命。』十月，上避居武英殿，撤樂減膳，布袍視事。命臣工共加修省，務存寬恤。時禮部侍郎陳子壯亦條蠲租、清獄、宥罪、使過、省工、柬兵、改折、豁贓、恤宗、寬驛、旌叙、事例十二事，與公疏俱下部。而温體仁每事拂抑，率以名塞，未能盡行也。

是年陞國子祭酒。上疏：

《禮·王制》：選造三升，然後論辨授官；簡不率，則有郊遂之移。請倣其意，分貢選爲正流，援納爲閏流。援納拔萃，改正流，與貢選同科；黜貢選不才，退處閏流，比郊遂。又遵祖制，六堂遞升。所教崇德行，明經術，講求兵農水利律曆，問嫺騎射，備公卿將帥之用。最下使讀律令，稍通治民，毋致墻面。博訪品端學正多聞儒者，充六堂司教官。不拘甲科，久任教成，特與優擢。天下府州縣有通三經尤卓者，撫按送部，奏請廷試，發雍肄業。仿高皇帝遺制，國子生習讀《春秋》，以明大義，斷世事。學成，按洪武問張唯、蔣學等授編修、給事中，餘御史、部曹、方面。如此，則太學養士可與周治比隆，次亦有光漢、宋。明倫之教，始不徒設。

又請：『勳舊子弟十四以上、三十以下入監教習，如古冑子、漢四姓小侯法。不由監咨，不得承襲。』上可其奏。

體仁久知上意向公，慮一旦進用，且奪其位，力謀去公，而臺省無可諭意。一日，上手書公名授内閣，命以履歷進。體仁大恐，嗾誠意伯劉孔昭訐公冒封典事，擬旨削籍。上察其誣，改命予告歸里。

十五年，起兵部右侍郎兼翰林院侍讀學士，以母老辭。有詔敦促，已聞京師被兵，徵四方兵入援。矍然起曰：『詔以臣貳樞，而聞警不前，非義也。』遂散家財，募義從，得敢死數百人，持滿夾趨，衝險出濟。明年正月，抵阜城。時王師深入，自良、涿亘山左，連營九百里，游騎四出。裨校請暫止觀變，公正色曰：『吾三千里赴召，豈復顧身！且北兵日南，進退等危耳。』遂進。

十日，達京師。京師城門晝閉，行旅斷絶，援兵皆不能前。聞公至，皆驚。即日陛見，密陳虚實，條守禦之策。亡何，叛帥劉超就擒。叙功，蔭一子錦衣衛指揮僉事。

當是時，上注意相公，而陳演欲攘首揆，既因延儒視師搆成其罪，又慮公柄用，詭入告曰：『天下匈匈，患兵、農不得人。今使元璐爲司農，元飈爲司馬，事濟矣。』上不察演意，以爲推轂，即日拜公户部尚書兼翰林院學士，馮元飈兵部尚書。召對，諭曰：『國家艱難，兵食宜合一。卿兩人同鄉里，負才望，朕故用以協心規畫，卿其有以報朕。』公引浙人不得爲户部，力辭。上不聽，諭曰：『朕知卿久矣。卿忠誠敏練，義不辭難，勉爲朕分憂。』至以高皇帝用宋濂、劉基成大業比説，公乃拜命。疏陳生節要義，以爲：

天下才賦〔一〕，什九咸耗於兵，耗於將之虚冒。請用户部官行兵部事，或臨操頒犒，或就營面給，以杜侵漁。至於軍興以來，正賦之外，有遼餉，有新餉，比復議抽練邊兵驍果捕賊，又加練餉。其實有抽無練，復匿全鎮原伍，惟舉抽練之數，號稱單虚。非因抽練而兵精，乃因抽練而兵寡。自今請罷抽練，悉還原伍。

又一兵兼食三餉，一民兼供三餉，名項紛然，吏緣爲奸。額設民運屯糧，督撫徵收，徑餽行間者，邊帥每置不言。而唯責京運部欠，藉口僨事，江河漏卮，莫知所底。請著令，凡徵民糧，悉去邊餉、新餉、練餉之名，止開正賦、兵餉二項。正賦萬世常經，兵餉事平賜復。

庶歸畫一，民知所守。

又條上恤車户、改雜折、省弁職數事。上皆從之。京倉僅支二月，上發帑金四十萬，召買米石。大家豪賈並深藏居奇，米價驟貴。公計不如收漕，於天津歲運關、寧、薊、永三百萬石内，扣五十萬石輸京倉，用四十萬金折給四鎮，米石八錢。太倉得米，而邊軍喜得金，上下便利。諸所變通，悉此類。

公當極弊之後，盡力補苴，秕政少釐，而度支終告絀。保定巡撫徐標奏請復商屯之制，可省漕運，强西北。事下部，公議先於都城開引十萬。未及舉行，會有以開鑛、鈔法動上者。陳演附贊其説，言利之人益紛紛進措施，俱拂人心。

當是時，天下苦於兵多將驕，上不能御將，將獨以索餉爲事，上意益專措餉。括膏血以奉冗軍，啖庸將，而不得一戰，盜賊因之，以招垂盡之命，則哄然從風靡。柿園既敗，李自成兵不留行。公仰屋夜思，請上詔秦、晉二王，悉輸所有餉軍，無齎盜糧。自成已入潼關，陷西安，秦累世府庫盡爲賊有矣。成敗頃刻，諸爲民條奏興除俱不得施設。上雖虚中任公，然責餉嚴，陳演、魏藻德等猶固寵專位。

十二月二十四日萬壽節，上不舉。漏下十刻，與宰相咨求長策，涕泣感發。藻德承間言：『計臣才品俱優，但起家詞林，錢穀終非所長。』上默然，徐曰：『計臣實心任事，顧時艱未能速效。即撤，誰代之者？』方岳貢具言公清操練事，在廷無出其右，不可易。藻德曰：『代之誠難。顧軍國事大，幸聖主熟思其人。』上竟惑藻德言〔二〕。十七年正月，傳諭：『講臣元璐，專供講職，仍視部事候代。』二月廿九日，以大理寺丞吴履中爲户部左侍郎，筦計務，公解部事。

先是，正月晦，上諭公措餉百萬。時部帑留貯不滿二千，公奏外解未至，道路阻梗，且陳許都之變，東南震動，上滋不悦。是日，上怒蔣德璟條旨言練餉事有『聚斂小人』語，詰問德璟，不屈。公以鈔餉户部職掌引咎，上乃稍霽，命起。德璟出，又補疏極言練餉之失，且求退。詰旦，諭裁練餉。

是月，命李建泰督師西討自成，公奏言：『黄河亘千百里，處處可渡，兵力必不能及。宜責沿河州縣，各自爲防。量度要口，築砲臺，大軍得專辦賊。赦今年田租半，使人有固志。又免軍籍爲民，立可致千萬。』不聽。二月，自成渡河，陷太原，至黎城，他賊陷臨晋。建泰聞山西陷，家破，逡巡畿内，兵竟不進。

是月，上猶遣中官王坤及科臣韋朝薦等四出催餉，并周延儒、吴昌時贜罰，朱大典贖鍰。公上言：『贜贖重大，完何容易？勢必波蔓遷延，民不聊生，鋌思走險。亂人乘之，恐遂無浙。』乃罷遣坤。

三月，賊長驅向宣府，犯保定，所在迎降。公上言：『賊勢披猖，皆自人心離涣。請急降温旨，問饑民疾苦，分別罪繫，情可矜原及罰贖徒以下，悉與肆赦。祖宗兩都並設，原有深心，正爲今日。宜重留都事體。外引鳳、淮以通南北之路。』事急，又密疏，請命東宮撫軍南出，不報。公嘆曰：『今無兵無餉，無將無謀，而賊如破竹。然吾心泰然，以上憂勤，初無荒淫失德之事。讀盡史書，豈有如此聖明而一敗塗地者，第比來聽言用人、定封行賞多是手忙心亂。吾受恩深重，無可效者，唯有七尺耳。』

丁未，都城陷，公將致命，門人金廷策進曰：『公何不效文信國，出外募兵以圖興復，乃輕自擲？』公曰：『吾誠信國罪人。然事勢無及祇辱，天下事非一人所爲，以待能者。吾姑順受其正。』語及太夫人，淚下曰：『老母年八十四矣，日食飲幸如初，復何憾！』冠帶出廳事，北謝闕，南謝太夫人。畢，援筆題棐几曰：『南都尚可爲，死吾分也！』又謂家人曰：『上必殉社稷。俟大行殮，方收吾屍。』遂南面坐，引帛自經而絕。賊入，則見公如生，驚，羅拜庭下，嘆息呼忠臣，去。頃之，僞兵政榜戢騷擾，家人乃得治斂。南都贈太保、吏部尚書，謚文正。順治九年，卹明季殉難忠臣十五人，公爲首。諭祭賜地，命有司春秋致祭。

論曰：『崇禎之世，天下非無人，患用之後時，與齟齬之不得達其用。如倪文正公之掌計，意務收拾人心，竟與人主背馳。及盜入關門，中外土崩，向所養百萬之兵，勞身焦思以籌足食者，曾無一人禦敵。事勢已去，乃議悔過罪己，恩威俱不足以感畏其民。親臣、世臣稽首賊廷，棄三百年之主如敝屣，甚哉！丘民之心不可失，有國者不以利爲利也。

吴偉業嘗稱公與馮元飈分部實共事。元飈數被病，上賜藥餌雜物，居數月，不得瘳。公首并三餉，清邊兵，支吾匱詘，多非其意。每相見，輒頓足曰：『使吾兩人早受知，竭狗馬力，天下事或不至潰裂。今定何及耶！』孫傳庭之出關也，貽書元飈，雅不欲速戰。上意及朝論趣之急，不得已誓師。既下汝州，克寶豐，三日五捷。上坐便閣，喜甚，召元飈曰：『傳庭乘勝，賊滅亡在旦夕。卿居中調度有方，朕且加殊賞。』元飈頓首曰：『賊故見羸以誘我師，兵法之所忌也。臣不能無憂。』上默然，良久，因罷去。無何，敗書聞。

廷采草就公傳，復捃拾無功先生《先德五譜》中逸事爲後序。

公才性奇敏，五六歲屬對射覆，出語驚座。嘗戲作《牡丹賦》，父雨田公見之，喜告曹太夫人曰：『二郎，他年公輔才也。』

其爲詩文經義，灑然逸倫，旁涉翰墨、丹青、圖篆，無不深妙。四方名士請者，公未嘗辭，然内明嚴。爲詹翰時，有以楚紙乞擘窠書者。楮筆精良，得意疾揮。忽問紙所自來，則中貴所屬請耳，公遽閣筆。請續，竟不許，客懷楮去。數之，得十字，曰：『一蕭尚可名齋，十字容渠不閣乎！』因以名樓曰『十閣』。

崇禎十四年，田太保弘遇以貴妃父奉詔禮普陀。過越，冠紳傳册徵詩，報以二絶，竟不交面而罷。

尤慎於取予進退。一縣令求草制，致束帛，受而展之，中有黄金。不悦，曰：『以禮求文，事本光大。何爲韜祕，以成曖昧？』讓還一縑，反其金焉。

爲大司農，定差規，門可羅雀。有故例向供饟沐，公不取一錢。

吴昌時横經公門。壬午，將賓興，逍遥湖上。酒脯召客，欲屬公甥徐某卷於内簾。徐喜，渡江走告公，公愠曰：『士當先行節，後科名。今出門輒圖苟且，異時何望豎立？且來之志廣才疏，吾方慮其遺宜興憂，又可就其轍乎！』及周、吴敗，咸思公言。

八年枚卜，召翰林、尚書、九卿堂上官，將試以票擬，公引疾，方杜門。政府香山、吾騶兩使至，謂上意久屬公，即召，無偃蹇理。文公震孟亦勸駕，公曰：『諸公誠愛我。然我屢疏終養，今聞枚卜，遂爾突出，即此面目，何以對君親？况置相大典，自當旁求良弼，豈如科場考選，可一試而得？得亦不光。』遂堅卧。其日，應召者七十餘人，各給一札，使平章之。及宣麻，唯文公入閣。文亦以病卧，不赴。乃益嘆服，謂年友曰：『鴻寶每事高我一籌。』

公美鬚容，能笑語，和光接人。司成歸憩，雅歌投壺，以意創爲百官鐸，釐正銓法。設五簋之享招客，閩人涂仲吉亦與。酒行，忽哽咽流涕，言：『方今中外多事，士君子致命守身之道，不可不講。須於平日設身當境處之。不然，鮮不隳喪名節。』諸生王毓蓍等咸在坐，聞公言，無不感動。終後，毓蓍沈柳橋，卒如公教。蕺山劉先生亦言：『公任户部，知不支，嘗懷一帨於袖中，曰：「時至即行。」或稱公徒以一死報國，談何容易哉！』

方公戊辰三疏，天下稱爲『鳳鳴朝陽』，可當公行事。世最患白黑不明，邪正混淆。若宋時熙、豐諸君子，或主調停，馴至大壞。公之建言立節，與烈皇帝相終始。始同擊璫，終殉社稷，此亦末造明良之會，非偶然也。

公識度超遠，意主於成天下之事。與人寬夷，守禮自信，人亦卒不以非道相疑。壬午赴召，經涿州時，馮銓助守，州城獲全，聞公至，郊迎供帳。公欲往，從吏叩頭諫，公曰：『非汝所知。』遂往，一茗而起。或請其故，公曰：『國家多難，庶功賞一途可奔走群力。逐鹿所覬，不過鞶帶，拒之過深，且南北走。今日軍國爲重，倘疑開端翻案，明主持之自堅，霍、吕其前事矣。』

周延儒賜死，朝士無敢唁者。公曰：『往綸扉巨公群思剚刃吾腹，宜興獨以文章容我。昔蔡邕變顔於董卓，眭固素服於崔浩。明主厲法，寮寀伸情，何嫌何疑！』上竟不問。

所至汲引人才。在司農，侵暮歸邸，必延接文士，咨詢僚屬，略無倦容。政府有以拒客明介者，公笑曰：『宰相以用人濟世，而乃避人避世乎！』

其風流幹略，與蕺山劉先生不同，同歸於道。天啓時，蕺山直聲已震天下，而同里士大夫未有以真儒相推者。公每向人言：『念臺，今之考亭。』及崇禎五、六年，又言：『劉先生，當今第一人物。』又數年，謂：『此老真大賢。曩止信爲清孤，今乃知其無所不有。』公之深思、樂道、好學、善下如此。

諸凡持論，必與君德時政相依切。論學術曰：『孔、孟之道，自能刑人殺人，不須學申、韓。少正卯之誅，原情按法，天下稱平。今有「亂國重典加一等」之論，則時有申、韓，無孔、孟。此等生心發政，最是害事。』論良知曰：『平天下之道，不過用人理財，好君子，惡小人，無智愚皆然，是所謂不慮而知者。今乃爲之説曰：「君子無術，或亦誤事；小人有才，不妨姑試。」則是作聰明，非良知矣。』思陵之受蔽，公兩言盡之。

故事，講義撰自講官，取裁内閣。公初直講，用催科賦額箴切時政，體仁謂語意峭急，發改中書，往復數四。公持不可，曰：『啓沃自講官事，此後峭急有甚此者。必爾，吾當自陳求罷。』體仁銜之。時上意向公，進講無不前席。一日，講《説命》『惟暨乃僚，罔不同心』，體仁在側。公語直侵政府，上拂然以手抵書盡几端，卬首上視。公徐申正義，音吐弘亮，卒霽容受焉。

賊勢已逼，上猶御經筵，講『生財有大道』。上疑公諷刺，詰曰：『今國計益艱，生衆爲疾，何所措手？』公對：『聖明經權互用。臣書生，止知因民之情，藏富於國。』退，亦不引謝。翌日，上謂閣臣曰：『故事，講筵有問難而無詰責。疇昔之言，是朕過也。』

公司計凡十閲月。解部事未二十日，即國變。著書數十種，《代言》《奏牘》《講編》《兒易》尤行於世。《兒易》者，分内外二儀：《外儀》墨守先儒，有因無創；《内儀》尊仲尼以兼三聖。又分《之》《以》兩編：《以》者，本諸《大象》。如《豫》以作樂崇德，全卦皆歸樂；《革》以治曆明時，全卦皆歸曆。《之》者，等於《易林》。六十四卦，因而重之，卦占一辭，取《易》所固有爲之箋釋。自叙曰：『漢人説經，舌本彊橛，似兒强解事者。宋人梳剔求通，遂成學究。學究不如兒，兒强解事不如兒不解事也。』又曰：『子雲《太玄》，童烏共之。』童烏，子雲九歲兒也。或以古文『兒』『倪』通用，因以姓稱《倪易》，誤矣。

潘文水先生曰：老健周匝，具徵筆力體裁。懸之國門，直是增減不得。

孟蓼村曰：三疏提掇貫串，得班掾家法。後叙自創一體，細大不遺。風神駘宕，兼有蔚宗、永叔之長。

單楚林曰：竊見先生成此傳時，晝夜咄咄，手易稿凡數十過，幾至嘔血。曰：『以備文正家乘耳。國史自當謹嚴，不得乃爾延蔓也。』讀者豈可忘此苦心。

明左都御史李忠文公傳

公名邦華，字懋明，吉安吉水人。父建，舉人，南刑部主事。公生而孝友，不苟呰笑。爲諸生時，同縣先輩鄒元標倡以萬物一體之學。萬曆三十二年，成進士。謁南太宰邦人曾同亨，與極論古今典故，人才、吏治得失，曰：『吾老矣，以此贊國在吾子。』

初知涇縣，行取山東道御史。章數十上，首輔葉向高下朝房，秉燭照公面曰：『吾不知李懋明何似，敢言乃爾！』福王之國，請給田足四萬頃而後行，部科噤不敢言，公争之曰：『若是，則之國無日矣。』向高亦上疏極言，事得寢。

巡按兩浙，當慮囚，就輿中閲册默記，以次决遣數百人，吏民驚爲神。

熹宗初，備兵分守易州。入爲光禄少卿，擢僉都御史，巡撫天津。莅任明日，妖賊攻陷景州，鎮兵盡東出，城虚。飛騎檄東師還遮擊，復選步兵千人躡賊後，各戒道里日時。比合戰，兩軍猶不相聞，腹背奮擊，賊大敗，俘斬四千有奇。叙功，加一級，而真定督撫攘錦衣世職。

遷兵部右侍郎。避魏忠賢，移疾歸。竟與周順昌、林枝喬同削職爲民。

崇禎改元，起工部右侍郎。改兵部，協理京營戎政。進本部尚書。踰年，中旨罷歸。

尋起南兵部尚書，參贊軍務，議定營制，汰虚卒，察水陸形勢，繪爲圖以進。謂：『守江東不如守江北，請置屯滁、和、全椒，且屯且練，以固門户；守下流不如守上江，請介池、太間，開府采石，修治舟車，以固咽喉。』又請宿重兵，設總督於徐州。兵部畏縮，不敢覆疏。以外艱去。

服除，起南右都御史，道拜北掌院左都御史，代劉宗周。時崇禎十五年也。初，奉南院命，以衰老辭。俄聞邊警，投袂起曰：『豈臣子辭官日耶！』爲文告大江之神，誓墓訣子孫而出。是時，左良玉缺餉東下，所過焚掠。留都民一夕數徙，文武大吏相顧無人色。公舟至湖口，爲檄告良玉曰：

本部院四朝大臣，一生忠孝，勤王討逆。仰望貴鎮同仇，頃傳麾下全軍南潰，江流中斷，陵京震驚，何輕舉若此？我朝列聖英靈，皇上神武，群醜遊魂，旦夕膏斧。貴鎮不以此時枕戈厲劍，輿疾討賊，乃甘自菲薄，貽誤功名。海内豪傑，人各有心，各鎮及麾下將士，保無從旁觀變者。舉事一不當，辱身家而汙青史，智者不爲也。宜即日嚴戢將士，疏通江路，尅期還鎮。本部院當力爲貴鎮濟此饑軍，不則義旗回指，將不得以玉帛相見矣。

良玉奉檄心折。又用其親信李猶龍、胡以寧開陳禍福，大感悟。乃飛書皖撫，發庫銀十五萬補六月糧，軍心大定，南都始解嚴。越日，公具威儀入其營。良玉帓首韡〔三〕，握刀插矢，俯立迎鵠首。公辭，改用師弟子禮見。因坐樓船大閱，引勞諸將，遍訪姓名。爲公斬淫殺者四人，殉於軍，放還男女四千餘人，漕鹽艘五百。臨別，至牽衣號慟。公入朝，上迎勞曰：『東南半壁，賴卿無恙。』跪奏移時，敷詔起立，温語如家人。然國勢已潰，庸相宦官更用事。公雖知無不言，卒不能有所施爲。

甲申三月，賊逼真、保，上臨朝對群臣而泣。公痛憤具疏，請急遣皇太子監國南京，略曰：

臣去年入都，即請敕畿輔急修城守，秦督扼關，別遣重臣防河。諸臣泄泄不戒，以致今日。皇上爲陵廟生民主，惟有堅持效死勿去之意。周平、宋高之遷幸，非所宜聞。但賊烽火已徹山東，恐南北中斷，則神京孤注。

伏見皇太子天資英武，豫教端凝，早合歷試諸艱。請倣仁廟故事，撫軍陪京，即日臨遣，簡親臣大臣忠誠勇智者爲之輔導，便宜飛輓，牽率南師，以顧燕、雲。

賊驕而無律，急檄吴三桂引關、寧兵迎擊，敕襄城伯李國楨簡京營精鋭佐之，臣等力當守城之事，逆賊之首，可懸藁街。更望皇上下詔罪己，悉發内帑以餉戰士，無齎盜糧。

又曰：『皇上勿疑臣南人爲欽若、堯叟之圖，臣誓以身許國。即委臣南疆，臣不敢任。』越日又疏，請定、永二王出封江南。烈皇帝袖公兩疏繞殿行，密諭閣臣陳演曰：『憲臣言是。』演頗泄其語。既而言南遷者益衆。光時亨等群譁排，上惑轉恚，竟寢不行。

及昌平陷，亟請登陴。閣臣魏藻德故曳踵徐徐行，曰：『姑待。』公唾之而出。明日，率諸御史登城，爲内監所拒，慟哭返。十八日，賊破外城，移宿吉安館文信公祠下。旦，内城陷，奔大内，不得入。歸館，正冠衣，北面再拜，三揖信公曰：『鄉邦後學邦華當死國難，請從先生九原。』取白縑書贊曰：『堂堂丈夫，聖賢爲徒，忠孝大節，矢死靡他。』移席正坐，投繯絶，年七十一。臨絶，顧家人曰：『謹護總憲印，還朝廷，勿汙賊手。不得上問，無殮吾尸。』賊入，呼忠臣，下拜而去。越三日乃殮。四月，賊退，返櫬葬鰲山釣魚臺。南都贈少保、吏部尚書，謚忠文。

論曰：自古言遷國之失，未有言其得者也。夫周之東，委岐、豐予秦；宋之南，捐三京畀金，國孱矣。然周遷後享曆固三四百年，宋亦且百六十年。桓温議還都洛陽，朝野震恐。王述以爲但從之自無所至。然則使晋元不南，幾何不爲懷、愍續乎！獨建炎有興復之勢，可不遷，遷亦不宜都臨安。其地勢失而國祚延者，忠厚之德貽之者長，勇戰之臣持之者衆也。

夫遷誠下策，然能奔走保其社稷，若燎旁之火，未可卒灰，必有扶義同力者出於其間。故孟子告滕文，未嘗不言遷。周五遷而興，楚三遷而後亡，其明效也。顧迫於强勢而避遷者，不可忘舊都。周與晋宋惟竟忘之，迄以不振。唐累出奔，然能用兵返取舊都。夫與其坐而斃，不如出奔。而後之佞人，假靈武以紬分封監國之説，蓋覘知主心多忮也。計安宗社而忮起於父子，其暮氣之欲歸，抑聾官之罕斷乎！

雖然，至德號稱光復，以民心未離，至抱太子馬足不得行。崇禎之季，則民心亡矣。不圖之早，而臨危議遷，恐其出而滋辱，未可以成敗事後擬也。余哀烈皇帝之義，故具述之，附於《李忠文公傳》焉。

明副都御史謚忠介施公傳 附周巢軒公傳

公諱邦曜，字爾韜，紹興餘姚人。萬曆己未進士。除武學教授，陞國子博士，歷工部營繕主事。魏忠賢擅政，威脅諸曹，無不附者，公獨兀立。忠賢怒，傳詔監毀北堂，將以侵損加罪。會暴風起，堂壞，得免。稍遷屯田郎中。中官涂文輔監督二部，恥爲之下，乞郡，知漳州。漳民闌通海寇，官不能捕。公至，則先知其主名、窟穴，有發輒獲。李魁奇爲亂，多議撫。公謂巡撫鄒惟璉必思長策，養虎終食人。劉香横海外，縶其母，誘解其徒，卒授首。在郡八年，威化大行。

陞福建按察司副使、布政司參政。鄭芝龍始降，餽用蜜珀爲盆，作果樹榴橘。中丞嘆賞，乃再進，公獨却。已上十七帖，皆金葉，復還之。芝龍愧服，貪吏望風解印綬去。

崇禎十一年，入爲光禄卿，遷通政使。諸生涂仲吉頌黄道周冤，公故道周同學，恐因以益上怒，判仲吉疏尾：『存此論可也。』不爲封進。仲吉氣盛，劾通政阻言路。上親閲疏，見疏尾，大怒，勒歸里。

十六年，起南通政使。陛辭言事稱旨。出都三日，遣中使追還，曰：『南京無事，留此佐朕』。推刑部右侍郎。上曰：『與左副都御史。邦曜清執，可任風憲。』公自以特立受主知，乃條具職事：『巡按，古直指職，察吏道治忽。請後考察官吏，必面覈勤懦廉頑，各以輕重，立行陟罰，毋第取一二單寒，塗塞明詔。』又言：『得一良吏，勝得一良將；去一貪吏，即去一民賊。』上深然之。

李自成逼真、保，公屢趣兵部尚書張縉彦敕厲守戰，速徵天下勤王兵。漫不應，惋憤叱駡而去。上既殉難，在東長安門慟哭，問僕曰：『倪尚書安在？』曰：『自經矣。』遽投繯。僕解之，厲聲曰：『若輩安知大義！』時賊騎充斥，不可返寓，公望門求縊，居人皆麾出之，飲砒酒而卒。南都贈太子少保，謚忠介。我朝謚忠愍。一子，尋卒，無嗣。夫人寄食婿家。淺土一抔，烝嘗闃然，姚人哀之。

公學信王文成，與同邑沈國模、史孝咸建姚江書院，刻《文成集要》三編。自起孤童至大僚，不改寒窶之舊。蕺山劉先生推其善信克實，幾於無愧。學者稱四明先生。

同郡北都殉義者，户部尚書倪公元璐别有傳。

左庶子周公鳳翔，字儀伯，山陰人，崇禎戊辰進士。爲人和正，寡言笑。楊嗣昌、薛國觀用事，罷斥黄道周諸君子。公司業南京，與同志草疏，連署入奏，權幸側目。顧其立身嚴，無以中之。南雍久弛，率以貲入殿最，公力湔前習。靈璧侯嘗辱士，公具疏劾侯，侯徒跣謝乃已。

遷左諭德。曰：『元良國本，三代與秦享國長短在此，吾不可以不敬。』寇陷秦、晋，軍餉益急，徵及倡優之屬。公具議：『今日事勢在急收拾人心，豈宜重剥百姓！國帑甚盈，何爲守之以資寇？』倪公元璐見公議，嘆息。時賊已迫郊畿，群臣憚上威嚴，竟未有及發帑者。

都城陷，傳言車駕南巡，旁皇一晝夜。已知上崩，肉袒號慟，拜書南告，辭父母，投繯死之，曰：『兒幸不降辱，以遺大人憂也。』

公知人，能作士。癸未，南宫分較，出門下者，嘉定黄淳耀、晋江郭符甲、東莞張家玉，先後皆殉節。海内以爲師門之榮。號巢軒，謚文節，贈某官。

論曰：謝孔淵稱，公授業王生述公出守時，夫人虞率服青藍布，每用爲慨。以是知生平無須於人矣。其一介不取，有以也。而高第陳天恕嘗見廷采，執手曰：『先生疏奏遺文存笥有日〔四〕，此千載事，將以屬君。』余唯唯不敢當。是時先生年八十矣，不時付，越一年而没。往搜公稿，不可得，嗚咽者久之。然夫子稱『見利思義』，而公有介；『見危授命』，而公有忠。行信當時，聲流後世，公之文既蔚炳矣哉！

金赤霞曰：附周傳於施傳末，此用《後漢書》體，非左周右施也。文簡質，不爲鉛飾，亦在陳、范二史間。

明巡撫蘇松副都御史世培祁公傳

公諱彪佳，字虎子，號世培，紹興山陰人。天啓二年進士，除興化推官，定亂卒，有能名。崇禎四年入爲御史，諫内侍知京營操。

巡按蘇、松，就問老父，條利病，捶殺少年拳勇無賴，管内懾伏。宜興陳氏家奴播虐怨家，刑牲、焚廬、發冢。公捕奴正法，盡追還所佔男女、田房，奏奪陳氏父子官，遂治怨家之亂者。吴中稱爲『神君』。公美晳而頎，顔如玉人。每出，士女列觀，而畏其英毅，莫敢犯。竟用奏陳氏忤周延儒，下考。烈皇帝知公，改罰俸，免歸。

受學蕺山劉先生，劉門弟子日進。

十四年，起河南道御史。會王師略山東，或説公緩行，公奮然曰：『君父有急，義當奔赴，況受命掌計，豈得觀望！』至都，首疏留蕺山及金光宸，又叱吴昌時於朝。摧挫之餘，正氣復振。尋命刷卷南京。

明年，京師陷。福王監國，遂議即位。公抗言：『暮監國而朝即位，示富天下。且群帥勸進表未至，古人忠如陶侃猶恥不與定策，況其他乎！』弗聽。

時三吴不逞多託勤王尋怨，朝議以公威望在吴，拜右僉都御史〔五〕，巡撫蘇、松。入丹陽，斬亂民三人以狥。所至設烈皇帝位，率衆哭，沿衢張榜，言中原已無賊，國有長君，人心乃安。

蘇民以鄉官項煜從賊，剽其家。常熟亦焚時敏宅。公捕爲首者斬之。嘉定華生家奴客爲亂，踞坐縛主杖之。所在數萬同時起，公捕斬數人，餘悉掩獄。令曰：『有爲原主保者，貰其死。』於是諸奴皆膝行搏顙，丐原主赦免。乃募人爲蒼頭軍，親教戰。

興平伯高傑麾下攫丹陽市錢，浙兵勤王者不平，鬪而傷，城門晝闔。公率蒼頭軍馳斬傑兵，傑大恚，聲言移屯丹陽。牒止之，與約，就會瓜洲。傑意公文吏，必不至。及期，風作，傑笑曰：『祁撫有辭矣。』頃之，南岸帆起，頃刻破浪到，傳呼曰：『祁都堂至。』撾鼓入。傑聞大駭，衷甲迎。公角巾單衣，從隸胥各一。傑愧服，大喜，手揮兵去，勞且拜。坐語良久，起，指曰：『公在，傑敢踰尺寸以溷公者，有如大江！』乃約四鎮同獎帝室。

撫吴六月，城守兵食咸有成緒，四方謀議忠志之士群造幕府。而馬士英憾蕺山劾己，疑公屬稿，嗾御史張孫振追論前阻監國正位爲潞王地。公不辨，但辭定策功所陞右副都御史，竟歸越。在都，諫廠衛、詔獄、廷杖三事，本朝弊政，不可紹述。國門傳誦其疏。

明年，南都亡。馬士英逃至杭州，假太后命復召公。蕺山勸之行。

潞王監國，黄道周請急設蘇松督撫，經略浙西。吏部侍郎王志道述吴中士民萬口惜彪佳早解兵柄，第得彪佳至，數萬衆可立集。就拜公兵部侍郎，總督蘇、松。會王師壓北新關，不果。

閏六月四日，貝勒聘使至越，公語兄駿佳曰：『此吾授命時矣。』自雲門别家人，還抵寓園，望南山，喟然曰：『鬱鬱山川，今猶昔也。』入池水，端坐死。留書几上，言：『殉節易，圖功難。以難者俟後賢。』唐王贈少傅、兵部尚書，謚忠敏。

論曰：家傳言吴門院署有池久淤，起工濬之，謂其兄曰：『若事不濟，妻子則歸於此。』嗚呼！公之英才亮志，陳康伯、虞允文儔也，獨南都無宋高其君耳。自忠敏罷歸，王師平行收浙，無復牽顧。而江陰民擁典史閻應元爲城主，堅守三月乃克。然則吴人思得忠敏，信矣！

叔戒三先生曰：越州明末饒名臣，而實能濟時救世首推公。故傳亦勃勃有生氣。

章刻華曰：論詞纏綿悱惻，真覺言有盡而意無窮。

余陳陳三公傳

余公諱煌，字武貞，紹興會稽人。天啓二年進士及第第一。累官翰林院修撰、左春坊左中允、右庶子兼侍讀，日講經筵。嘗與修《三朝要典》。崇禎中，給事中韓源追論其事，公疏陳本末，免歸。

乙酉，王師下杭州，檄召越紳渡江，公獨不往。魯王莅越，起户部侍郎、禮部尚書，皆辭不就。陳時政：『馬士英賣官誤主，兵未至而先逃，國已亡而復用，爲失刑之大。』丙戌，起兵部尚書，言：『藩鎮各自成軍，久不相屬。頃田仰與鄭遵謙争餉，喋血禁庭，臣冒鋒鏑，幸而解散。司馬職統六師，今行朝之官，特綴旒也，豈能繩以平世法哉！』公見越事益急，而諸臣文恬武嬉，請乞紛然，上疏争之，謂：『請祭，則當思先帝烝嘗未備；請葬，則當思先帝山陵未起；請封，則當思先帝宗廟未享；請蔭，則當思先帝子孫未保；請謚，則當思先帝光烈未揚。』人讀之嘆息。江上失守，郡城不閉，有議守陴者，公嘆曰：『臨江數萬衆不能一戰，乃欲以老弱守孤城乎？』亟開九門，縱民避逃，自出東郭，赴水死。後數日，貝勒渡西陵，下紹、寧郡邑，不戮一人。

陳公諱潛夫，字玄倩，紹興會稽人。崇禎丙子舉人，授開封府推官。南都録守豫功，陞監察御史，巡撫河南。陛見，陳恢復策，爲馬士英所持。尋以童氏妄稱元妃，公前在道私謁，無人臣禮，並逮詔獄。南都破，脱身航海至越，上書：『願假臣兵五千，直渡海寧，斷武林左臂。』加太僕寺卿，監浙西軍。募得三百餘人，與孫、熊三家兵列舟江上。明年，軍潰，歸山陰之小赭里，呼妻孟氏曰：『行矣！我爲忠臣，爾爲烈婦，相保泉下，無悔也！』同上化龍橋，赴水死。

陳公諱函輝，字木叔，號寒山，台州臨海人。崇禎甲戌進士。好酒色，事著述，日與客沈飲，出酒文傾吐，譏切將相誤國，扼腕〔六〕。談至夜分，嚙酒杯碎。尤能傾貲急客，先人之憂。海内稱文章風流豪蕩者，推天台陳君焉。筮仕靖江令，以不謹罷職。

魯王莅越，爲兵部侍郎，傷二都淪没，哭泣至喑失聲。入對行朝，出酬同列，必慷言痛哭。閩詔至浙，衆議開讀，獨公與熊汝霖持不可。金堡自福州出監鄭遵謙軍，公密疏請殺堡，堡奔衢州。

丙戌夏，嘆曰：『八郡敝矣！諸軍猶誅糧無厭，是重棄民也。北來生兵日益，豈不知此身何所耳。』江上潰，有勸魯王嬰城者，公哭曰：『民去，將孰與守？君爲社稷亡，臣請從亡。』乃從王還台。王自石浦浮海，竟相失。公不抵家，哭入雲峰寺，即几上書：『六月十六日申時卒。』遍書别友，不及家人一語。至其時，遂投繯。作《絶命辭》八首，《自祭文》一，《埋骨記》一，流傳江表。二子：臣謙、臣詩。能識父志，不交當世事。

論曰：余公開越城縱民出避，所謂天下之陰德也，未可以曹彬渡江不殺之義掩之。玄倩始與仁和進士陸培争名交惡，既皆以義死，其大致同矣。寒山宫室之美，妻妾之奉，得我窮乏，蓋兼有之。既而臨大節，視平日嗜好，如蟬翼之振露，灑然自得其本心，非見道明而去累疾者耶？姚江吕章成有《告北園文》數千言，其聲嗚咽，曰：『北園，吾西臺也。』蓋以謝翺自方，以文山方寒山云。

何玉羽曰：文章節義，非鄉黨自好所能摹寫。寒山精神尤露。

王介三曰：謹嚴修潔，是陳史手筆。

金冢臣曰：讀余疏『諸臣請乞』處，當時才識如此，時事何復可爲！

少師恒嶽朱公傳

公名燮元，字懋和，號恒嶽，紹興山陰人。爲人沉毅，有大略。讀精實有用之書，不爲浮文激苛。進退以禮。萬曆二十年，成進士，歷大理評事、守蘇州、廣東提學副使。家居養親者十年，喪母，服除，起陜西按察使。二年，陞四川右布政使。

天啓元年，晋左布政使。其秋，奢崇明反。初，洪武中阿奇以倮儸率衆歸附，命爲永寧宣撫使，世守藺州。萬曆中征都都夷，宣撫奢效忠有功，遂雄長諸司。迨崇明以族人承襲，益務謬爲恭順。故事，土司不入會城，崇明荷優遇，獨得入。見王府壯麗，密使工圖繪，參將周敦吉叱之曰：『番醜便敢爾！』子寅更凶獰，勇力絶人，延接逋逃。時方調川兵東援，檄下，父子蹶起，請提兵三萬往。然故遲遲行，日夜造軍器。俟諸路兵盡出境，乃遣心腹將樊龍、樊虎統兵赴重慶；劉訓入成都協謀。九月十三日，崇明起永寧。十七日，巡撫徐可求閱藺卒，倍調額。一人前應唱名，稗子也。可求訝之。樊龍厲聲曰：『嫌小乎？』即抽刀斬之，其黨張彤等萬衆齊上，遂殺可求及道府以下文武官一十七人，據重慶反。

當是時，公以輯瑞方去成都，蜀王率士民出國東門，遮道留曰：『公去則誰與守？』公慷慨曰：『義不辭難，見危授命，吾事也。』遂與右布政周著、按察使林宰、巡按薛敷政會謀。著等以王令共推公權行巡撫事。檄召石柱、羅綱、龍安、松潘、威茂、建昌諸土、漢兵，募白徒，集士民，上城塞各水洞，悉斂二百里内米粟、甲仗、金鐵、麻枲、硝磺、油炭之屬，分督所產州縣。凡二十餘日，守禦粗備。而崇明父子發永寧，分四道至。使樊龍出兵，扼瞿塘，遏東援，人心洶懼。有詣公馬前告城不可守者，手劍誅之，誓衆必死。

十月，賊陷内江。所過州縣三十七皆望風下，稗木、龍泉守隘諸將悉奔潰。十六日，賊至龍泉，瞿英、雷安庶、袁中繡列陣大戰，力竭死。公亟斂四門屯兵登陴。至次日，北門尚未扃，賊已奄至，奢寅徑營城北。時我兵應檄至者纔七千，賊衆十萬。令周著守西門，林宰守南門，學使胡承詔守東門，公自屯北門當逆寅，薛敷政爲游徼。是夜，城外火光燭天。十八日，賊樹竹梯，穴城焚門，凡三晝夜。公先遣人决都江堰水至濠滿，賊治橋，得少息。募健卒五十人，夜縋城分出，趣外兵。行重慶，檄何守中守要隘，保寧道周道直扼萬縣。樊虎初欲下夔門，遂不敢往。蜀王時遣人問勞，發帑募兵，日一授餐，竹屑木頭取給蜀府。汶川、太平、東鄉宗室咸出漿肉餉守者。賊反計久，奸人、刺客彌布城内，少年又輸情於賊爲耳目，事泄，前後受誅者二百人。捕得劉訓及其黨，懸首示賊。賊氣奪，人情稍定。

十一月朔，賊設雲樓，窺瞭城中。公度賊必出四掠，中虚可擣。夜二鼓，令劉養鯤等率敢死五百人，侵晨突出，誡勿取級。賊果不備，斬二頭目以歸，焚其雲樓。賊又樹陽橋，俟近城閒，將尾之入。數千人喊噪，鞭牛上題箄橋，城中人有驚死者。吴三省等用巨銃，以鐵彈擊牛，中當軛旁牛，多斷繫走，幾獲奢寅。十九日，松潘、雅、黎、峨眉兵俱到城下，與賊大戰，突圍而入，軍聲頗振。

十二月，城中夜無犬吠，雞豚鹽菜俱空，搜囤積以濟衆饑。賊黨馮宜欲擾川北，安岳令翟學程以秦民屏之兵破走之。宜率數萬衆就奢寅，屯城北，賊勢益盛。劉養鯤告公：『寇深矣。』有被脅諸生范祖文使人來約，賊將羅乾象欲内附。亟招之。夜縋乾象父子上，乾象自負材勇，意驕甚。卒宴見公體貌神氣，頓首曰：『公天人，敢不效命！賊旦夕滅矣。』賊驍將惟乾象與廖鎮權，鎮權中彈死，乾象歸正，賊舉動無不知。公又使牙將周斯盛詭内應，潛出盟，質其來。崇明果自至。甫懸一人上，松潘守兵不知，大噪，驚走。伏起，獲其從者數人，城中氣百倍。簡州諸生王廷弼爲老丐，泣於城下。懸之上，搜得創亂揭數十通，標兵數十人俱受賊劄，士民競食其肉。奢寅見廷弼等頭高懸，意甚内忌，多用鞭撻，衆心益攜。是月，順慶推官郭象儀率羅綱壩、譚正通、譚正修、譚大孝遇賊漢州，斬馘甚衆，賊懼。成都軍民饑，咸思决戰。商人李從龍等自製軍仗，率家丁助力。

二年正月朔，大颺兵城上，日日出戰，戰無不利。羅乾象來報：『賊意專在旱船，破之則無慮矣。』已而旱船薄西門，用合抱柱，四寸板，轉掉用牛二百。周著以大銃并七稍砲十三架更番擊之，凡八日夜，盡裂。象儀收威茂入援之衆擊賊郫縣，兩戰皆勝。追奔三十里，崇明父子俱受創。及石柱女將秦良玉兵至，新都城中聞之踴躍。公造水牌二百投江中，順流下，豫令所在沈舟斷橋，守隘以待賊逸。二十八日，大開四門，衝賊營。賊接戰不利，斂營固守。其日，良玉與弟民屏、姪翼明擊賊於新都，大戰。鄧懋官將援遼還兵及七知縣之兵皆會，賊舉火走還營。夜分，賊營四面火起，乾象欲擒斬寅父子獻。寅覺，父子策馬走，乾象及范祖文來歸。比明，圍城者始知，並狼狽遁，所棄婦女萬餘，多跳河死。三十日，比落縛送逸賊，公坐北門橋上。凡係倮玀種永寧人，斬三百人，餘縱遣之。前陷州縣僞守、僞將相繼奔潰，江路始通。凡百有二日而解成都之圍。詔以公爲右副都御史，巡撫四川。

二月，水西安邦彦挾其宣慰使安位反，圍貴陽。先是，奢崇明既敗遁走，困饑，奪民牀渡瀘河。崇明徑歸永寧，寅留屯茜草壩，收潰黨得萬人。僞相何若海誑諸裔云：『已入成都，且犂金帛遺之。』邦彦遂起兵犯黔，與奢氏解仇合好，諸裔蠭應。内地從亂之民乘時飽掠，渡河蟻附，亦且數萬。於是奢氏之勢復振。成都城中方括借援軍糧犒，秦良玉，又與譚氏有嫌，推官胡平表解之，旬日乃定。以故緩追逸賊。重慶之陷也，平表時爲忠州判官，縋城，徑走石砫，以大義激女將良玉及同知陳思虞。俱感動，總兵速發。十月十七日，戰於重慶，斬張彤一弟，賊始膽落。次日，忽互争放舟俱下，公聞之，急與薛敷政檄良玉赴援成都，思虞仍還重慶。竟藉良玉解成都圍，公之部分審也。

朝命張我續爲總督，以三月三日入保寧。公命良玉東會總兵杜文焕攻重慶。四月，公發成都，經略川南。總兵楊愈懋先至叙州，建議江安不先取，不能復三瀘。遣將士與劉養鯤、羅乾象等同縣令陳達道夜分直抵城下，斬其僞將，一鼓而登，遂復江安。

賊合諸苗七八萬攻圍長寧，長寧糧虚，守將龔萬禄殺二妾出走。五月，公在平羌聞報，疾走戎城。賊前騎已至七星山，得險，將士俱無固志。副使李仙品、知府劉澤大列栅守江，遣兵迎戰，集諸僧結寨兩山顛，水陸扼險。十四日，大戰於城南三十里來佛渡，賊氣甚鋭。吴民望、曹虎等去衣甲渡河而鬬，蔣達射崇明落馬。僞將焦之仁挺身當前，衆殺之仁，遂失崇明，後數日，天大雷雨，賊奇兵俱札小澗，水忽高數十丈，淹没無算，乃俱奔逃。萬禄乘勝復建武，愈懋追至長寧，軍威大震。

初，崇明父子分道，寅自統五萬由陸，周鼎二萬由水，道江津，往援樊龍。前騎至玉蟾山，遇薛來衍，馮高奮擊，殺賊六百餘人。寅怒，正欲再鬬，聞崇明敗衂，乃舍重慶徑歸，而拜僞大將宋武，屯茜草壩以爲聲援。舉人胡纘與劉養鯤用間招賊，復納谿，宋武、張令亦納款。酒間，縛何若海來獻。

是時，上東道徐如珂、督指揮馮世修、義軍將金富廉、墊江知縣劉國藩合邑梅、平茶、石耶、酉陽之兵，以二月進戰，奪據佛圖閣。中賊間，三土司與遵義馬湖兵相殺，潰退。秦良玉善病，亦欲歸，民屏力勸進兵。三月，至鳳白市，大戰，奪據二郎關。四月，杜文焕至自白崖，與監軍副使邱志充、楊述程督西兵、毛兵，與賊連戰二日，賊馮高設伏，我師雖鋭，未得利。翌日，西兵、毛兵當先，秦兵繼之，諸官兵在左，三土司兵在右，合戰。賊大披靡，直抵重慶城。楚將薛總兵亦至。

五月，遂分兵爲六，接戰，文焕先得利，民屏率奇兵繞出其後，賊驚敗，斬殺鮮有脱者。周鼎逃至合江民舍，爲義兵所縛。城中聞鼎敗，寅不至，始垂首喪氣。張我績進駐合州，水陸斷絶，賊糧盡，人多縋城而下。酉陽冉天胤與秦民屏遣數十人夜登城，燒其營屋數十間，後無繼者，乃退。金富廉力勸進兵。張彤、石永高出見，諸監軍道縱之回。次日，樊龍自出，三土司争而殺之，軍遂大閧入城。壯卒沈應龍在亂軍中識張彤，斬其頭，送富廉，餘賊盡殲。賊據重慶凡九閲月而復，官兵於是得專意川南。

七月，總兵楊愈懋兵敗於江門，遵義再陷。愈懋聞杜文焕議加宫保，拍案，怒氣蹶張，竟趨永寧。先是，松潘道副使李忠臣本臨潼人，家永寧，陷於賊，屢密信欲合死士從中起，候大軍，事覺遇害。賊賂其僮質妻子，夜出請如夙約，愈懋信之。郭象儀泣諫，不聽，軍人有阻者，立鞭之，至江門營絶地。賊先攻譚大孝營，大孝壯卒俱私歸，雇瀘、納人充數。愈懋又傳令：『各營自固，切勿出救。』大孝不能支，奪路走，徐永武戰死，象儀遂以身殉。諸軍皆潰，賊徑趨總鎮營。標兵方出栅戰，賊突起栅後草間，斫營徑入。愈懋度不免，拔劍在手，遣親信負印馳出。獨指揮馬繩祖數人在側，逼之上船，船沉，遂自刎。其日，副使李仙品適到納谿，收督潰卒，結壘南岸，賊不敢衝。公飛騎撤瀘州范繼道、建武龔萬禄入保。萬禄强項，竟中賊誘，父子死戰不得脱，遇害。遵義城中無兵食，賊合水西七八萬人蠭涌至，推官馮鳳雛義不受辱，投城死。

公亟請杜文焕鎮納谿，一月後方至，輒稱疾去。楚兵先期盡撤，張我績奉詔援，黔賊勢復熾。公於孤危下鎮以静慎，乃四路設險，因材授方，使馬湖知府鄭朝棟及胡平表守長寧，建武參政閔夢得及李仙品守納谿，下南道王世仁、上東道徐如珂同守合江，又使道臣吴國仕進真綏，趙邦清進綦江，盧安世出桃竹壩徑道，知府余新民等主運。八月，公督將吏分兵進討，賊亦殊死戰。半年之間，轉戰數百計，勝負相當，卒不得要領。

三年二月，詔加公兵部侍郎，總督川、湖。公拜命，會諸將議曰：『我之久不得志於賊者，賊以合，我以分也。』於是列營納谿，陽爲進取，而陰令大兵會長寧。二十五日，戰於麻塘坎，大勝，盡燒賊營。二十六日，戰於瀘州衛，拔洞中避難者百餘家。四月，進壁青山崖，乘霧奪險。石砫兵亦會，窮歷三洞，擒僞相章守位。閔夢得抵馬克橋，遣劉養鯤等破横山、八甲、三溪，獲僞將柳元儒。於是四面守隘之賊盡遁，我師合爲一路，進次土地坎。賊結大陣，厚募敢死決戰。總兵李維新麾衆進，多不肯應，李仙品厲聲曰：『有進無退，有尚方在！』僉事劉可訓謂諸將曰：『若等欲走，直須走達成都。眼前一轉足，復有生理乎？』鄭朝棟亦趣之。秦翼明請當先，立判賞券。詰朝，大戰，賊衆甚盛，我軍死鬬，有中五六槍不反顧者。及斬僞總兵吴繼周，賊遂披靡。奢寅父子敝衣穿甲，陣前督戰，而使僞者乘大馬，盛儀仗。官軍并力取之，遂得逸去。既敗，水西人飽掠先走。二逆見大勢去，乃於永城四面舉火，遁走紅崖山。官軍入永寧，賊棄子女鞍仗，以逗追兵。鄭朝棟攻天台囤，苗目羅甫率兵數千出降，獻僞僭冠服。羅乾象、譚正修破白崖、楠木、青岡諸囤。五月二日，破銅鼓坪，降苗裔萬家。水西分二道來援，一趨永寧，行至新寨，見官軍陣整，不戰而退。二逆親率數萬人直衝古藺，王世仁、徐如珂督羅乾象、譚大孝等列陣待，相持兩日。其黨魯仲賢就執，懼死，誑軍人曰：『我奢寅也。』争而殺之。我軍雲集藺州，燒其九鳳樓，蕩清其巢。二逆走龍場，匿客仲壩，水、藺界也。公檄鎮道分平裔落，降者數萬。

會夏秋之交，疫作，鎮道將卒皆病。十月，賊復借水西兵及都都夷入犯永寧。城中米僅支四日，有議退者。李仙品、劉可訓、鄭朝棟厲聲曰：『今日是吾輩死所，復何言！』力疾掖登城，手利刃督戰，將士無不感泣。李維新悉衆出，火砲齊發，賊敗遁。秦翼明兄弟及諸將剿都都夷，斬獲五百餘人，餘遁入芒部。盡焚其房舍，得糧數千石，造船製盤車，逆流挽運，軍中始不饑。賊轉入深箐。五路之師俱進，侯良柱先到，獲崇明妻安氏及劇賊奢崇輝、蔡金貴等數十人。公懸賞格募二賊，二賊覺，走匿水西莫德家。去藺四日，莫德與同走火匀〔七〕。李維新遣林兆鼎入大方，范繼道出赤水衛，集四十餘洞義民朱三鳳等疊進捕賊。十二月，公率僉事胡平表入永寧。林兆鼎自大方還，言黔撫期正月三日共攻火匀〔八〕。公檄李維新、李仙品復發重兵，至畢節，賊皆避入老林。四年二月，乃旋師。

是時永、藺已定，拓地千里，將吏咸願郡縣之以爲封賞。公計深山密箐，民猶鳥獸，不可以中國之治治。請以外四里膏壤歸永寧衛，隸敘州；內四里深險磽瘠分給降將，俾各守土保塞。二酋走遁窮巖，卒誅之，恐徒費兵力，稍寬時月，當懸首藁街。

會黔撫王三善師覆於大方，總督楊述中以罪去。公出師遵義，爲黔聲援。晋兵部尚書，移撫貴州，節制貴、川、湖、雲、廣西五省軍務。公復重購降人阿友、阿引等，佯得罪叛去，懸賞捕之。或令販鹽布、造弓弩住邊界。久之，寅不復疑，悉召用之，因得通外問，約死士斬其腹心將。

賊左右漸稀，意念徬徨，益疑其下。考掠阿友，備五毒，以刀穿其左足一晝夜。友抵死不承，釋之。寅痛飲卧帳中，阿引等乘睡砍其胸，身死腸出。稱官兵至，餘賊盡奔，焚其屍，以首來獻。藺州首亂起寅，寅誅，崇明遂無能爲。苗、漢人告復業者踵至，川南禍本永絶，公一意討水西。無何，父喪歸。偏沅巡撫閔夢得代總督，尋公前議以戰爲撫，『貴陽抵大方路險，用兵宜從永寧始。賊恃畢節一路外通，須重兵扼之，斷其四走之路』。不果用，黔事益壞。莊烈帝即位，録平藺功，加少保，蔭一子錦衣衛指揮使，世襲。秋，詔公仍總督五省軍務，巡撫貴州。公抵黔，周觀形勢，上狀曰：

黔中山林深阻，苗民錯居，惟上下六衛，一道經通。逆苗慓勇嗜殺，當示以必戰。師已踰險，如鼠鬭穴中，將勇者勝。若專在拊循，至秋水涸，寇必大至。士不得解甲者八年於兹矣，算不定，計不立，緩急失序，首尾衡决，爵秩太易則衆志競，將領太多則號令棼，此前鑒之最明也。

如臣愚策，據險要，立營壘，飭兵馬，練戰士，坐得致敵之術。曩者諸將校坐縻廪食，竊取小功自相矜誇，此最無益邊計。所殺或係他種非反者，或掩戮降人報功次，失蠻裔心，違聖朝柔遠之義。今大兵所誅，叛逆耳。環黔皆苗，安能盡殺？御以威信，皆良民也。六衛腴田，非此屬誰爲墾耕？若殺不當罪，是驅之歸賊而自樹敵也。臣當使肘腋安定，軍伍充實，用奇迭出，期於滅賊，不敢優游以稽天誅。天子可其奏。公於是大簡諸將，賞功罰罪，更易署置，各當其職，人心大和。

崇禎二年六月，乃檄滇兵下烏撒，蜀兵出永寧、畢節，扼各路要害，而親率大軍駐六廣，逼大方。鬼師莫德説安邦彦曰：『安邊在烏撒，滇人不敢南下。永、赤之兵牽制我後，我當先破之，取永寧以畀奢氏，取建武六縣以畀法舍，然後挾烏鎮以臨遵義，并黔及滇。』邦彦從之，以歹費等防六廣、小阿，烏謎等防遵義，阿鮓怯等守鴨池、三岔，各號元帥。而邦彦號四裔大長老，崇明稱大梁王，先抵赤水。公授意守將許成名佯北，誘賊深入，薄永寧城。諜知賊入誘，即令林兆鼎從三岔入，王國楨從六廣入，劉養鯤從遵義入，邦彦聞主師四合，恚甚，恃其勇，欲旦夕先破永赤兵，還拒諸將，急索戰。成名約永將侯良柱、鄧圯夾攻賊。圯等兵始交，成名與羅乾象繞出其背夾擊，賊不支，大驚潰，自壓擠死者數萬。崇明、邦彦、莫德皆受創，漢兵斬其首，群苗震讋，各鳥獸散。會良柱以争級拔營先歸，遂得稍稍逸去。

公移檄安位，諭以内附。位豎子不能決，其群目復集兵，迫脅諸小種，號二十萬拒命。公會諸將授方略，戒之曰：『水西地山險深昧，陰雲霧瘴，莫辨昏朝，林多猛獸蝮蛇。即不戰鬭，而兵易疲，且陸不通車，水不浮舟，餉無由達。我深入其阻，陷賊伏中，率以此敗。困獸之鬭，未可輕也。』諸將受命，乃焚蒙翳，剔巖穴，截溪流，懸繩度，盡發精卒馳百餘里，或斬樵牧，或焚積聚，暮還歸屯，使不可測。凡百餘日，獲首功萬餘，生口數萬。軍行得鄉導，輒發窖粟就食，而賊饑，斗米六金。劉養鯤遣客入大方，燒其宮室，懸榜而出。安位大恐，乞降。與約四事：一、貶爵，二、削水外六目地歸朝廷，三、獻故殺王巡撫者首，四、通畢節等驛路。位皆聽命，遂率四十八目出降，誓不敢反。而黔人自軍興來，歲食楚餉百萬，不樂罷兵。恐無所資，相與作亂。揚言：『水西，我不共戴履者。必盡殲，無令遺種。』殺其使，奪所獻馬。公立斬數人，乃定。而水西亦厭兵，再遣使乞降。公爲上奏，詔許之。遂上善後疏曰：

臣惟邊徼雖安，不可忘戰。制裔之法，必先内固。水西自河以外六目九司之墜，亦頗廣衍，今已悉入版圖。臣於沿河要害，築城三十六所：近者控扼裔地，制出入；遠者聯滇、蜀，通商賈。皆立郵舍，繕郵亭，建倉廩，煙火相望，部曲相保，塹壘木樵，較聯不絶，賊必不敢卒入爲寇也。

鴨池、安莊，計河旁可耕之土通溝洫者，不下二千頃。事定之後，無慮常屯萬人，人賦水田二十畝、旱田六畝，稍益之，使自贍，鹽酪芻茭出其中。諸將士皆身經數百戰，披草萊，立城郭，咸願得尺寸以長子孫，即割新疆授之，使知所勸。

謹條便宜九事：不設郡縣，置軍衛，不易其俗，苗、漢相安，使一。地益墾闢，聚落日繁，經界既正，苗不得以民不耕地漸侵軼，使二。黔地瘠，仰給於外，今自食其土，省轉輸之勞，便三。國用方匱，出太府金錢勞諸將不足，以爵酬之，爵轉輕，不若以地，於國無損，便四。既世其土，各自立家，計經久遠，永爲折衝，便五。大小相維，輕重相制，無事易以安，有事易以定，便六。訓農治兵，揚旗河上，使賊日備我，便七。願耕者給地，一從其便，且耕且戍，衛所自實，無勾軍之累，便八。軍耕抵餉，民耕輸糧，以屯課耕，不拘其籍；以耕聚人，不世其伍，使各樂業，便九。

上可其奏。

五年，加少傅兼太子太傅。七年論僇邦彦功，加少師，蔭一子錦衣衛指揮僉事，世襲。八年，一品再考滿，加左柱國。

九年，出師誅擺金、兩江、巴香、狼壩、火烘五洞叛苗，水西勢益孤。又通上下六衛，并清平、偏鎮四衛道路，凡一千六百餘里，設亭障，置游徼，以便往來。雲南沐氏土舍普名聲爲亂，移兵討之，名聲伏誅。

蜀帥侯良柱貪横，公劾其不法狀。良柱倚朝貴援，且因永寧争級事修郄於公，遂以龍場地界謂公曲庇安氏。龍場壩者，實水西地。異時水、藺仇殺，争此地，時屬藺，時屬水。其後結盟，假崇明居之。去大方七十里，永寧六百里，山箐不産五穀。蜀人欲爲設官屯兵以自廣，公上奏曰：

臣聞御裔之法，治以不治，既來則安，不專在攻取也。今水西既已納款，殘藺安敢負固？惟當明定疆界，使諸裔自耕牧，遵往制職貢賦，爲數世利。若設官屯兵，臣愚以爲不便。夫守邊者但聞扼險，不聞入險。龍場陡臨裔穴，四面孤懸，中限河水，不利應援，築城守渡轉運煩費。捐有用以事無用，且内激藺夷必死之鬭，外挑水西扼吭之嫌，兵端一開，非國之福。

書上，詔詰責數四，公持前説。及推勘坐誣，卒如公議。

安位死，無嗣。朝議復欲用兵郡縣其地，公力持不可。諸苗感公誠信，争納土，獻重器。遂上奏曰：

水西恃其險遠，向阻聲教。今安位殄絶，疏族異支紛然争立。臣奉明詔，一切禁止，聖威遐暢。有苗來賓，納土獻印，相繼於道。臣惟水西有宣慰之土，有各目之土。宣慰公土，宜還朝廷。各目私土，宜畀分守，籍其户口，徵其賦税，殊俗内向，同於編氓。大方、西溪、谷里、比那要害之地，築城戍兵，足以丕振國威，永消反側。夫西南之境，皆荒服也，楊氏反播，奢氏反藺，安氏反水西。而滇之定番，彈丸小州，爲長官司者十有七，二三百年未聞有反者。非他司好逆而定番忠順也，蓋地大者跋扈之資，而勢弱者保世之策也。今臣分水西之壤，授諸渠長及有功漢人，咸俾世守。凡其俗虐政苛斂，一切除之，使參用漢法，可爲長久計。

制曰：『可。』西南遂底定焉。

十一年春，公薨於黔，年七十三。黔、蜀番漢軍民咸罷市巷哭，制服立祠，比於漢之馬伏波將軍、諸葛忠武侯焉。訃聞，天子震悼，賜祭九壇，遣官視葬禮也。

蕺山劉先生銘其墓曰：

跡公前後條奏，真得古王者御裔之策，動可萬世法。當群議沸騰，貪功喜事，致天子不難鐫一官謝黔人。而公則大猷是經，始終操執，不以毀譽利害奪所守，其器識淵遠，自學古之日得之。用兵必先定謀，矢石之交，神氣愈閒，指揮不亂。御蠻徼一以恩信，未嘗妄殺一人，故所至附懷，死而哀思。

初在隴西，行經首陽山，遇老人，談世事，載歸，受奇門遁甲、六壬，遂長占候。而內江隱者牟康民精數學，亦預卜『兩川有事，定之者朱公』。頃者中外交訌，海內用兵幾三十年，欲求公一戰一墨守、一勦一撫不可得。當是時，惜不及進用公，竟委之西南一隅以老。然猶幸公專制西南，使縣官得并力中原，而公之以一身用舍，係天下安危，抑豈其微哉！

爲大理寺慮囚，山西有囚某以睚眦殺七人，輦金京師爲請寄。公至晉，首按其事，曰：『奉命恤刑，非一切縱解也。殺人而失出，若死者冤何！』竟論辟如律。

知蘇州時，屬邑賦例輸郡帑者，邑先爲羨贏，資吏乾没。公立法，使邑自封識，不關吏手，由是羨贏遂絶。

督學粤東，巡按御史某累牘薦士，却之。後竟以二十人檄藩司應試棘院，公卒不許，曰：『侵官非法。』榜其姓名於市。某恚甚，誣指公他事，朝論竟直公。

右轄四川，直殿門工興，採木於蜀。蜀木凡奇材生深山絶險遠，斬伐置大壑，候暴漲出集涪州。吏緣爲奸，不願竣役，類言不中。如是二十年，費工部數十萬，官吏坐逮繫沈命者累積。公疑其事，立駕至涪，第其上下簡料之，凡五日而贏異材一千七百餘章，盡釋諸繫囚。而以不及選者給高貲商算其直，使達京師。蜀田沿永樂中故籍，歲闢而賦不科豪户隱占。遼餉起，海内悉加賦。公遍料蜀田，正經界，每畝均徵三釐，歲省賦七萬五千有奇，蜀人德之。及水西底定，即其地築城堡，設公署，開荒屯種，諸役皆身自經營，犁然可紀，而費則取之公餘。公才之不可量如是。然沈深韜晦，家居不入城府，坐卧擁書，稀接賓客，故末由知公。

竊嘗論公剛毅如忠獻，純誠如汾陽，練達如文饒，廉正如孝肅，而將略大類趙營平。本朝自新建而後，大業未有及公者。蓋天祚國家，川岳儲精而篤生公也。華亭陳子龍稱公體貌奇偉，望若天神，食常兼數十人。室無姬媵，堂無玩好，性介潔不茍取。鎮黔、蜀垂二十年，軍資贖鍰不下數十萬，籍於公帑。服用節嗇，又多才能。應羽書旁午，未嘗有記室，章奏書檄皆出己手。用法嚴，誅不避親，賞不遺賤，故人樂爲之死。當熹宗朝，奏凱不歸功奄寺，以此失侯，天下尤重焉。

論曰：余於《恒嶽朱公傳》而嘆明世非無才，大抵壞於文法議論耳。當藺變初起，文法不及掣肘，議論不及牽制，以故才無小大，咸得展布：郭象儀，推官也，首用三譚兵摧賊鋒，後死於楊愈懋之信牒；范祖文、鄒蔚然，諸生也，於俘囚中陰結降將，志存本朝；胡平表，判官也，能縋城發秦氏兵，又調和文武土司，使軍政不亂；薛來衍，大理知府子也，道阻不能歸，以二千人破周鼎、奢寅兵數萬；宋世第，貢士也，識龔萬禄於稠人，推立爲將，使守建武；其他周著、林宰、閔夢得、李仙品、鄭朝棟、劉可訓皆有大功者。至若指揮馮世修，既死不殊，復與郡人金富廉等起兵；上東道徐如珂自吴門來，聞變不避，直走墊江擊賊：並卓犖樹古人奇行。公倉卒器用，盡其才節，何舉世嘆乏才，黔、蜀之間，顧多才若此哉！以其時知人任使之識，休休有容之量，雖出於公，而公獨當危事，無齮齕公者，公於是始得措施爾。在《易》之萃，物相遇而後聚，諸人之遇公，當亦一方貞元之會也。及危寧傾定，乃以龍場地界群起相牙，仍受文法議論之牽掣。由斯以觀，縱有薦公當三邊本兵之任，公豈得一展所爲哉！公之不爵於熹宗，宜也。不爵與謚於莊烈之世，遇而不遇也。其遇則西南之福，其遇而不遇，則中原之不幸，非公之不幸也。《易》曰：『師貞丈人吉。』又曰：『勞謙，君子有終。』勞而不伐，有功而不德，厚之至也。』公當之無愧矣。康熙初年平水西，置威寧府、大定等三州，改諸衛爲縣。

督師白谷孫公傳

公名傳庭，字伯雅，號白谷，代州振武衛人。萬曆四十七年進士，知永城、商丘縣，有循卓聲。天啓五年，擢吏部主事，避魏忠賢之禍，請假歸。

崇禎初天下亂，有澄清中外之志，講安邊弭盜大略，慷慨義形於色。八年秋，起司封郎中，尋超拜順天府丞。是時，官軍逐流寇入漢中，賊困於車廂峽。陝督陳奇瑜狃永寧關之捷，負威名，謂賊可旦夕平，驟聽賊降，賊得出險。遂延縱，殺監護官五十人，衆至二十萬。其最强者闖王高迎祥，番漢降丁驍騎多歸之。宿將曹文詔敗死真寧，詔革奇瑜職，先後解陝撫李喬、甘學潤職，特用公巡撫陝西，專圖闖王。

既莅任，簡募得勝兵三千人，自將之。九年七月，進討高迎祥。賊出漢中，取黑水峪，犯西安。公度賊道遠，人馬疲，路險雨濘，乃度渭迎擊，大敗之。夜，總督洪承疇馳至。明日，會師盩厔，合戰，捕得迎祥於陣，獻俘闕下。餘賊散走蝎子塊。拓養坤在鳳翔，聞之，請降。公馳至鳳翔，致其副賊張文耀，養坤降意乃決。期年，復叛去。片檄追討授首，公名震關右。

秦兵向驕，畏公律嚴。許忠、劉世傑等劫衆據藍田叛，公標無一兵，乃下令清屯。每健丁一予田百畝，免其租課，得九千餘人，復歲得餉銀十四萬、米麥二萬，遂獲叛將。上命諸撫以秦爲法。

兵部尚書楊嗣昌任熊文燦總理，合十撫兵十二萬，馬三步七，加勦餉至二百八十萬，刻期百日盡賊。公移書謂：『兵忌多不精，功亦難猝就。步卒善蹶，民不堪重餉。但選關、寧精鋭馬軍八千人，自足破賊。』嗣昌大恚。初部議秦撫當一正面，直商、雒路兵萬人，餉二十萬。公辭以『臣自有屯糧贍兵，無須餉』。復總覈各郡帑積餘，發撫屬贖鍰，使副將鄭家棟、王根子市馬於番，募兵於邊，糗具自辦。不煩户部一緡，得勝兵六千人，騎四步二。

過天星、混天王等衆數十萬犯涇陽、三原，擊之於楊家嶺、黄龍山，大破之。俘斬二千餘，降散近萬人，賊北走延安。公度延地荒，賊不能留，欲扼之澄、郃山水間。賊果南返，引避公，疾趨而西，一日夜行三百餘里，至職田莊，遇伏敗。復走寶雞，再中伏。折而走隴州關山道，又敗。遂盡解甲降，無遁免者。闖將李自成援絶，以二十騎踰秦嶺，逃入河南，秦賊遂平。

而豫賊曹操、混十萬、老回回十三家屯聚崤函，熊文燦尾其後，佯請降，要挾過當。公投袂起曰：『賊盡於此。此賊亡，則天下遂無一賊，機不可失。』與總理夾擊，乃出潼關，迎賊閿鄉，貫其營而東，復自東貫而西，無敢當者。賊大懼，以總理手諭馳上，公呵之曰：『降即解甲來，不者，吾且復進兵。』行未數里，得總理檄：『若飭有司者，招撫已就，無妬吾功害成。』公不得已，怏怏歸。賊竟去，移窺商、雒。從關内發兵馳禦，賊南折入於楚。當是時，勦撫兩不成，嗣昌、文燦心愧公，反布浮言，謂公逗撓軍計，上偏信，惑之。

十一年十月，京師戒嚴，召洪承疇及公統三邊、陜西兵五萬入衛，改承疇薊遼總督，公督保定。嗣昌欲盡留秦兵宿薊，公争：『秦兵家口在秦，豈肯舍之東去？此非譁則逃，是驅兵從賊也。』嗣昌不從。公不勝憤悒，耳病大作。嗣昌謀文致公，聞其病廢，稍解，趣之保督任。以失聰乞骸骨。上怒，薛國觀等復擠之，遂逮繫。

在獄二年，疆事大壞，文燦論死，嗣昌自請出師。而張獻忠叛於穀城，還陷襄陽，襄王遇害。十四年，李自成陷河南，殺福王。上於是追思公，而周延儒再相，亦每稱公。即獄中召拜兵部侍郎，親御文華殿，賜釁沐，問除殘殄寇之道。公涕漣陳畫，矢不以賊遺君父。上嘉悦，使將京營兵援開封。公見京營敝，嘆曰：『吾思用秦人。』

先是，秦督傅宗龍、秦撫汪喬年先後入河南，敗没。上惡賀人龍不救，將殺之而憚其强，乃改公督秦軍。十五年夏四月，公至西安，固原總兵鄭家棟、臨洮總兵牛成虎、援勦總兵賀人龍皆以兵來會。公大集諸將，縛人龍，坐之纛下而數之曰：『爾奉命入川討寇，開縣譟歸，猛帥以孤軍失利，獻賊出柙，職爾之由。爾爲大帥，遇寇先潰，致秦督、秦撫委命賊手，一死不足塞責也。』遂舉尚方斬之，諸將莫不動色。因以人龍兵分隸諸將，軍政始立。

六月，命侯恂會公援開封。督師丁啓睿敗績於朱仙鎮，奔汝寧。九月，河決開封，李自成，羅汝才西迎公軍。公至南陽，設三覆：牛成虎將前軍，左勷將左，鄭家棟將右。成虎佯北致賊，還鬭，勷、家棟左右横擊，高傑以中軍與董學禮翼之，斬首千餘級。追奔三十里，及於郟縣。賊棄軍資甲仗餌官軍，官軍囂，遂潰，喪材官、將校七十有八人。是役也，天雨，糧車不進，採青柿爲食，人謂之『柿園之敗』。公上書自劾，整旅登封，還至西安，收斬逃帥，軍威復振。

於是自成再陷南陽，還屯開封。十一月，陷汝寧，殺保督楊文岳，遂南陷荆、襄。十六年春，陷承天、德安、黄州。渡湖，陷常德。有衆百萬，并左金王、賀一龍、羅汝才之兵，自襄陽移屯鄧州，益兵攻鄖陽。公遣高傑以兵援鄖陽，擊賊，敗之。進兵部尚書，總制三邊，督七省兵。公念官軍久無鬭志，賊勢已成，非大舉不可出，乃練兵西安，步、騎五六萬人。懲『柿園』饑，作火車二萬兩，載輜重，戰可拒馬，止則環之，工作窮日夜半載。

七月庚子，發潼關。戈甲耀日，旌旗數十里，爲二十年來軍容所未有。以總兵牛成虎、副將盧光祖爲前鋒，副總兵高傑將降丁爲中軍，總兵王定、官撫民率綏、夏二鎮兵爲後勁，檄四川總兵秦翼明出商、雒，左良玉自九江赴汝寧，河南總兵卜從善、陳永福會洛陽下池塞。八月，辛未，次閿鄉。自成盡發荆、襄諸賊，俱會河南。步賊沿河列守，自氾水至滎澤，伐竹木結筏，人佩三葫蘆，先驅千餘北渡。總兵劉洪起以兵逐之，復渡南岸。丁丑，成虎率諸將前驅，遇賊於洛陽，擊破之。再敗之河岸，追奔至汝州。孤軍無繼，退屯澠池。

九月己亥，公次汝州，僞都尉李養純降，進圍寶豐。自成輕兵來援，傑、廣恩、光祖迎戰，却之。癸卯再戰，破其騎兵。公謂『寶豐不即下，則腹背受敵』，親督諸軍，悉力攻拔之，斬僞州牧陳可新，遂以大兵擣唐縣，盡殺賊家口。賊馳救不及，滿營痛哭。會大雨六日，糧車日行三十里，道淖未至，士馬饑。或勸退舍就委輸，不聽，下令破郟縣就食。縣俱窮民，割騾羊數百頭，噉立盡。己酉，命河北、山西就近餉公軍。賊步騎萬餘迎戰，官軍前鋒擊斷自成坐纛。進逐之，賊披靡，逃亡者相屬。時前鋒盡收左、革故部，皆致死於賊。而傑統降人悉賊中曲折，三破李過兵。自成懼，奔襄城，築墻自守。官軍屢勝輕敵，日馳逐數百里。河南所在皆荒，既深入，屠馬煮弩食，食輒病。

丙子，賊投巨牌，刻日會戰。大雨連十日。壬子，後軍譟於汝州，降盜李際遇陰通賊，賊大至。公會諸將問計，廣恩請駐師分據要害，步步爲營以薄賊。公從傑計決戰，廣恩不懌，引所部八千人先去。賊前鋒名『三堵墻』，紅、白、黑各七千二百人，薄官軍。官軍入賊伏，賊乘之，大敗，陷淖死者數千人。一云賊置陣五重，力戰破其三。至老營而賊死鬬，官軍陣動，遂敗。傑立嶺上呼曰：『不可支矣！』麾衆退，壯士推火車者輓輅脱，傾輈塞路，馬兵之奔者皆絓軸。賊騎凌騰之，步賊手白棓遮擊，盔腦俱裂。賊空壁追躡，一日夜輸四百里。官軍死亡踰四萬，喪軍資器械合數十萬。一云公分兵爲三，令廣恩禦大路，己與傑間道迎糧，永福閉營候糧至，勿動。未發而永福兵先行，遮斬之，不止。公與傑收潰兵數千騎，度垣曲，走河北。賊别將克汝州。戊午，自成向潼關，廣恩擊破之。公亦還至潼關，衆尚四萬。十月，壬戌，李過陷閿鄉，疾走至潼關。獲督師大纛以紿守者，乘間突入，潼關陷。自成間道緣山厓出關後夾攻，官軍大潰。李過陷華陰，公與廣恩退屯渭南。賊合衆數十萬陷渭南，公揮刀躍馬入陣，死之。

公既歿而西安淪陷。賊西略三邊，每至城下，輒用公名宣言曰：『尚有善兵如孫督師者乎？何恃以不降？』由是秦、晉崩解，賊建國稱王，鼓行東，竟大河以北皆爲賊境。高傑南奔揚州，踰年死於徐。而廣恩、永福並降賊，封五等伯。明空無人，不能一戰，以亡天下。

論曰：公季子世寧嘗爲會稽丞，録《忠節録》，有華陰王山史傳公，稱公嚴重有威儀，長身伉爽，才武絶人。其用秦兵也，將憑巖關持久，固將吏心。秦士大夫厭苦屯牧，弗善也，累檄趣之戰，不得已出。以霪雨糧絶，師大潰。殉節時從騎俱散，不能得其屍，遂有傳公未死者。於乎！姚平仲之入青城，好事者爲之耳，孰謂公肯蹈此哉！

公臨出，屢顧夫人張，然無一言。張曰：『相公第報國，無憂我。』降將張文耀願以死奉夫人間道歸晋，張持不可，曰：『吾知死而已，不知他也。』比城陷，率二女三妾沉井。世寧方八歲，揮之去。踰垣，墜於民舍，有老翁衣食之。越二年，長子世瑞重跰入秦，出夫人屍，面如生。翁歸以弟，相扶還，見者泣下。家國之難至公甚矣，而忠節孝義萃於一門，何其盛也！

夫家國可亡，而莊烈之爲君，傳庭之爲臣，固凛凛有生氣。事之不成，天也。自宋以來，禍敗之迹未始不由於和與撫，而將卒之潰逃與梁、唐、晋、漢、周五氏相類。當文燦總理，公求戰而不能；迨七省會師，欲不戰而不可。發言盈庭，以事外之人而撓成算，所賴有人主制其命耳。自成之勢烈於湟中，白谷之成不如充國，而莊烈之任遠於漢宣，不可謂盡非人事。乃霪雨二旬，人謂逆運之昌符，豈知將來之隆瑞哉！

公參佐定襄喬元柱以明經奏用，爲監軍道，潼關駡賊，伏劍而死。其後戰守死者，榆林有尤世威諸將，寧武有周遇吉。

明侍郎格庵章公傳

公諱正宸，字羽侯，號格庵，紹興會稽人。少受學蕺山劉先生門。崇禎四年成進士，選庶吉士。温體仁當國，朝士争附，公唯旅見一揖，體仁銜之。出爲禮科給事中，奏言：『願陛下師周、孔之仁義，黜管、商之富强。』上方求治急，不能從。

巴縣王應熊緣戚畹田弘遇入相，公抗疏：『應熊小才飾短，小辨濟貪，陛下何取而大用之，使壞士風，排正類？』下詔獄。馬世奇、王邵過應熊曰：『章長科此舉，成就老先生爲潞公矣！』應熊曰：『上英斷人，安敢爲潞公！』色赧然。廷臣疏救，免歸。

應熊敗，起户科，上言：『方今大臣揣摩宮府，張設爪牙，知護一官；小臣恬默取容，轉圜迎合，知護一身。陛下孤寄臣民之上，臣竊寒心。』其言多爲温體仁發。後臺省攻體仁益力，始罷相。

十一年，論熒惑之變，火於五德爲禮，糾諸臣蔑禮數事。又言：『西廠雖革，而其實故存，曩時主西廠之人故在宮省中，且迷惑天聽，況直省府州縣。』上令中官自行回奏，氣勢稍奪。

遷吏科都給事中。論：『治道隆衰，關言路通塞。臣忝六垣長，苟一垣不言，皆臣咎。』上召對，厲聲曰：『言官須設身處地，無得妄指沽名。』公對：『朝廷設言官本求言，豈可令退避爲立仗馬？寧言之不當，幸皇上勿生厭薄。』

周延儒再相，悉反前政。引用正人，撤内監使者，止緝事，蠲租清獄，行間賞罰，朝報夕可，天下欣想太平。而門多雜賓，性少介節。公故延儒門下，謂同官曰：『當夾持相公以弘大業，無徒將順爲美疢。』延儒欲以門生江禹緒推宣大總督，公持不可。延儒之起由馮銓，圖假守涿功復銓冠帶，又與金光宸、孫晋格止之。且致牋：『願師相積誠格主，用成匡弼，紓時難。』延儒雖甚恨，終公在位，未得恣意。

十五年，會推閣員，有無名子效《東林點將録》，以二十四氣分配朝官。流言吏部尚書李日宣、河南道張瑄及公有私，上以爲然，指所推房可壯、宋玫、張三謨爲罪，戍公均州。延儒復賄敗，上思公，再召，而國難作。

弘光立，起原官。疏陳政事：『一曰勤學，二曰辨官，三曰正人心，四曰肅紀綱。請縞素帥師，親臨淮甸，使天下知朝廷無偏安江左之心，則將士敵愾，以一當百。』馬士英欲起阮大鋮，舉朝不可，乃先以中旨起張有譽爲户部尚書。公封還詔書言：『臣於有譽，非争其人，争其事也。中旨傳陞，非所以待君子，有譽賢者未必受。是用有譽所以斥有譽也。』竟用安遠侯柳祚昌薦，起大鋮。公解官歸。

魯王莅越，以吏部左侍郎掌部事。江上敗，遂行遯。後十年，有僧至偁山，驟登其家樓，家人驚叫，子婦曰：『必吾舅侍郎也。』肅笄出謁，已持鉢去。有傳其在廬山、嵩嶽。又十年，始爲制服祔廟。

論曰：明世士大夫矜負廉節，所絀者才。然民心士俗，綿延幾三百年醇厚者，廉節維之也。余初至會稽道墟，登格庵先生之堂，及其子若孫遊宗黨，往往談述格庵里居事。衣大布，葛巾寬帶，家門上城，還返兩舍，率單步不由舟檝。府縣歲試童子，無尺素爲後進通。其標尚如此。遜荒以後，邈焉高蹈，使人溯洄宛在。其人賢矣哉！

孟孔木曰：忠節之士全身禪悅，自明末始。謝皋羽、鄭思肖無此風也。公更潛埋姓氏。天地間有此種人物，正復使人不敢罵僧。

先格庵立朝，建議終始，屹如山嶽。在故明時，吾宗藉爲後勁；今則固當奉爲前型。得先生傳，毛髮皆動，使後人不勝流連仰止。章錡湘維識。

明侍郎遂東王公傳

公諱思任，字季重，號遂東，紹興山陰人。宋愍節公倫之裔孫。五六歲時，有言其二十必貴，貴當棄母，啼曰：『天若祚母者，幸無使兒貴也！』及長，博通文籍，經義絶出，當世名公羅汝芳、吕坤、黄洪憲等争共延譽。萬曆乙未，成進士，時年二十。除知興平，調富平。果丁母憂。服闋，補當塗。大璫邢隆開礦横山，公抗言：『横山，高皇帝鼎湖。三百里内即樵蘇無入，開採誰敢者！』隆氣塞，退。税璫疏立關採石，復以計寢之。出大辟與盜之枉者，操江都御史耿如杞稱曰：『使人人議獄如當塗，天下何冤民乎！』陞南刑部主事，再左遷袁州推官。父老，終養歸。

魏忠賢擅政，使伻走語：『卿可得也，一通手板者。』公笑不應，飲伻以醇酒。比過常州，孫宗伯慎行留公信宿，曰：『季重，智人也。』

崇禎二年，補松江教授。明年，陞國子助教。駙馬鞏永固、襄城伯李守錡奉旨聽講，諸博士遜讓莫前。公唱明孔、曾授受微指，名理圓暢。祭酒林釬、司業陳仁錫皆下席謝教，以所講作擘窠書，榜之圜橋，摹寫傳誦，一時翕然。

陞南工部主事，晋屯田郎中，備兵九江。募驍果五百人，教之擊刺，教之習射，教之没水，易防江守湖法，奸盜屏跡。大姓柯、陳衆殆十萬，逼居瑞昌，巡撫解學龍憂之。公曰：『吾知所柔之矣。』密疏，請下學使，廣二姓弟子員額，洞長崩角謝。有不軌，縛軍門正法。

英山賊破鳳陽，轉寇黄梅。黄梅人前大同巡撫石崑玉以淚和墨請救，將吏多言越界勦寇非便，學龍猶豫，公奮然曰：『此何言！並朝廷疆域，何分江、楚！先人有奪人之氣，必援之。』衆仍不欲。公自遣一牌去，自潯陽統兵萬往黄州，所過安堵。乃入見學龍，屏左右語曰：『諸人賈豎，何足與謀！黄梅生齒百萬，豈得坐視？且賊破梅，乘勝旦夕至孔隴。救梅正自救也。』學龍意寤，許詰明出師。衆且譁，公大言曰：『賊走矣！諜言其掠馬羸，意不在江也。』明日，遣把總慈谿袁斌領統兵北渡〔九〕，公駐池口爲應。梅人有修怨石氏者陰通賊，斌捕得，斬之。夜二鼓，賊騎數千繞北門，斌令俟以寂。賊首闖天星攻甚急，斌用百子銃啓門突擊，賊奔相蹂。官軍從暗中追斬百六十餘級，生擒闖天星。越三日，賊自井亭將趨麻城，公疾遣人至廬山，得射虎耕戈二十，伏大道。賊馬至，蹋血僵斃，無守者，以爲神。蓋戚武莊法也。於是賊盡返英山。已再破潛山，將復黄梅之怨。公名掛京察，已納節。學龍躬造，請勉視事。賊聞，即解去。梅人祀學龍及公北門，請以邑隸九江，公飄然歸。

乙酉夏，王師下南京，馬士英聲言護太后，遁走紹興。紹興士夫未知弘光所在，人情洶洶。公上疏太后，暴數士英罪，請斬之，略曰：『昊天不弔，降此鞠凶，實生賊臣馬士英傾我宗社。上嗜飲，則進醽醁；上悦色，則獻冶淫；上耽音，則貢鮑優；上好玩，則奉古董。君臣唯事荒嬉，而以疆埸重憂盡推史可法，又從中多方撓制，忌其成功。每一出朝，賣官鬻爵，文選職方、巡撫總督罔不以賄爲市。及乎聞警，風鶴先逃。請立斬士英，傳首省郡，爲覆國欺君戒。亟下哀痛罪己之詔，以示悔禍，則人心國勢，猶可復振。』

又與士英書曰：『閣下氣驕腹滿，但知貪黷之謀，酒色逢君，門墻固黨。叛兵至則束手無策，强敵來而先期以走，致令乘輿播越，社稷丘墟。閣下謀國至此，即喙長三尺，何以自解？以職上計，莫若明水一盂，自刎以謝天下，則忠憤志節之士尚爾相原；如或逍遥湖上，潦倒煙霞，效賈似道之故轍，千古笑齒，已經冷絶；再不然如伯嚭渡江，吾越乃報仇雪恥之國，非藏垢納汙之區也，職當先赴胥濤，乞素車白馬，以拒閣下。』士英愧憤不能答。

魯藩莅越，由翰林院、提督、太常寺館卿，晋詹事府詹事、禮部右侍郎。屢疏，極言官亂、兵亂、民亂、餉亂、士亂之失，乞休，不聽。嘆曰：『江上之事不臘矣！』

未幾失守，屏家依祖墓於鳳林，構草亭，顔之曰孤竹庵。巡按御史王應昌請拜新命，復書曰：『不忠思任，年七十有二，旦晚就木，鳩盤茶免使賣笑，過生我矣。』親黨多以利害相勸，陸生曾漋獨言不可，公笑謝之。自是遂不飲食。垂革，拖紳朝服曰：『以上見先皇帝。』目猶不瞑。及孤竹庵乃瞑，時丙戌九月二十二日。

自神宗朝，即以文章氣韻妙天下，歷五十年，更閱五朝，卒致命效節，不負所學。雅性不羈，好酒及客，善手談、戈法、青烏、握槊之術。教學者稽求典故：『九經、二十一史、本朝會典律例、鹽關屯按、邊徼厄塞、人才高下，具宜條究精思。』又言：『海内第一急務，在安頓窮人。驛遞乃窮人養濟院，奈何廢之！』其後闖、獻二寇並以驛卒首禍，逆如公料。又素剛負氣，中經三黜，不以少自貶損。終始孤立，幽思寄深，得風人之致云。

論曰：董先生瑒有言：公全歸在余公煌後。後此有趙公汝諍、余公增遠爲一類，又有姜公垛爲一類，章公正宸、林公增志、熊公開元爲一類。各行其志，跡之不同，勿論也。公諳吏事，尤見兵勢。俊逸之氣，往往發爲諧辭隱辨。解紛微中，莊士每畏苦之，然徐沁《贊採薇子像》云：『公以詼諧放達，而自稱爲謔，又慮憤世嫉邪，而尋悔其虐。孰知嬉笑怒罵，聊寄託於文章；慷慨從容，終根柢於正學。』斯言得公矣。

吴紹文曰：才略氣節，寫得精神逼露。

姜介三曰：先生大節，在拒討馬士英。書表文章，足以扶國運，厲士氣，厥功不小也。

其終始孤立處，更賴表徵。

瑞麥里二高士傳

禮義，所以爲國也；廉恥，所以立身也。《易》曰：『知進退存亡，而不失其正。』四維備，而天之消息盈虚應之。時有亢而道唯潛，其唯君子乎！揚雄，擬《易》者也，而其亢也，至於投閣。嚴光、林逋，可以出之時而無出，君子猶尚焉。何也？爲其身名充也。若涉亂世之末流，一以處爲則而已。明初，太祖以禮義開國，士大夫以廉恥敬身。葬祀福壽、佘闕；遣危素；北庭旋凱，命元臣無得舉賀。所以培裕國基，至厚也。故靖難之際，死節者彪炳前世。又有若雪庵、補鍋其人，追首陽之芳踪，景遜荒之高躅。自是而後，士以難進易退爲操。武宗之南狩，世宗之議禮，與於廷杖者，天下争榮之。而惟時伏居林草，非力不食，歌耕樵釣以陶性情，迄無悲憫，亦多有焉。蓋世綱之及也，所在皆是。

漢時楚王英之獄，株連名士累百千人，正當永平、建初之隆也。至於鈎黨之禍，考逮蔓天下，又無論已。有明一代，若王振、汪直、劉瑾、魏忠賢之用事，介溪、江陵、烏程之柄政，立於朝而能免者，蓋亦鮮也。况夫趙孤蹈海，楚懷入關，炎午生祭於前，修竹拾骸於後，其爲遺人逋客，更何可勝言。至若一姓之中，絶塵不反，先後相嗣，尤足喜者。雖榮悴各塗，心跡異趣，於消息盈虚之運，並有取焉。吾於山陰朱氏得二人：天順、成化間有臞儒純，順治、康熙間有固亭用調，作《瑞麥里二高士傳》。

臞儒姓朱氏，名純，山陰瑞麥里人。家世業農。而純體羸瘦，自號臞儒。臞儒者，臞於儒也，故又號識字農。里中無幼長以『識字農』呼之，則忭喜。或叩農曰：『君自謂識字，識得天下幾字？』農曰：『吾向識忠孝字。今而知忠非吾職也，志諸心而已；孝吾亦不能爲，吾以農繼之。故吾農識字，亦止識農字也。』

農性悦學，飯牛牧豕，手一編，誦習久之。博覽無不通，教授於鄉，與同縣羅頎、張暠結鑒湖詩社。知府浮梁戴琥深加禮敬，嘗造其廬。後行鄉射禮，請農，農雖勉赴，終憚於繩束，屬郡庠兩生代肄，琥亦不强之。

居常杜門，或扶杖屐，聳肩行道上豪吟。又聞嵊多佳山水，數往遊焉。好事者聞其至，載酒以俟，夜醉嵊江。興作，舍舟上青楓嶺，掛巾折竹如意，擊石浩歌。有五子，力農問字，共具餐飯。時擁諸孫膝前，誦《豳風》。農侶持樹藝書及娶嫁葬日就問，輒按述歷告。生永樂戊戌，及弘治辛丑而卒。自作《識字農傳》，比於無懷、葛天之民。

固亭名用調，字子彝，臞儒弟絅七世孫也。性好古學，恬於勢利。崇禎十七年國變，悉焚棄其所爲時文，廢跡山水，時年十三歲。其後諸從昆弟稍出應舉，翕有文譽，泊然不以屑意。陳老蓮洪綬嘗就之宿，引爲忘年友。

時從奚童出舍北，沿海道南行，登塗山嶺，東望涕泗，曼聲長歌，歌曰：『曉登塗山頭，泬寥海氣秋。天雞啼不歇，月落潮聲流。聞有神仙宅，金宮白玉樓。星樓會有便，乘此恣遨遊。』聞者壯悲其志焉。

既而有中以奇禍者，事解，家益落。乃日課園夫，溉花培樹、養魚馴鷗以自娱。好劇飲，不能多得酒，釀熟則呼群季，共飲盡之。

初任天放，晚更簡晦，號固亭勖厲。然性終介直，鄉里或相憚疾，尋亦服其無它。

自入國朝，四十三年，堅守一行。嘗謂諸子曰：『先少師平鎮黔、蜀幾二十載，不妄戮無辜一人，後當有盛者。在汝輩乎？然非吾望也。國寵不可忘，金吾公爲是賫志以没。』語畢泣下。遺命以故冠衣斂，曰：『吾得見先人宗寢。』

配孺人祁氏，忠敏公猶子，考諱熊佳，象孟光德曜，處家有法。固亭全隱高節，祁有助焉。

論曰：古之傳高士有矣，要於守真履道，能全其天，非是散誕之徒弗貴也。余向讀陽明《別三子序》，其一爲餘姚徐曰仁，其二爲山陰白洋之朱守忠、蔡希顔。今按府誌：『守忠諱節，以進士、監察御史巡按山東，統兵勦賊，卒於師，即臞儒之孫。』固知其有自來矣。固亭自承忠孝，非隱者也，而卒以高士著。『德之不孤，乃必有偶』，其是之謂乎！

祁慎原曰：傳兩人直本一代風教，使人不敢下筆。

貞孝先生傳 丁丑

貞孝先生者，姓劉氏，諱汋，字伯繩，紹興山陰人。父左都御史忠正公宗周，發慎獨誠意之學，歷仕神、光、熹、懷、赧五朝，犯顔極諫，卒死殉國，海内稱之曰蕺山劉子。先生幼習父訓，以不苟取與進退爲家法，出則載書隨轡，入則奉盎視膳。家畜老僕罷癃，嘗令典謁，遇之者不知爲公子。魏忠賢之禍，流傳有詔逮公，時先生年十四。塾師將挾之他避，堅不可，遂從公入雲門。公講學證人，來者日衆。首令先生開誘，然後延問，同門引爲老友。德清許元溥，敬庵孚遠子也，遺書稱『儒佛爲一』。先生闢之，言：『儒佛之異不在於用，而在於體。慎獨而中和位育，豈彼佛者所有？』其能篤守父師之説如此。

公官左都，以救姜埰、熊開元得罪，舉朝震栗。先生易僮衣，從入朝堂側聽，具載其語，歸作

《壬午召對記》。

李自成陷京師，公詣會城，責巡撫黄鳴俊勤王，遣先生歸募兵於越。既從公入南都，見弘光政亂，力贊公歸里。我朝招下浙東，公不食，先生但伏庭下悲泣。唐藩、魯藩皆遣使祭贈公，蔭先生官，先生辭蔭曰：『敢因父死爲利！』

浙東敗，逃剡溪萬山中，欲走閩。奸人將難，先生乃不得已歸，哭公瘞所，以不得比祝開美、王元趾從地下爲愧。既葬，遂杜門絶人事。監司王庭璧、知縣顧予咸來設奠，副使王爾禄、同知吴勉並公門生，赴哭，俱弗見。爾禄贈金三百，辭曰『梓遺文』，固辭弗受。及去官，造門言别，卒不内，曰：『幸爲我辭大夫。若違先訓，墮初志，何益萬分！出處殊致，無苦相强。』爾禄泣下曰：『鳳翔千仞，非三代以下人物，真我師嗣子也！』其坐卧蕺山一小樓，竟二十年。故人自史子虚、張奠夫、惲仲升數輩外，希復接面。嘗寄榻古小學，有縉紳徵集多士，要先生復舉講會，遂屏跡不至。

於康熙三年卒，年五十二。卒之夕，出篋中稿屬諸子曰：『大父文，千古聖學所寄，勿漫示人，俟可梓行世。曩遺命葬下蔣，水土淺薄，有力可擇高阜改葬。都御史贈蔭，前堅辭不獲，則三世木主[十]、遺像並當題易，國恩不可忘也。若等第遵《人譜》，記憶大父絶粒，無應舉，無就吏，安貧讀書，養教子孫。』又曰：『生平操厲，唯恐隳喪名節，今畢矣。殮用孝服，祭素食，以志吾終天痛。葬大父墓道，使魂魄長依附。』

先生爲人温栗，居閨閫未嘗有惰容。先公在時，省郡大吏敬待若神，不因此通請謁。少年倣賈誼《治安策》指列治道，公見而怫曰：『奈何爲此矜張！』即不復作。證人社友徐君嘗捐建書院貲，約以時酬。會徐死，先生垂歿，趣長子茂林訪徐後人，還之。徐後人無所得，以歸其婿曰：『爲我告徐君冢，故友某償夙負矣。』避地剡溪，奉公文像，託友人周敬可。敬可盛以布囊，置牀頭，有警即負之登絶巔。如是一年，無片紙失。歸而家破，養之没齒。卧榻故假祁氏，病篤，命起扶易曰：『豈可終於祁氏之榻！』其矜細行皆類此。同門私謚之貞孝。

是時能承先志，守道不變者，長洲徐枋昭法，九一先生汧之孤，僧服隱吴門山。巡撫都御史湯公斌屏騎從，到門求見，不内。繞行山廬，嘆息而去。亦以壽終。

論曰：先康節有子子文能紹其學，儒者並嘆嘉之，然遭宋昇平，有洛下諸君子相唱和，再世處士，身名俱泰。若蕺山當明末造，有言不信，致命遂志，困不失其所亨。而爲之子者，義不容與父俱死，乃至掩形匿跡，交遊講藝之事一切都絶，自比箕子之貞，長採夷、齊之蕨，與子文之履順未可同論。孔子稱『篤信好學，守死善道』，先生有焉。

張敬可先生曰：當革命之日，而先師父子致命守身，天下稱山陰劉氏。此氣運之盛也。作者具君父心，乃有此文。

余金二公傳

余公諱增遠，字謙貞，一字若水，紹興會稽人。兵部尚書煌之弟也。崇禎癸未進士，除寶應知縣。劉澤清開府淮南，欲以公禮格府縣，公投版棄官歸。

魯藩莅越，授禮部儀制主事，遷郎中。王師渡浙江，尚書死義，公避兵山中。府縣逼令入見，乃輿疾城南待齊斧。久之事解，聚村童五六人，授以《三字經》。旦則秉耒，與老農雜作。海道同年生王天錫欲與話舊，辭以疾。天錫屏從者，披帷突入，公擁衾不起，曰：『主臣不幸有狗馬疾，不得與故人爲禮。』天錫執手勞苦。方出門，遽與婢子擔糞溉瓜。嘆息而去。

冬夏皂巾，未嘗科頭，終身不離城南一步。疾革不藥，曰：『身二十年前死矣，今何爲哉！』遺令諸子：『裸葬吾分。姑聽汝曹志，用松杉裁蔽形，坎土令容棺，勿求文士爲銘狀。』

康熙己酉年卒，年六十五。

金公諱廷韶，字二如，號越石，紹興山陰人。崇禎癸未進士。弘光立，除知贛縣。時南北岌岌，而贛當五嶺衝，民疲調繁。公臨政，一以保安百姓爲急。巡道于鉉、守備許榮祖虐贛兵，兵諱，巡撫李永茂使監軍道劉廣胤慰諭，至屈膝不聽。公聞，單騎至，父老觀者以賢令君來，争共解息。軍士亦雅敬令君，遂罷去。

留都失守，江西望風靡迎。前南昌衛指揮鄒希賢賫招降文，將達永茂、廣胤。公捕得，痛杖之，斷其足。希賢曰：『大兵且至，盍少寬？』公厲色罵曰：『負國賊，汝何寬！且使金廷韶爲若賊得，豈復望生哉！』因請永茂：『必梟希賢首。贛之迎否，視此舉也。』永茂怯，不從。會隆武建號，永茂憂去，而翰林楊廷麟、總制萬元吉聚兵於贛，獲我朝招撫制使董作梅。公並縛希賢，送廷麟，悉斬之。廷麟、元吉由此義公，任以事。

先是，廣西轉運五萬至贛，爲左良玉標官所要。公款宴諸標官，而遣人舁鞘入庫。至義師起，悉以五萬金出給餉，由是兵食漸集，守戰有緒。而遽以争張安事革職去。

張安者，贛劇盜，本姓名陳丹，衆近萬，號閻王總。時隆武將出，贛軍單，寧都曾應遴市安圖大用，使二子奉表盛稱：『安，淮陰、諸葛也。使得備宿衛，湔盗賊名，必效死力。』於是授安副總兵，號其兵『隆武新營』。起應遴兵部左侍郎，監安軍，二子授主事。既而新營兵淫虐，民日號哭，奔告公。公與應遴書曰：『頃閣下建撫議，欲假之以威敵，不意養之以噬民也。且張安辭色禮貌，俱極猥鄙，寧復可任緩急？今民避難城中者既多，又值糴貴，保無激成他變。閣下縱不惜民，如國家何！』曾銜之。又致書廷麟，廷麟雖善其言，不能禁。於是衆皆怨曾氏，圍其署。

應遴踰垣走，而麾新營兵在城者百數十人。安𨓆怒攻城，公率民堅守，至二十餘日始解。已報陞吏部主事，而應遴以嗾民毆大臣、殺禁軍馳奏，竟革職。時歲丙戌三月也。都御史田闢、守道彭期生及萬元吉皆上疏留，不報。民老幼扶道左號送，塑像凡數十處，公命毁之。去贛後四月而閩事敗。其冬十月，王師克贛州，廷麟、元吉等死節，而所謂『隆武新營』張安者，兵竟潰叛去。公聞，南向泣曰：『使臣言驗，國之不幸也。』

公事父至孝，比贛歸，父没數旬，錢塘之師亦潰。於是痛傷家國，嘔血羸尫，麻冠大布，去廬父冢。歲時望朔、先帝忌日必正冠服哭拜。後遂披髮頭陀，憔悴行吟。家人縱跡，多在海畔，或時至城南，與同年友余若水叙道舊故，已復棄去。著史論百餘篇，題曰：『不忠不孝，靦顔天地，爲大罪人。』因更號耻廬。康熙丁巳年卒，年五十四。

公年未三十，鬚眉皓白，兩目盲倀。又二十餘年，鬚盡枯斷。海内高其風節，與若水並稱曰『越中余金二先生』焉。

論曰：余、金二公之幽貞苦節，尚矣。余公闇然滅其聲光，而金公之蹟一見於令贛。若伊人者，誠濟變才，非獨保民之賢令宰也。以唐藩之恭德求賢士，楊廷麟之開誠收衆思，而未盡其用。豈主臣朋友之相遇，固若是難哉！抑末流之運使然與？

外王父蜀庵陳先生嘗爲余道上虞徐漢官之義：漢官名復儀，亦崇禎癸未進士。丙戌後，哭泣失志，奔蹲山頭，夜不抵舍。父恐其爲豺虎所食，每使人尋招，不獲。一日，竟投空谷以死。至性孤往，風疎雲上，使人夢寐之際往往相見。徐君求死而得死，與余、金之求死而不即死，其趨一也。斯並所謂豪傑之士、狂狷之選哉！

朱穎倩曰：起伏題繳，俱合子長遺法。論末聯綴徐君，是蔚宗書中得意處。

胡載歌曰：叙張安事絕勝，通篇注意在此。

翼明劉先生小傳 庚午

先生諱光世，以字行，紹興山陰人。少有絕力，恥言勢利。初受知於于瀛長先生穎及劉威北穆，既受知於定西侯張名振、兵部尚書張煌言。

穆字公岸，貌修偉，善大刀及射，寛而愛人。崇禎中，以武進士授上海把總。南兵部尚書史可法知其才，檄補應天副將。時穎知紹興府，見天下大亂，東南必不免兵革，募豪傑有氣節者。餘姚邵應斗、蕭山朱伯玉及先生爲之魁，轉運南都以三人從。比歸，薦先生及伯玉於誠意伯劉孔昭，孔昭衆人遇也。糧用乏絶，念故人相善者，乃往依穆。穆雖爲將，家貧，推食食先生，且餉其友。南都敗，穆歸里，與穎及鄭遵謙等謀守浙東。慮紹興單弱不濟，聞方國安有見兵數萬，自寧國、廣德東來，令穆道諸暨迎之。國安未至，遵謙已起郡中署守。通判張憭、會稽令彭萬里皆死，武進士沈振東説遵謙悉取江北船繫南岸，由是王師不得渡。魯藩監國，以穎爲都御史，巡撫紹、寧，穆威北將軍伯爵，受王之仁節度。明年，進威北侯。穆用先生左軍都督。先生在軍，與士同甘苦，營無餘糧，戰必先登，諸營兵不敢與威北左營兵抗。方國安每欲誘致先生，先生不肯。

穆子九短而悍，有膽義。父守上海時，大盜畢崑陽繫獄。崑陽，徽人也。善用鎗，世傳畢家鎗無敵，九慕之，日賂守者飯崑陽，一年不怠。崑陽出，遂授九鎗法。九嘗與父較鎗，父不及也。先生在南都，九以私錢給先生。及兵起，戰於清風岡，死焉。

先生憤渡江無期，致牋於穎，陳時事得失。江上敗，穎歸金壇，穆及遵謙入海。遵謙尋爲鄭彩所殺，穆病死，先生晦跡家居。明年，王翊起四明，聞其宿將，具禮來聘，辭不赴。翊募死士篡取先生友人爲質，先生往，以母老力辭。其後，張名振、張煌言以鄭森兵入舟山，浮海往見。江上之役，名振雅敬先生，煌言前募兵平岡，亦善先生。至是名振没，煌言固欲留之。先生歸，杜門教授，年八十二終於家。煌言死杭州。從者瀨水羅子木。

跋曰：重山董先生爲余言：越中忠義果敢之士，至崇禎之末尤盛。餘姚則有邵應斗、朱坦之，皆以膽力聞，見稱於于瀛長穎。後應斗爲熊司馬參將，戰喬司有功；坦之好結客，傾貲財。兩人並與翼明交，雄武相尚也。府治石獅子累千鈞，坦之手兩曳之以行。卒以被誣，死俗吏。瀛長聞坦之下獄，趣吏印玉以信牌召之。起晨至昏，躡蹻走二百里，叩姚江城入，坦之已死，玉大恨。瀛長下教切責令。比兵起，玉帥掾史、壯士數十人投劉穆，及穆子九同死於清風岡。

李恕谷曰：一傳并綴數人，賓主歷然。結尾津津於子木、印玉，是史家微意。

明江陰縣典史閻應元傳

閻應元字麗亨，其先紹興人。四世祖爲錦衣校尉，始家北直隸之通州，而應元起掾史，官京倉大使。崇禎十四年，遷江陰縣典史。江盜百艘乘潮闌入，將薄城。會知縣去攝旁邑篆，丞簿選愞，男女竄奔。應元帶弓鞬，躍馬大呼於市曰：『好男子從我殺賊護家室！』從者千人。苦無械，又持竹行呼曰：『事急矣，從我，人假一竿。』於是出列江岸，堵墻林立。應元往來馳射，發矢輒殪賊。賊連斃三，氣慑，揚帆去。巡撫狀聞，以欽依都司掌徼巡。得張黄蓋擁纛，前驅清道行，邑人以爲榮。

久之，僅循資遷廣東英德縣主簿，陳明遇代爲尉。應元母病，未行。會國變，將家僑縣東砂山。

乙酉五月，豫王入南京，分遣貝勒及他將略定府州縣，守臣或降或走。旬月之間，下京口以南名城大縣百數。閏六月朔，江陰諸生許用德懸太祖御容明倫堂，率衆拜哭，聚者萬人。欲奉陳明遇爲城主死守，辭曰：『吾智勇不如閻君，請從閻君。』夜遣騎迎應元。應元投袂起，率家丁四十人，夜馳入城。時城中户纔及萬，兵不滿千。應元料尺籍，治樓櫓，令户一男子乘城，餘丁傳餐。發前兵備道魯化龍所製火藥器貯堞樓，勸輸富人出金粟布帛，他物皆聽。國子上舍程璧首捐二萬五千金，捐者麕集。於是城中有火藥三百罌，鉛丸鐵子千石，大礮百，鳥機千張，錢千萬緡，粟、麥、豆萬石，它酒酤、鹽鐵、芻藁稱是。乃分門而守：武舉黄略守東門，把總某守南門，陳明遇守西門，應元守北門，總徼巡。四門部署甫定而外圍合，大軍傅城下者十萬，四面圍數十重，引弓仰射，頗傷城上人。城上人發礧礮機弩，傷大軍甚衆。乃架大礮擊城，城垣裂，應元用鐵葉裹門板，貫鐵絙護之。取空棺，實以土，障隤垣。北城穿，於城内加築壂壘，一夜而就。又乘月黑，束藁爲人，持炬立陴睨間。兵士伏垣内，擊鼓呼譟，若將縋城聲。大軍驚，矢發雨注。比旦，獲矢數萬。又遣壯士夜出砍營縱火，大軍相蹂踐自殺，死數千。大軍却，離城三里止營。

劉良佐擁騎至城下，呼曰：『吾與閻君雅故，欲相見。』應元出立城上。遥語：『弘光已走，江南無主。君早降，可保富貴。』應元曰：『余明朝一典史，尚知大義；將軍爵五等，膺重鎮，乃爲敵前驅。何面目見吾邑士民乎！』良佐慚，無言。

應元頎身，面蒼，微髭。用軍倉卒嚴明，犯法輒貫耳鞭笞，然厚賞予。親爲傷者裹創，死視殮酹醊。稱軍人曰『好弟兄』，不呼名。陳明遇善附循，每巡城，相勞苦至流涕。以故兩人名位卑輕，而率一城士庶共犯國難，至死不貳。

貝勒連破蘇、松，益兵來攻江陰。面縛降將，跪城下，涕泗説降。應元罵而麾之。又令斬四門首事一人即撤圍，應元厲聲曰：『第斬吾頭，何事多言！』會中秋，給軍民賞月錢，分曹攜具，登城痛飲。許用德製樂府《五更轉》曲，令謳者曼聲歌之，與刁斗笳吹相雜，竟三夜罷。貝勒覘知無意降，募死士重鎧梯衝急攻，礮震百里，城中巷哭。應元登陴慷慨，意氣自若。

旦日，大雨，午有紅光如綫起土橋，射城西。大軍從煙霧中騰而登，城遂陷。應元率死士百人馳突出入巷戰，所當殺傷百千。及門，門閉，度不免，踴身赴前湖。水不没頂，被擒。劉良佐箕踞乾明佛殿，見應元至，躍起，持之哭。應元笑曰：『何哭！事至此，一死耳！』見貝勒，兀立不屈。刺其脛，踣地。暮擁至栖霞禪院，院僧夜聞大呼：『速斫我！』已寂然，應元死。

凡攻守八十一日，大軍圍城者二十四萬，死者六萬七千，巷戰死者又七千，凡損卒七萬五千有奇。城中死者亦五六萬，屍枕藉街巷，無一人降者。

城破時，陳明遇下騎搏戰，至兵備道前被殺。重創，手握刀僵立壁旁，不仆。或曰闔門投火死。

論曰：余弱冠即聞閻典史，比讀家子湘傳，使人脱然忘死生。子湘得狀於江陰黄晞。晞坐其父毓祺，兄弟四人並收，没爲奴。鄉人斂金贖出之，行丐南歸，家口盡亡。以通經授徒毗陵，年七十餘，幅巾白布袍終身。既狀應元，又作《先府君行略》，惜未之見。

毓祺字介之，諸生，立名崇禎間。甲申聞國變，痛心嘔血，遂類中風狂走，結客蹈海。作詩有『可憐上帝如泥醉，自笑遺民與石頑』之句。後變姓名，轉側江淮數年。所至皆親其豪傑，以是得禍，死獄中。

毓祺既江陰人，宜與應元同在圍城者。子湘傳晞妻黄烈婦周氏牽連書及，不直叙毓祺、晞事，因有忌諱，隱約其文。不知遺民之頑，自古有之，今不啻三紀矣，會當發忠義之幽光，况如應元者，非守土而殉義，一典史酬三百年愛民養士之恩，令翩翩科舉出身都重禄者當之俯首含愧，不復能仰視，固興王所亟賞也。

仁和馮山公以睢陽擬江陰，而進陳明遇之義於許遠，其里字不載，蓋狀中闕云。

宦者王永壽傳

會稽董先生有《宦者王永壽傳》，意不在永壽也。其傳曰：

永壽，燕人。天啓中不附魏忠賢。懿安張皇后嘗問外庭事，以楊漣、左光斗等死狀告，后爲之不豫者累月。熹宗崩，議所立，后意屬信王甚堅，命永壽宣於朝。帝既即位，誅忠賢，斥諸宦官在内者，永壽亦引退。崇禎五六年，宦官復稍稍用，永壽得事帝。

京師陷，傳旨後宫自裁，皇后周氏以下，使宫監還報謝恩如禮。獨長公主幼，未奉詔。帝怒，手砍其臂折，仆地。而永壽方從張皇后宫至，跪白曰：『懿安皇后亦縊崩矣。』帝喜，徑走煤山。

先是，忠賢有養女任氏，美而狡，進熹宗爲貴妃。至是，賊入，曰：『吾天啓張皇后也。』賊不敢犯。及賊敗，任挾宫中寶賄，借一少年出都。歲餘，費其所挾空，恚語於人，遂聞於官，傳送京師。京師人謂張皇后不死，驚惋聚觀。永壽適在衆中，見曰：『此任貴妃何爲者？』手指之，呐呐詈不止。妃亦識永壽，泣下面頳，閉目不語。言永壽去爲僧，往來西山中。

邵廷采曰：古寺人、綴衣之職，周官冢宰統治之，其人固有良有不良。自秦二世委轡，至東漢及唐，禍烈矣。然漢有吕强，唐有張承業，宋有羅銑，明有金英、王安，而終之以王承恩之死節，不必盡杜勳社之秩也。嘗讀《唐書》，德宗母后沈氏以東都再没，失其所在，德宗立而求之。其時高力士之女自詭爲后，迎入大内。力士子辨其非，德宗勿罪，曰：『吾寧受百罔，冀得一真。』竟不得。舊史載，莊烈之至南宫也，使人詣懿安皇后所，勸令自裁，倉卒不得達。及兩宫崩，宮中大亂，后青衣蒙頭，步入成國公第，後事遂不明。今見《永壽傳》，始知后殉義不在周后下。國雖亡，一代之名教完矣。任事與高類，而任罪大。后之在熹宗朝，其賢明何如者？豈其臨難不決，至失身流落閭里蒙垢哉！當時永壽不致辨，蓋不忍見遺妃淪没，而身對簿，染流俗之汙議也。其往來西山，與陵寢相近，志亦足悲矣。

施自西爲盱眙丞時語余：『有故太監某者，年九十餘，逸其姓，僧服守祖陵旁，月日展掃堂墠，焚紙錢，叩頭嗚哀。』亦永壽風節云。

董先生名瑒，字叔迪，號無休。手輯《蕺山先生文録》，劉門誠意慎獨之學，多所發明焉。

校勘記

〔一〕天下才賦　才，康熙本作『財』。

〔二〕上竟惑藻德言　藻德，諸本均誤作『德藻』，據上下文及《明史·倪元璐傳》乙正。

〔三〕良玉帓首韡　『首』下疑脱『袴』字。『帓首袴韡』，典出韓愈《送鄭尚書序》：『大府帥或道過其府，府帥必戎服，左握刀，右屬弓矢，帓首袴韡迎郊。』

〔四〕先生疏奏遺文存笥有日　先生，康熙本作『先師』，於義爲長。

〔五〕右僉都御史　原作『右副都御史』，康熙本傳節子校改作『右僉都御史』，《明史》本傳同，今據改。

〔六〕扼腕　原作『扼攬』，康熙本作『搤擥』，《東南紀事》作『扼腕』。今據改。『搤』同『扼』，『擥』同『腕』。康熙本之『擥』或爲『掔』之訛。『出酒文傾吐』，『酒』疑衍。

〔七〕莫德與同走火勻　火勻，康熙本作『火勺』。疑諸本皆誤，當作『火灼』。火灼堡，在今貴州黔西北。（盧培説）

〔八〕言黔撫期正月三日共攻火勻　原本『月』下衍一『月』字，今删。火勻，疑當作『火灼』，見校勘記〔七〕。

〔九〕遣把總慈谿袁斌領統兵北渡　統兵，康熙本作『鋭兵』。

〔十〕則三世木主　三世，康熙本作『二世』。

卷三　傳

姚江孫氏世傳

餘姚人物之盛，自憲、孝、武三朝始。其著姓多，莫盛於孫、王、謝，而孫氏尤盛。孫氏自燧及嘉績六世，世以文章忠孝嗣其家緒，蔑有廢墜。海内高仰之爲當代宗臣。

燧字德成，號一川。其先業農，居梅川鄉。弘治六年，燧第進士，入居縣城。初仕刑部主事，累陞福建按察使、河南右布政使。

時寧王宸濠久蓄異志，外結群盜，内通權倖，冀移天祚。朝議選才節大臣，推其機牙，用燧副都御史，巡撫江西。燧嘆曰：『投艱於我，死生以之。』携二僮入南昌。南昌已洶洶，巡撫紀綱之僕皆藩邸伏奸。胡世寧揭濠，逮詔獄。下江撫覆奏，力爲湔雪，不死。燧潛謀默慮，託禦他寇，城進賢、南康、瑞州。奏敕湖東道分巡，兼理兵備，與饒州犄角。九江當湖衝，請重兵備權，兼顧南康、寧州、武寧、瑞昌及湖廣興國、通城。廣信横峰、青山諸窯，地險人悍，設通判駐其地，督六縣。又假討賊，盡出會城兵器外府。嘗笑曰：『即賊起，吾不滅賊，賊必以吾處分故速滅也。』

會江西大水，濠黨凌十一、閔廿四等流劫鄱陽，燧與按察使許逵自江外掩捕之。夜大風雨，走匿濠林墓中。濠恐，致書陸完，請急去燧。燧亦言濠必反，疏七上，盡爲中途邀截。屢疏自劾乞休，不允。積憂累瘁，髭髮盡白。

正德十四年六月，濠生日，置宴。次日，各官入謝，濠立露臺，大言曰：『太后密旨，令我起兵監國。』燧曰：『安得有密旨者！』又曰：『天祚暗移，汝不知耶？』燧憤曰：『安得妄言求死！』又曰：『事已至此，我往南京，汝當從駕。』燧張目直視大詈，武士縛燧，以銅錐折其臂。許逵奮起呼曰：『孫都御史朝廷大臣，反賊敢擅殺耶！』燧顧逵曰：『恨不從公言先發，今乃受制於人！然賊滅自不久，吾臂可折，吾目亦可抉也。』與逵俱就害惠民門外。

然賊竟以燧先備速敗。起時，大索城中兵器，弗得。又所在多有官司，遥應者禁不發。其後餘賊走安義，守兵遮擊，盡獲。湖廣、浙江則以饒撫故，不被賊禍。王文成謂諸將曰：『吾輩微國家靈寵，告廟飲至，寧可忘孫公成勞？』遣吏護其喪歸越。子堪、墀、陞聞報，挺戈赴難。道遇露布，乃迎喪廣信。會上親征駐南京，文成親檻宸濠，取道浙河東下。檻車與燧靈車先後相比，堪兄弟幾欲手斧濠。濠仰首謂監者曰：『孫都御史櫬亦至此耶？』左右對：『孫都堂三子徒跣奔走在近，不審何爲。』濠謂監者：『速掉舟！無以我故，傷孝子心，壞朝廷法。』世宗即位，贈禮部尚書，謚忠烈，祠祀江西。叙堪錦衣千户，世襲。堪第武進士第一，歷官都督。子孫世籍京衛，墀尚寶司卿，墀孫如游，天啓初大學士。

陛字志高，號季泉。嘉靖乙未進士第二人，累官編修、國子祭酒、禮吏二部侍郎，終南京禮部尚書，贈太子太保，謚文恪。爲人孝友純篤。痛父死國，終身勿治家慶，手不書寧字，不爲人作壽父文。母楊夫人年九十，陛爲侍郎，或偶不怡，輒伏跪不起。事伯兄如父，事無巨細，咨禀而行，坐必侍側，没身不衰。爲文宗兩漢，詩宗工部，必關倫教。每以民生、水旱、盗賊形之詩歌，風當事者。敕諸子以剛方名節，尤篤友生。同年韓修撰應龍早卒，撫保其孤。華州王官諭惟禎死於地震，收其文，序而鐫之。生平無嗜好，一介之細苟有未安，曰：『趙清獻必不如是。』初出嚴嵩門，嵩專政，特自吏部乞徙而南，天下高其風節云。五子：鑨、鋌、錝、鑛，唯少者爲貢士，逸其名。

鑨字文中，嘉靖丙辰進士，官兵部主事。世宗齋居，近習頗預政，鑨抗疏引趙高、林靈素爲戒，大學士徐階見而悸曰：『是禍且烈，不在一人。』乃移疾歸。隆慶初，歷光禄卿。張居正奪情留相，耻與同朝，復請告。萬曆二十年，爲吏部尚書。明年以京察罷。

先是，京察去留先白閣臣，鑨及考功郎中趙南星力矯其弊，王錫爵不悦。於是刑科給事中劉道隆論稽勳員外虞淳熙、職方郎中楊于庭，臺省交劾而吏部曲爲解，僅議一主事袁黄非體。上責吏部回奏，鑨奏言：『淳熙，臣鄉人，安貧好學，非有先容之助。于庭任西事有功，尚書石星亦言之，臣不忍以功爲罪。且既命議覆，自有異同。若知其無罪，以科道之言而去之，昧心欺君，臣不能爲。』上以不引罪奪俸，而南星竟調外，淳熙等並罷。

鑨乞休，不許，復奏曰：『人臣之罪，莫大於專權；國家之禍，莫烈於朋黨。夫權者，人主之操柄，人臣所司，謂之職掌。吏部以用人爲職，進退去留屬焉。然必請旨而後行，則權固有在，不可得專也。今以留一庶僚爲專權，則無往非專矣；以留二京職爲結黨，則無往非黨矣。臣任使不效，徒潔身而去，俾專權結黨之説終不明於世，將來者且以臣爲口實，又大罪也。』因請乞骸骨歸。舉朝論救，皆被謫。

明年，吏部尚書陳有年又以會推閣臣，列舊輔王家屏名，失上意，去位。錫爵語顧憲成曰：『當今最怪者，廟堂之是非，天下必欲反之。』憲成曰：『吾見天下之是非，廟堂必欲反之耳。』憲成斥歸，講學於東林，天下趨之。沈一貫繼相，以才名自負，持權求勝，政府清議更相傾軋，垂五十年。方正之不容，自鑨爲吏部掌京察始也。先鑨長吏部者，平湖陸光祖。代鑨者有年，鑨同縣士，並以不得其職去。由是浙江三賢太宰之名震天下。

鑨二子：如法、如洵。

鋌字文和，嘉靖己酉鄉試第一，癸丑進士，庶吉士。直經筵，講違弼之義，上爲之前席聳聽。累官國子祭酒、禮部侍郎。鋌於兄弟中最警敏，畢讀中秘書，尤精《易》義。年四十一而卒，禄用未竟，士林嗟之。子如沚。

綜字文秉。隆慶戊辰進士。由長垣知縣召拜御史，督學廣東，歷江西、河南按察布政使，終太僕卿。性行質良，所至多惠政。

鑛字文融，號月峰。萬曆甲戌南宫第一。授職方主事，調考功。癸未掌選，拔鄒元標於戍所。甲申，晋太常卿，以副都御史巡撫山東。大軍時援朝鮮，與日本鏖戰海外，自登、萊轉餉不絕。進防海圖，言：『關白冀緩我師，請封請貢。堂堂天朝，豈宜示弱小腆？臣與參末議，主戰不主和，無墮賊謀，乃可威鎮百蠻。』晋兵部侍郎，總督薊、遼。議留倭使小西飛，與本兵石星忤。又督大帥董一元乘雪搗倭巢，勦戮叛卒，斬妖人劉天緒等。先幾制變，風威大行。終南京兵部尚書。

生平研慮盡注古詩文，文祖北地李夢陽，心追左、馬而力不至韓、歐，以根底《六經》稍遜於古人。蓋其時荊川、遵巖之大家，何、李、王、李之秦漢，兩宗迭興迭廢，而月峰推揚餘瀾，選言紀事歸於百煉精卓，實爲學古楷式。其後宦成，退居月山。數年，乃與同縣葉六桐憲祖、管徵士宗聖賦詩談道。徵士徐進以致知慎獨之説，月峰喜，復書曰：『此理深，非造次可答。向嗜讀《左》《國》《史》《漢》、百家等書，今先生爲我洗盡矣！』其晚年游息進德如此。

如法號俟居。萬曆癸未進士。授刑部主事。皇三子生，神宗欲封其母鄭氏爲貴妃，而皇長子之母王恭妃位號不進。如法抗疏：『不封恭妃，必不可先封鄭妃。請亟立皇太子以定國本，然後再議二妃之封。』貶潮陽典史。光宗嗣位，子有聞赴闕訟，贈光禄卿。

如游字景賢。萬曆乙未進士，累陞禮部尚書。光宗即位，遵遺詔，欲封貴妃鄭氏爲皇后。如游争之曰：『祖宗朝其以配而后者，乃敵體之經；其以妃而后者，則從子之義。故累朝非無抱衾之愛，終引割席之嫌者，則以例所不載也。皇貴妃事先帝有年，不聞倡議於生前，而顧傳詔於崩後，豈先帝彌留之際，遂不及致詳耶？且王貴妃誕育聖躬，恩典尚爾有待；而顧令不屬毛離裹者得母其子，恐九原亦不無怨恫也。鄭貴妃賢而習於禮，處以非分，必非其心之所樂；書之史册，將爲盛代典禮之累，且昭先帝之失言，非所以爲孝也。《中庸》稱，達孝爲善繼善述。義可行，則以遵命爲孝；義不可行，則以遵禮爲孝。臣不敢奉命。』從之。又諭封李選侍爲貴妃。上不豫，大臣候御榻前，選侍要挾太子，欲封皇后，如游諾以次第舉行。尋大漸，未得再命而止。

熹宗立，晋東閣大學士。在位未久，聲名稍减於前。卒，贈太子太保，謚文恭。

如沍字一之。萬曆辛卯舉人，歷仕壽昌教諭、萬州知州、鞏昌同知。少負雋才，傲睨一世，流風逸韻，鄉黨多有傳道之者。四子，仲應楫惟舟，質行好學。收麥於薊，直大兵至楊村，死焉。應楫子復乾流寓通州，有二子在通州。

如洵號木山。萬曆癸丑進士，授刑部主事。决疑獄，釋殊死二十餘人，晋員外郎，决意終養。母年踰百歲，致毁廬墓，有雙鶴巢其冢。補工部，出守池州。訟者以情理曉譬，民多格化。親督驍健，獲江盜盛長等，威惠大著。遷山東副使，陞參政，備兵濟寧。爲人純誠質行，年七十七終於家。

嘉績字碩膚，文恭公之孫。崇禎丁丑進士，授兵部主事。楊嗣昌以其知兵，薦爲職方郎中。太監高起潛求世蔭，執不可，因侍上觀德殿閲軍器，讒之下獄。學士黄道周時亦下獄，襆被藥裹，俱不得入。嘉績推服用奉之甚謹，且從受《易》。會諸生涂仲吉上書頌道周，上益怒，察諸臣與道周通者。同獄文震亨等各詞辨，嘉績獨曰：『黄霸受經夏侯勝，史傳美之。何足諱乎！』清獄詔下，因刑部尚書徐石麒得出，起九江僉事，未上而國變。

乙酉，王師渡浙江，郡邑望風降附。嘉績置酒觴其族人，泣曰：『吾族受累朝厚恩，寧忍遽背之耶！』即以是日招鄉市得數百人，西赴錢江，而同縣熊汝霖、寧波錢肅樂亦至，故臣遺士稍稍來集。

歷官左僉都御史、東閣大學士，從亡海外，以丙戌六月二十四日卒於舟山。臨絶，謂汝霖曰：『吾恨幸全要領，不獲從文山往死柴市。』初葬張信墓道南，後四十年，其孫訥渡海起櫬，反葬燭湖。

邵廷采曰：采大母孫，諸生惟舟君女，述孫氏家世，小大畢詳。忠烈殉難，三子奉母夫人極歡，唯枕席入内則痛裂涕泗。一日，召舞師演宸濠新劇，命悉情狀，無隱嫌。至武士出帳，銅錐折臂，母夫人痛而入，舉家皆哭。已出廳事，縛優孟宸濠者，榜之四十而錫以金錢。

於乎！忠烈之爲忠，三子之爲孝，至矣。宜其大啓後昆，與國咸休，奕代若斯之炳蔚也。侯執蒲譏月峰『手持書卷，坐大司馬堂』，余觀月峰督遼疏稿，籌畫邊計，事後當成敗皆驗。好事之論，盡可憑哉？碩膚不辭螳臂，超然成敗利鈍之表。假若《宋史》之存二王之人也，陸、張比烈，宜不虛也。

寧波萬氏世傳

浙河東有世臣曰寧波萬氏。始家鄞，由武毅將軍鍾。鍾之父明威將軍斌，定遠人，從明高皇帝起濠梁，克滁、和、真三城，守滁。從定中原，與副將軍常遇春出塞，死渾河。鍾累立功西南，世襲寧波衛指揮僉事。拒靖難師，復死之。

子武嗣，好經史。永樂六年從征交趾，戰没檀江舍。無子，弟及。射龍將軍文率舟師禦倭，次桃渚。雙炬漸逼，發矢，落其一炬。颶作，將軍溺焉。土人神之，號曰射龍。武年二十三，文二十二。

文没後五月而生子全，母吴與姑曹、姒陳咸弱歲保孤。而文之女兄義顓亦終身不嫁，共持門户。當是時，家無壯男，四忠統祚幾中絶，寧人靡不憐矜而奇其三節一義，曰『後宜大昌』。全長果特立，養盡孝，祭盡哀，作宗譜，明世系。一平閩括，三破島夷，講切經史不衰。

傳子僖。僖傳椿。恪其先職，皆好經史，並稱儒將。

椿生表，字民望，少孤，至孝。以世職中正德庚辰武進士，晋都指揮，累任運漕參將、廣西副總兵、淮安總兵、僉書南京中府都督同知。再督漕，興革利病，賑饑民，釐營伍，絶鎮守中官之干請，懲魏國悍弁之干紀者，風采肅然。嘉靖中，倭人内侵，東南騷動。時在告，謂必誘斬汪直，寇可平，乃薦蔣洲於當事，不聽。其後胡宗憲卒用洲致直。在浙閩時，倭猝犯杭州，撫臣巡海無備。亟選僧兵數百，使女夫吴指揮懋宣統以出，大破之。及僉書中府，蘇、松告急，散家財募兵進，猝遇賊於婁門。身中流矢，裹創大呼督戰，賊潰去。抵留都，下血斗餘。與子書曰：『家世戰功死王事，獨身持文墨不任兵。今晚年增一箭瘢，不亦美乎！』生平與龍溪、緒山、荆川、念庵、東郭、心齋講文成之學，所至士大夫問者無不意滿去。稱鹿園先生。萬氏之大自鹿園始，年五十九。自是子達甫年七十三，孫邦孚七十，五代有壽者亦自鹿園始。

達甫偕庶長兄謙甫厲志問學，受業龍溪、緒山，累官廣州參將，軍民畏懷。

邦孚號瑞巖，運漕有功，僉書山東都司，督踐更入衛。直三殿災，傳旨毁五鳳樓，保承運庫。力持樓國家象魏，不可毁，請撤小屋塗大屋，卒兩得全。倭薄釜山，拜游擊將軍，率龍江營水師赴援，守鴨緑江，轉餉不絶，大軍須以全濟。累陞狼山副總兵。會改通州城，爲大冢，瘞散骨，州人感泣。總兵福建，一禀前戚少保約束。島民失風入境者，撫軍欲掠以爲賊，持不可，悉遣之。

期年歸，與鄉耆俊雅歌棋枰，以壽終。

生悔庵先生，諱泰，字履安。崇禎丙子舉人。與陸文虎、黄梨洲、晦木、劉瑞當、王玄趾同學於山陰，得聞證人之教。復社盛行，及文虎自甬東破荒而出，婁東、雲間無不倒屣傾接。東江之役，士人皆乘時獵取名位，以户部主事授先生，先生獨不受。至於寧郡勸司分餉，皆避勞怨，則獨任之。大兵渡浙，皆改易頭面，其故爲舉人者起赴公車，先生獨不行。卧病三載，炊煙坐絶，猶能以奇計出朋友於厄，事具《世紀》。自丙戌謝棄文字，凡廟堂著作、坊瓦摹勒一不以寄目。有傳吴霞舟遺稿來自海外者，漫漶漏奪，則摩挲諦視，手抄件繫，遂爲完書。間過異時經遊之地，荒臺天末，徬徨不能去。其標尚如此。

順治十四年，度嶺歸。舟下南安，同年生毛汧染疫將死，同舟皆欲棄之，爲收載，親其藥裹，汧得生，而先生遂病，竟以其冬十月卒，年六十。子八人，著者斯年、斯大、斯同。

斯年字祖繩，從錢忠介公學爲制義。忠介死海外，收其文，爲之立嗣。晚從道士郎堯生遊，悦其玄門運氣之術，自謂有得。年七十七，終於五河子言官舍。

斯大字充宗，精經學，以爲非通諸經，不能通一經；非悟傳注之失，則不能通經；非以經釋經，無由悟傳注之失。

其論曆法曰：

商、周改月改時，子丑寅皆陽月春月，三正迭用，並爲年始。然敬授人時，終不若建寅爲正。孔子欲行夏時，吕不韋亦知此意，見周已滅亡，俟天下一統，將用夏正。秦政得志，遂因《月令》，更正朔。時月一從夏時之舊，但以十月爲年始，非不韋本意。夫建亥純陰，冬先乎春，且於三正之義何取也？

商、周之書分至，皆不繫時。夫分至者，四時之中，如《堯典》『殷仲春』、『正仲夏』是也。若以周正紀，則二至當在春秋，二分當在冬夏。聖人第以干支物候著令於民，使赴功趨事，而不綴以春秋分、冬夏至之文。見正朔雖更，分至啓閉之序，固不可紊也。漢武造太初曆，改用夏正，而分至啓閉始均，二十四節氣之名始立，至繫冬夏、分繫春秋亦自此始。

論郊社曰：

郊唯日至一禮，祈穀不名郊。魯僭日至之郊，故孟獻子『啓蟄而郊』之言，爲國諱僭，託於祈穀，以輕其事。《明堂位》：『魯君孟春祀帝於郊。』夫周正孟春，夏十一月也，此僭日至之郊之證也。

郊大報天，主日；社祭土，主陰氣，主月。別有春朝秋夕、王宫夜明之禮以祭日月，此禮之同而異者也。《春秋傳》：『日食，天子伐鼓於社。』蓋月掩日則日食，社爲陰而主月，故伐鼓以責之。此祭地主月之證也。

論祫禘曰：

禘，夏祭也。禘祫一事。取其序昭穆謂之禘，取其合群祖謂之祫。以始祖配，並及群祖，每歲一行，行必午月。以其時陽盛陰生，求神於交接之間，即時祭中，爲之特大。其禮無有可以俟之五年者。

天子四時之祭：春曰礿，夏曰禘，秋曰嘗，冬曰烝。禘、嘗、烝皆祫，而唯禘之祫爲尤盛。故《春秋傳》於諸祭書『有事』，於夏禘獨書『大事』；《公羊傳》亦特著之爲『大祫』。無於時祭之外別有所謂三年大祫者。

嘗烝之祫通乎諸侯，夏禘大祫專於天子。而魯行大祫，故《禮運》云：『魯之郊、禘，非禮也。』然魯之行禮，特僭其祼獻尊罍之數、樂舞豆籩之繁、拜跪登降之節，而未嘗追所自出。故《明堂位》曰：『季夏六月，以禘禮祀周公於太廟。』以禘禮，則用天子之禮樂也；祀周公，則不追所自出也。謂魯禘文王，誣矣。曰：然則『五年而再殷祭』，《公羊》之說非與？曰：魯雖僭禮，然自爲殷祭，間歲一行，不若周之歲舉。故《王制》亦有『諸侯礿則不禘』之言。《公羊》所云，指魯禘，非謂周禘然也。

他言宗法、喪服、昭穆，皆糾闡前人未發。初，輯《春秋》二百四十卷，燼於火。復輯，絕筆於昭公。臨没，以季武子立後一事未定爲念，其嗜學乃爾。

自周衰，百家放言，遭秦焚書，漢武始立博士。迨後石渠、虎觀，各以家法誦説授受，莫能歸一。宋儒繼起，欲以精微之理該洽典文。入明以來，科舉之學盛，守一先生箋傳，但有講章而無經術，荒蔽聖人本指。充宗潛思强力，綜覽精貫，不索異，不守同，必衷至當，於是《六經》之義晦久復明。既承先澤，守身完璞，攜一子教授浙河東西二十年。宿儒名公，争來就質。其爲人剛毅，見有不可，義形於色，匍匐急難，悉其心力。如葬張蒼水於南屏，陸文虎兩世六棺，皆人所不能爲者。事具《遺民傳》。年五十一。

斯同字季野，有史才。詔修《明史》，總裁令其以白衣領事。嘗補二十一史世表五十四卷，朝士奇之。兄子言，字貞一，先在史館七年，出知五河。季野踵其事，父子一手，稿本粗定，儒林寶貴焉。

論曰：浙東以文章忠孝保國之寵者，無盛於姚江之孫，而碩膚先生以死繼之；其次則盛於甬中之萬，而悔庵先生以隱承之。雖迹行不同，歸於不忘君祖，可謂無忝所生矣。衛所之制，井田、府兵遺意也。古者公卿即爲將帥，晋文謀帥，亦曰：『説禮樂而敦《詩》《書》。』後世任武力則背違老成，修儒雅則闊迂經濟，絳灌，隨陸之不相合并也久矣，世所以受魚爛之禍也。萬氏起軍衛，而理學志節醖釀三百年之長，文武不異其趨，而晦見各伸其用，故爲世家，宜哉！

徵君孫鍾元先生傳

先生名奇逢，字啓泰，號鍾元，直隸保定容城人。萬曆三十八年庚子，年十七，魁鄉薦。友定興鹿忠節公善繼，兩家相去十里，風雪暑雨過從，討論濂洛，證本《六經》，不爲詞章訓詁漸溺。居父母喪，兄弟結廬冢旁六年，巡按御史上其事，旌焉。家貧却餽，一日與忠節講學，向晡，蒼頭始持豆麵作羹，泊如也。

天啓中，魏忠賢用事，黨禍大作，故人左光斗、魏大中、周順昌等先後被逮。時忠節贊大學士高陽孫承宗軍於榆關，先生遣弟奇彦上書孫公曰：『左、魏諸君，善類之宗，直臣之首。横被奇冤，有心者孰不扼腕！昔盧次楩，一莽男子耳，謝茂秦以布衣爲行哭於燕市曰：「諸君今不爲盧生地，乃從千載下哀湘而弔賈乎！」李北地在獄，何中默致書楊文襄求一援手，康德涵至不自愛其名。今左、魏之品，可方北地，非次楩敢望。逢一介書生，無由哭訴，尚慚茂秦。閣下名位比肩文襄，豈至出德涵下乎！』孫公覽書，即具疏請入朝，面陳軍事，將爲申救。忠賢聞，謂興晋陽之甲，懼，夜遶御牀而泣，馳詔止之。時光斗誣贓二萬，魏、周皆數千，酷追無以應。光斗故爲三輔屯田，使督學畿内，有遺愛，多門下生，先生因與鹿太公及其友張果中倡行義助。垂集，三人相繼拷死。當是時，京城衢巷皆邏校，士大夫觸手糜爛，親故鍵户。先生殊慷慨，靡顧身家，經紀喪殮，禍亦卒弗之及。孫公高其才義，欲表除職方郎，與共事。先生知時不可爲，自陳願老公車。臺諫交章推舉，並辭不就。崇禎九年，容城被圍，率宗人鄉户并力守禦，城賴以完，優詔褒嘉。南兵部尚書范景文聘贊畫軍務，亦辭不赴。

秦、晋已陷，李自成將逼都城，先生攜家避居易州五公山，斬茅雙峰，姻宗門士依以保者數百家。飭軍實，申期約，餘暇講詩習禮，修喪昏冠祭儀節。四面擾攘，獨山中弦歌俎豆，恩教洋洽，寇賊莫敢犯。時以方田子泰無終山焉。

順治初，祭酒薛所藴具疏讓官，兵部左侍郎劉餘祐及巡按交薦，堅卧不應。樂蘇門泉石幽勝，遂移家，築兼山堂，觀玩《易》象。子孫勤穡給食。門人負笈來者，隨其所詣，傾懷提告。人無長少貴賤，咸接以誠。道行於鄉，耕夫牧人亦知崇敬。釀成花放，鄰村争遣車驢相迎，兒童歡喜曰：『我先生也。』

康熙十四年，卒，年九十二。士大夫弔哭屬路，耕市哀廢。督學檄府縣列祀百泉書院，容城、夏峰皆立專祠。子孫甥婿數十人俱遵教誨，進止揖讓，舉有成度。孫淦，壬戌進士。門人最著者，睢州湯斌。

先生學以慎獨爲宗，於人倫日用體認天理。嘗言：『生平年愈進，功愈密。喜怒哀樂中節，視聽言動合禮，子臣弟友盡分，此終身行不盡者。後生非務躬行，唯騰口説，徒增藩籬，於道無補。』多爲世之紛嘵爭朱、王者下砭也。著《理學宗傳》一書，表周元公以下十一子，附《諸儒考》，悉出獨見。海内稱孫徵君，或稱夏峰先生。

論曰：丁未，余年二十，從角聲苑解齊上人爲禪坐。二十二，遇遠道人於石門，令觀安身立命之宗，後遂喜讀《龍溪語録》及張子韶《論語頌》諸書。洎癸丑客嘉興，侍施約庵先生，爲言河北孫徵君當代真儒，欲遣兒輩負笈往事。因出《徵君語録》，始識儒、佛之分。伏而讀之，大約言朱子之後流爲支離，故陽明當藥之以虚；陽明之後流爲佛、老，在今日當藥之以實。損益盈虚，此理具《易》象中。北方學者謂其調和朱、陸，頗不然之。然觀徵君之立身，始終一轍，世亂不汙，世清不激，豈依阿同俗、修託名行之士所能哉！及屢徵不起，山居講學，追踪王氏河汾，其風流漸被遠矣。竊怪學人訾論陽明，千口傅合，甚乃薄名節而非東林，謂鄒、馮兩先生詒世道厲。於乎！其自顧何如也？彭方濂修撰輯《湯潛庵語類》一編，其中扶擁文成，不遺餘力，蓋得於徵君之澤居多云。

遺獻黄文孝先生傳

先生諱宗羲，字太冲，號梨洲，忠端公尊素長子也。忠端公五子，仲宗炎，字晦木；叔宗會，字澤望。並有情才著述，東林前輩交稱之。而先生最晚没，學問淵海，名冠海内。發明蕺山劉子誠意慎獨之説，東南學者推爲劉門董常、黄榦。少補仁和學諸生，而忠端公以劾魏忠賢、客氏，死詔獄。

莊烈皇帝登極，誅忠賢，收捕奄黨。先生年十九，袖長錐，草疏，入京訟冤。得賜葬祭，贈官録後。再疏，請誅曹欽程、李實，蓋二人受忠賢指論公。而爲大理考問公者，許顯純也。五月會審，顯純自訴孝定皇后外甥，律有議親。先生對簿：『顯純與魏忠賢謀反。』引高煦、宸濠親王戮社例，以錐錐顯純，血流被體。卒論立决，妻子流三千里。又與夏之令子光山夏承、周宗建子吴江周廷祚共箠所頭牢子顏咨、葉文仲，登時斃。六月，會審李實、李永貞、劉若愚三奄中府。實辨原疏不自己出，忠賢取空本令永貞填寫，故墨在硃上。屬先生所親，行賄三千金。先生疏：『首執對「墨在硃上」，賄成也。』復用錐錐實。當是時，先生義勇勃發，自分一死，衝仇人胸。賴天子仁明，念忠臣遺孤子，不加罪。會審之日，觀者無不裂眦變容。當是時，姚江黄孝子之名震天下。事定還里，四方名士無不停舟黄竹浦，願交孝子者。

弘光朝，阮大鋮起用，欲盡殺天下清流，先生幾及於禍。浙河監國，授兵部職方司主事，陞御史、左副都御史。事敗，遺民亡命者多赴先生，先生瞿然曰：『有老母在，且先人不可無後，乃以俠名江湖耶！』遂奉太夫人姚避居山中。大啓蕺山書，深研默究，以爲世知蕺山之忠清節義而已，未知其學也。其學則集有宋以後諸儒大成，聖人復起，莫之易也。於是作《劉子行狀》，要其指歸之精微有四：

一曰静存之外無動察。木之培必於其本，省察即存養中切實工夫。今專以存養屬静，安得不流而爲禪？省察屬動，安得不流而爲僞？又於二者之間，方動未動之際，求其所爲幾者而謹之，安得不流而爲雜？

一曰意爲心之所存，非所發。傳曰：『如惡惡臭，如好好色。』指所存言也。如意爲心所發，孰爲其所存者乎？豈有所發先所存者乎？心無體，以意爲體；意無體，以知爲體；知無體，以物爲體。物無用，以知爲用；知無用，以意爲用。工夫結在主意中，離却意根，更無格致可言。

一曰已發未發，以内外對待言，不以前後際言。喜、怒、哀、樂，即仁、義、禮、智四德，非七情也。一心耳，而氣機流行之際，自其盎然而起，謂之喜，仁也，元也，春也；油然而暢，謂之樂，禮也，亨也，夏也；肅然而斂，謂之怒，義也，利也，秋也；愀然岑寂而止，謂之哀，智也，貞也，冬也。是四氣所以循環不窮者，賴有中氣存乎其間，而發之爲太和元氣，是以謂之中和，性之德也。人有無七情之時，未有無四德之時，存發止是一機，中和渾是一性。

一曰太極爲萬物之總名。《易》畫一奇，太極之象；因而偶之，陰陽之象。太極即在兩儀、四象、八卦中。理因形氣而立，其要歸之慎獨。人心徑寸間，空中四達，是爲太虛。虛，故生靈，靈生覺，覺有主，是曰意。寂然不動之處，唯此不慮而知之靈體，故舉而名之曰獨。少間見聞情識紛起，雜而非獨，慎之無及矣。可知獨即意，意非念也。氣即理，非理生氣也。謂理生氣，與佛者有物先天地之説何別也？

武進惲日初仲升氏編《劉子節要》，握先生手曰：『今日窺先師堂室者唯吾與子，議論不可以不一。但於「意非所發」，宜稍融之。』先生不答。

其爲學不名一家，苦身焦思，自謂以魯得。年二十二，讀二十一史，日限丹鉛一本。家仇黨禍，舟車茅店之内，手不去編。寒夜抄書，必達雞唱。暑則穴帳通光，以避蚊蚋。早受先公命，就贄蕺山，然竟崇禎世一十七載，詩文盟會、交遊聲氣去其半。及蕺山夢奠，擔簦避寇，匿影憂讒，海澨山陬，饑寒顛踣，而後乃一意於師門之學。然碑版記述、天官星曆、句股壬遁，夙所精兼，未能棄也。自言生平所不作者，祝嘏、諛柩之文，人亦莫敢强。

康熙丁未，復舉郡城證人書院講會。戊申，臯比鄞城，謂學問必以《六經》根底，於是甬上遂有講經會。先後主海寧、紹興講席，而所就經術湛深士以甬上爲最，雖時文淺説，亦知崇本蕺山。先生倡明之功大焉。

己未、庚申，累以博學宏詞、特舉遺獻薦，固辭老病。有司承詔，取所論著資禆《明史》者，繕寫宣付史館。是時，先生年八十矣。

歲戊辰，自爲生壙於先公墓畔，諭以死後次日舁致石牀，一褥一被，不用棺椁，不作佛事、七七，諸鼓吹、巫覡、銘旌、紙錢、紙幡概去不用。作《梨洲末命》一篇。子百家私與宗叔道傳謀曰：『諸命皆可遵，獨不用棺椁一事，奈何？』先生聞之，曰：『噫，以父之身不能得之子耶！』作《葬制或問》：

或問：送死者棺周於身，椁周於棺，古今通義也。今子易棺以石牀，易椁以石穴，可乎？曰：何爲其不可也！余覽《西京雜記》，所發之冢多不用棺，石牀之上，藉以雲母。趙岐敕其子曰：『吾死之日，墓中聚沙爲牀，布簟白衣，散髮其上，覆以單被，即日便下，下訖便掩。』陳希夷令門人鑿張超谷，置屍於中。人人視其顱骨，重於常人，尚有異香。古之人行此者多矣。

問者曰：爲其子者從之與？曰：奚爲其不從也！孝子者，於親平日之言，無有不從。至於屬纊之後，世俗謂之遺囑，禮家謂之顧命，親之所言，從此不得聞矣。無論馬醫夏畦之子，不敢不奉以終身，不必孝子。於此而有不從，則平日之爲逆子無疑矣。楊王孫裸葬而子從之，古今未有議其子之不孝者，是從之爲是也。

問者曰：子以從親爲孝，則古今無諍子矣。曰：聖人之爲棺椁，以概天下之人。其有不欲概者，自創爲法，亦聖人之所不禁也。必以去棺椁爲非禮，則趙岐之《孟注》不當列於諸經，希夷之《圖》《書》不當傳於後世矣。使爲子者而欲諍之，則是自賢以蓋父也。

問者曰：諍之不可，父死之後陰行古制，使其父不背於聖人，不亦可乎？曰：惡，是何言也！孝子之居喪，必誠必信。誠信貫於幽明，故來格來享。欺僞雜於其間，精氣隔絶，宗廟之饋食，松楸之霜露，其爲無祀之鬼矣。孟子之禮匡章，以其不欺死父也。父有不善尚不敢欺，父之不循流俗，何不善之有？顧使其形骸不能自主，則棺椁同於敝蓋，人亦何樂乎有子也！

百家遵末命，葬化安山，用鄭寒邨先生文立石，捧土塞壙門焉。其卒，以康熙三十四年七月，年八十六。

所著《孟子師説》《明儒學案》《明文案》《事案》《明文海》《南雷文定》《吾悔集》《蜀山集》《南雷詩歷》《待訪録》《宋史補遺》《冬青引》《西臺慟哭記注》《行朝録》《海外慟哭記》《汰存録》《思舊録》《今水經》《四明山志》《臺宕記遊》《匡廬行脚録》《姚江文略》《姚江遺詩》[一]《姚江瑣事》《黄氏家譜》《喪服制》《春秋日食曆》《授時曆故》《大統曆假如》《回回曆假如》《西洋新法假如》《律吕新義》《氣運算法》《納甲》《納音》等，皆有成書，不下百種。納置壙中石几上。門人流傳鈔録，遍行京國。私謚文孝先生。

先是忠端蒙難，封太僕卿鯤溟公在堂，先生承養祖父，具給鮮旨。後敦匠事，冒暑重趼道諸暨，購美櫝歸，直二百金。四弟幼孤，身自育教，迄於成立。崇禎庚辰，充解南糧，連歲奇祲，家人環向而泣。走黄巖告糴，值遏禁嚴，謀於王峨雲、倪鴻寶、祁世培三君子，其事得集。順治庚寅，晦木以連染被執，將罹大辟。先生赤足行冰雪中，十指皆血，求救於馮君道濟，得胡珠百顆，獻之大帥，乃得釋。丙申，墓祭戴家山，闔門爲山寇所縛，又求救於沈、李二君，乃得放歸。凡所遭逢，皆人所不能堪者。

叔葆素、子木正亦敦志節，潛居注《易》，終身冠髮不改。一門群從，能行古人之道。浙東黄氏，他姓罕比焉。

論曰：余同里親炙黄先生，見其貌古而口微吃，不能出辭。及夫意思泉湧，若決河東注，頃刻累百千言，續屬不絶。著述文章，大者羽翼經傳，細逮九流百氏，靡不通貫。嘗示余《乾坤鑿度》《象數》等書，望而不敢即，蓋弘覽博物多得之黄漳海，而理學宗蕺山，以故雜而不越。其爲人有奇氣，所交遊勇俠劍客。遭運貞元，未伸幽憤，始終無忘先公詔獄之痛。大肆其力於典墳，洎乎髦年而智益明，神益强。累際辟徵，迄不爲名所累，屹然一代學者宗師。所謂不得於彼，必有得於此者與？至全歸不用棺椁，雖非聖人中制，然灑然超俗，何必同方？而議者謂其毁滅喪紀，過矣。故具載其《或問》一篇，附楊王孫書之後焉。

半霖史顯臣先生傳

史先生諱標，字顯臣，餘姚人，求如沈先生弟子也。沈先生紹陽明之學，高明醇篤，涣然冰化。天童密雲悟欲羅致之，沈先生不肯，曰：『吾是儒者户庭，特與師爲方外交。必欲引之入釋，是信道終未弘耳。』密雲亦不敢强。乃歸，與管霞標、史子虚、子復三先生建姚江書院於半霖，從遊者至六七十人。

其教以求仁、當下直證良知爲宗，唯山陰王朝式金如、同縣張廷賓客卿深契其旨。而顯臣先生英才妙思，於同門中年最少，請益之下，神明頓悟。沈先生顧而喟曰：『知吾學者，此子也。』丙戌後侍沈先生，退居石浪。又嘗入雪竇妙高峰，坐溪流中觀雲起月高，三年不出，學益邃詣。

沈、史諸先生既没，嗣主書院者，仁甫韓子、吾之俞子。康熙二十二年壬戌，二子相繼逝，舊人淪散。於是同里後學邵廷采及先生門人合同志連名奏箋，請先生主書院，先生奮然曰：『誠吾責也！』自爲諸生，數十年以經義舉業指授學者，多所開誘，因文而進之於道，至是就正者翕然。庚午之春，安邑康侯如璉宰餘姚，親詣書院講學。先生稱説宗旨，大闡文成之教。尋足疾，卧小樓三年，門人群就榻前來問，津津提告，神氣愈勍。臨革，問何言，曰：『此事何處安排耶？譬操舟入海，但將柁把定，不顧波濤洶湧也。』安坐而逝，年七十八，時癸酉十一月也。

學識超邁，而言動守規矩，居家應事不隨不激，引遇後進一以純誠。於書院創承，始終畢力。順治初，與奠維鄭子共肩營立之勞。洎乎末年，遂主院會。淡於利欲，勇於任道。流風餘澤，姚人士至今思之。

東池董无休先生傳

先生諱瑞生，字叔迪，更諱瑒，號无休。其先自廣川徙高郵。明初，董旺以軍功除紹興衛守禦，遂爲紹興會稽人。十傳至考，諱用時，字公權，載郡志《理學傳》。兄期生，崇禎癸酉舉人，官淮安知府。

先生五歲而孤，輒痛父，却飲食。七歲畢讀《五經》，十歲能文。自幼厲志，不慕華衣膏膳。母喪，勺水不入口五日，隔内斷葷致毁，篤疾三年。其友諸九徵稱曰：『叔迪，今之孝子也！』已出，後從叔父，存養、没葬祭一視所生，三黨咸嘆：『爲人後者有如是乎！』

陳卧子司理紹興，見先生文，以爲絶倫。時許都始亂，東陽、錢江騷動。先生研極兵事，讀有用之書，與陸章之、錢仲匡、劉翼明爲生死交。既國變，遂棄舉子業，薙髮，假緇衣，讎録《蕺山劉子全書》。誡其子：『學在居敬，能守《曲禮》，由是而之程、朱之門，不遠矣。』作《記日書》念過，與《人譜》一編表裏。

自蕺山完節後，證人之會不舉者二十年。先生謂：『道不可一日不明。後生生今日，不幸失先民餘教，出處輕而議論薄，由學會之廢也。』善繼述蕺山志事者，亟舉學會，復請蕺山高第弟子張奠夫、徐澤蘊、趙禹功諸前輩集古小學，敷揚程、朱、王、劉家法。於是餘姚黄梨洲、晦木、華亭蔣大鴻、蕭山毛西河皆挈其弟子，自遠而至。值督學使者按越下縣，會者近千人，越中士習復蒸蒸起矣。向學之情，老而彌篤，告學者以體用必全，守身經世。

西棹金陵，訪王元倬孝廉。南度嶺，則順德陳元孝、南海屈大均，莫不束芻投紵，往來惠好，而義烏金公絢爲平南王掾，與焉。每相與語，未嘗不至夜分也。萊陽姜實節葬其父如農給諫宣城，守墓在近，時過先生。司寇蔚州魏庸齋將以先生名與關西李中孚同薦，知其不可致，乃止。

晚歲，迎翼明，館於家。徜徉蘭亭、禹穴間，課授諸孫，步趨唯諾，舉有禮度。所居郡城東池，學者稱東池先生。年七十八考終。

子二人：良櫨，武進士、副總兵；良梃，諸生，奉命蹤故人淮上，歸途聞訃，沿道哭泣，勺水不進。比到家門，卒於舟中，聞者哀之。

論曰：崇禎之季，舊臣遺士之高隱者多矣，入而不出，遂忘當世。獨董先生伏守故廬，殘書欹硯，心喪疏食，殷殷以佑啓後賢爲意。康熙甲寅避寇入郡，始謁先生，詔以『既宗蕺山之人，不可不知蕺山之學』。後數年負笈，喜讀《全書》，見其楷書詳注，條分眉列，唯恐有失師門之真，其莊慎如此。兵事向宗俞、戚。俞師閩人趙本學。余得本學《陣圖》二卷，來自先生。此可以儒者成轍拘哉！今先生亡未二十年，欲訪王、劉道源同異及甲申、乙酉間逸事，而越中耆老無復存者。東池修竹之湄，令人每念而涕零也。

河南布政使許公傳

乙酉夏，讀書會稽龍眉山。許子巨山客留郡城能仁寺，閱一載矣，余生平未之識也。一日，介余友劉君子志，委作尊人藩臺公家傳，將溯流從余山中。時繁暑，子志爲余辭以仲秋相見。而聞巨山期余甚迫，余心亦未嘗一日忘巨山。比八月下旬尋子志約，則曰：『巨山先一日死矣！』余駭而走之野，哭之慟。於乎！巨山，吾死友也。死友之孝思不可負，况公遺愛在越，其靈爽異於他賢，不以余布衣之言鄙遺，因感慨欷歔，拜成公傳。惜不及巨山生時示之，面咨公居常細大事，以爲恨。余終負巨山也夫！

公諱弘勳，字元功。其先鳳陽五河人。明洪武中，始祖諱定以軍功授指揮使，守遼陽，遂爲遼陽人。終明世襲指揮職。而公王父諱惟曾，折節學問，爲博士弟子。考諱爾顯，字耀寰，官至都督同知。初從平南王尚可喜攻取五島，航海歸，命陞一等阿思哈哈番。從攻中後、前屯二城，加拖沙喇哈番。又從征廣東功，陞精奇尼哈番。子孫世襲。都督爲將善機變，有威重。當李定國陷桂林，定南王死節，其兵疾如風雨，柳州守將全節、梧州守將馬雄及提督線國安皆走廣東。定國進陷柳州、平樂、梧州，胡一青、趙應選、馬寶、曹志建等皆出自山谷，環應定國。定國北敗敬謹親王於衡州，明年遂至肇慶。時都督守肇慶，内外隔絶。定國泄城濠，三面急攻，用布囊盛土爲墻，置木栅挨牌，藏鳥槍以拒内兵。陰穴地道，城中洶懼。都督亦塹濠城中，以待縋城奪梯，隨方拒禦。會郝尚久反潮州，東西擾亂，靖南王耿繼茂分兵屯三水備尚久，而可喜救肇慶。閱月，定國解圍去。事平論功，都督爲最。

都督生五子，其三即公。公性平恕，喜讀書，懷經世大略，循理處善，不事細苛。十三歲爲諸生。甲辰康熙三年，以父廕授刑部陝西司員外郎。平反斬盜之誣服者三十餘人，力請之尚書，盡得宥釋。

乙巳，陞兵部車駕司郎中。定勘合則注明時地遠近、支發夫騎多寡之數，宿弊革清。戊申，陞知順寧府。順寧窮邊，無縣郭。外皆儸儸堡寨，性嗜鬬殺。公至，宣布威恩，簡刑清政，以善化導。期月之間，更相向勸曰：『使君兒女撫我。』又雲南藩下人依威凌横，民無控告。公上白藩府，請如律便宜收案，由是稍戢。庚戌，都督疾終，廣東奔喪民遮道扶攜送公。

癸丑服闋，補紹興府。始到，解去前政繁密，專務寧息，日與客登卧龍山亭，飲酒種花。

明年，耿精忠反福州，浙東群盜並起，延及紹界。其年七月，諸暨、嵊縣之盜合數萬衆，直犯郡城。公聞賊且至，去太守冠服，服短褐，持尺刀，周視城垣，亟毁負郭民房，撤濠中木筏，列砲石城上，塞東南稽山門，防賊闌入。乃挑保甲鑄戟劍，立什伍，親教止齊步伐，婦女聽出入毋遏，人有定志。賊志，則挺身先上麗譙。民競持仗，不呼而集，亦且數萬。公命紳士分門登陴，絡繹警察，乃歷巡各垛，均給餐飯，人人歡呼，咸願死守。賊至稽山門，知有備，轉攻常禧門。何守備戰於班竹庵，不利而退，賊遂圍城。時鎮將玩寇，方合婚，置酒張樂，公毅然曰：『古太守任兼文武，我當受難。』乃出家丁及民壯合數百人，分兩道而出，斬首百餘級。賊益蜂集，勢危甚。公身督戰，臨矢石，衆争進鏖賊，賊屍横野。移栅五雲門，縱火燒民舍，煙焰迷日。奸宄有謀以城應，遂欲劫掠富室。公命户選壯者，拔刀操門，晝則興販，夜爇炬，止行者違禁突出。用賊諜論，群黨因不得逞。而是時城門驟閉，米價頓貴。乃命殷户各即本坊行賑，更發帑金市米，減價平糴，城中賴以全活。次日，賊雲梯攻五雲門。幾入，公率壯士啓門出戰。賊矛如蝟，砲雷震。公率藤牌陳勝等左右翼擊，自辰至未，凡數合，賊披靡，追至五里鋪而還。賊猶收餘衆攻圍，公連日接戰，寢飯俱廢者四晝夜。十七日，會城援兵至，始解圍遁。而援兵宣言『賊已入城』，欲放掠。公力争不可，曰：『紹民爲朝廷城守盡忠，城中安得賊？寧殺太守，勿負吾民也。』至長跪，以百口爲一郡請命，且出家財椎犒，竟得寧釋。民老幼號泣曰：『始出我於寇，既出我於兵，我父母也。』立保越碑紀公德。

八月，郡兵東討上虞、餘姚，擣大嵐山。公慮破賊日山民横罹鋒刃，乃隨軍親行，先遣人持榜曉賊。賊亦感泣，曰：『罪死不赦，必明府親至，乃敢降。』軍吏群白止公，公弗聽，從二僮單騎抵賊營，反覆開譬。大嵐之絶頂曰石窗，曰過雲，過雲之巔有雲南、雲北寺，曰杖錫，飛鳥望崖而返。賊憑之爲老巢，公皆歷之。其渠長羅拜，獻漿飯。公南向坐，食飽則出。賊相顧心折：『明府，神人也，不往乃非。我盡燒營砦，領衆隨。』出師未踰月，大嵐以平。遂經營新、嵊之寇。

冬月，偕滿參將由仙巖取道，進攻長嶺。連破長樂、太平、開原、蔡灣諸砦，賊勢大衰。至挂門山班師，計陣斬及生致僞文武官各數十人，賊首數千級，獲軍資刀械無算。公輒慨赤子蹈水火，列榜招諭，降其餘衆萬餘，新、嵊悉平。而前所遣僚屬分將西擊蕭、諸群寇者，亦皆克捷，八邑奏寧宇焉。

是時，武定相國李公芝芳開府衢州，總制閩、浙，上公翦寇恤民恩績。乙卯，陞浙江按察副使，分守紹、寧。公以四境粗定，民冀休安，治以無事，乃修濬亭池，種花如故。

而李公調公軍前籌措兵食，處以賓友之禮。公感其誼，知無不爲。時收復台、處、温、金，旁邑婦女離散，或爲亂兵所掠，牽號顛踣、千里相望。公請於李公，爲出官俸求贖，尋其父夫，具符傳遣之。又設粥廠數十區，分賑流餓。及於明年春，麥耕者復業，民乃得濟。又軍興行伍凌轢民庶，動以通賊爲辭；守把以下斬級積勞，多見遺抑。公悉爲白請制府嚴敕詳録。李公恩化大行。

己未，祖母丁太夫人喪廣東，迎殯紹興郭外，遂寓家於紹。積書至數萬卷，分數十簏，牙籤展校，每至丙夜。然唯講求古今人物治亂、典章承革，師其大意，要於時務可行。汲汲論交，無間門地。舊治有請以客禮見者，灑履迎之，未嘗辭也。最喜劉生士林子志，曰：『君當勉卒景行，毋墮蕺山、貞孝兩先生遺教。』

癸亥，補福建按察副使，分巡延、建。上游四郡率墾山爲田，無畝分號數，貧粥田者不能除籍，代富家輸糧當役，莫之伸理。公至，下其事於縣，悉行更正。又建灘舟中流劫，求盜不獲，浦城至省會數百里，時被其害。公謂盜必勾通船户，著令船必編號，明注船户居籍、小票客子姓名，及雇船時日，所到地界，牙家清簿繳覆。建灘遂無盜警。

甲子，陞陝西布政司參政，總理糧儲、鹽驛諸務。驛路清，治糧米四十餘萬石、草料一百餘萬束。並蠲除耗贈，均一支收，秦中稱其廉平。

丁卯，陞雲南按察使。滇中前受藩下人威虐，吴氏既没，怨家乘時報復，詞案堆盈，多告逆孽漏脱。公更爲原反審定籍業，散歸農伍，人情始安。又以夜捕營卒之謀不軌者，僇其渠逆，餘不窮竟。凡寬嚴得中皆此類。

辛未九月，陞河南布政使。聞豫省大饑，舍車乘騎，疾驅而進，一日夜馳二三百里。比到，髀肉皆脱，遂篤疾。以明年壬申三月二十八日卒於藩署，年五十歲。豫人哀哭。訃至紹興，民袒免降食，如喪其父。

劉子志曰：『吾侍公久，而見公之事親孝，體國忠，與士大夫恭信有禮。下逮寒士，苟善一藝，無不容接，急其厄而憫其災。王父母、父母忌辰，垂涕洟，嗚咽奉饋罌告。居喪斷葷肉，屏婦御，絶音樂，以三年常。其遇諸父昆弟，喜戚與共，有陷過差，怡氣規導，恩教兼至。在官，視其事之繁簡易劇、時之常變，以爲勤逸。伏枕興寐，唯念民艱，胸無留事，座無留牘。三十年通籍，無數畝寸椽之業以庇子孫。垂没，搤某手，告以所展設弗究，意念深矣。如公者，誠可謂具剛柔之則，全禮智之量。鄙人所見，未得其匹。』余聞子志言，追維公曩者臨越之事無不然。

公巨容儀，秀鬚髯，洪鍾聲。自奉約廉，與人無競，恂恂如不能語。及決大疑議，引經摭律，若燭照數計而龜卜。又工楷篆，通諸家書法。拊琴圍棋，几窗容與，想見風采焉。

論曰：昔蔣琬、龐士元皆非百里才，陶魯爲縣佐，不治。後遭事會，俱建功業。若公之仁心浹於黎庶，動止一遵彝教，所謂儒者之器，又非特如魯比也。守越時，修復朱、王諸書院。先正毛忠襄、孫忠烈、張陽和、陶石簣等，每過其祠必拜。雍容被服，與民敦行古禮，皆以身率，使得竟其志用，庶幾乎周、漢之風俗可興。天奪之速，惜哉！

光禄卿仁和龔公傳 缺

盛將軍傳 己卯

盛將軍諱國政，字寰宇，紹興山陰人。其先文肅公度，居臨安。八世祖顒，明天順初都御史，以忤曹、石落職。孫應期，弘治中進士，官河南按察、山東布政使，巡撫四川、江西，進副都御史，治河。應期孫瀧始家蕭山，亦第進士，知南寧府，名廉吏。後又遷山陰桑瀆。四傳得將軍。將軍虎項駢脅，方面修耳，身八尺，洪鍾聲，目睫有光。兒時渡瓜渚湖溺水，數鸕鷀銜其衣出之。里有狐祥，將軍過宿，遂不復怪。咸以爲異。

二十歲走京師，出居庸，歷宣鎮，西至大同。瞰覽險要，見守禦單弱、米湧貴，而邊軍月餉不足，侃然思上章陳言，不果。乃益發憤，讀陰符秘册、俞戚二將軍圖陣、《練兵實紀》，擊劍騎射。崇禎三年，由遼陽籍中武舉。庚辰，成進士，廷對第三人。沮忌者，除福撫後營守備。初至，直大閱，巡撫都御史張肯堂見其軍容鮮整，旌旗甲仗頓易，識將軍才，題參將，守延平。

諸營久弛，賈人子竄名籍，有伍無〔二〕。將軍精訓練，覈代冒，人反苦令嚴，群稽首於將軍之父馬前。父以爲言，將軍跪謝曰：『非敢違大人。兵不備，寇猝至，是以帥與城予敵也。』他日出，輒又聚而譟，斬四人，由此軍政始肅。

十七年，自閩安移鎮杉關。汀州大帽山、簾子洞賊閻王、猪婆等猖獗，寧化知縣于華玉倡招撫，賊益横。汀境西通安、贛，南接惠、潮，多複嶺，産鐵。山無賦税，民隱田自占，婚嫁不與外通，不畏官府而聽里之魁。率性獷好鬬，專攻剽，以殺人爲戲。百餘年來，官不能討，設千户所星棋防禦，寇鈔如故。其俗：少時煉桐子油塗足，歲久重趼，履竹木蒺藜，繫囊沙而跳坡，以故登山涉澗，趫捷如猿猱。又善傅藥矢，伏機弩，中人獸立斃。戈鋋利精，官軍至則伐大樹、摧崖石塞道，或蔽叢篁灌莽射之，入者迷不能出。又有石洞如屋，延數里，窟其中，實金帛子女。肯堂檄將軍往討，并移會江西軍襲其背，潮之軍邀其南遁。將軍請假便宜，按兵，與汀人來者講肄進取，賊出没所、山林深阨、道里回遠咸得實。乃多具牛酒，召村父老宣恩信。村與一鼓一旗，賊至則入收保，鳴鼓舉烽，他村應之。其有旗之聚，皆爲良民，兵毋得入。約定，將軍乃親率百人，夜犯一村，村鳴舉烽，頃刻百里傳警皆遍，知民可用，乃拔壁起。賊恃險不虞，民鋤棒争先，師乘鋭入，燒其二砦。猪婆紅帓首出搏戰，將軍乘高自射殺之。令投刀者勿死，轉相呼招，賊大解散。又輂佛郎機，從南安絶嶺横擊，洞石糜碎，聲震天地。餘賊悸，莫敢出。數日，縛閻王以獻，遂平簾子。籍其金帛充逋税，悉遣婦女還家，罷兩省兵。師還，老幼迎送，乞黄石齋先生文紀功德。晋福寧總兵。

乙酉，帥所部兵赴留都，馬士英以不先謁己，沮弗達。蘇松巡撫祁彪佳爲言於朝右，遣歸。秋，唐王入閩，將稱帝。將軍抗議，謂當稱監國，俟出關正位。卒建號，而將軍爵不進。及議戰守，請出衢、信以號召三吴、江右：『若畫地而守，自仙霞、分水、杉關、二渡關外不啻百處，非一丸泥可封。備多衆分，一關疎虞，各屯俱潰。無事，則無諸、王潮偏安之策；有變，即碙州、厓山之覆矣。』衆不聽。又議曰：『計見兵、義團召募約二十萬人，月給銀一兩，待明春進取，今年秋冬更需餉百萬尚不足，此爲坐而自盡。况北軍乘勝遠鬥，其來不緩，豈容姑待？』又不聽。見鄭芝龍專國，方築安平鎮擬郿塢，實無心戰守，乃退嘆曰：『時事不可爲。』即日决去，隱於醫。後三十年而終，葬於建寧白鶴山。

方貝勒之入閩也，重將軍名，遣浦城副將招之，不應。去之西鄉，鑄鍋爲業。金固山礪，其先越種也，貽書風以利害，譬曉百端。復書曰：『僕所欠一死。所以不死者，以上有七旬之老父。自吾祖吾父，三世獨子，無期功强近可依。僕死，無以慰吾父，且膝下甫呱呱一子，將轉溝瘠，並斬吾祖後矣。昔文山思黄冠歸里，叠山蘄爲大元頑民。區區之衷，竊自恕希此耳。必若不已相迫，豈以僕爲真不能死哉！』固山知不可奪，言於貝勒而陰護之，竟免於難。

將軍故儒將，凡天官奇遁、歷代陣法、九邊海防，皆有圖注。尤深好《大學衍義》《衍義補》，手録《辨訂》四十卷。每誡後進，先忠孝，後文藝。自以勝國孤臣恥伐舊績，或偶舉一端，或言未竟，不樂而罷。閩都督王進功故麾下，嘗被□□□同安、惠安、漳浦、龍巖沿海居民〔三〕，以問將軍，曰：『君行令，臣行意。盍馳騎潛令内徙？令而不聽，兩不恨矣。』進功如誡，全活甚衆。閩人到今稱之流涕。

贊曰：明世絀武，一代無功。迄於南渡，益煽其風。跋扈者降，忠良遯荒。王師乘之，踰載而亡。視彼宋高，韓、岳、吴、劉。賊檜議和，百六春秋。非和之能，緊戰之力。賢奸並庸，文武互翼。孰如明季，獨賞唯奸。襲盜而公，專兵阻賢。發言盈庭，多庸無識。虎臣悲憤，傭保匿跡。求仁何怨，之死不辱。蘇、張百端，我守初服。芝城之山，白鶴之陽。公靈在斯，公返故鄉。

驃騎將軍敬齋周公傳

將軍諱國奎，字燦然，號敬齋，紹興山陰人，濂溪先生仲子燾之後也。燾自宋建炎南渡遷諸暨，又自諸暨分山陰東浦。凡二十三世至將軍父徵崖公，諱應聘，僑居天津，以拔貢尹山東郯城，有廉平聲蹟。期年卒官，士民投金相賻，歸櫬於天津葛沽葬焉。太夫人陳繼逝，家業中微。會伯兄國壁與修《實録》，除昌平州同知，及仲兄國振偕往依之。時將軍方弱冠，倜儻有器識。伯兄每嘆：『季弟必興吾宗。顧今日天下軍興，文事不振，弟自度當於古人何比？』將軍笑曰：『傅介子、班超立功絶域，識時務者爲俊傑耳。』伯兄甚異之。居亡何，賊薄州城，知州亳人李公豐聞將軍雄略，請計事。將軍借箸曰：『賊亂而不整，易與也。且無長慮，夜必散掠。若挑精勇，多張旗幟，隨所向襲擊，彼謂京兵大出，必遁。』如其言而賊敗。李公以兄女女將軍。後伯兄奉督餉檄，出天津運毛帥餉，颶作而覆，仲兄倚片板漂入朝鮮。比歸，心愴，去爲僧。李公亦罷官歸亳州。將軍乃決策從戎。

順治五年，故人張承恩補鎮江協鎮，請將軍俱行。承恩陞總兵，與譚太固山南度仙霞，入福建。用將軍前部抵羅陽，圍其城。城中人得外人砲反擊，固山營多傷，或言守砲爲承恩麾下，固山疑有貳，退軍三十里，依險自固。承恩患之，將軍進曰：『寇交壘而内相虞，害莫大焉，然非可口舌明也。唯有獨進攻城，城拔疑自破矣。』既而城中齊出，將軍率私屬勇士横衝其陣，所向披靡。鎮兵夾攻，大破之。揮軍奪門，遂入羅陽。固山大喜，上將軍功第一。承恩起拜曰：『今日兩軍無猜，安和克敵，皆君力也。』進攻寧德，當西北隅敵樓極險峻處，負重創。既解甲，敵兵突至。取邪幅束甲，左脅中砲，忍痛疾戰，血濡甲表，鉛嵌邪幅原裹白金上，餘洞甲葉，傷及脅肋。由是屢挫敵鋒，坐纛受矢，形若虫蛀。人呼『破纛將軍』。

寧德既下，抵福安。時劉忠藻守福安，别遣兵出城，沿河列栅，與城内爲犄角。我兵營於河東距五十里。侵暮，天微雨，將軍告承恩：『兵尚神速，盍乘雨夜趨出？不意渡河，栅可破。栅破，城可圖也。』軍將行，雨益甚，承恩難之。趣曰：『昔李愬雪夜擒元濟，少遲，彼得爲備。福安城小而堅，忠藻長於應變。誠恐攻者自勞，守者自逸，公必悔之。』夜三鼓，勒兵及河，發屋爲筏，栅内始覺，倉卒矢砲濕。將軍引數十人徑渡河，兄子文芳持巨斧砍栅，大軍繼進，敵軍大崩，遂奪其險。進師城下，忠藻悉機拒守，三閲月援絶，乃飲鴆死。將軍謂承恩：『臨危不避，丈夫也，必殮殯如禮。』師入屠城，復請，全活甚衆。

進下福寧州，將軍謂承恩謀曰：『銅山去此不遠，聞吾軍聲膽落，可遂乘勝夜抵銅山。』守將果捐城逃，以將軍守之，令曰：『敵未創而先逃，避吾鋭耳。今聞鎮帥在福寧，城中兵少，必復來争，宜豫爲備。』果圍城東南，又去城五里依林爲營。將軍望而哂之。弁目見敵盛，議塞城門堅守待援，將軍佯應曰：『塞城門，自絶歸路也。唯西北臨河，塞之可耳。』乃密下令縛草爲人，集木板及諸引火物。敵投書招降，約盡三日，許曰：『諾。』盡三日，暮風起，出草人蒙甲列城上，潛鑿土塞兩門。使善没者以搭鈎渡河，候狹處再舁板傍河順流。不一時，鈎木成橋，兵盡過河。銜枚走四里許，逼敵營縱火。風盛，敵奪路竄，死相枕藉。城中鼓譟以應，圍者還見老營火起，亦驚遁。追至百五十里而還。

七年春，陳倉、鐵羅漢等帥衆二萬，聲言復銅山之怨，圍城三周。將軍使突圍告急，承恩自統兵，一晝夜馳至，力戰入城。見敵勢重，欲棄銅山，將軍諫曰：『敵不知謀，所恃一鐵羅漢，獷夫耳。但計誅羅漢，二萬人蘀捲矣。』明日，陳倉撤圍，布兵河西，出三千人渡河請戰。將軍偵知敵情，告承恩曰：『彼兵多而以少來戰，必用鐵羅漢伏河滸叢葦間，而分兵東南，繞吾歸路。俟我戰勝追奔，伏起夾攻，首尾受敵，勢必南走；又遇東南兵，蔑生望矣。請鎮公親帥馬兵，嚴陣當敵，且勿與戰。潛分兵繞出東南敵背，職引步兵千餘，直衝河滸。彼既視誘戰之兵進退，必不虞吾猝至。乘其猝，可遂破。既破鐵羅漢，乘勢渡河，陳倉之兵不戰自潰。其繞遏東南者，吾兵反出其後，亦必望風靡矣。』時鐵羅漢善用被陣：用紅布畫虎豹，漬水，左右短兵，翼以長鎗步卒四人。開闔卷舒，鎗矢不入，馬亦驚怖。常以此取勝。將軍令人製鈎鐮木耙，明立賞罰，疾奔河岸。鐵羅漢與左右各擁被出，狀如列翅，鋭甚。將軍親用鈎鐮，注視鐵羅漢，鈎定滾被。長鎗皆爲木耙所制。鎗矢齊發，立殺鐵羅漢，餘衆俱潰。於是揮兵渡河，直衝陳倉大陣。承恩合戰，敵屍遍野，擠入河不可勝計。陳倉自縛乞降，而所遣往東南兵亦大捷。承恩拜勞曰：『君智勇兼具，趙雲一身是膽，何足傲乎！』制府李公題延平副將，旨既下，而將軍以苦戰致疾，力乞休。承恩移鎮台、温，從至温。久之，返紹興。

長子文英，登庚戌進士。尋值三藩之變，命英曰：『汝談兵紙上以拾科名，不如親歷。吾志業未竟，勉之！』將行，又謂之曰：『閩事在吾彀中矣。耿氏起家軍伍，逃死關東，三世爲王，一旦負恩違叛。勢既不順，又不能收東南蜂起之衆，直走金陵，坐閉福州，私快名號，其人豚鼠耳。八閩承平，尚須協濟。況數戰兵疲，重科民困，將不堪命。又鄭經已入漳、泉，兩虎同穴，何暇經略嶺北？持久内崩，我師攻其前，鄭經襲其後，耿斃鄭亦隨亡，此卞莊刺虎之日也。』後王師平閩，迄如將軍言。將軍以康熙十五年十月卒於家，年六十五。

英從軍功，服闋，授登州遊擊，改守潼關。二十七年，陞延綏神木副將。復立互市，致書彝目，令民租種邊地，西人賴以全生。丁丑，上親征噶爾旦，駐蹕五原。英朝見行在所，浹日三接。後五日，簡鎮川西。歷官皆迎養太夫人。

閱歲，太夫人李氏卒於松潘，年七十四。次子文林郎文傑護喪歸葬。而總戎公以書來，屬采爲傳。傳成，授其弟子開捷，使上公裁定。復爲之贊曰：

周氏之先，出於營道。登是南邦，建炎新造。始遷諸暨，大啓山陰。如蔓斯延，瓜瓞繩振。文能附衆，武克威敵。一張一弛，經緯妙易。邁迹自身，今有將軍。止也爲山，動也爲雲。於皇時清，隳山喬嶽。八閩既庭，歸全巖壑。張公淳德，曰甌是居。公曰無庸，吾有舊廬。君之宗之，以適東浦。某釣某遊，惆焉思古。伯仲之間，倚馬萬言。絳灌隨陸，並驅後先。命於帝庭，軔發山左。既歷諸艱，今涖西土，輯和蕃落，金石登受。臣拜稽首，天子萬壽。將軍之澤，以及子孫。不虧不崩，盟府具存。我懷其人，功德惟峴。石泯名在，千載如見。

王志宣曰：敘戰功如畫。將軍長才短馭，真爲可惜。故以論閩事，一唱三嘆終之，此史家言外傳神處。

何侍御傳 癸未

公諱嘉祐，字子受，紹興山陰人。何氏世有文武才。明正、嘉間，六世祖石湖公父子兩世爲尚書，曾祖泰寧公任江西大參，世父書臺公監察御史，皆著聲蹟。公繼之。

公生而秀挺，妙語言，工文字，自少立忠孝節。當王師始下浙江，奉贈公潛匿，遇方國安潰兵束掠，刃揮贈公，公承以膊，號而求代，贈公竟免。遂攜家隱上虞山，侍贈公。間歸展墓。贈公病，偕一僮治湯藥，視溲便。再刲股，終不起。時居貧流播，治木必美具。具辦，太宜人偕諸子女始自山中來奔。鄉黨皆謂公孝子。

順治甲午，選貢辟雍。丁酉，舉順天副榜，就江南撫軍辟，當機割斷，撫軍風威大行。甲辰，授知江西奉新。自金聲桓後，亂者相踵。奉新控江楚要衝，他縣盜時時闌入，公到漸寧帖。乃度山津易險，分建四部，鈎連屯障，使共聲警，有急，發鼓舉燧，盜望風駭徙，縣界遂安。

於是巖抑豪右，清占田，招流亡，貧者給牛種，親載漿飯停勞。不一二年，户口殷集。

丙午旱饑，力請蠲租。民困特甚，嘆曰：『平日志何志？學何學？身任人守，而可云救荒無策乎？』自出貲俸以賑，全活萬計。又以邑田下下，穀食本不贍，特相土宜，購良種，樹麻、桑、桐、漆，栽溉皆著成書，刊示鄉遠。用所樹多寡定徭重輕，民歡欣争務，境無曠土，漸成富饒。

故例，漕輸縣倉報滿，統解省。奉轄十二鄉近省遠縣，勞費過倍。公著令：里各置倉，趣徑解省，不迂由縣。民大利，惠政爲兩江表。在職五年，督撫交薦，遂行取。己酉，擢户部，主事廣東司，監督寶泉局。癸丑，京察一等，兼理江南司。案牘明捷，小大精理，白尚書奏免民欠一百餘萬。尚書梁公清標素奇公才，其冬賫詔撤平南王，因請俱行。

先是，朝議久欲撤三藩，而平南首疏請。平南王尚可喜年老矣，念歸遼，又安廣東。世子奄筫性虓急，王慮其爲變，故有歸老之請，以世子嗣封留粤，實兩利之。度滇、閩一體，事未必行，而已苟得其名。上因而遂許之。滇逆惡平南首破成局，而奄筫耿氏婿，知閩謀，恃東西援，故蓄異志。詔使至廣，辭疾弗出。上念王勤勞久耄，不忍令父子異處，加世子禄秩視王，奉車而北，朝夕寢膳。王拜詔，且逡巡。尚書宣諭畢，以婉言諷曉之。時甲寅正月三日也。次日，王又見，乃議遣世子先發，而王以三月十六日行。奄筫遂攘袂大言曰：『急亦作鄭國姓耳，何以行爲！』詔使頗聞其語，並遑迫。而嶺南細民多雇藩下錢爲業，至是誅負狼籍。又諸將家出什具變賣，填塞城市，泥馬首不行，省下羹沸。五日夜午，尚書卧客館，聞外撾鼓，急披衣起，則督撫提鎮交至，滇南告變矣。召官屬共議，衆未發語，尚書獨顧公曰：『事奈何？』公曰：『制倉卒勿辱軍國，責在公。設守衛，俾他日不横決，則封疆有主者。今日獨可使緩發，以需朝命。』尚書俯首良久，曰：『更爲我詳思。』公曰：『此無容思，須速斷。遲則便爲人制。』即起爇燭草疏。詰明，平南王從數百人擐甲入，兩階夾戈刃。坐定，尚書遽對衆言曰：『王無爲行計，且具疏留王。非王，孰可使拄滇逆者？』王愕然，曰：『僕不識尚書所謂何也。』尚書揣懷間曰：『疏已具。努力答上恩厚，義不辭難。』王氣頓緩，手疏傳示諸將，皆相顧散。奄笪亦出見，事遂定。當是時，尚書自謂左右手倚公，微公，禍發漏刻。公復白尚書，令官私船封纜備藩下裝載者，即於是日盡解縱。内外始知王未行，歡若更生。越七日，後詔至，粵、閩果停撤，而閩變已先作，不及閩，大臣皆被拘縶，粵獨完。公輔尚書，機畫悉符詔指。使還，獨乘小舸，唯出都時所持衣被。士女沿道走，識以爲何使君舟云。

秋，奄笪終叛，王恚恨卒。而以先有備，亟伏誅，並如公始計。

上嘉粵使功，用尚書薦，陞公本部員外郎。監蕪湖鈔關，晋郎中，歲終舉劾，再薦，改都察院湖廣道監察御史，巡視西城。壬戌，榷鹽河東，卒官，年五十九。

公識幾有心，思達國體。爲人謀傾瀝腔血，人急痛如在身。平生無他嗜，學獨覃心時務。

凡兵刑、農穀、地理、官制有用之事，靡不周暢。施用未竟，議者惋之。二子：偕、載。

贊曰：夫子論士，以『行己有耻，不辱君命』爲上，宗族稱孝者次焉。若公之行也根於孝，而使命適於變，抑可謂全體全用矣。昔王維楨稱：『寧庶人之叛，胡公發其謀，孫公死其難，王公平其亂，一事而三人始終之。』以公方古人何如也？兩漢而後，儒者類有以經術莅世務，然如公歷官强職，謀斷咸盡，天下稱其廉幹，可多得哉？

毛西河老師曰：碑版叙事，别有三昧。左、史、班孟後，唯陳、范二史俱有其法。下此，雖韓退之，全然不懂，但生撰字句，面目不出。廬陵頗傑，而眉山失之甚遠。有明以來，具文而已。念魯論理議事之文，俱本經術，而於傳志紀述，又登堂入室。才大如此，何患不傳？爲之稱快不已。

陶士偉曰：叙奉新事嚴謹，可續東漢《循吏傳》。使粤事則詳盡機情，雄健流暢，直兼盲腐兩史之長，巨觀也。

暨陽陳氏譜傳

膺山公諱彦。字少澤，號膺山，良庵公第三子，鴻臚公之孫，而方伯公曾孫也。爲人沉敏端厚。幼承家學，博涉經史。講嫺忠孝大節，庭幃中恂恂懇懇。兄弟析箸，推腴均肥，宗黨曾無間言。

乙酉、丙戌間，方國安屯江上，以需餉爲名，乘時鈔掠。指良庵公累世貴仕富盛，遣凶黨數十人直入第宅，竄去，公時年三十，獨在側，號泣奔侍。國安百端淩喝，皆以身代，略無惶悸，亦無激憤。人見之，多爲揮涕。餉半入，家垂破，而王師渡江，得解。

奉親還里，遂棄諸生，以教子勿墮先業爲事。厚幣膳，延名師，禮敬踰等。晨夕義方，稱説孝悌忠信，曰：『此立家之本，願爾曹世世恪遵也。』二子皆入庠序。孫奕文、奕磐同登康熙戊子科浙闈賢書。平生好義務施，約身裕物。尤篤於三黨，故舊靡不罄力，同患相恤。咸謂『公之餘澤，宜未有艾』云。

姚江邵廷采曰：余於截江之役，不勝三嘆。聞當時議方、王爲正兵，派五郡正供餉方，則已擅浙東財賦三之二矣。猶然鑑目豺心，誅搜無厭，致民貧富不有寧居，北望王師，有後予之怨。其後竟以反覆詐諼，父子駢戮，今其子孫無孑存者。而膺山公履尾蹈沙，脱親歸養，遂昌厥後。天之報施，於忠孝之際，豈或爽哉！余故於《膺山傳》並及方氏。一以明爲人臣不忠之戒，一以示爲人子篤孝者之勸。

宋將作監簿修竹先生傳

修竹先生者，宋之遺臣也。名英孫，字才翁，姓王氏，山陰人。祖用亨，贈少保、保康軍節度使。考克謙，端明殿學士。先生以父任補承務郎，累遷將作監簿致仕。入元，遂不出。仁宗皇慶元年，年七十五，壽終於家。其號修竹者，營修竹書院於山中，樂之，而因以自命者也。

先是，度宗咸淳三年，歲在丁卯，賈似道大治甲第於紹興，里閈王氏相比，請旁壤焉。啗以利禄，先生不爲動，曰：『世遺也，尺寸不可得，吾寧謝官。』拂衣杜門，不交當世者六年。

庚午，稍轉宣義郎，平反於潛疑獄，出辟囚，民稱不冤。

甲戌，知慶元府慈谿縣。縣饑盜縱横，帥守以罪去，先生至，亟蠲貸糜粟。民既全悦，乃練丁壯、肅保甲以捕備盜賊，殛其渠而遣其徒。旬月間，悉還爲良民。常平黄震字東發，慈谿人。上其事，轉承議郎。其制書曰：『常平使者言爾敏而有才，惠威兼濟，敉定海瀕。若汝余嘉，陟官一列。』尚書王應麟文山座主。之詞也。

尋以籍田通判慶元府，提轄市舶。攝事半載，鎮以寧静，民便安之。

陳景行薦先生，除將作監簿。命下，知時事去，决計歸。歸之月，德祐二年二月。其五月，少帝北遷。又三年而厓山覆，宋亡。先生惋念先烈，形於歌咢。與遺民謝翱臯羽、鄭宗仁樸翁、林景熙霽山、唐珏玉潛爲詩酒交，遂瘞宋陵。傳者不知爲先生。居平勇赴人之急，細及療疾施藥。棄孩無養，輒收哺，長而父母存者，衣橐遣歸。仍歲潦饑，省節和糴以拯鄰戚，士貧者亦賴舉火。迄於身没，猶足以繫邦人思也。

嘗築精舍於陶山麓旁，祠晋高士陶貞白弘景、宋左丞陸農師佃、待制陸放翁游。當東州衣冠凋謝，與弟主管官誥院茂孫梅山放情山水，丘園翳跡，垂四十年。越中矜式風範，稱二王先生焉。

陶山者，本得自放翁後，後爲修竹書院。農師少受學王荆公，熙寧中不附新法，名列黨碑，退休兹山，結樓著書，墓在支峰下。自山歸王，而二陸之祀世世勿絶。並祀貞白者，不忘山所自名，報始也。

論曰：古之遺民，莫盛於宋。宋季得人之盛，多出文文山門。夫人才處豐泰，則發而爲政事，爲文章；際屯蒙，則激而爲清風，爲幽節。此可以盛衰、成敗、死生論哉？文山之敗猶成，則皋羽、炎午、所南之生固死也。余據徐天祐《王修竹墓志》，不及宋陵事。天祐，山陰賢者，與修竹同年生，出處明晦亦略同。居元時，爲友隱自宜爾。入明，趙子常託張孟兼博訪，疑是修竹，始大奇詫。然其説已早白於黄文獻。乃知果有高節之行，宇宙之大自有知者。《元史》不載，此史筆之慎，未可厚非。又二百餘年，季長沙、張諭德爲窮辨，陵事乃得真。後人重修《續綱目》，宜入修竹於唐、林上。因嘆千古失傳之事，如斯類者不少也。

嗟乎！六陵之役，與厓山、空坑等耳。君臣大倫，根於天性。此庸行，非奇行也，特世人不爲，而修竹等爲之耳。宋恤民養士三百年，未嘗有大無道，而乃至是，豈非天耶！忠志之士不順天，修竹之行是已。

宋遺民所知傳

《易》稱：否剥之際，與時消息。天不能違，而況人乎！剥盡而坤固，『天地閉，賢人隱』之時也。然『黄中通理，美在其中』，風流百世，人亦有自爲時者焉。是以逢萌、梅福鴻冥於前，申屠、管、邴龍蟄於後。或遭再造，而蒙當代之褒榮；或際末流，而作前朝之遺獻。是人也，不求名而名不可磨滅焉。所恃者人心，非心其天道也。

兩漢而下，忠義之士至南宋之季盛矣。配之以《易》：方王安石之驟用，姤也；吕惠卿、章惇等相繼進，遯也；二帝之北轅，否也；建炎營立，猶有傾否之喜焉；南宋立國一百六十年，於義爲觀；比蒙古克襄陽，下臨安，斯剥膚之會；當其時，文天祥以一書生，提市井新合不宿戰之旅，崎嶇嶺嶠，百死不回，而竟授命，象爲碩果不食。更百有餘年，劉基、方孝孺等並以勳節自奮。復之一陽，其即剥之上陽乎？天祥之世，仁人烈士雲蒸霞蔚，是爲相遇之萃。萃而不升，其上者蹈白刃，赴水火；次乃亡形江海，隱跡深林，終身肥遯，晦明正志，不見是而無悶，範不陳於新主，心甘剖於明廷。此則天運，非人力可及焉。是以遷洛之頑，經三紀而不變；輔横之客，群一死以如飴。六七王之澤不可忘，赤帝子之炎莫能逼也。

《宋史·忠義傳》有劉子俊、趙時賞、杜滸、鄒鳳數十人，而從之燕市如張千載，生祭丞相如王炎午等，未登姓字，豈避諱固多，載筆者有不得伸其志與？至宋濂傳謝翶，而不列之《元史》，則又何説？《元史》無贊論，此從來史體所未見。若《五代史》之立《唐六臣傳》，《宋史》之作《周三臣傳》，雖揚貶各殊，其例固可倣也。抑《綱目》載管寧卒於魏，晋徵士陶潛卒雖易代，後猶特書之。余故頗輯軼事見於他書者，自翶以下得八人，爲《宋遺民所知傳》而闕所不知者，補宋、元二史之未備。惜其人終始考究弗竟，亦可以想見其大致矣。

於乎！以翶等之情才操行，不得與嚴光、高鳳同爲盛世之逸民，而乃以遺民著，豈其志也夫？然亦豈非其猶幸也夫？

謝翶，字臯羽，福之長溪人。後徙建之浦城。父鑰不仕，性至孝，通《春秋》。翶世其學。試進士不中，落魄漳、泉二州，倜儻有大節。

會丞相文天祥開府延平，長揖軍門，署咨事參軍。天祥轉戰潮陽，被執，翺匿民家，流離久之。聞天祥死，悲不能禁。隻影行浙水東，逢山川、池榭、雲嵐、草木與天祥所别處及其時號相類，則徘徊顧盼，失聲哭。嚴有子陵臺，孤絶千丈。時天凉風急，翺挾酒登，設天祥主荒亭隅，再拜跪伏。酹畢，號而慟者三。復再拜起，以竹如意擊石，作楚歌招之曰：『魂朝往兮何極？莫來歸兮關水黑，化爲朱鳥兮有咮焉食！』歌闋，竹石俱碎，聞者傷之。

然其志汗漫超越，視世事無足當意，獨嗜佳山水。雁山、鼎湖、蛟門、候濤、沃洲、天姥、埜霞、碧雞、四明、金華洞天，搜幽窮秘，所至造游録，持以誇人。游倦輒憩浦陽江源及睦之白雲邨，尋隱者方鳳韶卿、吴思齊子善，晝夜吟嘯。其詩直溯盛唐而上，不作近代語。文尤嶄拔峭勍，雷電恍惚，出入風雨中。當其執筆時，瞑目遐思，身與天地俱忘。每語人曰：『用志不分，鬼神將避之。』其苦索多類此。婺、睦人士翕然從其學。

前至元甲午，世祖三十一年。去家武林西湖上。宋氏遺老尚多存者，咸詫見晚。乙未，成宗元貞元年。以肺疾作而死，年四十七。瀕死，屬其妻劉曰：『吾去鄉千里，交遊唯方韶卿，吴子善最親。必以吾骨及文授之。』已而鳳等果至，與方幼學、方熹、馮桂芳、翁登、翁衡葬翺子陵臺南，以文稿殉。表曰『粤謝翺墓』。始翺以朋友道喪，盡吴越無掛劍者，思合同志氏名，作《許劍録》，勒石未就。復爲建許劍亭於墓右，以卒翺志。翺無子，其徒吴貴祀之月泉書院云。

翱好修姱〔四〕，慕屈平，託遠遊，自號晞髮子。初抵會稽，與故將作監簿王英孫交，望哭宋諸陵。及唐珏、林景熙等收遺蜕，音退。翱爲之畫策。故有《冬青引》贈珏，曰：『冬青樹，山南陲，九日靈禽居上枝。知君種年星在尾，根到九泉護龍髓。恒星晝隕夜不見，七度山南與鬼戰。願君此心無所移，此樹終有開花時，山南金粟見離離。白衣人拜樹下起，靈禽啄粟枝上飛。』英孫、景熙等和而歌之。遂結社稽山，名其會所云汐社，取晚而信也。

所著《唐補傳》一卷，《南史補帝紀贊》一卷，《楚辭芳草圖譜》一卷，宋《鐃歌》《鼓吹曲》各一卷，《睦州山水人物古蹟記》一卷，《浦陽先民傳》一卷，《天地間集》五卷，《東坡夜雨句圖》一卷，《浙東西遊録》九卷。餘倣《秦楚之際月表》作《獨行傳》及《左氏傳續辨》，並未完。其詩文殉墓，有副傳於時。

宋濂贊曰：『翱，一布衣耳，未嘗有爵位於朝。徒以被天祥之知，麻衣繩履，章皇山澤間，若無所容其身。使其都重禄，受社稷人民之寄，肯負國哉！翱，蓋天下之士也。昔田横不降漢，從死者五百人；若翱之志，其有類横之客者非耶？』

先是，作文速天祥死者有王炎午。王炎午，廬陵人。太學生。其生祭天祥文，略曰：

於乎！大丞相可死矣。鞠躬盡瘁，則諸葛矣；保捍閩、廣，則田單即墨矣；倡義勇出，則顏平原、申包胥矣。雖舉事卒無成，而大節亦無愧，所欠一死耳。奈何再執，涉月踰時，就義寂寥，聞者驚惜。豈丞相尚欲脱去耶？尚欲有所爲耶？

昔東南全盛不能解襄圍，今以亡國一夫而欲抗天下。況趙孤蹈海，楚懷入關，商非前日之頑，周無未獻之地。南北之勢既合，天人之際可知。彼齊廢齊興、楚亡楚復，皆兩國相當之勢，而其君大臣固無恙耳。臣子之於君父，臨大難，仗大節，當以杲卿、張巡爲上。李陵降矣而曰欲有爲，且思刎頸以見志。其言誠僞既不可知，況形拘勢禁，不及爲者十八九。丞相之不爲陵，不待智者而信，奈何慷慨遲回？日久月積，丞相不死，當有死丞相者矣。

丞相何所俟乎？以舊主尚在，未忍棄捐耶？李昪篡楊行密之業〔五〕，遣其家於廣陵，嚴兵守之，至子孫自爲匹耦，然猶得不死。周世宗征淮南，下詔撫安楊氏子孫，李景驚疑，盡殺其族。夫撫安本以爲德，乃反爲禍。蜀王衍既歸唐，莊宗發三辰之誓，全其宗族。未幾，從伶人景進，衍族盡誅。幾微之倚伏，可不懼哉！今舊主正坐危疑，羈臣猶事骯髒。聲氣所逼，猜嫌必生，豈無李景之疑，景進之計？則丞相於舊主不足爲忠，而反爲害矣。

炎午，丞相鄉之晚進也，前成均之弟子員。進而父没，退而國亡。生雖愧陳東報汴之忠，死不效陸機入洛之恥。丞相起兵次鄉國時，有少年狂子，持斐牘，叫軍門。丞相察其憂憤而進之，憐其親老而退之，非僕也耶？痛惟千載之事既負於前，一得之愚敢默於後。進薄昭之素服，先元亮之挽歌，願與丞相商之。

盧陵非丞相父母邦乎？昔太祖語孟昶母曰：『勿戚戚，行遣汝歸蜀。』昶母曰：『妾太原人。願歸太原，不願歸蜀。』契丹遷晉，出帝及李太后、安太妃於建州。太后疾亟，謂帝曰：『我死，焚其骨送范陽僧寺，無使我爲此地鬼也。』太妃臨卒亦曰：『當焚我爲灰，向南颺之，庶遺魂得返中國也。』彼婦人，彼國后，一死一生，尚眷眷故鄉，不肯飄棄仇讎外國，況忠臣義士乎！人不七日穀則斃〔六〕。自梅嶺以出，縱不得留漢厩而從田横，亦當吐周粟而友孤竹，至父母邦而首丘焉。盧陵盛矣，科目尊矣，宰相忠烈，合爲一傳矣。舊主故老死於降邸，宋亡而趙不絶矣。

不然，或拘囚而不死。或秋暑冬寒，五日不汗，瓜蒂噴鼻而死；溺死，畏死，排墻死，盜賊、毒蛇，猛虎死。輕一死於鴻毛，虧一簣於太山，而或遺舊主憂。縱不斷趙盾之弑君，亦將悔伯仁之『由我』。則鑄錯已無鐵，噬臍寧有口乎！於乎！四忠一節，待公而六。爲位其間，聞訃則哭。

及天祥死，哭之曰：

於乎！扶顛持危，文山、諸葛。相國雖同，而公死節。倡義舉勇，文山、張巡。殺身不異，而公秉鈞。名相烈士，合爲一傳。三千年間，人不兩見。事繆身執，義當勇决。祭公速公，童子易簀。何知天意，佑忠憐才。留公一死，易水金臺。乘氣捐軀，壯士其或。久而不易，霜雪松柏。

嗟哉文山，山高水深。難回者天，不負者心。常山之舌，侍中之血。日月韜光，山河改色。生爲名臣，死爲列星。不然勁氣，爲風爲霆。干將莫邪，或寄良冶。出世則神，入土不化。今夕何夕，斗轉河斜。中有光芒，非公也耶？炎午竟固初志，以遺民終。

張千載，字毅父，廬陵人。文天祥故人也。天祥貴用時，屢以官辟，不就。及國亡，天祥由廣還，過吉州來見，請偕行。既至燕，寓於囚所旁舍，日具美饌餽，竟三年。且潛製一櫝，以藏天祥之元。復訪求其妻歐陽氏於俘中，俾出焚屍。遂負遺骨與所函首櫝南歸，付天祥家葬之。

時有鄧光薦亦廬陵人，從蹕厓山，爲禮部侍郎。宋亡，以義行著。賦《鷓鴣詩》曰：『行不得也哥哥，瘦妻弱子羸牸馱。天長地闊多網羅，南音漸少北語多。肉飛不起可奈何，行不得也哥哥。』贊天祥像曰：『目煌煌兮疎星曉寒，氣英英兮晴雷殷山。頭碎柱而璧完，血化碧而心丹。於乎，誰謂斯人不在世間！』陸秀夫在海上，記二王事爲一書甚悉，授光薦曰：『君後死，幸傳之。』光薦以其書還廬陵。光薦卒，遂失傳。父老言廬陵竟元世無仕者。光薦一名焌，字中齋。

鄭思肖字所南，初名某，福州連江人。宋太學上舍，應博學宏辭科。剛介有志操。元兵南下，伏闕上疏犯新禁，衆争目之，由是變今名。

宋亡，隱處吴中。坐必南向，伏臘望南野哭，再拜乃返。誓不交朔客，或廣坐，見語音異，輒令引去。人亦諒其狷狹，弗怪也。工畫墨蘭。邑宰請之不得，聞其有田三十畝，欲以賦役脅取。怒曰：『頭可斫，蘭不可畫。』嘗自寫一幅，長丈餘，題曰：『盡君子也，無一小人。深山之中，以天爲春。』又書塾版：『但除君父外，不受一人恩。』晚年，究竟性命之學，以壽終。

明崇禎間，吴人濬井，得鐵匣。外髹，陳漆甚固。發之，則思肖書，名曰《心史》，紀德祐、景炎、祥興五年事，爲二卷。内辨文天祥無黄冠故鄉語，乃留夢炎等誣之耳。又自作《字名説》。思肖，故思趙，以南爲所。見者莫不憐其意焉。是時，瘞宋陵骨者，王英孫、唐珏、林景熙、鄭宗仁四人。

王英孫，字才翁。號修竹，山陰人。父克謙，宋端明殿學士。英孫博通經史，少樹忠勁節。

以父任，歷官將作監簿。賈似道治第越城，將益宮於王氏，啗以利禄，不爲奪。德祐二年春，知時事去，與弟主管官誥院茂孫同月解官歸。會郡大饑，傾囷全賑，爲衣冠避亂者所宗。閩人謝翱，東甌林景熙、鄭宗仁皆主其家，共結汐社。同里唐珏與焉。

及楊璉真伽發宋諸陵，英孫痛憤，出白金，屬珏等結少年入山收遺蜕。造石函六，刻紀年一字爲號。使景熙收高、孝二陵，珏及諸人收餘四陵。或背竹籮爲丐者，或持草囊採藥。夜事幾覺，有踰垣折肱者。竟易真骨以出，瘞之蘭亭山天章寺，植冬青識其上。遇寒食，私祭之。故翱詩曰『白衣人拜樹下起』，指寒食之祭也。

英孫家世隆，定謀時珏及景熙當其咎。事平，名亦歸珏、景熙。退居四十年，翛然遺世，天下仰之若高木扶疎、清風披拂，頑鄙興起焉。卒於仁宗皇慶壬子，元年。年七十五。

茂孫字景周，號梅山。有經略當世之志。致仕時，年三十二。載酒放歌，恒野服往來湖山。先其兄二十四年卒。浙東稱王氏比太丘兩方，而操尚不慚過之。茂孫後盛，世居郡城，而英孫裔徙四明，遂微。

唐珏，字玉潛，號雷門，會稽人。家貧，聚徒授經養寡母。至元二十二年，楊璉真伽利宋攢宮金玉，上言：『宋陵王氣盛，請發之。』至斷支體，攫珠襦、玉柙，焚其胔，棄骨莽間。珏時年三十二，泣涕賣家具，并行貸，召里中少年數十人，狎坐轟飲。酒酣，少年起，請曰：『君儒者，乃若是，將何爲？』珏慘然告以故，坐皆髮指。中一少年曰：『即收骸易耳。第彼勢張甚，事露，死不避，奈不得終志何！』珏曰：『吾已籌之矣。今四原多暴骨，取竄以易，誰復知者？』因遍拜，衆皆答拜。珏豫斲文木爲匱，黄紬爲囊，各署曰『某某陵』。乃散遣諸人爲文告諸廟，自思陵以下，隨號收殯。詰旦來集，出餘金酹而酹之，若行賞飲至然。越七日，真伽下令裒陵骨，移杭故宫築塔。杭人仰視悲哀，不知骨之真故存也。真伽既敗，始有籍籍傳珏事者。

明年，珏病，夢黄衣人降揖曰：『謝君掩骸，報以故國公女爲婦，田頃四，子男三。』珏寤，不以屑意。亡何，汴人袁俊爲越治中，招珏授子經。間問曰：『吾渡江，聞有唐氏瘞陵骨，豈君宗耶？』坐有指珏者。俊大愕，納頭下拜。叩知其家貧，惻然憐矜：『唐先生寒，吾當振之。』不數月，向夢所諾事俱愜。人固奇唐而又高袁，曰：『二公真義士！』珏後，子珙爲名儒，累世貴盛。

初，謝翱入會稽，契珏定交。既瘞陵，作《冬青引》贈珏。珏亦自作《冬青詩》記歲月，《續綱》繫於帝昺祥興元年。據翱詩『種年星在尾』，尾在析木之津，寅也。雲溪羅有開始作珏傳，而先有《越中義士傳》，義士與作者並不著名氏。自故相馬廷鸞下，題其後者十數公。至正末，浦江張孟兼注《冬青引》以贈珏，定義士爲珏，而採有開語重傳珏。

明嘉靖初，與林景熙同祀雙義祠。文徵明記之曰：『論者以唐、林二公方豫讓。讓受國士知，而二公曾不霑一命，讓不足以方也。漢、唐易世後，陵寢被發，不知當時亦有高義之士，反虆梩而掩之如二公者乎？蓋有其人而不見記載，直謂之前無古人可也。』及萬曆中，諭德張元忭修郡志云：『玨事固與景熙協謀，而王英孫與知之。』以景熙答翱『夜夢繞勾越，落日冬青枝』之詩證焉。

林景熙，字德暘，號霽山，温州平陽人。宋咸淳中，太學釋褐，除泉州教官，歷禮部架閣，轉從政郎。宋亡不出，與同縣鄭宗仁去客山陰王英孫家。會楊璉真伽發宋陵，英孫使客收其棄骨。景熙故爲丐者，背竹籮，手竹夾，道遇物輒以夾夾投籮内，人莫之測。乃鑄銀爲小牌百十，繫腰帶，取賄西番僧奴曰：『願得高冢、孝冢骨，他不敢望。』果得兩函，託言佛經，與唐玨所收者合於蘭亭瘞焉。

有《夢中作》詩。一章曰：『一抔未築珠宮土，雙匣親傳竺國經。只有東風知此意，年年杜宇哭冬青。』二章曰：『喬山弓劍未成灰，玉匣珠襦一夜開。猶記去年寒食日，天家一騎捧香來。』三章曰：『空山急雨洗巖花，金粟堆寒起莫鴉。水到蘭亭更嗚咽，不知真帖落誰家。』蓋疑與玨所收先後骨之是否未定也。

當是時，景熙風動江表。每布席王氏園亭，舉酒和歌，聲振林木。圍棋六博，爲金谷之罰。

隨作記言：『英孫父、故少保莊簡公歸憩兹園，後天下而樂。今余與修竹不能挽維世運，登之泰康，徒靦顔偷安山水，是同公之樂，而不能同公之所以樂也。』其刻厲如此。

武宗至大三年庚戌，卒於家，年六十九。所居白石巷，詩六卷曰《白石樵唱》。大抵悽愴故國，與謝翱相表裏。翱詩奇崛，景熙幽宛，並爲宋季名家。遂昌鄭元祐述景熙事，載《輟耕録》。

鄭宗仁，字樸翁，平陽人。咸淳中，太學上舍釋褐，福州教授，陞國子學正。宋陵被發，與林景熙同入山。景熙故爲丐者，而宗仁採藥，以草囊拾散骨，各有所得。既而歸隱薌山瀑中。王英孫延致，教授家塾二十餘年。成宗大德六年壬寅五月，卒於家，年六十三。

始宗仁與謝翱俱以布衣應文天祥辟。天祥没，二人相遇，所至輒哭。其後卒有收骨之舉。故楊維楨咏冬青詩曰『文山老客智且勇』，蓋指翱與宗仁也。《温州志》稱：『宗仁、景熙生同里，學同方，老同出處。惓惓故君，精衛填海，爲重可悲。景熙詩文爛然名時，而宗仁質勝，守儒者禮法，以故後人傳道者少。惟英孫許以死友，久要不渝，故世或稱「王鄭」。』嘉靖二十六年，紹興建雙義祠於攢宫，專祀唐、林而王、鄭未有座。或曰：『二人者固逃名士。』或曰：『亦要終始，修竹在雷門、霽山上』云。

論曰：殷有三仁，國不亡矣，然猶興王表墓、分珪、式閭之所及也。首陽片石，百世高仰其風。若非太公稱義人於前，孔子嘆仁賢於後，安能聲流不絶彌遠哉！秦、漢而下，如犍爲任永、馮信託爲青盲以拒公孫述，卓卓表奇行。光武詔徵之，會尋病終，其名則已著於本朝矣。他孤忠自完，有若宋之謝翶、唐珏，明之雪庵、補鍋諸人，皆爲當代所不榮。獨志古嗜幽之士，歔欷而考贊之。

方鳳之葬翶西臺，與皋伯通之葬鴻鄰要離墓，何以異哉！張千載之義，後先欒布、朱瑒。王炎午作文生祭，可謂能輔仁矣，抑其知天祥，猶在鄭思肖之後乎！要三人皆與天祥終始者也。

余又感宋陵事。從成化中華亭彭瑋引宋濂《書穆陵遺骼》，斷其歲爲乙酉，尚有可疑者。理宗陵發以八月，而高、孝諸陵以十一月，相距幾一時。則易而瘗之亦有先後。前者事露，後者益難。不知唐珏、林景熙之役，果同時耶？二時耶？高、孝既稱俱蜕骨，而景熙所收者又何骨耶？豈唐方起謀，林已先得高、孝兩陵骨耶？或林之所得，正唐所易之骨耶？論者止辨年之異同，收之分合，而不惟月之先後，斯案終未可定也。景熙詩『不知真帖落誰家』，則當時同事固已疑之矣。後世祭宋陵仍就攢宮，得《禮經》遺意。杭之白塔殆有舊陵在中，故珏有《雷震白塔》詩。悲哉！

表章修竹，始有黄溍，中以孔希普、趙子常，而集成於季彭山。當年主瘗陵而不居名，蓋明哲保身者。唐、林等愛修竹，亦爲之諱，不以居名爲嫌。其處君友之義兩盡如此。羅陵使合與張承業同傳，豈得彼哉外之？特附之陵事始末，俾凡爲臣子感厲而興起焉。

久欲集此傳。丁亥，客都昌，始獲周草窗、陶九成二書。朱君約傳，雅有同志。其門人王受禛，修竹弟梅山裔。師生二人遍搜越中書肆，博訪故家，得手抄殘缺十餘頁，合前賢詩詞碑述，惓惓郵寄。因於病餘屬草，名曰《所知傳》。愧聞見陋狹，外此遺漏者固多也。自記。

明遺民所知傳

於乎！明之季年，猶宋之季年也；明之遺民，非猶宋之遺民乎？曰：節固一致，時有不同。宋之季年，如故相馬廷鸞等，悠游巖谷竟十餘年，無强之出者。其强之出而終死，謝枋得而外，未之有聞也。至明之季年，故臣莊士往往避於浮屠，以貞厥志。非是，則有出而仕矣。僧之中多遺民，自明季始也。余所見章格庵、熊魚山、金道隱數人，既逃其跡，旋掩其名。竊喜爲紀述，惜衰年心思零落，所取益不欲奢。人心亦以機僞，名實鮮真。姑録其耳目得逮可覆稽者，其不爲僧而保初服，吾尤尚之。於乎，『黄冠故鄉』，後人誣文山語耳。若以方外備顧問，管幼安、陶元亮將笑人矣。錙猶黄也，斯言其竟有蹈之者乎？名曰《明遺民所知傳》，言所不知者多。掛漏之罪，吾寧受之也。天下大矣，孰非人子？孰非人臣？天命誠移，人性皆善。忠志之士，未可以吾之所知盡之也。

會稽章正宸，字羽侯，號格庵。崇禎辛未進士。由翰林給事禮科，論王應熊，罷官。再起户科，陞吏科都給事中。因論熒惑之變，彈宦官，攻温體仁，頗回上聽。初出周延儒門。比延儒一再相，始終不肯依附。延儒内憚，未得恣意。以十五年會推閣員，中讒人言，謫戍。北都陷，從其師劉宗周荷戈浮浙江，赴難金陵，起原官。又與馬士英、阮大鋮忤，解而歸紹興。授吏部侍郎。後行，遯爲僧，莫知所終。

格庵先生立身如山嶽，當官正色，遇變嶄然遯於僧，而并没其名與地。夫惟乾確，不易乎世，不成乎名，亢而能潛，遯世無悶，可謂全德君子矣。道隱爲名所動，自不如也。

嘉魚熊開元，號魚山。崇禎中，由進士官行人司副。嘗於上前請屏人密奏周延儒過失。上怒其詭私，與姜埰同日下詔獄，廷杖，欲置之死。劉宗周、金光宸等論救，得改刑部。至十七年二月始出獄，戍杭州衛。入閩，爲大學士。時不次擢諸生鎮江錢邦芑御史，争之不得，邦芑論開元。開元引退，受法於靈巖繼公，號蘖庵和尚。

侯官張利民，字能因。崇禎庚辰進士。知桐城縣。張獻忠攻縣城，引佩刀折矢誓將士，悉力拒賊，黄得功救至乃全。在縣三年，治行推天下第一，入爲户科給事中。晚稱田中和尚。

時遺民爲僧者，不可殫紀。武進薛寀，知開封府，號米堆和尚；永嘉林增志，翰林編修，號法幢和尚；平湖沈中柱，知吉水縣，僧名行燃，號無浄，往來靈隱、金粟間。三人皆進士，著聲蹟。

山陰劉汋，字伯繩，都御史宗周子也。宗周歷仕京師，每攜汋自隨，能承其學。及宗周絶粒，汋但伏庭下悲泣，坐卧蕺山小樓終二十年。父時門生屬吏有宦紹興者餽遺，俱不受。至於講學之會，縉紳禮請，亦辭勿往。教誡四子無應科舉，並能砥厲。康熙二年卒，同門私謚貞孝先生。

長洲徐枋，字昭法。崇禎壬午舉人，少詹事汧子也。汧死國難，枋僧服隱吴門山。康熙中，巡撫都御史睢州湯斌屏輿從詣山求見，竟拒不納。繞行山廬，嘆息而去。時吴越孝廉多守志，而始終裹足不入城府者，嘉興李天植、巢鳴盛及枋三人。枋没最晚，故名尤重云。

古稱求忠臣必孝子之門，今得孝子於忠臣之門。夫移孝爲忠，時順而易；體忠爲孝，勢逆而難也。二君與王裒、諸葛靚事雖不同，其猶蓼莪之志也夫！

萊陽姜埰，字如農。父瀉里，諸生。崇禎十五年，大兵破縣城，抗節死焉。埰由辛未進士累知密雲、儀真縣，陞禮部主事、禮科給事中。言事，廷杖，戍宣城。出獄上道，未四十日而京師陷。埰哭泣不食，有勸之歸里，義不肯。臨没，語子安節、實節曰：『敬亭，吾戍所也。未聞後命而君亡，吾猶罪人也。死必埋吾戍所。』二子遵教，乃葬宣城。

弟垓，字如須。庚辰進士。官行人。入署，見題名碑並載崔呈秀、阮大鋮、魏大中，特疏：『大中忠節褒卹之臣，豈宜與奸黨同列？』詔可其議。兄埰下詔獄，號呼扶救，得不死。晚歲流寓天台、吴門，與兄共隱鹿州、鶴市之間，三吴學者翕然從風。卒葬西山竺塢。吴人爲建二姜先生祠於虎丘。

仁和金堡，字道隱。庚辰進士。知臨青州。紹興上書閩中不稱臣，堡力争，被逐。歷事西粤，有强諫聲。與袁彭年、李元胤、劉湘客、蒙正發等並稱『五虎』，幸臣驕將皆側目之。陷梧州獄，杖戍清浪。未之戍，桂林已失，乃爲僧。更字澹歸，自稱清浪戍卒。瞿式耜在桂林獄，堡時與往來，賦詩復和。式耜死，上書定南王，請收葬。會已葬，不果上，海内高其義。隱於韶州丹霞山。康熙中三叛作，堡猶存，後終死平湖。

姜埰之尊君，自稱『宣州老兵』，上之上者也。金堡作《平南王年譜》，君子或譏之。及讀《行都奏議》，指畫天下事如觀火轉圜。西南小朝廷有此大文，其才氣固雄矣哉！

盩厔李顒，字中孚。山居求志，關西學者宗師之。康熙己未，以博學宏詞徵，不赴。後駕西巡入關，諭意督撫欲召見，以篤疾辭。朝廷嘉其意，勿强，賜以御書扁額。有疏陳謝，督撫笑其文詞疎拙，竟以自全。年八十餘，終於家。子孫力耕自給，無習時文應舉者。學者稱二曲先生。

順德縣陳恭尹，字元孝。父邦彦，以諸生起兵，死清遠。恭尹走增城。父友湛粹破千金匿之，更名鞠，事寧乃復名。能隱先痛，終身不出。好古博學，以文章自見。康熙中粤東有大家三，惟恭尹立名爲真。父子忠孝，無隕家世焉。

宜興楊湛露，字燕侯。甲申，年四十，棄諸生教授，已，遂散遣生徒，絶學捐書。或行郊原，則慟哭返。拜先墓必伏地哭失聲。康熙中，府州縣講學，令造請再三，不往。詔賜民年八十以上米帛，首及燕侯，堅辭之。年九十餘，考終。

其鄉人稱：周延儒再相，使所親道意致殷勤，燕侯竟不一詣。楊廷麟以盧象昇喪至，奇燕侯文，欲見，不可。比廷麟死事，則泫然曰：『士重知己，極不忘耳。』爲位而哭盡哀。縣人李三綱赴義湖南，歿於郴，拊其子如子，至成立。其立名節如此。與休寧汪寶皋、同縣史夏隆友善，年並八十餘，風被鄉黨。武進邵衡作傳，稱爲『隱君』。

又舉人謝遴亦宜興人，兵後晦迹，種菜一畦，不入城府。陳維崧寄以詩：『芒鞋一兩千金直，不踏城中二十年。』

會稽余增遠，字謙貞，號若水。崇禎癸未進士。任寶應知縣。以劉澤清開鎮，棄官歸。事越，爲禮部郎中。兄煌死義，增遠避兵山中。事平，聚徒城南，授《三字經》。與老農雜作，衣被百結，糠秕續食，故人希復接面。同年生王天錫爲海道，轝車勤訪，託疾弗爲禮。冬夏皂巾，未嘗科頭，終二十年。遺令勿求文士爲銘狀。越中稱故老者推爲第一。

上虞徐復義，字漢官。亦癸未進士。丙戌後，哭泣失志。所居下管山中，日夕貿貿環山行，竟廢餐寐。投崖落深谷死。鄉閭哀之。

餘姚張廷賓，字客卿。天啓甲子舉人。六上公車，不第，受鄞縣教諭。南都除望江令，未之官。丙戌兵亂，姚江書院師弟皆散，惟廷賓兀守數椽。事平稍復來集，學會再舉，廷賓力也。意忽忽不忘故都，乃之四明山雪竇爲僧。東南高蹈之士多歸之。架上雜陳《離騷》、楚些、二十一史、《宗鏡》、《指月録》等書，僧徒莫測其涯際。稱道嚴禪師。康熙壬戌卒，年八十八。

餘姚吕章成，字裁之，大學士本曾孫也。博古通文，綜《左》《國》、秦漢、唐宋諸家，而淳氣獨運，不屑屑規橅。嘆曰：『吾先人受三朝隆恩，吾今學成亦無所用矣！』每讀書臨文至三月十九日之事，未嘗不閣筆掩卷，太息流涕也。冬服氈巾，夏或散髮。名其藏書之室『蓼園』，曰：『余集於蓼，孰謂荼苦者？』改輯周興嗣《千字文》，紀有明一代，詞核而義嚴，士大夫多誦抄之。早歲契台州陳函輝，函輝殉節，有《告北園文》，比謝翺之哭西臺云。

嘉興施博，號約庵。乙酉後常寓宿東塔寺，終身長服儒冠。以知明處當爲慎獨切要工夫，與餘姚黄宗羲有往復論學書。而心服孫鍾元徵君之爲人，於師承不肯苟附。曰：『蕺山吾師乎？』然未嘗親贄蕺山也。暮年講學於放鶴洲煙雨樓，引接後進。海内稱施先生。

余自康熙癸丑謁施先生，始識龍溪『四無』之近禪。先生之於學勤矣，其故國之意則耿耿也。偶舉成、弘名臣諸奏疏請正，納頭便拜，曰：『樸愚衰老，幸兄厚自愛，爲世道留意，追踪前賢。』噫，今乃有先生乎！

會稽陶復，字克幾。九歲在塾，聞莊烈皇帝殉社稷，即閉户哭泣不能止。母兄私怪問之，對曰：『普天之下，莫非王土。復雖幼，君父同也。若之何不痛？』後讀書，器學日進。以時文舉業授徒代食，終不應舉。沈篤廢疾，神明愈厲。竟五十年大布之衣，儒巾方舄，時人嗤笑，中不撓惑。遇事揣勢，動有窾理。卒，友人私謚之貞安。

諸暨陳洪綬，字章侯。工於畫，畫獨有奇氣。崇禎間與北平崔青蚓齊名，號『南陳北崔』。衣面垢膩不澣洗，惟筆墨精良。日作大書一紙、楷書一紙，閱《漢書》二頁，即不復閲作。午餘飲酒放豪，醉輒駡當事人。第聞劉蕺山先生語音，則縮頸咋舌却步。而先生顧喜與語，謂：『章侯聊復飲乎？』先生既没，朝夕仰禮遺像，題壁云：『但存君父心，得升先生堂。』自題生像云：『浪得虚名，山鬼竊笑。國亡不死，不忠不孝。』晚歲在田雄坐，嘗使酒大駡，雄錯愕而已。喜着僧服，稱老蓮，天下因稱陳老蓮云。

西陽楊正經，通音律，善鼓琴。代父爲宣慰使，崇禎二年入援，立功山海關。宣、灤諸城既復，正經上鐃歌十曲。上嘉其聲詞雄麗，使定郊廟樂章。嘗奏琴便殿，爲太古聲，稱爲『過於師襄』。官以太常，賜之琴二。甲申之變，正經抱賜琴亡匿淮陰，作爲《西方》《風木》二操，寄思君親，吴楚遺士聞而悲之。先是，上有御琴名翔鳳，轉徙兵火中，有濟南李氏購之以歸。正經歲逢先帝忌日，輒從淮泗至李氏，拂拭御琴，設玉座，拜奠如禮。會南海屈大均亦至，請正經鼓琴。正經奉御琴不敢彈，乃陳賜琴，伏拜，鼓一再行。叙寫家國破亡之故，變徵哀愴，林葉陡落，驚風颼颼。聽者皆泣下。正經時爲僧，布衲芒屩，踰月别去。大均爲作《御琴記》。

宜興陳貞慧，字定生，都御史于庭子也。性謹孝，無疾言遽容。于庭喪其良子貞貽，不樂，顧貞慧乃復慰。同縣周延儒爲相，修睚眦之怨於于庭遺孤。而貞慧才思豐溢，知不可屈，轉爲好語慰藉。貞慧待之如平常。

先是，温體仁當國，以禁錮東林爲事，薛國觀等祖述之。黄道周在獄，事益急。三吴好奇計者謂不如援彼黨一人，爲兩家騎郵，冀稍紓禍。謀於延儒。延儒心暱阮大鋮，大鋮遂帖囁耳語：『苟得改事諸君，生死肉骨也。』因置酒，張溥、吴昌時以某謀告周鑣，鑣持不可。沈壽民及貞慧、吴應箕等復先後疏揭攻大鋮，大鋮不悛。及延儒再相，猶望汲用，曰：『廢籍馬士英，鋮之化身也。必以鋮不符公論者，請起士英。』士英於是得督鳳陽。南都定策，遂引大鋮用事，首殺鑣，應箕、壽民亡命，貞慧亦被縳至鎮撫。國亡，乃解。貞慧目覩故時山水，所至號悲。埋身土室，不入城市竟十餘年。故人時過陽羨，勞問生死。順治十三年卒，年五十三。世號定生處士。黄宗羲銘其墓曰：『於乎，是爲弘光黨人之墓。佞臣過之，尚避其風雨。』其推隆如此。子維崧，字其年。

宣城沈壽民，字眉生。性矜孤，少言笑，以文章雄視江左，東鄉艾南英高重之。崇禎九年復保舉，應天巡撫張國維舉壽民。時流寇延横，楊嗣昌奪情爲兵部尚書，任熊文燦主撫，掩匿敗問。壽民詣闕上疏，謂：『綱常正，而後可正風俗。金革無避，漢儒之曲説。即嗣昌迫君命，無安枕京畿理。』又言：『文燦以二十萬衆，食二百八十萬餉。即令賊渠面縛，猶應宣布皇威。寧有按兵講款如兒嬉戲？將來養亂未知胡底？』嗣昌皇恐待罪。然上方倚信，疏遂留中。侍講學士黄道周嘆曰：『此何事，在朝不言而野言之，吾輩愧死矣！』於是給事中何楷、試御史林蘭友、修撰劉同升、編修趙士春各劾嗣昌忘親誤國，道周至與嗣昌詰於上前，皆降調。壽民啓之也。

壽民歸，棄舉子業，偕金壇周鑣仲馭隱茅山，與貴池吴應箕、芑山張自烈、歸德侯方域、宛上梅朗山〔七〕、蕪湖沈崑銅、餘姚黄宗羲、如皋冒辟疆共持清議，裁量公卿。阮大鋮在留都，以新聲高會收召黨與，利天下有事而行其捭闔。壽民劾嗣昌疏尾及之，陳貞慧、顧杲等推壽民之意，出《南都防亂揭》，連海内名士攻之。諸名士舉金陵廣業社，酒酣連席，咀嚼大鋮以爲笑樂。既積隙而京師陷，大鋮南都柄用。聞周鍾降賊草僞詔，乃洋洋喜曰：『彼東林也。鑣、鍾兄弟曩者逆案我，此乃真逆案矣。』遂拘鑣，考死獄中。廣前揭中姓氏，作《蝗蝻録》，以復社名士填之，而壽民、貞慧爲首，下鎮撫。黨禍大作。陳名夏亡命，投止壽民。名夏北走，壽民變姓名入金華山。益入窮山，採藿自給。郡守朱元錫寄十金，置壁中，三年未嘗發視。名夏既相，遺書將薦壽民。壽民對使焚書，寄語：『龔勝、謝枋得非詘於龍丘、所南也，多此物色耳。幸謝故人，無煩相念。』遜遯十載，始返宣城。自稱才疎意廣，而天下高其義。康熙十四年卒，年五十九。

陳、沈二君皆名士。及馬、阮亂南都，而東林、復社之氣盡矣。然則黨議固與國是相終始也。

嘉興巢鳴盛，字端明。崇禎丙子舉人。乙酉後不入城市。時群盜四起，鏐鐵銀鏤之器無得留者。於是繞屋種匏，小大十餘種。杯杓之外，室内所需器皿莫非匏者。遠近傳效，『檇李匏樽』乃名海内。自爲長歌咏之。時上元王潢元倬亦丙子舉人，著《南陔集》。過江左者必造其廬，推主盟焉。

黄岡王一翥，字子雲。崇禎中舉人。乙酉後遯居武昌縣西寒山寺，時寄寓宿食。寺臨大江，山崖有猴兒洞，人足罕至。每於月明潭澄，獨往洞中大哭。有漁舟過其下，跡之，子雲也。順治間竟天年終。

時同縣志節士有杜詔先、林之華。之華字果存。王師至楚，祝髮爲僧，居於南嶽，晚年而歸。著《鎖鑰易》，韋鍾藻爲之集注。詔先字于皇。崇禎己卯副榜。乙酉，更名濬，往來揚、越間。晚刻《茶村近詩》五律百首，遂號茶村。又作《一盃嘆》以自喻。至興化縣，悦陸廷倫懸圃。二人皆善詩文，于皇好遊而懸圃掉舟不出境，性行不同。于皇卒於康熙某年，葬金陵。

吴江包捷，崇禎壬午舉人。乙酉，避地穹窿山，灌園自給。孫孝廉兆奎死内橋，捷往哭之。進士吴易屯兵太湖被殺〔八〕，捷往收其屍。吴人以捷爲欒布、朱瑒之節焉。

仁和邵泰清，字以規。崇禎癸酉舉人。出武進王忠烈公章之門。章死國難，泰清斲木爲主，朔望歲時酹酒再拜，或伏地哭失聲。居常鞅鞅曰：『吾先朝老孝廉，不早從王先生地下。』自甲申後，箬冠布袍，屏跡靈鷲之呼猿洞，不復入城市。或語以時事，默不應。臨没，敕其子無乞誌銘。年七十八。所著有《忠孝見聞録》《雪樵吟》。人比之西臺謝翶。

錢塘汪渢，字魏美。崇禎己卯舉人。乙酉，奉母避兵天台，還居湖上。時湖上有三高士，皆舉人不就公車者，渢爲其一。監司嘗遇之僧舍，問：『汪孝廉何在？』渢應聲曰：『適在此，今去矣。』監司載酒湖船，請以世外相見。其二人幅巾抗禮，渢獨不至。已知在孤山，流船從之，渢竟排墻遁去。所居敗書數帙，或鍵户出不返。然夜觀乾象，晝習壬遁，耿耿者猶未下。黄宗羲過訪，渢送至清波門，矢不入郭。臨没，焚其詩文，無一存者。金堡爲之立傳。

錢塘鄭鉉，字玄子。諸生。崇禎中四方文社最盛，而杭有讀書社，以文章氣節相期，張岐然、江浩、虞宗玫、馮悰及鉉皆與焉。當時稱岐然力學，浩潔清，宗玫孝友，悰深沉，而鉉卓犖。嘗與吴應箕、黄宗羲、宗會、沈壽民等流連西湖，步入深林，久而不出，大叫尋求以爲嗢噱。月下泛小舟，論古今。各持意見不下，鬨聲沸水，蕩舟沾服。净慈釋三峰亦從之游。王師下浙江，諸社名士皆散，岐然更名濟義，浩更名濟月，逃之僧。鉉謂子淵曰：『漢室之亂，梅福變姓於吴門；匡山之亡，謝翺不返於汐社。梅、謝皆有子而相棄如斷梗，各行其志。吾欲爲梅、謝之事，汝獨不能爲梅、謝之子乎？』遂去，不知所之。久之，淵聞鉉在上柏山中，踪之，莫遇。餘姚韓貞武文，俠士也，嘗蹈海往來上柏。宗羲疑其知鉉所在，私問之，亦未見。或曰鉉糾烏合，死義也。淵字元澄，因痛父，縱酒而卒。士林哀之。

山陰張岱，字宗子，左諭德元忭曾孫也。性承忠孝，長於史學。丙戌後，屏居卧龍山之仙室。短簷危壁，沉淫於有明一代紀傳，名曰《石匱藏書》，以擬鄭思肖之《鐵函心史》也。至於廢興存亡之際，孤臣貞士之操，未嘗不感慨流連隕涕，三致意也。順治初，豐潤谷應泰提學浙江，修《紀事本末》，以五百金購請其書，慨然曰：『是固當公之。公之谷君，得其人矣。』年七十餘卒。衣冠揖讓，綽有舊人風軌。

海寧談遷，字孺木。自幼讀書，不屑場屋舉子業。獨好觀古今治亂，注意明代典故，以爲：『史之所憑者，《實録》耳。《實録》見其表，尚不見其裏。况革除之事，楊文貞未免失實；泰陵之盛，焦泌陽又多醜正；神、熹載筆者，皆宦逆奄之舍人。至思陵十七年憂勤，國滅而史亦隨滅，普天心痛。』於是汰十五朝《實録》，搜崇禎邸報，補其闕遺。書成，名曰《國榷》。時新經喪亂，人士多欲追叙緣因，思竊遷書憑藉爲己有。而遷家徒壁立，不見可欲者。夜有盜入其室，盡發藏稿以去。遷喟然曰：『吾手尚在，寧遂已乎！』從嘉善錢相國士升家借書，復成之。陽城張太宰慎言、膠州高相國弘圖皆以遷爲奇士，折節下之。在南都，虛史館待遷，不果。亡何，二公相繼野死。遷棄諸生走昌平，哭思陵。將西哭慎言於陽城，未至而卒，是歲順治十三年也。

明季稗史雖多，而心思漏脱，體裁未備，不過偶記聞見，罕有全書。惟談遷編年、張岱列傳，兩家具有本末。谷應泰並採之，以成《紀事》。而遷於君臣朋友間天性篤至，其著書皆徵實覆覈，不矜奇鬬文，以作者自居，故爲儒林所宗，追配荀悦《漢紀》焉。

張、談二君宜入儒林，而列之遺民，以其故國之思厚也。

金壇于穎，字瀛長。崇禎辛未進士。累官工部主事、員外郎。知西安府，削籍。起工部郎中，知紹興府。截江之役，陞按察副使，分巡寧紹道。間道歸里，杜門終老。穎在紹興甚有威惠，越人至今思之。

保定王正中，字仲撝，武寧伯之仁從子也。爲人强力，好讀實用之書。登第後游高唐州，會大兵圍州。州守以轉運銀杠出賂大帥，求免一城生靈，正中與其議。事平論死，給事中李靖理出之，知長興。

乙酉，避地紹興，以兵部主事攝餘姚縣事。時兵興，公私掠奪，府縣莫敢問。正中設兵彈壓，各營取餉必使經縣，不者，盜賊論。總兵陳梧敗於嘉興，渡海掠鄉聚，遣兵會鄉聚擊殺之。張國柱自定海西上，列船江滙，入城牢搜者二千人。徐給資糧，開譬引去。田仰、荆本徹先後過姚，舟檣蔽江，並俯首帖息。於是尚寶卿朱大定、太僕卿陳潛夫、兵部主事吴乃武皆從浙西來受約束。江海得通，正中力也。

事後伏居鑒湖，佃田五畝，醫卜佐食。與史孝咸、黄宗羲、吕章成、邵曾可交好，幅巾寬袖，時時往來。康熙六年卒，年六十九。㫺山陰陳常堰。子三捷，亦能守布衣終身。

自少聞義興起事時，符召瀛長以五百人赴西興收北船。倉卒未有軍仗，瀛長即民間，家借棉衣一襲，頃刻得五百棉當甲以扼江。其得民心如此。遭遇廢興，潛居無咎，未可以不死訾議也。仲撝先生，余之所見，常宿家樓，與大父語至夜分。貌侵不及中人，而敢於斷事。雖以武寧群從，得不爲列營所撓，亦其智計有以副之也。播遷之餘而守令咸若是，其亦可倚重與。

魏縣劉永錫，崇禎丙子舉人。以長洲教諭攝崇明縣事，庭無留獄。兵後有大吏强之仕，袒裼疾視曰：『吾中原男子，年二十渡漳河，登大伾，躍馬鳴鞘。兩河豪傑誰不知我？乃欲見辱耶？』取掛劍欲自刎。門下士抱持得解。没時，妻子饑死俱盡。弟子徐晟、陳三島葬之虎丘山塘。

華陰王弘撰，字山史。父侍郎兵部，死難。讀書華陰山。以博學宏詞徵，逃家之江南，八年始歸。年七十五終於家。始山史與李因篤天生同學，趣好甚密。後因篤就徵，遂絶紵問。關西爲之謡曰：『天卑山高，生沈史標。』

黄岡魏公韓，字小韓。由進士知句容縣，累陞寶坻巡撫。國變，未之官，隱居縣西鄉湖中漁臺，築圃聚宗焉。圃北築問青樓，朔望上樓，北面九拜。年六十餘，髮脱，不除。韋鍾藻有《過問青樓》詩：『青天不答累相問，皓首終隨漢臘歸。』蓋知其志也。

上元張遺，字瑶星。終身孝巾素服。時寓雨花臺之松風閣。徵君鄧元錫嘗著《南史遺》，日夕讀之，或泣或歌，風動江左。

含山張不二，逸其名。王師下含山，諸生群約，哭先師，死泮池。衆環池立，推年之最高者先入。有年七十者奮身而没，衆悉掩面還走。不二怒，大聲云：『若觀張某死法！』遂歸小樓，絶食飲七日。妻使女奉盞父前，跪而牽衣號。取盡之，則參湯也。自是距户，勺水不入口，凡四十日。其友致書欲與同死，復書責以『母老須養』。作詩云：『忒煞便宜兒女輩，不須馬革走沙場。』又云：『人生只有些兒氣，我氣如何者樣長？』和州、含山文俗人俱能述之。死時年三十餘。

山陰朱兆殷，字夏夫。與張蒼水司馬相善。共詣紹興知府于穎，勸穎招募材勇，東南當有反者。未幾，許都果反。東陽郡以有備，得不動。講業駝峰，收船江上，先後與蒼水俱。嘗從至沙埕而還。甲辰，蒼水死會城，葬南屏山。兆殷隻雞絮酒，歲時哭奠。年八十餘，壽終於家。

餘姚朱之瑜，字楚嶼。浙東敗，浮海爲黄虎痴記室。虎痴被刺，之瑜之日本乞師。長碕王留客，以書達東京大將軍，許發罪囚三千。之嶼以不發兵而用罪人，身入東京，面陳方略。會已大定，乃留東京。自國王以下咸師奉之。爲建學，設四科，闡良知之教，日本於是始有學。國人稱爲朱夫子。諸王以其遠客，納侍女十二人，竟不一御。在日本四十年，終而葬焉。縣人張五皋如長碕島，還傳其事以來。其孫浮海往省，白迎致之意，卒不肯復。康熙十三年後尚在日本。

江西鄧凱，始以烏合散從永明王於雲南。順治己亥入緬，緬人勒從官放仗而入，故人無寸兵。辛丑七月，過河飲呪水盟，以兵圍而殺之，死者宗臣松滋王、文臣鄧居詔、武臣馬吉翔、内監李國泰以下共四十二人。惟黔國公沐天波出袖中流星鎚鎚殺數十人而後死，王惟恭小子來安引襪中小刀刺殺一人而死。凱時爲都督同知，先數月爲吉翔所擊傷，足不能渡河，得免。還，入雲南昆明州普照寺爲僧，作《也是録》述緬時事。

桐城方以智，字密之。崇禎庚辰進士。授翰林院檢討，入粤西。返里止南京高座寺爲僧，名弘智，字無可，號藥地和尚。與魏禧、侯方域等諸名士交，有盛稱於時。余友劉子志出其祖忠正公所較《北都僞命録》，有方密之名。蓋其時不能爲范、李、倪、施諸公之引决，即爲密之耳。雖晚蓋何益，姑附於此，以見人之立身有本末，尚論者當慎於取也。

鄞縣萬斯大，字充宗。父泰，崇禎丙子舉人，丙戌後絶公車徵。斯大承父志，不事科舉之學，精研《五經》，尤邃《春秋》、三《禮》。其《宗法》八篇師黄梨洲，嘆爲超前軼倫。至性質剛，疾惡好義，常如不及。嘗遊陽明書院，見旁廡主列張某，怒，立投之地，舉足折之。大聲顧守者：『官府問誰折此主，可曰四明萬斯大也！』環觀者皆愕。指曰：『此明朝大司馬，賣國爲闖賊官，後爲此間方伯者也。』父友同縣陸符文虎無子，暴棺淺土三十餘年，致書諸故人醵金葬之。張蒼水死會城，藁葬荒山，復醵金，兆南屏，作之封樹。歲上巳、重九日，必裹雞絮酒，拉同志聚哭之。兩兄窮老而鰥，輒對子經欷歔出涕，謂：『我父子饘粥稍充，便當歸里不出，奉此二老，爲楊延壽、司馬伯康矣。』其篤於友愛如此。康熙二十年卒，年五十一。

長洲顧炎武，字寧人。乙酉後高尚其事，乃去大江以南，徙家淮、豫、燕、晋。屯田耕牧，尋訪舊人，哀意至則讀書，讀竟輒哭，或不能竟讀。每年登天壽山，謁諸陵。有《十四陵長歌》。名聞海内，奉爲宗師焉。

遺民風節播遠者無過寧人。蓋其性摯而才足以發之，宜乎後人瞻望而興起也。越人則多沈鬱，亦山川之氣凝聚使然與？

常熟嚴瑋，字伯玉，大學士訥孫也。始爲祁陽王賓客，後入何騰蛟、瞿式耜幕府。事敗，携家隱僮人洞。嘗一覲母還里，竟入僮人洞，不知所終。

山陰葉振名，字介韜。家貧，奉母至孝。嘗娶婦，婦死即不續。居壞室，藉鄰火煨柏葉代茗。餓餅啖客，不廢酒，客不飲則自盡之。外扉粘『心喪』謝客，實無喪也。壁柱率書，大約以死爲樂，擇死之最者首迅雷。行道上，穆穆如無人。張蒼水死杭州，振名持隻雞黍酒，獨登越王顛哭祭，爲文六千五百餘言。天下聞其風而高之。又致書姚督緩攻，語多闊迂不可行。年六十八，無子。友人王某爲之殮葬。

寧都魏禧，字叔子。兄曰伯子，弟曰季子，世稱『易堂三魏』。而叔子之風最高。易堂築城西南山，四面壁立百仞，紆縈鳥道，賓友過訪者嘆嗟奇絶。當金王之亂，以此自全。康熙己未，以博學宏詞徵，辭不赴。撫道敦迫，强請入舟，在道竟稱病返。與南昌彭躬庵、林確齋爲松石交。躬庵名士望，確齋本西江宗室，避人更名。二人皆有文章操尚，然莫不推轂叔子。叔子爲文宗尚簡淡，不至摹古家法，能人咀含，尤杜口絶講學，人以此多之。餘姚張五皋游廬山，南至寧都，特過叔子。見若舊識，謂之曰：『凡君所爲，我極喜，顧吾不能爲君所爲耳。』五皋返，痛自折節：『許叔子之知我也。』

宛平韓位，字參夫。嘗從高攀龍講學，著《道統録》。甲申之難，潛自宣武門出，至陪京。明年，陪京不守，留其二子清凉山麓，遂浮海去。

長子更名田，字耕良；次子更名畕，字石耕。石耕因痛父，四十不娶，從人寄食，與一琴居處。然所善南昌王于一、金陵龔柴丈、關中王築夫亦未聞石耕嘗鼓琴也。辛丑秋，於秀水鍾廣漢坐上送屈大均歸番禺，爲鼓一再行，悽然别去。其冬病卒，耕良乞貸以殮，同志多爲誄詞挽詩哀之。

常熟鄧大臨，字起西。曾祖韍，以母老，不上春官。母没，服除，仍不上，曰：『曩以母在不往。今往，是利母之没也。』時稱真孝廉。

大臨幼孤，從江陰黄介子毓祺學。歲乙酉，江陰城守不下，介子與門人起兵竹塘應之，使大臨募兵崇明。事敗，介子亡命淮南。用官印印所往來書，爲人告變，捕入金陵獄。獄急，以所著《小遊仙詩》《圜中草》授大臨，坐脱而去。戮其尸。大臨號泣守喪鋒刃中，贖身首縫紉棺殮送歸。有漢陽匡風已爲道士，遍走江湖，從甬東還，達餘姚，訪黄梨洲萬山中雙瀑院。甲辰，梨洲過虞山，大臨導之，訪熊魚山於鳥目，李膚公於赤岸。返棹送至城西，涕泗而别。遂不復見，侘傺死。崑山顧景范作《鄧丹丘傳》，屬梨洲銘墓。

定海謝泰臻，字時禋。父渭，四川按察使。泰臻少從父宦蜀，與平水、藺。父卒官，將喪歸。知天下將亂，益揣練兵勢，時挾弓矢出郊角射。乙酉之亂，東平侯劉澤清潰兵，航海破定關。得其要領，結納偏裨，以安比落。浙河不守，翻城放劫，僵尸號哭屬路。獨謝氏門宗三百餘口安全，木主不移。其倉卒制變如此。既而故社遂屋，入先師廟伐鼓慟哭，焚巾服於庭，援壁上琴彈之，不成聲。推而起曰：『人琴俱亡矣！』一日忽出，留書几上曰：『兒曹無苦追，我從吾志。』家人跡之天童山，趺坐灌莽中，已剪髮爲頭陀。雪夜赤脚走數十里，偃卧冰上。或囊所著書加項，登深崖絶巘發讀，採鳥喙生啖之。如是四五年。庚寅八月，蹈海死，年四十九。後八年，始具衣冠殯葬。

泰階字時符，幼不隨父之蜀。一日，見孤鶴翔塔頂，曼聲天末，不自知淚下。亡何，父訃至。國變，滅影躬耕。松江徐孚遠、張子退避地海濱，就泰階於柴樓，指畫大勢，繼以痛哭。時兵荒交迫，斗米三百錢。流寓頓踣，節縮擔石，公其饑飽，有王英孫主唐、林義士之概焉。孚遠從亡，泰階亦避山寇，徙郡城。名士萬泰、董守諭等爭就結識。丁亥冬，滃師闌入，甬之好事者多死。以計脱執友范兆芝於禍。臨卒，悉焚所著撰，語其子曰：『吾寄身弋釣，無關天壤，紙墨遂多。苟不化爲煙雲，恐作災祥耳。』泰階死在泰臻前數月。明年辛卯，滃洲破。相國張肯堂殉節雪交亭，從死者骸骨撑柱。泰階子歸昌渡海捃拾，聚大甕中埋之。立石，書『張相國墓』，歸告於父祠下。東海稱之。

山陰戴易，字荍仲，號南枝。順治中樂虎丘山水，葺茅僑居。與徐枋昭法過從，爲昭法預營葬地，得水東三畝。昭法罄室中器用，賣得二十金，遽卒。遂以爲殯。易思必成其志，乃粥書街衢，隸古一幅博百錢。溽暑揮汗，至五百餘幅，約字五萬餘，完買山之直而止。其年，年七十六也。長於昭法一歲，受寡婦孤孫之託。既失水東，偕太倉王鏜探梅鄧尉，即玄墓。得珍珠塢，遂結券焉。而易自埋骨蓮花峰，距珠丘二十里。曰：『後死可相望地下也。』汪學鏡作《賣字行》贈易，吴門遺士多和之。

吴縣周茂蘭，字子佩，忠介公順昌子也。年十九補諸生，遭忠介之難。烈皇御極，刺血訟冤。姚希孟指其疏有語忌，又刺舌改書。上爲之斬御史倪文焕，徒巡撫毛一鷺，尚書吕純如賜死。難家皆追封三代，自茂蘭疏發之。家貧，葬三世之喪，畢弟妹八人娶嫁，皆有條度。乙酉避兵倉皇，失其誥軸。越歲，大兵從閩還，有軍人叩門呼『忠臣周氏家』，捧誥軸還之。茂蘭大喜，拜受。問其人姓名，不答，竟去。吴日生之案牽連，殺文相國之子乘，周婿也，茂蘭迎妹，撫孤成立。亡何，弟又涉禍，獄急。會陳名夏當國，爲子求婚茂蘭。茂蘭涕泗曰：『豈惜以一女易一弟乎！』弟乃得出。晚年與學佛徒遊，又遇道人，授養生術，過午不食。年八十二終於家。

天啓璫禍死者，常熟顧大章子麟生玉書，江陰李應昇子遜之膚公，餘姚黄尊素子宗羲太冲、宗炎晦木，及茂蘭，皆終身守名節不出。惟嘉善魏大中子學濂子一以約唐通兵興復遲死，清議憐之。宗羲自有傳。

贊曰：《易》六十四，陰陽各半。開屯者亨，傾否合涣。迄於剥極，豈能逆算。洛有多士，三紀不亂。似蘭斯馨，如金斯斷。千載同心，我思不遠。

雜傳 缺

雜録 缺

校勘記

〔一〕姚江遺詩　遺，康熙本作『逸』。據《四庫全書總目》卷一百九十四及《清朝通志》卷一百零四，作『逸』是，當據改。

〔二〕有伍無　此句疑有缺字。

〔三〕康熙、光緒本『被』下均删去三字。味其文意，似爲『命盡誅』一類文字，俟再考。

〔四〕翱好修姱　姱，康熙本、光緒本均作『袴』。《離騷》：『余雖好脩姱以鞿羈兮，謇朝誶而夕替。』今據改。

〔五〕李昇纂楊行密之業　纂，康熙本作『篡』，當據改。

〔六〕人不七曰穀則斃　王炎午《吾汶稿》卷四《生祭文丞相》作『人七日不穀則斃』，當據改。

〔七〕宛上梅朗山　梅朗山，康熙本作『梅朗三』。清馮金伯《國朝畫識》卷一《梅朗中傳》：『梅朗中字朗三。』康熙本是，當據改。

〔八〕進士吴昜屯兵太湖被殺　吴昜，據盧培考證，昜當作昜。《蘇州府志》卷一百零五《吴昜傳》云：『吴昜，字日生。』昜爲古陽字，名與字正關聯。

卷四　記

重修文雅臺記 乙丑

臺在歸德府治東南，梁孝王建。世傳夫子習禮大樹下即此。萬曆中知府鄭三俊立碑，順治中知府丘正策摹石像祀夫子，今知府胡公國佐、商丘知縣趙公申喬重修。

三韓胡公知歸德五年，既修象賢祠祀微子，明年又偕商丘令趙公重修文雅臺而祀先師焉。客有謂其記室邵廷采曰：『是臺之作非爲先師也。按顧况記云，梁客司馬、鄒、枚、嚴忌宴處唱和，是有文雅之臺，而先師習禮出世俗所傳，圖志莫能紀實。故鄭公立碑，竟未有所營治；至於因臺鐫像，二者并而爲一，則丘公之誤耳。且夫子之道在《六經》，其苗裔之守在闕里。學宮、文廟之祀接於邊徼，何有於一臺？文雅之役謂當且已乎？』

采曰：不然。夫祭川者必先河，封山者亦益壤。粵自契爲唐、虞司徒造商，伊尹式商受命，微子再封宋，木金父去宋適魯，六世而孔子習禮於此。億萬世人倫之教，實惟有商啓之。則學宮之祀孔子也，天下之公也；斯臺之祀孔子也，殷人之私也。《傳》曰：『諸侯宋、魯，於是觀禮。』今雖古烈云微，宋之文獻猶爲天下最。余愛其俗不喜浮屠、老氏教，道宮、梵觀之設頗簡陋，而荒墟野墅，聖賢名蹟，往往獲存。如商丘之祀閼伯，穀孰之祀伊尹，郡城之祀微子其尤著者。而范文正公書院則自鄭公再創以來七十年，至於今不廢。又上丁釋奠，一切樂舞、授器、俎豆、籩篚、樽爵、簠簋之屬，亦惟歸獨備。學官從弟子臨祭，升降俯仰，雍容以莊，觀者嘆息。是皆宋之先世，賢士大夫於遺經殘碣中討求掌故，而刺史、守宰又能乘簿書之暇，修舉典禮，以與吏民從事。雖功令所不急，要其有裨於教化者大矣。

且夫文雅之地，實爲一郡名勝。延袤數畝，迤城而南，清池環之，水光接天。殆若聖澤淵遠，藉手孝王以貽後人者。就令大樹遺址傳疑失真，即因藝文之場爲道德之圃，考古者以爲知變，譚禮者以爲合經。丘公之事猶鄭公之志爾，庸爲誤乎？

我胡公來守是邦，吏載其清静，民安其業。次趙公輔之，百里之内，户不夜閉，嘉樹列道，被野桑禾，弦歌四聞。乃增崇是臺，旁治亭榭，以爲高明游息之具。政成事節而民不罷勞，非興制立教之盡善者與？夫章先王之蹟以風起人心，并以勸後之良司牧，斯實政體翳賴，又烏可已？

肅客而退。既落成，因請記兹臺壁，備考郡志者之採擇。

毛西河師曰：夫子哀二年過宋，則在宋地宜有其蹟。文具根柢，故枝葉扶蘇，轉見茂實。

金赤蓮曰：言言衛道。比之歐、曾學記，亦其亞也。

重建舜江樓記

舜江樓者，故承宣亭址也。元皇慶間，鄞人州判葉君恒始建樓云。按邑志，亭樓之以舜江名有二：其一曰舜江亭，在治西南五十步平地，負城面江，以迎候客舫，後更名迴瀾亭。其一曰舜江樓，在齊政門東五十步城上，瞰臨通濟橋，望之隆然，爲縣之巽峰，開納文明。方葉君時餘姚爲州，而君至直大火後，乃作譙門，製刻漏，又崇是樓。陶學士安曾爲之歌詩，有曰：『凭欄出樹杪，振衣在天半。諸峰繞城邑，萬室夾江岸。鯨濤息狂沸，龍泉入清玩。』略足盡樓之勝概矣。

有明姚人物甲天下。迨嘉靖之季年，樓毀少替，談者因以是樓覘衰盛。萬曆中，新蔡馬君從龍爲令，復理新之，縣入職方，科目益衰。會康熙初年樓又災，談者益以爲驗。

四十二年秋，通判吴公來攝縣篆，咨政所宜先，遂首重建舜江樓。悉復舊制，置鐘其上，與士大夫集而登焉。周視千山環列烏擔，客星横貫樓中，下長橋狀如伏龍。晨鐘一鳴，萬籟俱起。美哉！前三百年人文之盛，當與此樓俱振，微獨巍科高爵接武如曩日也。

余惟古名世佐大業者，多出刺史牧相，由乎一方以施天下。凡有興革擘畫，動可爲世法式，數代之間，指不多屈。即如舜江樓之建，僅公繼葉君、馬君而三。葉君名蹟見陳旅《海堤記》，而馬君落成是樓，則邑前輩翁大司馬見海公記之。今余文不逮陳、翁而濫承公命，且書詞謙挹，謂『未竟所設施』。度公斯心，欲相厚加福於吾民，豈有量哉！

繼今姚人勿忘先澤，博聞敦善行，以前修自勖，曰相業如文正，理學、勳烈如文成，就義如忠襄、忠烈，古學如文恪，强諫如忠端，銓政如清簡、恭介，餘各以類求其倫，則登斯樓也，有慨然而興，念昔先民，頑廉懦立者矣。若夫朝挹南山之輝，夕覽東海之潮，低昂眄眺，極目千里，騷人詞客或有得於斯樓者，非我公所望於邦人之志也。

公以余言爲是，記而碑之，警姚人焉。

重修三原縣東嶽廟記

三原北城故有東嶽廟。《傳》曰：『山嶽配天。』嶽於帝爲臣，而俗尊嶽或稱帝，蓋若古牧伯各主方嶽然。究以東岱主之，雍以西華主之，西人宜祀華，不宜祀岱。而岱之祀遍天下，即西人無不祀岱者。甚矣，岱之尤尊也。

考舊志，西嶽廟在縣西北留坊里，唐貞觀中建。意其時因衛公靖禱於華神，建封開國，故靈而祀之。而東嶽之祀所始不詳時代。康熙四十二年，原之賢士大夫梁公慨廟貌未稱，特出官禄，率鹾商私錢共八百金，賫自天津，遺書大令李君三山，願假士民錙銖佐之。不讓土壤，卒成岱高。李君屬余爲記。

余惟禮，天子祭天下名山大川，諸侯方祀祭境内山川。故周時泰山惟周、魯得祭，雖魯之大夫季氏莫敢僭焉。然《舜典》『歲二月東巡』及七十二君封禪，皆爲壇壝望秩。若今之屋像而家祀，無乃疑於瀆。余推其説而得其所以然。今夫天地、日星、風雷、水火、河嶽之事，亦如日用飲食之在前，不可離也，然其神則人卒弗之見。至於君父衮冕之尊嚴、宗廟百官之美富，蔑弗見焉。聖人因之以教敬曰：『能事人，則能事神矣。』天神、地祇之情狀，與其居處、飲食、嗜樂，殆亦若人矣。禮緣人情，制則屋而像焉，誰曰不宜？且夫祭必備物，其禮至大。今之牽牲酌醴於泰山，特比於村原土穀之祀，非所云祭也。

凡事有行於古而不可沿於今者。古天子廟制七，自是以減，此可行於封建之世耳。後世公卿大夫之子不襲爲公卿大夫，則此五廟、三廟、二廟者，將安所用之？故千丁之家，必爲宗祠以合食，聚數十代之祖宗子姓併入其中。非是，則尊祖睦族衰矣。若此類，聖人復起，皆以爲窮於無可如何，不厭變，而何疑嶽之爲廟乎？

然則東嶽之祀三原也何居？曰：東方物始生，西方成熟，天地之位西爲上。而出入之户，湖震抵兑；正秋之氣，萬物所説。岱之功收於華，是西人祀岱之指也與？

李君曰：『君言是。』遂碑傳之。

酌經準今，可補入《祭統》《祭法》諸書。弟寧遠識。

重修湖州德清縣學記 缺

和平縣重修王文成公祠碑記 庚辰

明儒從祀孔子者有四，而新建伯文成王公實集孔、孟以後諸儒之成。公之以兵底定南土也，曰撫贛，曰擒濠，曰征思、田，曰討斷藤。而撫贛之功則平浰頭爲最。其贛時新設之縣有三，曰漳之平和，韶之崇義，惠之和平。而和平處四邑之中，當三省之會，其規模措置爲尤大。文廟之祀公以道，而和邑之祀公以功以恩，道與功與恩同，宜百世祀矣。

自池仲容據和峒、三浰，僭王號，假官屬，江、廣、閩爲不寧者二十餘年。公一旦設方略，羈仲容於帳下，而督兵四面齊進，獸角而草薙之。乃疆乃畝，乃城乃濠，乃集流亡，乃立室家，乃興學校，矜其勞費，舍征弛禁，使狼奔豕突之俗，一變爲敦詩講藝之鄉。後之守者感公斯意，愛吾民如赤子，保護斯土如護元氣。更百數十年，風俗日以益登，雖由循吏之勤、民性之易與爲善，要皆公之遺教有以及之也。

叔祖恕庵先生爲和平宰，初至，即構新文成祠堂而使屬采曰：『此和人所欲。君三世守陽明書，知其政蹟，其爲我勒兹碑。』采惟祀典，法施於民，以勞定國，有其舉之，俱莫敢廢。公始設和平，倣古者殊井授廛、移郊興學諸法，爲萬世慮，非秦漢以下苟簡小利苴補之謀。昔箕子封朝鮮，能以文明開絶徼；近世沐氏嗣守滇南，六詔荒陋，浸淫齊於中夏。和平之事，比之昔賢又何多讓？而經生者流不求論公持身經世本末，猥沿桂萼詖説，訾其學術不已，至並議其事功。夫公之事功，如日月之麗天，容光皆照。和平經歲久遠，野老童豎罔不謳吟思慕文成，歲時奔走祠下，喟然瞻拜，非得旭氣之先者與？夫庶民之心淳古，經生之見雕薄。庶民興，斯邪慝息。處士議横，致有坑儒焚書之禍。吾烏知今日之所流？而以和人士之廟公碑公，正舉世之爲經生者，雖未獲造公斯祠，竊喜爲之記述先人所聞，敢自謂知公之學耶？

先生姓邵，名大成，號恕庵，餘姚人。嘗粵屬旱，聽民鹽米貿遷，須全活。已飭公祠，别爲堂，祀前令有功澤者。和人慕令令君，請並建賢侯書院於祠之右，意以風勸後來，廣公之道於天下。吾知兹地教化蒸蒸日進，將有起而發陽明之學者於是焉。在先生特修斯祠以待其人，非徒爲閭閻中春秋禱祀報賽之義已也。

高則之曰：是論祀典，不是論學術，是和平廟碑，不是他處廟碑。

黄主一曰：南宋以後，學術苦支離。文成倡明易簡，然後人人知有作聖之路，蓋振古重開日月手也。彼訾議之者如蚍蜉撼大樹，豈足與辨乎！允兄深探原本，反覆證議，而詞旨無失和平，使人競心冰釋，粹然儒者之文。

餘姚縣廣濟禪寺碑記 缺

盱眙縣丞周橋廳壁記 己卯

淮自南陽胎簪，經汝、蔡，歷江汭之廬、鳳而下，東至於臨淮，又東北折百二十里，道盱眙，合清和、靈壁、桃源以與黄河會〔一〕。清、桃、盱、泗、山陽之間有湖曰洪澤，全淮正道也。以受河衝，反退鬱而爲湖，漫衍數百里。東西一堤，由盱眙蜿蜒而來，至武家墩，北折就河。其堤之同塗而各名，曰高家堰，曰高良澗，曰周家橋，號稱險工。巨石壘築，風濤怒來，木石并去，人馬顛隮，往往而是。春秋潦降，土田不可辨識，猶餘洪澤村廬數十，浮沉於洪濤中。堰一瀉決，則高、寶、興、鹽、江都、通、泰七屬皆爲巨浸。棄之不可，遷之不能。力以一堤兼障兩瀆，竭海内半賦，官民全力，委之泥沙。有司吏河、淮間者，其佐貳率委其職事，聽長吏勾攝，身奉大府檄，奔走河上，相度緩急修塞。傳呼勞問，不絶道路。或至親負土石，日晏不食。其艱且勞如此。

周橋故有盱眙主簿一人，近詔減去，移丞駐。而山陰施君自西，適承其後。君嘗因余窮《易》義，意趣闊遠，不屑屑爲章句業。既從其先君子走四方，求利病，習吏事，能鞍馬劍弓，馳捕盜偷。其再仕直兹土，則獨跳身堤上，而並孥盱署。己卯冬，余過周橋訪之，見其斬茅爲庭，旁二室，室可容膝，服食寢處與客俱。庭無公座，吏抱牘白階下，立語剖去。庭距堤以遠纔數十武，風水徐泊，聲如球鐘。客旅無事，則三五手譚，或時吟誦其内。而君率昧早跨騎，周巡工築，比晚歸以爲度。余喜其强敏惠下，謂：『真用世人！而困於一堤，不能去。』君斂手曰：『小子將妄言，以是堤爲基始矣。』

夜向午，忽有聲如萬雷從西北來，驚起引衣。詰曉，登堤平望，則湖水重重山立，狀龍虎豹虬，起伏萬千。風凛不可留，遂書於庭壁，策馬舍之東去。

俞康先曰：以史作記，全力盡注『一堤兼障兩瀆』一段。

史華青曰：留心世事，絶不苟且作文字觀。

邵氏玉田縣莊記

邵氏之有玉田莊自隆慶四年始。按地志，玉田古無終國，屬薊州。而直隸順天府多水田，種稻秄粒長美，上供太官，縣以是得名。而先人遺記云，海州公爲仲子靖州公北試，因於玉田置二官莊。一區土名窩洛沽，延袤八十頃，恒患潦。而莊户驁悍，勢力稍詘，輒用莊田投獻勳貴。萬曆十年，海州公卒官，長子欽訓〔二〕以窩洛沽業歸梅墩公。越六年，靖州公登賢書，梅墩公尋卒，窩洛沽復來歸。靖州公乃謀之從叔禹玄公圭。圭親至玉田，揆相形勢，反曰：『地可棄也。勿棄則如攜眷屯牧。君能爲馬伏波初年所爲乎？』應曰：『能。』二十四年，遂偕楊宜人北行，增築塢室，闢萊蕪，正侵占，種秫麥。明年，益置水田。於是玉田城南北五十里並有邵氏莊。其新莊之地，曰小泉，曰袁家，曰鴻橋，曰白家，曰暖泉。凡經營八年而就。楊宜人卒於玉田，復娶諸宜人。比解靖州，徑往寓家。公之得以淡於宦情、兩歷教職、一任遠州、克承清白、遂初志者，以有玉田業也。

是時承平二十載，神宗倦於政事，久不視朝，遠荒乘怠萌芽。哱拜父子首亂寧夏，日本平秀吉攻陷朝鮮，而楊應龍桀驁播州，大將李如松、劉綎、麻貴等東西奔命。臺省館閣，方務紛嘵，益爲恬嬉。公以爲物大必散，致至必危。越中風氣文弱，而燕、趙慷慨，其田足耕易業，意令諸子分處南北，世亂猶有所全。遺書長子慶令盡室北行，繼令易庵公主各莊，皆不果。最後以少子襄爲寄，聘縣中大姓李氏曰：『使就婚，則安土不遷。』然未幾而公没。没之歲，杜松、劉綎死於邊。

天啓初，密雲、玉田等爲牧場，羽書催發日數至。諸宜人挈襄扶櫬南歸，玉田業遂荒矣。三年，家人廷美尚南來輸租。崇禎七年，襄就婚玉田，各莊稍復安業。不十年，甲申禍作，襄瀕於危，百死一存。順治乙酉，用玉田籍領鄉薦，踰年而卒，因遂埋骨。《傳》曰：『君以此始，必以此終。』可悼也夫！

自襄亡嗣殤，其後餘姚邵氏無復至玉田問津者。或曰：『田入旗軍世屯也。』或曰：『家奴莊户乘亂而分竊。』於乎！五德迭運，六合之宇，時有廢興，况我邵氏一莊。而余徒區區依望而難舍者，以吾先三世歌哭聚族於是，靖州公魂魄猶安樂之。故略次其終始爲記，俾後人有志强力者俟機會而還訪焉。

李氏字培初，縣令。培初之祖官南刑部郎，號容齋。順治中，容齋裔孫有持斧衣繡衣巡按南浙者。

叔子異曰：作家園記而原本國事廢興，何等布置。

孫子社廟記

孫子臏，戰國權詐之士也，師事鬼谷，名與吳起先後。而昌之人祀之於社者，何哉？蓋臏常有德於齊百姓矣，能救韓、救趙以立齊。齊國安，則民與受其利。社所以報功，祀之當也。抑臏功在社稷，宜配享齊太廟，迨齊亡廟遷，而食於其封邑，竟百世祀。故國之功臣宜祀如臏者多矣，卒與國同廢，臏可謂非幸耶？豈當日有區區之邑，克拊愛子其民，如孟嘗收債於薛之所爲，不竭取於生前，因得以享於身後耶？家之與國勢異，要之民心其本也。田氏之先以此攘人國，而子孫亦以此殖其家。臏少成習見，智顧不及此哉？

雖然，以智自喜者，常限於智之所易足。臏之世，衛鞅方横於秦，而下兵先近攻魏。臏能以救韓、趙者救魏，魏不失西河地，則山東之勢强而秦可圖。惟再勝而喜，足於爲齊而疎於謀天下，此其器之所限也。臏行師非有管仲父之節制也，徒以計力决機兩陣間。自其先十三篇而外，先王軍政概乎無所聞者，豈其有天下之慮？仲以器小，輔齊而不能西略，明識之士早已料之矣，何望於臏？臏差愈鞅，以其未嘗禍齊，身没而人或懷之。若鞅之矯國革俗，是師仲而失其道者。怨叢於身，禍延百姓，至逃死無所，始知爲法之弊也。以此言之，昌之人祀臏社廟，適稱其器，非有過矣。

昌邑領社九十，而瓦城故《春秋》紀鄑邑，在治西北三十里。又二十里至海岸，商船之自天津者皆泊焉。其祀孫子不詳所始。摩舊碑，宋熙寧四年重修。順治十七年，道人孫守德又修之。廟三重塏敞，門廡堂寢皆備。棖左右立鐵馬牛，神相莊梧，旁不設老、佛二氏像，庶幾古没而祀於社之意。

今社人王姓者，復盡賣其口分田，加堊塗，環築，立鐘樓大門東，壯一社之形勝。方召工，有海大魚乘漲入，獲其骨爲窗櫺四。咸謂瑞異。神能威福人，禱無不應，耕斂、疫疴、蝗蝻皆禱。常有人聞見神車音騶從出入，則社内必有慶。堂寢之交有奇槐雙木，東西對樹，怪若虬豹，空幹而茂枝，爲昌境八景之一。或曰槐在建祠前，或曰在其後。

叔虞廷曰：不肯假借古人處，是文家自立處。

姚江書院記 丙子

采少時侍王父魯公先生講學城南，始識所謂姚江書院者。先是正德、嘉靖間，新建伯文成王公倡明正學，高達之士風趨景從，而邑中徐曰仁、錢緒山兩先生實羽翼先後。文成没，弟子所在爲立書院。按陽明書院之在宇内者七十二，而浙中踞其六。餘姚則龍泉有中天閣，故爲緒山講學之所，而書院未有聞者。豈傳之近且真，有其實，固不必事其名與？

崇禎中，沈聘君國模、管徵君宗聖、史隱君孝咸、文學孝復篤志聖學，捐其舉業，從事於此，因雙雁里半霖沈氏宅肇營義學。烝邑中士有志節者，寢食其中，月季小大會，德行、言語、政事、文學，俊彦咸在，目擊心喻，直從文成溯洙泗，逮濂洛朱陸，異同並收，期於躬行有所得力而已。

義學之制，前爲堂，奉先師孔子洎四配；後爲樓，奉文成洎同里親炙私淑諸賢。易像爲主，尊世宗之祀典也。不遍奉先賢先儒，宗其近黨，塾不敢並文廟也。其諸門廡、講舍一切草創，則時與力有不暇，務作人明道而不汲汲於觀美粉飾，用俟後之人增長而光大之。始建歲在己卯，越二十年，丁酉重修，乃額名姚江書院云。

初，郡城蕺山劉子、石梁陶公會講證人社。姚江峙起，往復相和。天下學者稱越中證人祀和靖，姚江祀文成，皆其地講學之祖。推揚餘徽，郡邑人士斐然各有成就。劉子既殉國，而四先生亦守肥遯，隱然金華處士之風。嗚呼，運會有晦明，道之在其人，豈不偉與！

四先生没，繼之者韓氏孔當、邵氏元長、俞氏長民、史氏標、韓氏弟子徐君景范。康熙己酉間，韓氏講學城隅，士氣大振，自是少降矣。近年院屋多圮，舊人盡亡，後生希見當年教澤之盛，可嘆也。

歲庚午，安邑康侯來宰餘姚。既大新學宫，復募完葺書院。侯出其禄，修先師堂。月吉，親詣，縉紳大夫，濟濟蒸蒸，小子譽髦，歌趨以和，耆人聚觀，莫不愴泣。方迎新主，鳩工度後樓。秋，大潦饑，工輟。會明年侯去知晋州。院弟子請於新令，冀更修之，竟未有緒也。有撓其議者曰：『既作泮宫，書院宜後。』夫書院輔學校，宋以來有之。自帖括義興，學校之設，名隆實微。若夫求論幾深，徵覈日用，動静有養，德藝不遺，其人其學多出書院。書院得人皆學校光。夫成己成物，紹往哲，開來者，不在上則在下，不在父兄先生，在其子弟。當仁不讓，此吾黨責也。況諸先生經始養士之意，其又何可没？因感慨歔欷，爲志其興替如是。

聘君字叔則，徵君字霞標，隱君字子虚，文學字子復，合韓氏孔當、王氏朝式爲六子。會稽董氏瑒作《六子傳》。朝式，山陰人，書院之創有勞焉。出緡多者，蘇方伯萬傑及子元璞；董役者，鄭氏錫玄；輯志略者，韓氏弟子邵廷采。院田屋圖籍載《俞氏徵略》。康侯，庚戌進士，名如璉。

姚江書院後記 壬午

往讀《易》至山風之卦，其彖曰：『終則有始，天行也。』『元亨而天下治。』其象曰：『君子以振民育德。』振取諸風，育取諸山。山風位乖，則取諸蠱。蠱必有事，有事而後可大，故受之以臨，以觀。物大中正，下觀而化，焕然更始，民物一新。雖天行，豈不待其人哉？

康熙辛未，黄岡韋公來宰餘姚。大開義學，延邑中士稽論文藝。月季親詣臨之，簡不率者而登其率者。邑人史孝廉在官、邵孝廉焻、蘇進士滋忭偕同志數十輩進而請曰：『是藝也必求諸道。道成而上，上而爲陽明，爲朱爲程，爲孔、顔、曾、孟。陽明故姚江前哲，特有書院祠焉。其前堂仍奉孔子四配如學宫例，教大居正一統，不得有同異也。沈、管、史諸先生於此擇焉已精，興養作人，精神不可埋没。今明府以樂正四術之教迪我人士，盍即並移義學於書院？斯實守先待後，可垂百世。』公曰：『書院在城南濕下旁居人稠處，木朽且折。吾聞「承敝者利用革，幹父者戒用裕」，欲更書院於城中爽塏，何如？』皆應曰：『願如公命。』於是公捐兩歲俸買角聲苑，出佛像。遷主有日，而公用事解篆去，群議多惜公。已而共慨然曰：『此一事足公不朽矣。』公不以去留易意，手書輒趣院事。

時邵、蘇二子已相繼殁，其子弟及司院者亟董成之。四方來襄役者甚衆，請於新明府楊公曰：『非公，不能成韋公之志。』楊公敦厲多士，嘘姚江之藴火而復燃。遂奉先師神主至陽明迄於同門私淑肇營前院者，咸入角聲苑，改題角聲苑爲姚江書院。乃大召工，起前庭，廓後樓，旁立學舍。致其故瓦棟椽檻之量可裁用者，而益市買其新者。角聲苑直新城東南門，夾右巽水，比注學宫。地當文明，以儒易墨，嘉運參會，合於先甲三日之義。自此姚江人士既有其地，當講其學，務追千聖一傳，磨砥躬行，無徒剽騰良知口説爲也。夫學者天下爲公，哲愚同歸。自生民以來，未有奇詭，非一邑之事，一先生私授矣。

韋公在杭州，聞其事而心怡之，遺書楊公拜成，而命采爲記。是歲壬午康熙四十一年。其遷日，十月乙酉也。

朱約傳曰：用《易》義直起，較前記特開一境。讓善二公，極有體制。至末戒以『無騰良知口説』，鵝湖、鹿洞聚訟紛紜，得此斬斷。

黄忠宣公祠堂記

余少時勤録明事，每一朝輒記其良臣聲蹟，所遭際厚薄。見金川殉難則氣塞，哭不能止。比讀至永樂、洪熙紀，慨然太息曰：『方鐵鋤其時，人才無出三楊、蹇、夏矣。微若臣，生民其遂盡乎！』成祖之世，吾取其全德無憾者四人：曰太保忠宣黄公福，曰户部尚書夏公原吉，曰少傅大學士楊公溥，曰英國公張公輔。其餘若顧佐、周忱、況鍾、李時勉輩，各能其職。又有數人由前所云，有關天地之運者也。

今年，余客昌邑，按圖數典祀，則忠宣公祠首列焉。春秋上丁釋奠之明日，令長、學官及鄉先生率弟子致禮祠下。祠在縣治南千武，門西向，主像南向，右壁勒正統五年皇帝諭祭文。前小碑紀建祠始末，言爲宦者所忌，至成化中始得贈謚。墓在縣西三里，有楊士奇奉敕撰神道碑文，而縣志不載。

余惟治道之盛，莫大於恩澤教化。若懷新附之民，化不教之俗，非仁者不能。遠之箕子之立朝鮮，太伯之邑勾吴，近之西寧侯沐英之鎮雲南，皆是道也。交阯在漢唐郡縣，宋氏不競，淪於蠻徼。成祖赫然，因天平失國，遣兵誅篡逆。帥守得人，三叛而三定之。廟堂謀國無長慮，徵還張輔，又參以馬騏之貪虐，是以不旋軫而亂。迨以陳洽代公而事益變。比因洽請，始命公與柳升同出，升才既不逮輔，而黎利之勢已熾。洽死勇戰，公亦不免魚服。賊黨見公如見父母，流涕伏拜，共護出境。嗟乎！公之及升偕敗，非公之罪；其不與洽偕死，則公之仁也。公在交阯十八年，深恩厚澤，入人之至，至於不忍加害。使輔更出而佐之以公，黎利既平，長鎮交阯，豈不復漢唐之舊，而公名不與西寧、黔國比烈哉？乃公有箕子、太伯之仁，而交人不獲成朝鮮、勾吴之俗，懷古者所以追憾於公之遇而不遇，爲有關天地之運，非獨公一身之事而已。

吾又感於君臣相與之際，以宣宗誼辟，厭公持正，出之南京。升遐未幾，遂致振豎之禍。使其時有如吕端、韓琦之早斷，承太后怒而誅振，否亦待以遺繼恩、守忠之法，何至馴釀土木？以知惟有重臣持正，然後可植遺腹、朝委裘。三楊之賢，器不到此，惜哉！

公一生忘家憂國，屢上疏陳時務。宣德五年，請於濟寧以北，衛輝、真定以南近河之地，役軍民十萬人，屯田積穀，以省漕運。此其卓卓議可行之大者。身没之日，惟餘橐金三十兩，方長户部，贊南京機務時也。公壽七十。洪武十七年舉人。以龍江衛經歷言事，超拜兵部侍郎，累陞工、刑、户三部尚書。

陶先生退園記

會稽有望宗曰陶，陶有隱君子曰退園先生者，余外舅子良公六世同祖兄也。其言曰：

天道虧進而與退。朝也進，則夕也退矣；夕也進，則朝也退矣。使朝夕知進而不知退，則一朝夕焉盡矣。彼朝夕不以其力争其所不能争，而况寄於朝夕之間，瞬息寐寤如斯人者乎！故知朝夕之自有其不盡焉者，知退之爲退矣。斯道也，吾涉世久，彌歷年而得之，將用此老焉。勿以告諸人也。

所居室數堵，横縱地三丈，手植六松、千竹其下。閲三十年本無園，顔之退園，以爲園則不足，以爲退則有餘。園南墉薄宗祠，先人衣冠典則猶在，終吾生愧焉退焉弗及也。兹退園所以名也。春秋晴暇，杖屐往觀南湖，其西鑪峰、秦望，雲天隱没，咫尺萬變。其東則白塔之梁，如七星貫吾目中。緩步既舒，退而仍入吾園。蘭菊在堦，經籍在几，拚關謝客，一床偃息。當其時，並不知退之爲退也。不工詩，顧喜作詩。竹筠花徑，吟咏幾遍，好我者便摇筆展紙贈之。自負能飲，飲不罄一壺。語及祖宗祠墓，輒憤結抗聲，伸張大義。已，還顧客，油油以和。其爲人生平都類此。今年八十，耄矣。於世復何事，姑益治吾退園。

康熙丙戌七月日，姚江邵廷采被命詮次爲記。

先生諱必昌，字禎侯，以退園號。莊敏公諧五世孫。自少友恭，同母兄年九十餘猶嚴督過，先生祗受之，或每跪持而泣。宗黨以爲難。晚年交益稀，族弟克幾亡後，偶過從贈詩者，廷采及上虞范子石書蘭。

蘇賡言歸櫬記 庚辰

同里蘇賡言，第康熙甲戌科進士。庚辰春，除西川眉州丹稜令。蘇氏世聞餘姚，曾祖平觀先生諱萬傑者，以舉人累秩，至雲南左布政使。而第進士自賡言始。其得丹稜也，或曰蘇系故眉山，若江之源於岷也。江自蜀走瀨萬里，不能反之蜀。眉山蘇文章氣節震天下，遠宦轉徙，傳宋、元、明迄今更數十世，而子孫無失厥序，復從東瀨之渚，起家進士，筮仕眉山，其除令是其歸也。蘇氏之遺澤長矣。

然賡言給由後，渡易水西去，踰太行，將循秦嶺入蜀。始至順德即咳血，濺衣及靴，皆朱殷。

顧負其盛年，飲啖自如，且觀優於陵川。有勸之姑東歸須後命，不決。六月炎暑，輿疾進。比渡蒲津，抵三原，終於旅舍。

嗟乎！賡言以禄養之急，瀕死不顧，目算手營，料天下事而不能料其身之生死，此余於幽明鬼神之故重有感也。人之身溯祖父及始祖，及始祖之自出，遠數百年或百年，恃其心追祖宗而從之。設賡言得至丹邑，必求遠祖祠墓於荒榛野莽，尋族譜亭，摹其碑記。烏知明允、長公、黄門數君子之靈匪翩然來下，而以姚江之蘇重起眉山，令耆老嘆觀。史氏頌美曰：『江水西注與岷山合，人誠有之，豈不信哉？胡爲歸者卒不得至，流者卒不得返？蘇氏既盛於東，遂不復種美於西，意造物者妬之，而顛倒爲是也。』

賡言既道喪，幾不能殮。其友諸作山從京邸偕行，沿途視其湯藥。卒之日，猶跨馬馳涇陽買葠以救。關西工匠拙，又爲親教之棺制，購工畫者圖其容。道遠陸行是虞，仿大殮禮，用重綿三十兩繞臂指，束骸骨，使無動，皆作山手自爲之。卒以兩騾載其棺，出萬山中，越陝、洛。中途獷僕盜篋走，追獲之襄城。獨與一僮扶櫬歸浙。至杭關，哭曰：『吾爲君，心力竭矣，而不能起君於生。何以見君母若子弟！』見者皆慟。作山非獨義人，乃其才亦不可及也。

舒文陳先生精醫學，識賡言必死，强與俱西，卒偕護其喪以歸。蓋亦古人云。

許子敬先生曰：不獨作記，兼可作傳。深情達識，綿邈動人。

祭忠臺慟哭記 丙子

宋謝皋羽《西臺慟哭記》，讀之嗚咽。彼有不能言者，冀後人之知。余今哭祭忠臺，非敢倣先生也。先生爲天下而哭，有可以釋先生憂者，其責在天下。余哭爲一身一家，既莫解其憂，又慮後人無解余憂。憂雖可言，固難且倍於先生也。於乎，慎思其難，厥惟賢子孫哉！厥惟賢子孫哉！

姚江城環龍泉山，諸名賢以次祠山上，山之巔有石曰祭忠臺，四面俯瞰百里。過客必尋是山，而眺姚江之勝。余僑會稽近二十年，中夜涕泗，每正月祠祀、寒食上冢，一再至故里，獨登祭忠臺而哭。於乎！余之有待以歸也，思安集妻孥，供先人伏臘。今竟二十年而鬢且霜，老矣。

歲丙子冬，携十五歲息承濂歸，止宗祠。父子抱書擁被讀，讀竟，嚙其臂出血而告之曰：『汝知痛乎？知痛則知學矣。學非止痛者也，將有樂焉。吾非無樂乎此，而吾痛轉深，固不暇以樂乎此也。人之生，一本也。天無所之而不覆也，祖無所之而不附也，然其神則有主焉。吾之祖與吾之天，主於姚矣。往漢都關中，魂魄猶樂思沛，作邑以新豐名；朱文公居建陽，故稱新安：一本之誼也。雖野夫弱妾，戀戀悲故鄉，况持書卷論學問者乎？』

冬至烝祭畢，乃登龍泉尋祭忠臺，曰：『濂，爾來前！汝自臺東指三十里而近望之，秀出若架屬勾章而實爲姚江砥柱者，龍山耶？汝五世祖靖州公在焉，汝舊年與弟越嶺拜墓道者也。自玉田返葬兹山，七十餘年矣。汝諦視之！』濂伏地拜。采慟，又前曰：『濂，自龍山迤西稍北二里，背湖面原，神禹棲之並廟。而東不百武，有松翼然覆其穴，汝高祖易庵先生所也。先生年二十四而終，植遺腹以迄於今。微翁太君，有吾與汝耶？今土人耽耽，將毁不可支，若之何？』濂又伏地拜。采慟，起謂濂曰：『海州公前三世及始祖奉化公墓柳岙者，支庶盛，拜奠成禮，惟余考鶴閒公後微抑。魯公先生、孫孺人在白山之原，地患墊，松楸未樹。余精且消亡，汝兄弟幼。寤寐怛悼，肝腸斷裂，能免余於罪，是吾子也。』濂亦泣下。

於乎！文信國文山有云：『幽明死生，一理也；父子祖孫，一氣也。』斯言非知道哉？人情鮮不愛其子孫。逆而上之，斯孝子，斯仁人矣。無遠乎天，是謂本天；無遠乎親，是謂本祖。此人道之極也，念之，復之。

毛姬潢曰：悲痛之言，不忍卒讀。

章宗之曰：哀音轉楚，字帶血痕，突過謝公《西臺記》。

田居記

仁和蘅圃先生從其父光禄公歷官中外二十餘年，及官駕部，榷關粤海，入爲御史。又二十年歸，而無屋以居，乃尋幽於武林門之左、南湖之上，得曠地焉，名曰『張童園』。張童者，張駝也。嘗種瓜鋤菜於此地，遺忘身世，以全其天。先生得之，則大喜曰：『我幸奉身爲張駝役矣！』

以意畫宮，起楹數椽，不容旋車。曰：『吾承先人之志，事不足也；吾視先人之無居，愧過之矣。』乃名之爲『田居』，而顔其堂曰『學稼』。植園以竹，穿池養魚，課僮種瓜鋤菜如駝時。題其後之卧室曰『逸我居』，謂先人終身勞國事不得逸，而我得逸又踰父兄也，何德處之？右之書室曰『放漁軒』。居於田而放於漁，蓋以放而全其天也。嘗爲詩：『經時靴不着，即景杖頻拖。』先生其有駝之意乎？

昔陳太宰有年記『三種齋』曰：『種禾以食，種桑以衣，種德以不辱。』余嘗希慕其人，於『田居』亦云。

辛巳移榻始末 辛巳

康熙辛巳，余饑驅將適廣東。已辦裝，病作，卧郡江橋香城僧舍。沈謙三來視，請移館其家，爲親和湯藥，竟五十日。未愈，又欲南走。魯仲賡、安貞、高則之、章泰占、丁淇園皆阻余，陶容士言尤切。吾過矣，離群索居，至是此意乃息也，可愧也夫！

在《易》需、蹇二卦，有險在前，一則『剛健而不陷』，一則『見險而能止』。夫不陷者，内乾也，乾剛健，故不陷；能止者，内艮也，艮篤實，故能止。兼斯兩者，是爲大畜。《傳》曰：『大畜，剛健篤實輝光，日新其德。』天下事，當有險，無善於需，見險能止，蹇乃得解。斯理之必然、數之不爽者。至若進德之途，非日新即日退。余之退未有涯，以質靡而不剛健，名浮而不篤實。消磨鏟削，幾至迷復。如隕深淵，則思呼號求助於朋友。剛健者吾不得見，願得篤實者友之，事之。需之上六：『入於穴，有不速之客來，敬之終吉。』蹇之九五亦曰：『大蹇朋來。』此聖人所以轉人事之窮，濟天行之厄，傾否反剥〔三〕，爲生民立命也。由是言之，病在此不在彼。

七月，陶子千將余赴曹山，爲榻酬梅閣，曰：『以是間山水藥君。』嘻，山水爲主人耶？余爲客耶？余爲主，山水客耶？遊人去而山自止也，我師不遠矣。遺民高宜卿時釣山頭，年八十，載酒問余，投竿於池，巨魚躍出，病遂愈。

說《易》最精衍。而以山水投竿作結，活潑潑地，可謂善《易》不言《易》。

重建萊州府文昌閣記　代白觀察

萊、登郡城皆瀕海，往有閣曰蓬萊〔四〕。海上三山吞吐隱見，而萊東南羅山、神山則起文昌閣與相對峙。朝夕晦明，雲物幻變，離合萬千。登以無爲有，萊以有爲無，並極北海巨觀。按《史記》『文昌六星』載《天官書》，而靈均《九歌》有《少司命》之作。獨《化書》稱神張姓，出道家言。要其福善禍淫，匡扶文教，與聖人之道相經緯。顧聖道無爲泊然，而文昌操利禄冥算之權，風勸天下，則奔走祠祀者衆，有與漢壽像設稱文、武二星者。漢壽，人也，而神道尊之；文昌，神也，而人道親之。洋洋乎鬼神合其吉凶，盛矣哉！

閣昉於萬曆四十年，災於天啓元年，至四年復建。前記述太守龍君文明肇閣後，萊之科名日以益盛，其理固然。今年春，郡司馬咸陽梁君倡謀於余，以舊制未稱，宜加恢廓，又萊人承大歉，士俗積頽，幸春秋兩税比登，流亡歸復，民欣欣有樂生氣，不可無創建以一洗作新之。諏筮既同，乃遍告七屬良牧，並喜曰：『固闔郡文運所繫也。』畢竭官俸。不三月，工竣。君偕今署守高君復請余文落成。

余惟古先哲之士，率自命以先民憂、後民樂爲憂樂。苟有興作，必關世教；非然，有其廢之，則莫敢舉。粤若本朝開國六十餘載，名臣良相瑰瑋卓特，以迄近司喉舌，遠統戎兵，爲國家安邊靖衆者，大抵多出東州，而萊之屬實當其半。蓋得於岱宗盤鬱之積，鄒魯先澤之遺，樹本既深，而星分故居奎、壁，天地之美萃焉。産是邦者，輔以仙才靈氣，誠易爲力。又六星上將、次將主武事。唐廣明中嘗護乘輿入蜀，而宋咸平、明正德，則兩感神應，討平蜀盜。今值聖人御世，海隅率俾，神無所效其威武，惟以導宣文德相協，舉場銓注爲務。凡所予奪，與人間選舉、賞罰靡不符合。道隆則從而隆，不其然乎！不其然乎！

梁君因屢豐兆謀，動關世教。余幸藉手成事，偕衆君子行禮斯閣，立巽、離兩峰，顧而樂之。其亦後民樂而樂之見於一端與？

兹役也，服人之數若干，爲日若干，良材堅甓之庀、丹漆之用若干，統計錢之緡若干。費皆官給注簿。紳士及秀民間來襄事者聽，不欲勿强也。

寫文昌身分，是儒者立言本色。弟夏時識。

校勘記

〔一〕合清和、靈壁、桃源以與黄河會　盧培據《大清一統志》卷六十四《淮安府》和卷八十七《鳳陽府》所列縣名，認爲『清和』係『清河』之誤，『靈壁』係『靈璧』之誤，是。清和，康熙本作『清河』。

〔二〕欽訓　光緒本『欽』下脱一字，康熙本傅節子插一『順』字，查《梅墩公傳》，欽順乃梅墩公長子。《五世行略》記海洲公長子爲欽訓，今據改。

〔三〕傾否反剥　『否』原作『不』，據康熙本改。『傾否』出《周易》否卦上九爻辭：『傾否，先否後喜。』

〔四〕往有閣曰蓬萊　『往』字下當據康熙本補『往創爲樓閣，鎮以天上之星辰。登東門』十五字。

思復堂文集

［清］邵廷采　撰　祝鴻杰　點校

下

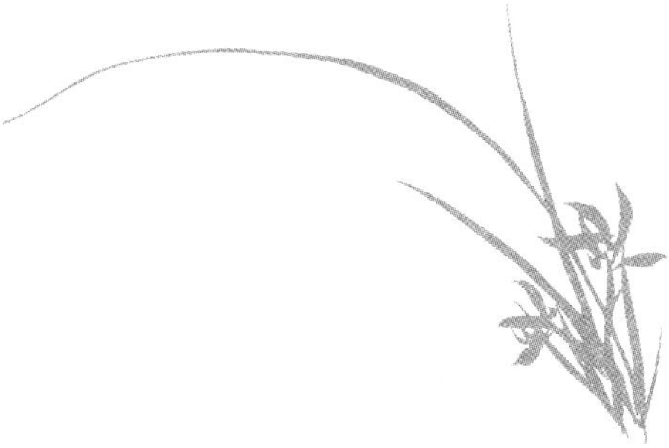

卷五　贈序　壽序

送紹興通判楊侯擢守上思州序 癸亥

侯名彩，字素庵，三韓人。後復補遵義通判，卒於官。

今天子即位之二十二年，三叛既平，天下大定。西南諸宣撫、宣慰、安撫長官，皆頓顙釋壘，遣使請吏。上加意柔懷，謹選守牧，雖僻州下邑，亦必以股肱親賢、勳德之舊處之。於是紹興通判楊侯以廉能報最，擢守粤西之上思。

采按圖志，上思於府爲南寧，道爲左江。其地南接交趾，西通滇地，遠在嶺表數千里外，實西南之衝也。昔在勝國永樂時，英國公張輔三定交趾，執黎季犛父子凱還歸朝，皆由上思取道思明以入。而西寧侯沐晟亦自雲南統兵來會張輔於安南，象郡以寧，交人歌之。則上思爲滇交要害，此明驗矣。

又左江與右江接壤，右江思恩、田州瑶僮雜處，最號難馴，從來羈縻弗絶。上思幸無土官、夷人之擾，而民性頑悍，庫貧薄陋，風俗相近，非得賢長吏通經術、明大體者，寬一切之法以待之，其勢不可爲治。周公曰：『平易近人，民必歸之。』諸葛武鄉之處南中，賈刺史之鎮交趾，王文成之平盧蘇、王受，皆是道也。楊侯判紹興七年，平易之政紀有成效，往牧上思，夫豈易此！

今天下苦貧，縉紳家尤甚。一行作吏，百口仰食，隨任轉徙，雖廉吏不能不取資百姓。楊侯不薄上思邊遠，又念是州夷傷新起，民困於征輸者至今未復，乃悉返其孥於北，獨從家僮四五人，登車就道。即其志意，足以究其所設施，上思之人可灑酒而相慶矣！

金赤蓮先生曰：學歐却大肖昌黎，可以識文字之有源流矣。

黄咸士先生曰：古今利弊較若指掌，如此方是有關世道之文。

送虞廷宗叔令西川序

蜀於虞夏荒服，而嘗佐周秦之興。司馬相如、唐蒙通夜郎、邛筰，南置四郡，攘闢千里。漢唐建都長安，則蜀爲内地。唐宰相休沐多節度西川，而宋世知益州亦往往入爲兩省。中朝之視巴蜀特尊異，不與他道等，以其高壤天府，重關峽江，嶺南北之項，人物、土貢並甲天下。故非動望隆著、才秀絶出者，不輕畀以斯土之任。明永樂初遷北平，蜀之貢道乃與帝都遠，然獻王封國與皇祚相終始。三百年玉燭，休養蕃息，宗藩稱賢而饒樂者，以蜀爲最。至萬曆、崇禎間而蜀之全盛極矣。平陂盈昃，城復而圮，致有僞西之亂，遂靡孑遺。則今日起塗炭，措袵席，亦唯蜀爲急。其事必與良二千石、賢令長共之，而選人率患兩川空耗，比之唐宋時嶺外，若編置然，迫除目然後行。夫光天之下，本無分土，胡爲獨忍此一方民哉！

族叔虞廷先生以高才妙齡，四試南宫不第，矍然曰：『經術以經世務。余不及年富理民事，久守此佔畢爲！』會新令有舉人除四川邊縣例，即起應之。掣籤者八十人，得四川者十四人，而叔與焉。既陛見，來别其兄昌邑公，執采手曰：『君老矣，余又遠役，其贈余言。』采曰：『無以贈言也。先生以親疾故不靳靳其指，其肯顧愛毛髮，以無恤川蜀之民乎哉！夫親與民，一本一也。親，生我者也；而民，我生者也。我生者我之子，我生之視生我者固親之孫。今先生既禄養爾親不逮矣，往顧復爾親之孫焉，猶逮親矣。以此指爲志可也。』先生歔欷曰：『吾指尚留七。從君言，請投劑於西土，報我二人。』昌邑公顧筆硯書，第其語之先後而餞之。

末獨入割股一節，唱嘆中具有規諍意，纏綿懇悃。吾師與人交，類如是。弟之旭識。

送兄莪園令儀隴序 乙亥

兄莪園教諭淳安十載，去知儀隴，行萬里。愛兄者皆憚其遠，兄意甚逸，束書册往也。古者王事無易難，東西譯騠，唯所命之。自世降而人心漓。吏部選授，每一缺出，必竊議彼有善有不善，其能以爲吾民興利降弊望之斯人哉！

且蜀人需循吏，日月以幾矣。自賊獻父子啓殺運，竟千里靡孑遺。而儀隴隸順慶，介兩川，寇之奔逸、軍之征討，並經斯地。今爲朝廷耕土輸賦、供長吏在庭趨走者，多秦、楚新募之人也，土客相雜而蠻苗諸司參處其中。爲長吏者愛其民若拊子，而接蠻苗也，使如立嚴師側，毋敢怨，亦無犯焉，乃各有濟乎？昔錦江侯楊展以嘉定一州綏懷全蜀，通商、惠工、課農、禮士並有謨算，遠近避亂者依之，聲施到今。豈非有功德於民，固不朽者與？

兄往矣，發京口，泝江陵，乘風西上，見瞿塘三峽湍險怪激，良可喜也。過此，入東川矣。踰重慶，逼西充，則兄之治儀邑相距密邇也。儀之部人垂髫黄髮，牽扶東拜舫前，唯兄顧之，謀所以導迎嘉祥，全蜀將觀政於儀，而暇以萬里之行爲遠且憚乎哉！采迫饑病，弗獲偕兄行。顧自念稽古不成，志猶未已。方將讀《蜀都》及《長楊》《上林》諸賦，近逮升庵、大洲著述，題其高下而揣其世變。俟兄報最還家，與談西土勸來安集之勤，耕桑絃誦之盛，上思載筆〔一〕，從兄紀之。並搜甲申、乙酉間逸事，詢諸父老傳聞異詞者，以慰山人貪多務得之望，補稗史所未備。兄行固弟行也。兄，知道者也，經世不朽之途，出處無異視矣。

陶克幾先生曰：勉以吏治，點入數十年時事風俗，波瀾絶勝。

俞康先先生曰：原本起用『不朽』二字照應，落套，即妙手止得中駟，不如渾然而此意自在，故芟之。

送田濱遇之番禺序 辛巳

粵東，天下之才藪也。田君濱遇將往遊焉。夫以田君之才適粵東，粵東才士宜有悦慕與之交者，然才有真有僞，懼田君之爲名所動，而不審其實也。田君遍交天下士，尚以爲未足，思一度大庾，浮珠江，經九真、日南，遇海外之豪儁，以發其文章。即象犀、珠玉、鍾乳、石青、丹砂、楩柟諸物産於粵者，意勿屑也。田君可謂廣矣。僕未嘗粵遊，於其人才無所交好，姑與言曩昔所識知者，正於田君。

屈生名大均者，今代知名士，爲文任俠，吾樂交其人，聞今已没。其立名之真與否，吾未之辨也。士固有聲動四方，不可以飾鄉之人，君往爲我咨焉。

又有明之季陳子壯、張家玉、陳邦彦三人者，粵中之三忠也。善道以死，遭變不貳，與余闕、福壽争光日月，其名之真尚何疑。君往爲我輯其遺文，求其子孫與交，志氣宜益上焉。

若更以爲未足，則弘、正之際有與新建伯文成王公交，如增城湛原明名若水其人，又有原明之師陳白沙名獻章其人。是一弟一師者，理學之標榜也。其於名且大而宏矣，然蕺山劉子評次諸儒，謂白沙猶激聲名，遜於康齋之醇乎醇。夫白沙非好名，而蕺山無苟論。《傳》曰：『不易乎世，不成乎名，遯世不見是而無悶。』惟聖者能是，白沙當日固未及此。嗟夫，不成乎名，聖矣哉！

田君知名之累於學，而潛討蕺山之論，持是以覈古今人真僞與其所造，百不失一。番禺、南海間以君爲月旦，争共淬磨，當自此始。昔人稱蘇文忠遊儋耳後，其文飄忽震蕩，益饒奇氣。田君兹行，許遺余香布粤物，重以文章，且多書粤人士名孰爲真、孰爲僞者，以搜余隱伏而起余怠廢。余雖不出户庭，如集古今人與居遊，不啻手鞭鼓棹而同君往也已。

范石書曰：如此乃可謂之贈言。『名』之一字，是古今天下人通病，尤爲時下南浙人錮病。嘗痛勝國之亡，名士與小人分半。就中名士之半，則南浙人居大半矣。讀允翁作，使當受者、側耳者一時悚慄。

陶子千曰：送粤行即用粤人貫串，而歸於無好僞名，用意布格俱加人一等。

送周凱三寧親松潘序

周子凱三寧親松潘，將行，請贈言於余。余曰：『孝弟仁恕之道，君家家法也，無所事余言。衰年懦夫，壯心未歇，輒喜談兵事。』凱三曰：『兵事若何？』曰：子適川，吾言川。川之内附始秦氏，漢高、昭烈用之，以開一統，扶末造。公孫述、李雄、王建、孟知祥、明玉珍莫不水阻瞿塘，陸閉劍閣，抗衡於天下。興王勘定四方，蜀必後平。西川安富，昔人稱宰相翱翔之地，其錦江春色，沃野天府，足喜也。然自岷山西南，永寧、松茂壤比西域，與大夏、身毒諸國相接。中土有蜀以來，邊寇之患無甚於唐。吐蕃逼其西，蒙氏掣其南，贊普驃信數出驍騎，侵掠西道，而皆從松茂入。當其時，前後守者有高崇文、嚴武、李德裕諸人。而恩信最著，文武並用，惟籌邊長策，莫如德裕。牛僧孺忮德裕，縛送悉怛謀，阻從善之心，長寇賊之氣。謀之不臧，迄今猶惜之也。

夫用兵之道，太上以德撫，其次乘機相時，於禦蕃尤亟。僞西之亂，蜀之遺民殺且盡，獨不及松茂，岷山以西完保無恙也。遭值聖神御世，討平畔逆，萬里之間，不驚烽燧。而將軍領方鎮之重，臨之以天子之威命，其勢更順。松潘民彝雜居互市，馴而擾之，則若鳥獸；收而懷之，則猶父子。彼雖彝而禀天地之性，蔑不可以德化。間有一二獷悍輕去來者，其亦無能爲也已。

雖然，不可以不嚴也。亂端嘗起於不意，而防患宜制於未然。惟紀律嚴明而車甲素練，遠斥堠，廣屯種，慎封界，急收保，邊隙無自而開。子往觀世父總戎公威略，知處太平爲大將之才局與决機臨陣頗異。更從尊公昕夕受書史，揣度彝情，蒐諳軍實務，使坐而誦習，可立施行。西邊之形勢明，而天下之大勢俱悉。他日勒勳銘績，爲國家安固疆圉，何異人任之有？昔俞大猷受陣圖於趙本學，卒爲儒將。君才足大猷而余慚本學。如霍票姚所云『何至學古陣圖』，則余無以應也。

序其語爲贈。

叙西事，千年如見，真留心世道，開諭詳切，無一字粉飾。是先生長者之言。弟向榮識。

贈陶克幾先生序

康熙甲寅，余讀書陶氏之南湖，群從燕集，聞其宗有以哭思陵皇帝爲鄉里所嗤者，心竊異之。亟欲走見，而阻之者多，不果。後二年，過无休董先生，從容謂曰：『陶氏有克幾，寧識之乎？是向爲里人所嗤者也。是文章氣節，足以繼其先人，而石簣、石梁兩夫子後言理學者，獨是人不誣也。陶氏世爲名卿，流風餘教足以漸潤其子孫，則幽憤忠鬱之士生焉。甲申之事，吾師劉先生荷戈而出，蹁蹮徒跣，責當事以起兵赴難。吾從先生後，一一識之。是時克幾年十一二耳，方從塾師講經義，聞變，頓足曰：「帝后殉難，普天同憤。誰無人理而忍斯痛？」距户哭累月。自是絶意進取，希入城市。雅病，喜專坐。見者苦其寂寞。然博覽典籍，留心當世之務，揣論微中窾會，雖志滿氣矜之夫咸屈服去。余自國變後，同門友或殉義，或散之四方，歸隱故廬，余亦放廢老矣。顧晚交克幾，服食居處，泊然有同。余喜得克幾而堅，克幾亦謂依余以自信其出處之不悖也。夫割憂世之情以伸志節，違宗黨之議以立君親，文足以順取榮譽而不争於名，病易以偃息晏安而不衰於學，其爲人何如也？』

采因董先生言，三往叩焉。既見，退而嘆曰：明末越中處士知大義者，先生及潘子翔先生二人而已。然儒者之論，猶謂子翔可以無死，而先生之所處，實無過情。在昔永樂時，龔安節以城門一慟，終身不出。先生庶幾無愧歟。

夫運關興廢之際，雖上聖不能以力爭；而生死進退之大閑，則匹夫之志，要自不可以奪。越中風氣近雖不振，然後起之士，猶知重名節而矜忠孝，亦賴諸君子守貞履道以倡之於前。陶氏之有克幾，不可謂非碩果之存也。幸辱先生交，後久而益習，盡得出其所著《治原》《民本》等數十篇，伏而深思。於乎，宜乎俗之人豈知我先生也！

贈會稽胡謹庵先生序

會稽有潛德篤學爲鄉黨師式、待朝廷憲老乞言曰胡先生者，名嶽，字峻宗，號謹庵。其言曰：『峻以謹成，庶幾矜而不争、中立不倚之道乎。「行在中庸，子臣弟友。功惟克己，視聽言動」，吾未之逮也，吾有志焉爾。程朱吾師乎，吾師之言具在，倣而行之。一日十二子相配，朝考夕計，數滿六十，無時暇逸，以迄終身。是爲克家之子，象賢之裔，吾忘富貴貧賤矣。』

平居事親孝，承伯兄恭，接子弟以莊，接通家之子弟以誠、以和。歲時朔望，集男女小大揖拜宗祖，用簾帷分内外坐定。命其子廷輔、廷贊等講《禮》，詳説《内則》《少儀》。鄰人瞻視，傳胡氏軌範焉。性安恬澹，遇婢僕如子女，未嘗輕怒。寒不圍爐，間操笻杖，徜徉山水間，隨意指勖，以當法戒。蓋一舉足、一出言，無非教也。

初，侍太公任曲沃，與謀堂政，多所裨益。甲申春，以隨養在京師。知大勢去，力主南歸。先數日，王茂遠過先生曰：『余進止不能自專，吾兄則惟以二人爲重。尚可俟耶？』先生既內斷於心，乃遂挐舟行。行未二百里而長安不守矣。其資學明達、識權遭變事如是。歸而又傳茂遠之言，清議於是稍恕焉。先生之處朋友之際又何如哉？

自南歸，兩採芹，十應浙闈鄉試，輒報罷。時論蔑不爲先生惜。先生欿然曰：『恨吾學未充。遲速，時也。吾先世之澤當有昌者，其在子孫乎？猶吾受之矣。』廷贊以篤學至孝屢試，進上舍；孫國楷年未弱冠，登賢書。時論又蔑不爲先生慶。先生復欿然曰：『恨吾德未充。茲先澤特藉若等爲兆爾，吾及見，有餘媿矣。』蓋先生之一生好學不倦，好禮不怠。耄期稱道不亂，少時顔如玉人，顧目不旁矚。勒『非禮勿動』四字於坐隅，物交無自而乘。廷贊未生，有神錫此嘉名，故字之曰夢錫，以彰先生不邇邪之報也。然其事秘，即戚友莫知，先生燕閒終未嘗偶及也。采辱與夢錫交，比寄家郡城，益近先生。若耶里雖摶土攻木俚俗之夫，莫不欣欣交口誦。夢錫之事親，婉容承待，今古罕有。此又以見先生之身教也。

歲庚寅，年八十有八，耳目、心思、强飯有加焉。手六藝，不停披，咏歌先王，口授廷贊。著

《十三經二十一史明倫録》，要歸以孝、弟、忠、信、仁、義、禮、智爲基本。復以百字聯粘壁，戒曰：『收攝精神，陶涵氣質。分陰務惜，寸陰纔弗怠荒；細行悉矜，萬行方能純粹。』於乎，此特胡氏之家法哉！

論者以萬石家奮、建擬先生。夫萬石宗黄、老，而先生祖程、朱，殆未足以方也。意先生之宗，其先有教授蘇、湖，分經義、治事齋者，或可相伯仲乎？延陵周蓉湖中丞有『大年昌後』匾額，府縣及兩庠又有『醇德維風』之額。丁亥冬，遂聘爲鄉飲大賓。越人言鄉飲之典至先生始不虚云。

贈膠州龔大夫序

杭有有道樸庵龔先生，仕於今，非今之仕人也。其仁心足以招孤山之鶴，而惠政足以起渤海之犢。去年冬，來自膠西，道都昌，與主人揖語畢，即走西齋顧采。采廢放久矣，或遇達官名士，往往頽然不能自攝，至先生不敢。

顧念曩時師友略盡，每支枕太息，安得有置身千仞，引百丈竿，挽我崖塹而上之？以此行游南北，竟未一得。豈氣運日漓，士之鍾生者特少耶？抑其前本無師承，雖有才性，伏而不出耶？

則又念古人交友，尚賢貴貴，上下統謂之義。宋洛社耆英，主之者文、富兩公，而處士堯夫與焉。當時以爲非得此不光，今去此世非遠也，人猶古也。布衣之徒，求士於布衣，公卿大夫之賢，論交於公卿大夫，而外是輒掉頭去不顧。其何以盡天地生才之境，而罄忠益之途？皆所謂狹也，非僅道德不彰而聲譽不流之謂也。

今布衣之交，采略已歷之矣，不能無意於公卿間，請質之先生，以爲容有其人乎？誠有其人也。彼林宗孺子，常栖栖也。雖無所假援於氣勢，標幟於聲名，猶將束生芻、提墊巾而往焉。或負其崇高，以公禮相格，則有退屏秘圖之石，行歌樵逕之風，與廳豕長逐已耳。夙奉教於先人，違昔賢未同而言之戒，又有所不敢也。

采未測先生知余之淺深，而所獲於先生抑不可謂之淺。今年春自臺兒莊歸，復過都昌，歡言攬余手。是行也，得一登泰山之巔。還適魯，謁仲尼廟堂林墓以爲快。嘻，先生其已盡天下之大觀，無憾乎！能引我摩磴道，盤虛空，叩聖人之宮墻，升堂而入室乎？慮先生無言自芳而其或鮑魚我也。於其去，書以問焉。

以東漢、北宋君子自命，勝退之謁當時諸公書。弟履嘉識。

贈表叔孫畹仙先生序 戊寅

采生六月失恃。兩歲，從曾大母翁太君肩輿，由通濟橋入邑城，謁孫氏祖姑東門蔣氏之園。祖姑撫采曰：『兒亡母，良苦。然爾，余母家曾孫也，宜端慧，可爲後命。』表叔畹仙先生取一卮壽外大母，太君歡甚。侵暮乃歸。

山海事寧，祖姑攜家返上林里。太君卒，采方四歲，漸有知識。跪問太母孫孺人，乃知太君二子：長祖姑，次王父。祖姑早寡，而依鞠子居，即先生也。

先生系出蒙泉公。蒙泉公當世宗朝，以彈權者汪鋐受廷杖，聲震天下。其學本陽明，有《燕詒録》，孫氏世守之。先生則敦古禮，崇孝讓，能嗣其家法。先王父魯公夫子亦講陽明之學，用朱子家法理家，笑嚬不假，先生每過，必整容侍立。分雖甥舅而師生道合，性情容止久而益類。先王父没，先君去遊浙河西，采學曠廢。先生見，必動色相戒。嗣後兩家家道喪失，先生外給公賦，内迫艱食，而奉祖姑曲盡孝養。凡定省温凊、抑搔扶持、棗栗瀡滫、柔色以温之類，《内則》所載，學士習以爲常談弗行者，先生則躬蹈之。蓋自采生五十一年以來所見儒者，直義温潤，兩美並具，不資榮禄而畢竭親歡，終身孺慕，化感僮婢，小大外内罔不夙莫承志，吾王父魯公夫子而外，獨有先生而已。

祖姑即世，先生負土爲墳。既葬終喪，始出授經禾中。而采值歲試，病禾中，幾殆。念旅次無親黨，遣人刺舟迎先生。先生夢翁太君扶其首曰：『廷采在難，爾往一視！』比覺而迎者至。采病尋起，爲道前夢，乃相顧泣。

先生有二子一孫，皆卒。愛先生者疑天不可問，先生處之怡然。方輯家乘續《孫氏世考録》，撫庶弟，教其三子：『祖德不可變也。』婞直之思，老而益篤。嘗以書抵采曰：『君不培其本，專事文藝，吾舅氏不以文藝重也。君六七歲時，隨入姚江書院，授陽明《客坐私祝》，老師前輩每顧君稱許，寧憶之乎？君今雖嗜古執勤，所讀書多枝葉。交遊朋濫，介節不立，匪金玉是守。而喜怒任情，詒遠近疵厲。鄉舉若行，君必見遺。夫言行樞機，千里違應，榮辱之主，皆不徒然，不可咎人。又君安家會稽，背離祠家。吾每入邑，過舅氏舊廬而泣，其若之何！』明年春，謁先生於上林，則執手喜曰：『君教子尚持義方，此事足恃。舅氏之澤，不於君身，於君諸子。君必勉之！』采拜起泫然，書前後之語以具志不忘。

姑夫孫德遠先生曰：推揚先美，不遺餘力。所謂非徒温雅，乃别見孝弟之性。

贈宗叔柯亭先生序

古者同姓之盟，周室尤篤。召公姬姓，史不言其自出，要其爲姜嫄、后稷之裔無可疑者。後與周公分陜，並稱周、召。其元子出封燕、魯，而王畿内世有周公、召公。至厲王居彘，宣王未立，賴周公、召公總政共和，周是以不墜，復能中興，則明德懿親之效也。故《旅獒》之訓曰：『分寶玉於伯叔之國，時庸展親。』篤宗盟也。《雅》詩《伐木》之篇則曰『以速諸父』、『以速諸舅』、『兄弟無遠』。周以齊、申二姜爲舅氏，魯、衛、晉、蔡、曹、滕爲叔氏，故《書》曰『王曰，父義和』，《詩》曰『王曰叔父，建爾元子』，《春秋傳》曰『叔父若能光裕大德』。周公、康叔，太姒之子，武王母弟，其稱叔父固當。若成王、唐叔，十二世而至平王、文侯，於族疏矣。乃敬其名從其字，而以尊屬諸父稱之，沿及於襄，以此稱文公。以是知周之親親，前代所不及。故東遷依晋、鄭，首止定世子，雖有外患内憂而國家固於磐石也。卿大夫以往，何獨不然？

三代而下，井田封建壞，民無分土定居。漢遷齊諸田、楚屈昭景諸豪族於關中，自是凡建國立都，莫不徙民以實其地。又士大夫以官給養，工商趨利，皆去本土。晋宋渡江，中州之從而南者益多。如吾邵氏之自燕而洛而蜀，究也聚居於姚。有自姚西徙會稽，徙會城，又有籍於順天者。余高祖靖州公北耕玉田，返葬餘姚。幼子六佐公，以玉田籍登順天賢書。是時姚宗先輩有作舟公，以儒俠遊京師，六佐公往來出入與偕，悌好甚篤。余十餘歲時，見六佐公寄大父魯公先生書言其故，始識作舟公。作舟公之少子贈公定居都門，余叔父上由先生館於其家，於是又識贈公。贈公今大啓其世，三公並以文學科第著稱當時〔二〕。

其長子柯亭先生，今令昌邑。余自乙卯閲《順天鄉試題名録》，喜識先生。其後宗人自北來南，道先生之懿修雅量，悵未之見。去年夏五，先生因弟坡兼三惠書曰：『吾與君五十年秦越也，今而知君先子固吾兄，吾子乃君弟矣。請以吾子爲託見，握手如舊識，待之無異友生。』余至之明月，先生遺季弟返葬周太君櫬於姚之舊阡，作舟公配也，曰：『以終吾先人志。後二十年，吾將南歸老焉。』

性薄嗜好，獨喜爲詩文，車中馬前疾書得意。余戲謂先生曰：『小子姑以文章當政事。叔有政事，奈何欲游神翰墨，如侯執蒲譏孫月峰之所爲乎？』先生則誚余曰：『君不見孫仲謀教吴下阿蒙説耶，吾豈苟治經生業者？且孟德父子在軍中，奮髯横槊而歌「吐哺」，天下莫當，君亦將止之乎？』一日，余驟病，尚手抄《宋史》。先生過視，有愠容，謂曰：『古所云好學不倦、耄期强力者，止於是耶？』余黯然無以應也。凡先生之與人忠信慈惠類如是。

其居官有大略，吏不束而嚴，民不鈐而肅。當東省大無之後，殫心施賑，窮鄉女户、單丁無不身到均給。比行編審户口，不求增益，使各從其舊而已。人庶蒸蒸，興於禮讓，有武城言游氏之聲化焉。

龔樸庵先生曰：温深爾雅，絶不鋪叙，而才情吏績自見。此古人群從中真相知文字。

贈秘湖山人張五皋序 壬戌

采近覽《明紀》，至史彬等二十二人從亡逸事，未嘗不撫卷太息。以爲六合之大，千載之内，烈丈夫瑰磊奇行，殆愈變而愈出。世俗之士目之曰『奇君子』，曰：『平不有斯人，天地胡立？』因嘆士有負經世之略，不幸如二十二人終其身賫志以没，何可勝道！又嘆此二十二人雖不幸不見用，猶幸而名光天壤，登於竹帛，若雪庵、補鍋者流，後人固有過而弔焉者。或其變之愈甚，則有數之奇如二十二人，風之高如二十二人，心之苦必不欲爲二十二人，而功未必足以幸成，名磨滅而不表於後者，遭遇抑又可悲也。世之人愛之敬之，而至於不敢與之交；知其人，而不敢誦其名與字。出其幽思，時爲詩歌，足與屈之《騷》、陶之《辭》相追。然以其事之不傳，而文亦或不傳者，斷斷如也。豈不惜哉！豈不惜哉！

采少侍祖父至姚江書院，及見長老諸先生，與聞大義。既長讀書，頗以經世自負。久而益困，困復振勵，以爲即未得君而事，亦當求友而交。意欲涉江淮，溯大河，遍觀中原，沿漢東下，庶幾一遇天下奇士。然而斯願又莫之遂。

辛酉春，始遇秘湖山人於會稽之樊江。大喜，謂天下之鉅人當在乎是，且得以遍詢所與游，而知四方之奇士亦不在遠也。雖未盡接其人，一識其面，而幸而得交山人，即已得交其人。於是向之沈鬱幽憂油然以起，曰：『吾雖未得君而事，今已得友而交，徒以有山人也。』退而深念曰：吾筋力不足以任事，文采不足以耀俗，雅量不足以服物，徒欲抱其區區之意，以冀奉教於長者之側，吾何操哉？夫藥囊之物，牛溲、馬渤，惟良醫調劑而進退之，無所不可。往者樊江之會，夫子語吾發瓊山、海外諸書，是又欲進牛溲、馬渤而參、苓之。因山人之不鄙遺，予用以自堅，而信山人之才不終爲雪庵、補鍋也。

今年冬，山人將西行。予送之郡城，書斯語爲謝而別，且以廣其思焉。

贈陸卜甌序

昔王半山以《周禮》啓靖康之亂，行堅言辯，士君子莫能與爭。其時陸農師先生佃，安石門人也，不阿其師説，入都極陳新法害患，終列元祐黨碑。山陰之陸以此名聞天下。康熙己丑春，余歸自燕臺，伏痾郡城能仁寺。董生思靖時來問訊，引良友陸卜甌飲余湯劑。詢其宗，則農師苗裔。蓋久病捨去舉子業，寄於醫以養親活人，盛年卓然有立人也。

余竊慨近世百家澆漓，凡所謂文章、義節、理學、事功，下逮農蠶工販，絲麻、米粟、楮墨之出，一切苟且牽就，真僞相亂。醫家者流輒以獨子、貞婦、名宰相、苦書生腑臟，姑試其粗明而未成之術。不幸厥疾弗救，雖仁人孝子痛其親之甚，亦罕有尤之者。今卜甌之言曰：『醫之道，與理天下通。善醫天下者當護元氣。非然，攻固銷骨，補或導邪。宋之禍基安石，接以吕惠卿、章惇、京、卞。彼有病之家善之，吾祖視其旁而不得一引手下砭焉。迨宣仁相司馬，群邪尚多在側，諸君子或爲調停之説，卒以不勝。則元氣已壞於熙、豐，不可終復也。夫醫之衛人，何以異是！』

余味其言，忽憶壬戌、癸亥、甲子間，吾友黄咸士嘗攜尊酒，登快閣，痛飲放翁先生主前。因共寓宿。明年，余適雪苑，咸士就辟之京師，客死不還。冉冉今二十六載矣。余衰老，猶視息人世，抱書苦吟。喜得放翁賢嗣如卜甌者，護其元氣以延余年，感念曩人又何如也？

贈陳滙萬序

康熙己丑清和，余燕遊南旋，挐舟於濟寧，有南昌劉君德廣字公居者共舟晨夕。公居登辛酉賢書，授珠厓屬令而引見，解職以去者也。有學識，通知古今。爲言西江山水癯削，所出人物率多質行，與江左風華韶秀迥不相侔。風利送帆，不數日已達邗音寒溝，悵然言别。到家每憶其人，本許作序贈之，未得其會。嘉平之月，遇其鄉陳君滙萬郡城。貌古而恭，言訥訥不出口，若不知人間有機械事，蓋全真歸璞、質行長者也。公居之言驗矣。

君青烏之學盛行，以其不欺，李君天山至比之郭璞。君未必果璞也，而世之爲璞者未逮君之璞也。越人夙稱風華，而乃知重君質行，爲詩壽君，屬余弁言。憶公居維揚臨别時，遣僕復詣余舟道殷勤。夫公居共舟纔六七日，即如今者余之於君，止一再遇耳，而意中戀戀如是。則夫人世父子、兄弟、夫婦之相聚至數十年或百年，其情之藴結又何如也？然彼莊生者流且以爲齊生死、一彭殤，則此六七日及一再遇，固當視之爲百年、數十年之久長，不忍恝也。余故輒以贈陳君者，使歸遇公居道殷勤，不忘維揚臨别之言。即公居與陳君永不相值，而余之戀戀於公居之意固已達也。

贈越掾序

范蠡、大夫種、計然、后庸，古忠智勇傑士並産越。越山澤之秀甲東南，於位爲巽，爲福德，爲文明。禹廟、宛委，藏書在焉。生其土者，類有强直不屈之氣，善觀時變，見機勢。一二人激於不平，則從而解紛難者輒有數千百人。其剛崛之性，并而爲義烈；狙詐之情，奮而爲忠孝。往往扶植綱常之事，不得越之人不能成焉。陳臥子詩曰：『越國山川出霸才。』蓋不虚也。梁、陳間，王琳、虞寄以奇節著。宋、明，正人輩接，風流日上，至萬曆以後而先澤漸微，乃多雜出於辟書從事之間，豈地脉之升降使然哉？余於此重有感焉。

夫士之生，出與處二道。然拘學抱咫尺之義，久孤於世，如太史公所稱季次、原憲云者，其人亦有真有僞。惟才足度務，而淡忘榮利，斯至貴耳。乃如末俗尚機任智，名在儒俠之間，負其藝能，不肯窮老巖穴，當世亦賴其用，固有足多者。昔兩漢之治，敦崇廉善，士大夫强半拔出諸曹掾吏，即近代□□况鍾之賢，光照史册，非一世也。庶人在官，列詔禄之末，掾誠得人，上而公卿、大夫、士皆當其理，而宇内肅清，掾其無自菲薄。又得長六官者正己率僚，以風及其吏胥，斯世不被掾之害，而蒙掾之利，又胡可少哉？

抑吾勸越中靈氣之士，以爲掾之才返事於功勳烈義，何所任而不勝？乃蚩蚩徒艷於長安之華衣膏食，棄禮樂，逃詩書，盡歸於掾，曰：『吾將爲□□，爲况鍾以晚蓋也。』於乎，其人果况鍾也耶？苟其不然，猶吾所不取也。感某掾之義，書以贈焉。

壽河南巡撫王公序 乙丑 代湯睢州

余撫吴明年春，吾郡歸德太守使來告曰：『惟夏之仲，爲撫軍王公覽揆。四方賢士大夫，數千里走大梁來賀；八郡守土之吏，亦隨屬車揚觶以爲我公壽。顧公明德在豫，衢歌塗誦，溢於河南北，猶未足以愜民謳思。先生爲孫徵君門下，雅志伊洛之學，洛中父老願得先生一言，其弗可辭。』

余惟古之建大業者，其立身也尚嚴，其御人也尚寬。嚴以致寬，則理達而政成，民畏懷之，然後慶流苗裔而永終天禄。昔叔向稱范武子之德，以爲夫子之家事治，言於晋國無隱情。若是者，其立身可謂嚴矣。至於御人之寬，則因勢順導，與時變化。鄭侯之載其清静，武侯之用法嚴峻，要於成治，各不相襲。

今聖神御世，威德被於八荒，湛恩加乎殊俗。海隅出日，含生蠕動之物，莫不内向思慕。四方既平，眷念中土，建兹明德，屬於我公。豫州固中原四面之會，南臨襄漢，北距太行，東引淮濟，西控關輔。天下之所視以安危，四方觀瞻，以爲禮樂教化之自出。而公蔚焉儒宗，司兩京留守。補敝起廢，興養立學，因其無事，與民休息。去武侯之嚴峻，用鄭侯之清静。豫州之民，農不雜刀劍之佩，兵不聞庚癸之諾，門不施胥吏之席，俗不沿靡曼之曲。士氓安業，官吏樂職。以仰副我皇上分陜保釐之意，右文更化之心。雖古風雅所詠、史傳所贊，何以加兹？夫士不深經術而尚務功名，則擊斷自喜，必有欲速之弊。際公斯時，由公斯道，始中土以播之滇、黔、甌、越，用培清室元和之運於萬斯年，則今日之壽公，固非特汴洛都人士之幸，而實爲邦家之光。是公之願，而天下士亦以此祝於公也。

余前備員史館，濫隨班末，雅悉公立身之嚴。及公來撫兩河，又幸得依大賢宇下，而服公御人之寬。兹余待罪三吴，三吴人士無不樂道公居鄉之德，可效可師。於是益信公之道行於朝廷，達於畿省，而浹於鄉黨、宗族之間又如此。士大夫論華亭人物，『前有存齋，今有我公』，其言良是。使者幸以此語復諸太守，並質之洛中耆老，用以壽公，當不以吾言爲阿所好。

范石書曰：竪得規模起，而詞更淘鍊。

壽萊州署守高公序 代張昌邑

《尚書》東郊之命曰：『道有升降，政由俗革。』《易》稱通變，使民不倦。是以或寬或猛，各隨其世，因時相濟，政乃歸平。

我東省前大無，皇上發帑金，截漕艘，遣大臣親臣，水陸輸賑。又遍詔楚、豫、江、浙諸省，有略賣山東饑民者，聽首實，送守土官發還本土，招徠安集，除其徭賦。行之數歲，穀比有登，於是山東之民得父子夫婦相保如他日。

未幾，民之飽者且醉而嬉，殍而蘇者暴而剛，枹鼓乍鳴，獄訟繁滋。制府趙公曰：『民蚩無知。吾聞一張一弛，文武之道；弛而不張，文武弗爲也。慢則少糾以猛，其在斯時乎？』今年六月，萊府員缺，檄濟南司馬三韓高公來莅郡篆。至之日，竊攘他徙，桴鼓棄投，馬就轡銜，羊無補牢。校序罷士籍籍傳公之在武鄉申飭劣衿也，而屏不户出矣。訟者質於庭，無匿情，曰：『公神明，前在廣州理事如是，搏擊奸猾，無避豪貴。』曰：『公行之省會二年矣。』公乃進七屬司牧而告之曰：『政如是止，仍濟以寬。且余承乏於茲，攝也，攝不可以暫弛。民之事必無怠，而天之職必無曠，藉衆君子襄余有成。其命案留獄之及限者，令速結報。徵解以錢法未定，須時爲酌，便利開徵。』又令曰：『前饑時，富人多買僮。僮，故良人子也。上不忍民之離散。流入他省者，尚令護歸；今本土既安，而不思天屬，傷父子恩？』贖而免者近千人。萊人飲食祝曰：『願得公滿歲爲真，萊其厚幸乎！』八月初吉，值公嶽生，請余一言稱觴。

余於公爲年通家，又與公仲、季父同官於朝，故知公文武家世名德最詳。太翁先生總師征楚，勳略紀旂常。仲父諱璜，季父諱瑄，皆今上庚戌科賜進士，文章衣被天下，官侍從及吏部。

子弟出仕郡縣，並有聲。而公尤熟二十一史，藻義風發，故臨民明决有兼才。當聖天子知人，翕受進用，正未有量。今於萊，其爲兆之一端耳，韜縕未止此也。謹拜手爲序。

切時事，講寬猛。末又補入署篆，移用他處不得。龔培學識。

壽萊州太守陳公序 缺

壽萊州府司馬梁公序 代

士君子出而以文學政事之具，致用當代，澤加於百姓，聲薦於大賢，上以荷聖天子之寵命，得此三者亦榮矣。

大夫梁公兩仕於湖之北。初令孝感，值兵氛甫靖，噓瘡痍凋瘵而更生之。迨居内艱，再補公安，公安之百姓戴之如孝感。由是制府郭公上其績於朝，天子喟然曰：『若而臣而才，毋使驟貴。聞古之育才者，必積試諸艱，知民力之勞瘁，然後可濟大用，以福我子孫黎民。其改令吴，往撫朕東南師。』至吴未一年，今冢宰商丘宋公時撫軍江蘇，又以其績上，天子曰：『俞，若汝余嘉。其擢守粤西之上思，内綏左江，外招南交。毋謂一州，余其重寄。』越四年，上思政成，又賜璽書，同簽書東萊郡事。

蓋自癸丑第進士甲科以來，三爲大縣，一守劇州，而今晋山左。凡三奉温旨褒勞，上之遇公不可謂不至。其磨厲在位，使知守令爲親民，吏不敢輕斁外任，仁心及民不可謂不厚也。朝廷有知人之明，督撫大臣有責實之效，然後我公得以其才徜徉施設於齊、楚、吴、粤間。莅之以威嚴，而民不惴惴焉惕；持之以清静，而民亦不沾沾焉喜。蓋惟知戴君恩、求民困，而忘其文之高、學之茂、議論政事之敏且傑。身通籍三十載，猶佐郡於之罘，昭如海瀕也。

昔趙宋全盛時，閬中鮮于子駿起進士，爲利州路轉運判官。見知神宗，用其議以均定役法，右遷京東西路。進《議河書》，上復嘉納。尋召對，擢知揚州。夫以神宗之知子駿，寵命三錫，而不遽用之兩府三館。至元祐初，再轉運京東。涑水文正公言於朝曰：『以侁之賢，不宜使居外。顧齊魯之區，凋敝已甚，須侁往救之。安得如侁百輩，布列天下乎！』後遂陞太常，晋修撰待制，福星一路者，轉而爲福天下。我公今日之遇，無乃類此？

公之在孝感也，請丈量除去無疇米，蠲百世之累；又建書院於西湖，烝邑髦士講業其中。及牧上思，憫蠻方罔知禮義，作鐸言申告，俾三老爲行嫁娶，有任延、錫光風績。今東土洊饑之後，望思尤切。公至則流亡始復，商船始來，民有寧居而盜賊他徙，户聞絃誦。半年之内，遂應屢豐。公之所以爲福天下於我萊，不益信哉！

咸陽冠帶甲關内，而公嗣其文武猷略以見諸躬，教子若孫，斐然皆發聞於世。區區祝嘏謳誦，何足以壽公，惟是本公之實心雅浹於民以及於天者，遺七屬人士，使藉稱觥以希當公德於萬一，慰萊人之思焉。

叔柯亭先生曰：空中結構，言外皆寓感慨。司馬嘆其澄泓踈古，名爲『天籟』，不虛也。

子志劉先生七十序

子志劉先生，經世人也。筮《易》得遯，以之終身。天下有山，居蕺山之陽，俯瞰越郡。海內士大夫高望其風，無知不知，以慈孫孝子稱之。皆曰：『忠正公之孫、貞孝君之子固難爲也，如先生可無負矣。』

先生當乙酉、丙戌間方六七歲，親見忠正公之正命。遂承貞孝君意，屏去制科文，不以寄目。迄今己丑年七十，處家立事，無背先訓，並可覆驗。獨與伯兄叔季弟，手讎先籍，凡兵屯、馬政、錢糧、天文、輿圖、銓注、河防、邊備之屬，皆有專書。居常太息，以爲天下事得人則理，人不可無學。慮數十年後人才鈍敝，成法盡亡，師古者無所取資，乃窮日夜殫思，籌運當世之務，若有職位任責者然。筆禿、楮穿、腕脱，以此爲樂不厭。或西出，往來大江南，求問遺民。稍涉聲氣，則避恐不速。人或謂先生凉，先生自若也。自忠正公時家故貧，迨其身，貧益甚，處之恬如。

顧謂諸子：『惟天惟祖父所以愛玉我者在此。汝曹苟禀先訓，但守吾貧，無可失足乖所之。』巨公名卿卑禮敦迫，則與之接。然酬唱之下，語不及時，亦未嘗對知交偶及其人。以此見先生之志也。孟冬之吉，值其懸弧。令子與女夫朱君約傳以余契先生深，請一言爲壽，因拾所見聞得者付之。要之，烏足以盡先生哉！

壽序惟此篇不負。或疑近傳體者，非也。自記。

劉子敬六十序

越中名臣之後，有一門兄弟偕隱、力承先德、不希聞達、海内交推稱者，曰蕺山劉忠正公孫四人。其叔則子敬先生也。

先生杜門著述，非先輩有道，弗與識交。間出其舉子業之文以就後進，輒往往拔於有司，浙東學者風趨之。顧獨不出旅試，或怪以爲問，則笑不答。固問之，曰：『吾偶寓意，所好不留此耳。』

采所見名公鉅人賢嗣多矣，顧六十年以來，向之所名爲隱身屠鈎、守志不降者，内不能忍其寒餓，外粗矜負其才略，争出而投當世之好。當世所共榮，已則從而榮之；非然，即行由夷、才管葛，亦幾不以自信也。若四人者，陶然簞陋，有以自信，久而不變。而先生舉業之文又足以榮世，而不用以趨時好。是誠不以世之所榮爲榮，而能守其至榮以游於世之外。久之，而世之人雖不能棄其所共榮，亦群知感發寤嘆，以先生之榮爲榮，於以見人性之善、名教之尊。先生之所獲於其先者孰多？而抱此以自樂者，良亦足也。

采又稔先生門内率稱先生推多均乏，因心友悌，天性闊略，不屑米鹽，有五世祖茅山公風行。其與人平易，不解末世有機變事，則又大類高祖兼峰公。劉氏自遂安孝子以來，積善累仁二百年。及於忠正公，而理學節義世莫與匹。貞孝公養志，事死如存，先生兄弟四人者又承之以隱德。天之所以厚劉氏宜綿綿其未有艾，而況先生之孝友忠信孚於家庭，稱述鄉閭無間言者，又數十年如一日乎！

今年某月日，爲先生六袠初度，郡中縉紳名士謀所以壽先生。先生聞而止之，且泫然曰：『是非某所宜也。某生之歲爲前丙戌，其先一歲爲乙酉，吾祖忠正公實以是年六月終焉。迄於今乙酉，六十一年矣。吾不及見吾祖，而全書遺命具緘篋笥。其訓先君子，教以但遵《人譜》，謹身修行。先君子是以奉之終身罔敢失墜。小子不敏，冉冉云邁，至甲子週，見遺於世久矣。惴惴焉隕越先人之訓是懼，其敢當祝嘏之事以滋戾？』

采聞先生言，既嘉其賢孝，又以愧夫世之忝所生而慢以稱壽爲者〔三〕。即以是言介其長君，使持以侑觴，而繫之詩五章。詩曰：

高山仰止，蕺山惟祖。翹余望之，詒謀繩武。卓哉貞孝，繼體象賢。奉公遺書，窮乃益堅。四時之氣，備我同父。叔也偕臧，如石斯固。嗣音思媚，静好齊年。宜爾振振，雲采爛然。自祖及孫，曰攸好德。以莫不承，來者無極。

仁和王百朋曰：偕隱不出，以繼志事，此之謂真世家。浙東大有人，首望在先生一門也。讀此序，使我三嘆。

祖自十世遂安公純孝開家，六世茅山公、五世兼峰公承以醇樸古茂之德。高祖妣章太夫人奇節發聞，至曾祖忠正公忠貞。（原書下空二十二字）

宗晏如六十序

古之爲壽者，或足以壽一鄉，或足以壽一國，或足以壽天下。稱其量之大小，非可誣也。匹夫而化鄉人，往往稱之，然而有説焉。古之人，有名不越閭里，足不跨户庭，而游思天下之大。生嶺嶠者，未歷龍門、積石之險，涉登長河、岱山之高，深以爲憾；而長燕代者，又希得一探禹穴，望閩海以爲奇。人情固然。乃宋景濂有云『端木之歷游，何若顔淵之閉巷』，抑卑之，姑未高論。仰視人世，巨宦者、遠賈者、吏趨走在官者、士從辟書投人幕者，莫不汲汲逐如鶩，至於摇精勞形，終吾生無愒時。

而獨某之宗有人焉，作息自得，擊壤含飴。自厥初生迄於今，蓋閲三百六十有甲子矣，而希入城市，未嘗一見郡邑之長，車牛輸税常最諸鄉，有宅有田，饒桑麻畜之業。親戚至則擊鮮烹葵，與寫情話，召子若孫出肅客，少長有禮。客無不喟然嘆息動容。士之居於鄉而若此，斯爲太平之幸人也哉！視彼歷龍門、下長河、俯岱宗、東觀閩海、搜禹穴、發宛委之勝者，所獲孰多？

夫止於木，不過一枝；飲於河，不過滿腹。生與世相遭，其取之也固已廉矣。廉故嗇，嗇故腴，腴故壽考，自其所也。百年曰期，而有道者以百世爲壽，久暫等耳。寧復區區鄉國天下之衡廣狹乎哉？斯説也，經生之常談，然其人不易得也。吾宗之晏如翁是已。翁六十初度，宗之人聚而爲壽，因書其語以進。

校勘記

〔一〕上思載筆　上，康熙本作『尚』，當據改。

〔二〕三公並以文學科第著稱當時　三公，康熙本作『三子』。

〔三〕又以愧夫世之忝所生而慢以稱壽爲者　慢，康熙本作『漫』，於義爲長，當據改。

卷六　書序

全氏譜序 壬午

有宋外戚世家，山陰全氏爲最。興廢之跡與理、度、恭三帝相終始，歷元、明兩世不仕，而詩書禮樂之澤固有存者。裔孫闇生考其祖系，余索而觀之。

按譜記古姓無全，漢諫大夫王崇子恒德始更全姓。後遂爲錢塘右族，全琮父子知名孫吴之世。迨宋光宗時，全衡自錢塘徙山陰，實山陰始祖。衡孫義積財能散，勇於任卹。季子大節産慈憲夫人，育理宗皇帝於民間。又一傳大中女孫明順皇后配體度宗，兩世后戚。當是時，全氏之寵貴甲天下，没贈王爵，生享榮禄，群從子弟並出入禁闥，更直宿衛。嗚呼，何其盛也！

余覽《宋史》，感於太祖、太宗之際，授受不得其正，禍延靖康，厥罰彌烈。韓、岳百戰，捧江左之土以奉臨安，卒不克保其似續。皇天陰相佑，啓德芳、德昭之後繼統，各延三世。故全氏以一保長潛毓聖嗣，理宗享國獨久。五主傳祚，共六十年。斯蓋天之所與，承家開國，豈繄人力？無平不陂，春榮之後受以秋落，數理固然，其何足怪！而全氏始居盛隆，已能公勤廉約。同時賈貴妃弟似道恃寵專政，怙侈滅義。獨明順之族不聞以戚畹貴驕稱。本無壯趾之凶，頗達剥牀之戒。是以晚際陵夷，大辱不及，與他宗特異。造物者虧盈益謙之報，固已徵矣。今其譜凡例曰：『正昭穆，嚴合食，詳葬地，通賀弔。後外姓必告，遷居必録，脱遺者闕之。歷盛衰勿之有改。』是孝弟之道，爲譜之良法也。余嘉闇生之意，異夫世之矜貴胄、羞寒士、矯託傅合以瀆其宗祖者，故爲之序。

闇生名煒，按始祖衡凡十八世。康熙四十一年識之東浦，年七十五矣。

吴洵冲曰：作一譜序而關一代興亡，何等立意。

劉信侯曰：從大處起議論，體氣似東漢人。

全氏譜後序 壬午

全之始姓爲王，舊云周靈王太子王子喬之後。漢諫大夫王崇字全節，子恒德以避莽禍，因父字改稱全。氏之有全自此始。

後尚書丞全柔遭董卓之亂，歸隱錢塘。其子琮有功於吴，尚大帝公主，封錢塘侯。四子：曰寄，曰懌，曰端，曰尚。並有聲稱。又《吴志》，琮長子緒以東關之役，與丁奉建議破魏軍，封一子亭侯，譜軼不載。又尚子紀奉詔討孫綝，事敗，偕公主家屬徙豫章。全氏起恒德迄琮，祖孫傳漢、三國，並以清亮忠節嗣其家世。

入趙宋，有錢塘全衡始渡浙，家山陰之寶盆。其孫義建望煙樓，好務賑施。三子大節爲保長，女贅宗室希壚，生與莒、與芮。與莒入繼大統，是爲理宗。與芮封福王，福王生度宗。而大節仲兄大中女孫爲度宗皇后，以皇后貴加恩全氏，追封義爲越王，大中爲和王。后父昭孫前死事於淮西，封昌王。理宗立年，封外祖父大節爲太師、越國公，二子官少師、節度。五世三王、兩公、一總管、二節度、三承事、四解元，餘觀察、殿機、督幹、將仕、架閣等不可勝紀，可謂極一時之榮遇。其後伯顔師次皋亭，謝太后遣使奉表納土，明順太后隨其子德祐帝之燕，終於尼寺。社鼎既遷，賢良重禄亦以播離。楊璉真伽南發六陵，理宗且不保其顱骨，丹書盟券，空復何用，哀哉！貴寵之不能久居，體同休戚，人臣有作福作威玉食，害於而家、凶於而國者，可爲明鑒。

全氏再世后族，又能以文章自見，取高科，持盈防溢，凡此皆可書。《西湖志》則言元明宗善嘉國公，取其子爲後，即順帝。故俗傳明順之裔世主沙漠。此事頗涉倨誕，非所宜載，以俟後之通國體、管史局者。

東浦里第賜自理宗朝，元初流散，十二世始復歸浦。一子遣戍括蒼，後爲處州人。與浦分宗者，山陰環埭、柘林，别居鄞者曰光溪，居仁和者曰藺橋。紹、寧、杭三郡皆有全氏，而東浦爲大宗。其遺趾府基、鵝池、馬院，今尚存。

王克安曰：與前序參看，詳略俱得史體。先生故懷感慨，是作更多沈鬱，沈鬱之極，乃爲平淡。非歷古今盛衰，無此識力。弟宣猷識。

孝友堂集序 壬午

《孝友堂集》者，餘姚陳執齋先生及兄寒松君柳津、弟比書君秋湄所爲作也。同父母八人已分炊，飲食俱共，閨門化之。師友取足其家，考疑問奇，融然相樂。順治三年，王師始渡浙江，即以八月集諸生會城，舉鄉試故事。先生願守舊廬，傭田自活。已而吏呼催科急，又數爲無賴侵辱，不能忍，乃起。中辛卯鄉試，由石門教諭歷知祁、齊東、真定府、晋州。

先生之學在詩與古文，惜雜於佛。經義亦峭質，不爲靡細之響，肖其爲人。致政歸，年滿七十。起寅及午，持譯内典。午則受之，以至於昏。手校抄《姚中先正疏奏》，略無寧暇。采以先君世好子行，承間頗言，謝曰：『君當卒成儒者，肩荷名教。吾業放跡，喜釋家言，不復自諱，亦不省僊病也。』既愧先生厚，又自顧行業不厲，聽之沾汗。已，出所著文累百篇，使定取之。諸妄點竄，一字不易。其全芟去，應時燒毁。録成，命子昕烈曰：『世父寒松庵、八叔父比書樓當合刻，吾稿誓不獨存。』昕烈跪受教。

寒松君爲文章博而贍，雄諸弟。講貫宗先秦，亦稍旁涉江左。能忘其貧，至老益力。比書君質性雋孤，不阿時，詩文、經義具有法度。中康熙丙午鄉試。早失怙恃，長育配娶，悉先生經紀。没又無嗣，以第三子繼其後。禮不使齊本生，異夫世之爲人後者。二君皆善先君，先君亡，寒松君逢采道中，必爲之泣。先君客石門，嘗酌明倫堂，心痛起去。主人留采還席復飲，先生厲聲曰：『君父疾，忍竟酒？』坐客皆愓，乃罷。先生在時，命采總跋二集〔一〕，久不上。見輒恚索曰：『重君文，用相屬。故慳苦我耶？』今先生奄没八年矣，荒齋伏病，追念曩人。夜半忽憶此事，旦起咄書。雖言之非工，不敢廢先生命也。先生自顔『古處齋』，并寒松、比書凡若干篇。昕烈鬻産，走石門，購良工爲梓，留其板。石門來取備，十年償之猶未足。

末綴《竹香居集》者，同邑管君襄指文。君高節，亦無子。與孝友堂交篤。推其誼，遂爲之刻。名諧琴。父宗賢，伯宗聖，御史見之孫。

毛西河師曰：文以零散見屬續，此是古法。

徠服軒詩集序

《徠服軒集》詩四十一篇，山陰朱固亭先生所焚棄，時其夫人祁私拾之以藏於笥。越四十有六年，嗣子伯孫、約傳二君出而命余爲序。序曰：

萬物有成必有毀，生人有生必有終。而不泯没於天地間者，精神而已。惟精也，故能藏天下之志；惟神也，故能通天下之感。見於文章，爲修辭立誠。

詩之爲道，修辭之大者。今三百篇，夫子所删而存，皆立誠之辭。其中一朝不過數人，一人不過數詩。至於小大變《雅》，所稱『怨誹不亂』者，大抵立其朝、憂其時、感其事而作也。若父師《麥秀》之歌、義人《采薇》之句，《風》《雅》《頌》概不登。若曰此殷人殷詩，置之存而不論之列可耳。今有哭其夫者於東鄰之室，而實明器於華錦之庭，則人必挺劍而起矣。詩可以怨，而怨非其時，何以異是。家父、凡伯之爲《南山》《板》，屈平之爲《騷》，皆憂時感事，非所施於易代之後也。陶元亮詩多在易代，故其辭不怨。後之《冬青引》《西臺記》怨矣，然無一語及時，故能保其身，而禍亦不蔓於世。此善處否遯，立誠而辭有體要者也。

吾又以謂潛之用怨也或深於翱。菊與酒兩者，與人無争，與天無憾也，潛詩每及之，而人以爲樂天。其名潛，在劉氏之代乎？不得乎潛，則爲亢；亢不能，返於淵。固亭先生瀕亢而返於淵矣。其先人之烈與元亮同，知其身可廢而世不可以不保也，故返於淵而復爲潛。在《易》乾之履曰：『君子終日乾乾，夕惕若。』夫能惕則猶龍，以龍之惕履虎尾，轉龍戰之亢，而元吉有慶。吾於先生之焚詩，得惕道焉。今所存四十一篇者，惕之餘也。坤五黄裳而文在中，祁夫人當之矣。

吾又感越中士氣在先生世猶盛，魏伯陽絶於張儉，而祁氏奕喜兄弟爲孔文舉。當諸人結詩社時，天下名士争集徠服軒。迨伯陽死，奕喜放，曩時同社多出，希當世之聞達，以詩名家。而先生竟儽然窮餓，守先人故廬不去。死者復生，生者不愧乎其言。於乎！其可謂信者與？信以完友，而忠孝以承其家，是則先生精神之不泯没於天地間者也。

探珠集詩序

山陰劉氏多才士，而戒謀自少以『詩豪』名。唐劉夢得禹錫嘗稱『詩豪』矣，故人別戒謀曰『小詩豪』，豈夢得苗裔邪？抑其後身邪？吾謂戒謀自有其詩豪者，不在乎與夢得争並驅於千年間也。國初以來六十餘載，士大夫敦尚古學，詩文之作莫盛於今日。下逮鄉國庠序之内，競相酬和。在紹興，則有詩巢諸子各以其技鳴，皆自成家，雅健清絶可喜。而余所見戒謀之詩獨多。戒謀爲詩不肯依傍門户，於獨出神韻中自與古會。近體效温、李，五言古直追蘇、陸，而骨格間似昌黎。故田子易堂序其詩曰：『笥山擅才，長人具法，戒謀以情勝。』易堂之知戒謀可謂深矣。余非知戒謀者，而猥以詩屬之序。又見其勤思善下，能博取於諸家以成其品也。人之爲學也，喜於變而彌上。戒謀十餘歲見推詩宗，二十餘即有集行世。今三十三歲耳，四方鉅公名士無不知越中詩巢有劉戒謀者。其詩其人，可謂早成。而戒謀方悔詩之遂同魏晋，乃盡燬壞其前所鏤板，特爲今詩，寫其靈緒，猝然得之觴詠，有人之心思所不能造者。雖戒謀亦自疑，以爲神授，非人力也。

戒謀祖樓名探珠，故其詩有《探珠集》。夫『四人探驪龍，子先獲珠』，此非白太傅之見壓夢得而罷唱者乎？然則有劉氏戒謀，夢得爲不孤矣。戒謀曩曾顔其集曰《宛委》，宛委者，禹藏金簡玉書處也。今而名《探珠》，大禹之覆，其待發於戒謀矣乎？

雖然，以戒謀之才情發之宛委者發之蕺山，家有藏珠不可斛計焉，又唯是詩家驪珠之探云爾哉？

金素亭先生曰：觸手靈妙，亦如盤珠。

祁舜可先生曰：戒兄詩辭妙東浙，氣誼亦自今古。先生非苟作者，其爲此序，不獨以其詩也。

章氏宗社詩序

余向不學詩。聞高適五十始學詩，心艷慕之。西河毛先生曰：『人可不學詩，詩不列於經。』會稽章泰占者，年弱冠便爲詩，詩即工。嘗與余論詩，其言曰：『陶淵明清而不麗，陳思王麗而不清。江以西情寡而理繁，江東情勝乎理。兼斯二者，猶苦氣弱不振。即麗與清，且奈何哉！』又言：『山陰朱天南之詩長於言情，未善體物。體物者，心有造化，注手而成，猶畫家之於竹，非葉葉而爲之、節節而累之也。』泰占之説詩，可謂精矣。

康熙壬午正月，偕其宗人十輩爲《道墟十八咏》，而書來使余序。凡五絶一百二十六章，各爲圖，乃以詩綴，輞川遺意也。諸君皆有高世之思乎？其誠善於體物乎？

追惟庚戌、辛亥間，余年二十二，讀書章氏，與因培、芬木昆弟遊。因培少余纔一歲，芬木三歲，持弟子禮，祝撰彌謹。余愧退，則謝曰：『齒讓久不立，願先生因而示之。』此時泰占尚未生也。無何，於今三十二年矣。余孑孑同因培、芬木皓首一經無所獲，而泰占年氣方盛，九人者亦多與泰占同時先後生，乃能磨光砥垢，大起古學，於其先人登遊吟嘯之地作爲歌詞，以紀其事。嗚呼，其可感也已！

章氏世居道墟，當偁山之陽，瀰水阻其北。所爲《十八咏》者，曰《齋臺》，曰《第一泉》，曰《柴塢》，曰《南陽坂》，曰《鑱》，曰《麻園》，曰《籟適樓》，曰《裏港》，曰《東市》，曰《江山環秀樓》，曰《果園》，曰《杜浦》，曰《黄艸瀝》，曰《樯木彎》，曰《浴鶴泉》，曰《海崖》，曰《兩山洞天》，曰《宜嘉尖》。《越絶》云：『齋臺，越王齋戒臺也，在稷山。』環秀則西軒御史宅，而籟適爲格庵先生讀書處。其他皆余嘗游歷，地絶勝。章氏多傑人，余夢依格庵先生，曾爲述傳，以致因培、泰占附登家乘。格庵誠雪庵之亞，流風餘教，興起頑懦。今十君者之詩推揚先業，其傳於後，自可貴重。又寧特如輞川，使人卧遊忘倦而已？

余固非知詩者，而辱以詩示，因爲道其世好，頌其祖宗。知章氏之先犯顏仗節，所以光照東海而啓翼其宗裔者，非一朝夕之積也。然則余之感於是詩也深矣。

莫掌綸曰：低徊頓挫，彷彿廬陵，其骨幹則昌黎也。作詩序却説到禮讓、忠貞諸大節，關係不淺。

陶子清圖書序

鐫篆家之宗秦漢也，右古也。古者每事尚質，民風、士行、吏治皆質也，何獨一鐫篆？顧質不可以力造，有天焉。吾烏知古人生今日能復返於當日之質耶？後人往往有過前人，乃以巧勝，功勝則法離〔二〕。神乎法而意與古會，則其天者全：僚之丸、秋之奕、公孫之劍、由基之射、造父之御、韓王孫之兵、司馬遷之文，皆是也。李廣見石，以爲虎也，射而入之。他日射焉，終不能入矣。何者？前射之天全，而後射之天不全也。文字立而蝌蚪鳥跡興。自李斯刻璽後，若鐘鼎、史籀、秦篆、漢隸，勒之金石。至唐、宋刻朱文，其法大備。然後人悉巧竭法以規摩秦漢，終莫能逮者，豈其天固已遠古，巧勝法密，而意反不足與？

會稽陶子子清工圖書，爲余仲子承明鐫『思復堂』一章，文理端嚴，腕力勁厲。余就訪焉，乃得飫觀其生平所集刻。知其思深而學博，屏却外好，富於年而能甘貧賤，未嘗以其技干耀於士大夫。授徒養祖母，不爲阿世舉子業。庶幾乎古人之概者。故其天全而心手所遇逼邇秦漢，近代王趙文何未知何如也。

余嘗謂經之以畫用者莫如《易》，而書之以《易》用者莫如圖章。天地、風雷、水火、山澤、龍蛇、蟲獸之怪，鬼神之情狀，盡之矣。李斯説其君以焚《六經》，獨不焚《易》。斯蓋頗有得於畫之用者，惜其所以治天下之具不以是也。乃知文字之功，聖人之精意存焉，雖經秦之世而莫之敢壞。陶子毋謂一藝哉！與天地比壽可也。

家訓序

家自五世祖鑑水府君至先君子鶴問府君，代以孝友忠厚傳家。鑑水府君洎高祖廓源府君，兩世爲清白吏。曾祖易庵府君蚤卒，而貞懿翁孺人以淑德成就孤子。魯公府君更振之以理學，侃侃著孝義之節。鶴問府君詩文爾雅，文采耀於前人。生其後者，愧難爲繼也。述《家訓》。

師訓序

自幼九歲，從魯公府君至城南姚江書院。及見求如沈先生，謂曰：『孺子治何經？』對曰：『方受《尚書》。』沈先生摩其頂曰：『孺子識之，在知人，在安民。』府君呼采拜受，至今憶焉。是時並見子虛史先生。史先生卒，從府君往與弔，亦至今憶之。年十七，始受業先師韓夫子之門，講陽明之學，韓夫子所以責望采者甚厚。自夫子没而志益荒，行益隳，然不敢忘也。述《師訓》。

友誼序

一介之士，必有密友。友者，所以磨礪道德、通有無、共生死者也。吾於餘姚得一人焉，曰徐文亦；於會稽得一人焉，曰陶子千；於石門得一人焉，曰陳聲大。嗟呼，難言哉！文亦、聲大並以公義相許。若勸善不倦，施惠不怠，存没可信，以要於成，唯子千而已。族弟開甫執義侃侃，語不他泄，真愛我者，而惜也其已死矣。述《友誼》。

易數序

管輅有言：『善《易》者，不言《易》。』故京房、郭璞，不免殺身。以此思數，數可知矣。然數本乎理，與人子言依於孝，與人臣言依於忠。謀及乃心，謀及卜筮。稽疑之學，君子亦有取焉。桐鄉李氏善推《易》數，予喜其不滯於理，得聖人屢遷之義。述《易數》。

文藝序

予少時不善讀書，喜涉獵。八九歲從王父魯公府君受陽明《客坐私祝》，府君即欲教以聖賢之學，非儒者之書勿使見。是年，始記周、程、張、邵、朱及白沙、陽明、曰仁、緒山、心齋、東郭諸君子姓名。年十一，從府君受先正制義。府君卒，明年，先君鶴問公去之石門，庭訓曠廢，乃從外祖陳蜀庵先生學。蜀庵先生性嗜佛，往往爲談説禪學，然受《左氏春秋》及司馬遷《史記》則自蜀庵先生始。庚子辛丑，學時文，所聞見不進。癸卯，至石門，隨先君讀書。見《皇明通紀》，悦而録之。又明年，在家無師，始私啓先君篋，縱觀古今書籍。然不精專，訖無所得。緣是不能爲古詩文，有媿先人家學焉。述《文藝》。

萬授一先生曰：讀念魯小序，知念魯用心之所存。而祖父師友淵源，亦略見於此矣。

治平略自序

仁和章士裴淇上訂補豫章朱健子强《治平略》爲三十五卷，學該而力勤，於明事尤核。長洲蔡方炳九霞先有是書，然措意止在舉業，而明事不具。余思取章先生書輯之，惜其目緒太繁，文亦少鎔鍊，如望滄海，迷三山，漫不得要領〔三〕。乃轉尋己意以貫串古事，半存舊文。手抄三月，得文十二篇，皆時所當先者。不欲仿蘇氏直入議論，仍名之曰『略』。

蓋政與世移，旬月之間，情勢萬變。吾之所論，未必遂可施行；而今所難行，又未必不可施於後。故每兩存其説，令識時務者會心而自擇取之。不然，書陳陳充棟，如不能用，何益？嗟乎，吾曩者有意天下之事，今老矣。此十二篇中，亦多雷同勦説。然致用豈在高奇，何必黄石之書爲秘而老生常談爲闊乎？

受業弟之旭及龔生培學請鏤板，省傳鈔。余笑曰：『是又將爲舉業用耶？』之旭曰：『舉業固以經世務，先生無輕量天下士。』次其語簡端，付梓人。

校勘記

〔一〕命采總跋二集　二，康熙本作『三』。

〔二〕功勝則法離　功勝，康熙本作『巧勝』。此承上文『乃以巧勝』而言，作『巧勝』是，當據改。

〔三〕如望滄海，迷三山，漫不得要領　姚名達《清邵念魯先生廷采年譜》作『如望滄海三山，迷漫不得要領』。

卷七　書啓

上江蘇宋撫軍書

往者新建伯文成王公撫贛州時，有泰州布衣心齋王艮叩閽求見。文成納之，叙賓主禮。心齋抗論不讓，良久，乃始下階成拜，卒爲高弟。又泰和楊茂口不能言，耳不能聽，而心聆文成爲今之賢聖，雜於稠人觀聽中，進求提示。得文成數語，大快距躍而去。此事也，於今百六七十年矣。

廷采布衣，伏處於越濱海。雅志濂洛之學，得其師於書，尚未得其師於人。行年五十有二，鬚眉皓然，而當世未有知者。所愧不如心齋，以其猶事舉場，不能超然捨去；比之於茂，又多其能言能聽。以是側聞先生之爲大賢，不揣賤陋，而亟候見焉。惟先生察其詞，原其志，而進退之。

謝陳執齋先生書 癸酉

頃謁晤先生，如見先君。兩世得附傳志，喜不夜寐。但贊語憐其祖父，而過嘘枯其孫子，云

『行止一禀先訓。父没二十年，語及輒流涕，至性盎然』者，實非能如此也。直以遭運陵夷，萬斛血淚，遇祖父之執，不覺湧出，非逢人便然。伏念疚愧，僭更『走四方，交當世名賢』八字；亦非自謂其能如此，特意此事較前所云稍易行耳。實亦不顧其學行之薄、才用之陋，而輒爲此言也。重辱大誨，以爲是涉聲氣，崇實黜浮，毫釐千里，呼適粤之北轅而反之南。受讀拜泣，亟繙前贊，定從原本，俾夢寐之下，服膺斯意，要於有終。且令愛采者得執此以嚴稽其過惡，爲畢生息壤左證，皆先生玉我也。

託梨洲先生評語，誠係好名逐外。凡此隱微，咸願洗滌。十餘年前，嘗以《讀史百則》呈正黄先生，後又蒙授《行朝》一編，殷勤提命，難忘是恩。立名真僞，學術異同，海内後賢自有定論，吾黨不任其責。至於隨事得師，虚心廣見，何所不宜？《傳》曰：『高下在心，瑾瑜匿瑕。』若近梨洲門庭者便謗晚邨，依晚邨門庭者專毁梨洲，且非詆陽明以和之，先生以其人爲何如人也？

癸丑寄讀禾城，獲侍約庵施先生。前後二十載，則侍先師遺韓韓先生。采所師事惟二師耳，今皆即世一二十年矣。道喪文敝，風俗人心，澌密無餘〔一〕。天下皆奉時文爲經傳，以講學爲聲名，穢汙垢鄙，不可祓濯。比年以來，并是兩者，未之或見。矜其捷足，明明奔走於苟得之途。非先生峻厲之氣、真慤之衷，孰能挹而清之、扶而正之？

顧涇陽先生云：『世日尚圓，朱子獨方，方則一毫假借不得；世日尚奇，朱子獨平，平則一毫簸弄不得。』蕺山劉子每舉斯語以示學者。今先生之教，實與顧、劉兩先生後先合符。更若恢弘大度，翕受兼聽，使慕義而來者易知易從，非先生誰望耶？

胡導九曰：是韓、蘇據案咄書文字，却無一字不古雅。

謁毛西河先生書 己卯

廷采敬啓西河先生門下：采生五十有二年矣。五六歲時，禀祖父之訓，教以孝弟忠信、爲人之方。稍長讀書，從入姚江書院，及見沈求如、史子虛二先生。二先生私淑文成王子，遭變，信道不出。而沈先生在當時頗有禪學之目，惟史先生粹然醇儒。姚中人士興起，並知談說濂洛，推本洙泗，深衣幅巾，峨峨可觀。采祖父及父皆二先生高弟，以是幼年聞見不惑。先哲既亡，稚有記憶。二十二爲諸生，從事舉業。以爲非向上功夫，此意扞格，久不進益。性喜抄閱明史，然無師指授，空自勞攘。而本性一道，幸侍先師韓子，月季再會，重續沈、史之席。先師怡然退然，中懷無事，大類李延平。及門高弟，則徐文亦景范其最著者。

庚戌歲，先師告逝，皇皇無有依歸。癸丑，遇施約庵先生於嘉興。濫蒙獎許，勉以經世事業。此後意願漸廣，交遊道雜，勇俠輕非之士漫相標重。久乃自悔，先人醇厚之轍豈宜頓易？

退與樸茂者居處。十年以來，重理初志，竊欲肆力於史。草茅饑凍，不能自振。一代浩繁，茫無措手，躊躇瞻顧。見馮再來先生隨筆云：『己未，上敕史館，奉有「福、唐、魯、桂四王，許附懷宗紀年」之命。』因遂不揣，輯《西南紀事》一卷。中間抱病，又迫生徒課業，未得一心編録。丁丑、戊寅，假榻東池兩水亭，復輯《東南紀事》一卷。手較未竟，故疾大作。今年己卯被放，益慨窮達有命，不可力爭。而壯心未衰，不能與古人潛德遯世者同甘淪没，輒欲繕寫是書，呈當世之高賢，以考鏡其是非，推求其心術。

伏惟先生，今世之韓、歐、班、馬也。康熙七年六月初吉，望見光顔於古小學。此時蕺山高弟如張奠夫、徐澤藴、趙禹功諸先輩咸在講座，而先生抗言高論，出入百子，融貫諸儒。采時雖無所識知，已私心儀而目注之。迨十三年，避寇入郡，始得先生之文集於重山董先生所。伏讀深思，不能名狀，但驚其雄博無涯涘，考核精嚴，諸體具備。歷觀當今作者，本原之大未有過於先生。先生負當代之望，爲名教之主，推崇陽明，排斥異議，後進之士倚一言爲太山、北斗。采也不才，忝爲同里子弟，向慕越三十載，未一進謁左右，其爲鄙陋也甚矣。無所私請，不欲託於不知我者之言引重，輒自懷刺，伏叩門下求見。守寓待命。

姜汝高先生曰：　祖父師友淵源，歷叙井井，直而不偪，固足感人。

李剛主曰：　議論沈鬱，學術精醇，故是南州雅士。

候毛西河先生書

伏惟先生耄期敬學，精神日益加進，凡所著述，皆從身歷中來。廷采濫厠門墻，恨色力早衰，以不適用之身，又迫家人艱食，進退狼狽，不能抉揚微奥，有負師門。

前所責劉傳依託陽明句，竊自恕指言者末流之失，非及文成也。謂借此阿時干進，無此肺腸矣。『致良知』三字，實合致知、存心一功。所謂察識於此而擴充之，直是任重道遠，死而後已之事。俗儒認作石火電光，所以曲議横生；而脚踏兩頭船者又用調停，以爲姑諱此三字。如吾師直標宗旨，即今無第二人。向見潛庵先生答陸稼翁札，與吾師有同契也。

蕺山不沿良知而揭慎獨，謂獨是未發處，不是已發處。功夫專在未發處用，獨體下不得個動字，未發下不得個静字。共睹共聞，自有不睹不聞未發在，而指其微過，一言蔽之曰妄。復則不妄矣；不妄，則七情、九容、五倫、百行少有纖過，正如紅爐點雪，隨着隨銷。故曰：『不遠復，無祇悔。』『苟志於仁，無惡。』蕺山之所謂獨，蓋即良知本體、道心之微，與朱子殊，不與文成殊。特變易旗幟、改换名目，以新號令、作士氣耳。少時入姚江書院，見淺學紛紛讀得『致良知』三字滑，遂成骨董。其賢者罔不高論禪宗。去先賢曾幾何時，流弊若此。文成恐學者支離於學問，蕺山恐學者荒忽於靈明，興衰起墜，同一苦心。其相羽翼於孔孟之門，後先固一也。

至『干羽兩階』一語，勸君修德，未嘗欲偃兵。蕺山論時務，皆切當世之用。己巳守禦京城，及屬卧子論南遷，非迂闊者。吾師集中有此，尚求酌定。

又宋儒排抑漢、唐，推尊本朝過甚。陳同父謂：『天地常運，而人心常不息。赫日當空，處處光明，閉眼之人開眼即是，不應二千年之間有目皆盲。二三儒者因吾眼之偶開，便以爲得不傳之絶學，盡距一世之人於户外。夫子惟教人爲聖人，子夏分出一門而謂之儒，儒者傳先民成説，守規矩繩墨，而後學有所持循。成人之道，宜未盡於此。故學者當學爲人，不當專學爲儒。天下大物，不是本領宏大，如何擔當開廓得去？漢、唐之賢君，果無一毫之氣力，則所謂卓然不泯滅者，果何物哉？』同父持論甚平，非徒『開拓萬古之心胸，推倒一世之豪傑』而已。

至謂宋儒講學者無一死節，亦適不會其時。若程、朱當厓山淪覆，度必爲陸秀夫所爲。而當時定大變、濟實事者，若寇萊公、韓忠獻、李忠定、虞允文、文履善，皆不出於講學之人。然此數人者，程、朱之門多不稱道。以此疑諸儒將宇宙大事業私占自家門户，而其用處亦每受道理拘縛，鮮所變通，恐其行之或礙。三代而上，獨不用詐謀詭計；至於機權，所以成天下之務，禹、湯、文、武、伊、周、太公皆有之。孔子見南子，欲赴佛肸之召，孟子對『好色』、『好貨』及三宿出晝之濡滯，果有道濟天下之心，似非可以孤立行意者。

又元人修《宋史》，於《儒林》外别立《道學傳》，此後遂爲定名，專家似當去之。吾道一貫，孰非道學中事？而以此立儒家標幟乎？同父所以謂人不當專學爲儒，正爲此也。同父惜未見之行事；使其任事，定當有一番規模。外此，若陳東、歐陽澈之以諸生布衣死諫，洪皓之流遞冷山，若斯之類不可枚舉，豈非真道學？而吕好問涉張邦昌之嫌，顛趾出否以救國事，其本原雖與狄梁公小大不同，均爲聖賢所取。後之論者，滿頌梁公而微彈好問，此亦忽邇貴遠，與耳食無異之一徵矣。充其刻論，至謂陽明私結宦寺，又何怪乎？

嘗讀逸書，吴興老生沈仲固有言：『道學之末流，至寶祐、開慶間幾不可問。見治財賦者則目爲聚斂，開閫者則目爲麄才，讀書作文者則目爲玩物喪志，留心政事者則目爲俗吏。所讀止《四書》《近思録》《通書》《太極圖》《東西銘》《語録》數種。不爲其説，即立身如温國，文章氣節如坡仙，亦置之格外。其在朝，惟以敝冠衣、端跬步爲事。求如正公之規折枝、文公之斥和議，則無之矣。賈似道利其結舌寒蟬，不致掣己之肘，故用之列布津要，禍不在典午清談下。』采始詫仲固言，今而不能無疑。蓋崇性命，薄事功，矯揉偏重，其弊乃至於是。由是言之，陽明數傳而後，士喜言覺悟，漸流禪定，使天下以良知爲諱，亦容有固然矣。

天下有千萬人訾謷，不足輕重吾道者，如今世之議陽明及東莞陳建之異幟是也。獨怪顧涇陽，東林君子之首而攻排王學，仇王者至今依歸。然以陽明視涇陽，直支子耳。涇陽崇直節，而孔孟之道不止於直節也。又其於朱子之學未之全見，止以墨守扞邊圉爲衛朱。見有一言之及簡易，則以爲涉於陸；一言之及經綸，則以爲涉於陳。故從而爲之説曰：『今有人兼象山、永康而具之，朱子復起，憂更何如？』於乎，象山豈異端乎？永康豈蘇、張、范、蔡乎？是何異游夏、洛蜀之門人相譏而藉老、佛以卞莊刺虎之會也。故采嘗妄謂學陽明者毋反而議朱，朱之人固泰山喬嶽，而朱之學固曾子、子夏也。至《綱目》一書，則直繼《春秋》而懼亂賊，陽明子所未暇作也。

昔鄭端簡成《吾學編》而尊王。茅鹿門，文士也，知尊王。此兩人皆非專於講學。至涇陽始大興講學，天下之正人相遇類聚矣，而持説乃與陽明貳。然同時如鄒南皋、馮少墟、高景逸，皆不左陽明。劉蕺山雖不言良知，然補偏救弊，陽明之學實得蕺山益彰。本朝大儒如孫徵君、湯潛庵，皆勤勤陽明。至先生而發陽明之學，乃無餘蘊。而天下之人，或以微議朱學爲先生病。淺竊見先生立身處家、細行大德，無悖於朱子家法。特欲揭陽明一原無間之學，以開示後覺。淺識之徒拘於舊而未能入，又佐以時文，盛其焰而助之攻，遂以爲左朱右王者有矣。抑言蕺山之學近朱，攻王者轉而揚蕺山，此亦僅得其廉隅節義千百之大略。至所謂誠意、慎獨之説與朱小異，而純粹以精之至者，曾有所窺及乎？

采受恩深隆，一日未死，尚欲闡崇師説。竊念守先傳後，百世之公；無犯無隱，事師之誼。昔人稱心齋王氏不肯輕服陽明，心向往之。是以不避狂瞽，極思明辨，務於解去生平之惑，使天下後世曉然知聖道昭垂，殊途一致。則王門見知聞知之任，非吾師誰屬？伏惟吾師恤其荒迷而救其没溺，幸甚。

答蠡縣李恕谷書

姚江末學邵廷采頓首，恕谷李兄足下：手教從西河先生所，蒙用學問事，虚心相質，亹亹七百言，並自道其得力，無一巵詞。伏讀數四，不敢空言抵復，遂五六年於今未獲報命，罪甚，罪甚。

足下學問得之趨庭，自幼即有必爲聖賢之志。後又從遊習齋，力驅佛、老，講求兵農、書數、禮律諸務，綜古者小學、大學之教以治其身，體全用具。凡所言行，直本孔孟。舉後世之所爲程朱，爲陸王，紛紛角異如衣敗絮行荊棘中者，概置勿顧。於聖人之道，真有廓清摧陷之功。用工之勇且實，未有過於足下者。若弟因循蹉跎，日復一日，行隳學裂，視足下真愧且畏也。

第有一言從足下就正者。足下之所爲，戒謹恐懼，存養交進，自既明其善而加之存養乎？抑惟堅守其心，篤實其行，不受外物之摇侮，而遂以爲得聖人之精微渺忽乎？

孔子曰：『知及之，仁能守之。』『擇乎中庸得一善。』『其中，非爾力。』則聖學固以致知爲終始。故《易》曰：『知至至之，可與幾也；知終終之，可與存義也。』以見始之終之，時中之指，一以知爲鵠而已矣。設聖學不統於知，則孝悌力田皆得與聞一貫，鄉黨謹愿躋於狂狷之上矣。胡爲聖門呼唯乃俟其人？抑與彼不與此，又何也？由是言之，陽明致知之教，誠不可議矣。

顧猶有説焉。陽明之所云致知者，攝於約禮之内，始學即審端一貫；朱子之所云致知者，散於博文之中，銖銖而稱，兩兩而積，其後乃豁然貫通焉。此同歸中有殊途之别。世之學者不究其同歸，而喜摘其殊途，所以從朱從陸，杳無定見，去聖愈遠，畢累世而不能相合也。

至蕺山先生專主誠意，以慎獨爲致知歸宿；擇執並至，而不補格致於誠意之前；合一貫之微言，審執中之極則。孔孟以後，集諸儒大成，無粹於此。特全書未經刊布，世多傳其節義，至其爲承千聖絶學，尚罕有知之者。向讀孫徵君《理學正傳》一編，寫蕺山纔百餘字。弟是以不揣，蒐輯公傳，於誠意慎獨之要，略爲梳櫛，合之黄梨洲、惲仲升兩先生《節要》《行狀》，可窺半豹。弟於明儒，心服陽明而外，獨有蕺山。雖使前輩向慕不同，且從所好。至於干羽平賊，不過爲修德來遠之徵，文以足言，似不當毛舉，疵議前哲。觀其徒跣號慟，挺戈赴難，豈欲呼當日之舞師瞽工題干羽兩階者？房琯車戰，後世猶笑其迂，可以此加之蕺山乎？

夫論學當提撕本原，使人知用功下手處。若博聞强記，講求剌剌，窮年勞攘，總歸喪失。昔孟子論井田封建，止述大略，此之謂善於師古，知時務之要。後此，苟淑不爲章句，淵明不求甚解，外期經世，内養性情。兩賢雖未達聖功，要爲窺見體用。弟見今之儒者討論太劇，徵實太多，未免如謝上蔡所云『玩物喪志』之戒。自顧精力既衰，不能搜羅詳核，惟有省心省事，期無悖乎先聖先師之意。早夜之間，惟有存住，如是而已。要之談何容易。程子見後生静坐，便嘆其善學，此意可思。

又湯潛庵先生答陸稼翁有云：『從來講學，未有如今日之直以肆口嫚駡爲能事者。』蓋其人置身功過之外也久矣，言之不怍，則爲之難。有一二三作俑，以爲逢世捷徑；後生渺無知識，奉其譏評，用當經傳。四十年來，遂成風氣，牢不可破。乳臭者能闢陽明，自詡沾沾，並爲聖人之徒也。是故攻王以衛朱，朱不受；斥朱以附王，王亦不受。足下南宫三試，策問有議及陽明從祀之語，不對而出，卓然傑者。如此舉動，古今之内復有幾人？弟已增入此事於前序中，無論世之以我爲狂、不以我爲狂也。

夫學術各有沿流，固非作者之過。陽明之後，惟錢緒山、鄒東郭、歐陽南野能守師傳，再傳彌失。如李贄之狂僻，亦自附於王學。而斯時密雲、湛然，宗教熾行，高明罔知裁正，輒混儒、佛爲一，託於『四無』宗旨。以故蕺山先生承其後，不肯稱説良知，是實因衰激極、補偏起廢之道，正可謂之王門功臣，未嘗相左。故愚於蕺山傳端有『嘉靖中葉以後，禪學毒天下，大旨依託陽明』三語，謂是當時實録。西河師頗不然其言。吾兄寬中精學，敢以爲商。取鄙述姚江書院傳記推崇陽明者，前後覆勘，意旨殊絶否？弟於師門無所阿好，惟慮用心稍疎，出語有謬，開罪先正，實所不敢。他如西河《五經》諸解，尤服《春秋傳》。魯不僭郊禘，以一陽來復十一月爲春，皆先儒所未發。仲尼尊王，無臣子改本朝正朔之理，亦不當有此曲筆。而郊禘非禮，《禮經》多出傅會。禘爲吉禘，郊爲祈穀，此傳出可正從前繆戾矣。《太極》先天本於釋老，則不敢臆爲之説。《河圖》《洛書》，孔子明舉之，而歐陽公乃稱其妄，是皆未可據。故於《原舛》《遺議》尚有疑焉。

夫經學與心性之學本出一原，聖人作經，皆以發揮心性。《易》道陰陽易簡，《書》記政事，《詩》别勸懲好惡，《禮》順秩叙，《樂》滌邪穢而蕩渣滓，《春秋》辨是非。今於經學之外别有心性，則道無統紀，而不得聖人之心。於是乎逐事物，溯源流，求同異，解愈繁而經愈晦。譏朱子末流之弊，其弊乃甚於朱子也。故先賢不可苟訾，必歸之心得。訾朱子與訾陽明，其失也均。

豈惟不可苟訾，誠樂先賢之道而體先賢之心，並不可過爲之護。訾先賢者固非，即過於護先賢者亦非。故習齋先生謂學術至宋儒而歧，誠闢論，非苛論也。何也？宋儒謂静觀未發氣象，『人生而静』以上不容説，是中體落於偏枯，混入佛、老而不自知矣。而所云問學，又止於誦讀訓詁；凡禮樂兵屯、經世實用，一切蔑略，動而輒括。故終宋之世，競議論而罕成功，當南北横裂，未有出一技以相加遺者。其已見之行事爲兆者，前韓，范、富、歐陽，後則李綱、宗澤，而皆不列之儒者之林。伊川有一蘇長公不能容，而晦庵亦力排陳永康爲功利之學。且多推本朝人物，而卑抑漢以下諸賢，謂自孟子没，宋儒出而始接其統，千年架漏。百世聖人復起，未知以斯語爲何如也。若孟子之論則不然，曰：『伯夷，聖之清者也；伊尹，聖之任者也；柳下惠，聖之和者也。』雖不得與集大成之聖同科，乃儼然相提並論。然則孟子而在今日，則諸葛忠武、嚴光、徐穉、郭汾陽、韓、范、李、宗、岳鵬舉必得與於夷、尹、惠之倫矣。夫設一格以名儒者，距千百世之英傑於理學心性之外，道之所以不行不明蓋爲此也。若此類豈敢爲宋儒諱，又何獨爲陽明護乎？

夫諸葛忠武、嚴光諸人，處身經世未始不合中庸之道。所以遜乎時中者，正以其知之未至耳。足下云中庸之道不可能，一語已盡千聖學脉。而又加以戒謹恐懼之功，知及之，仁必能守之。海宇雖乏人，得如兄，足以幸聖學之有承矣。

弟非能承聖學者，今所述答，半騰塗説，語次不倫，自知狂惑，終無長進。又年齒衰落，白髮盈首，多爲家道薄俗所沈汩。程子所云『不學則老而衰』，今親歷之。夙慕岱宗、闕里，鄒魯遺躅，思一履躡其地，此願十年竟未之逮。無簞瓢之儲，而不能樂其所樂。我生長途，未知胡底。惟道兄篤切匡之，救之。不宣。

王維四先生曰：折衷孔孟立説，平心審理，故無一言阿媚先賢。

宋中遺吴門友人書 乙丑

光相一别，荏苒三年。時從左璧、咸士、亹侯詢候近履，知長兄久滯吴中。一二三故人，零落如昔，而人情猶復依戀。去年先大母即世，本意負緥相從，以滌煩穢。其秋八月，歸德胡明府書幣至，家人嗷嗷待哺，遂於冬十一月合葬，反虞赴宋。其日迂舟，過左兄齋頭，邀之入城，江橋話别。先一日，平明，躡霜出水偏門，得小舟渡塹。至跨湖橋，起咸兄於寢，告以將行。會亹兄亦至，言其尊大人之恙，黯然神變，不遑早食，遂與俱起。自後南北聲息絶不相聞。十二日人定後，過閶門，乘月移泊虎丘。夜半，急棹西上，咫尺不得相見。今在宋署委蛇混俗，非僕好也。

東平故人惠寄二書，僕意學道之士，入山唯恐不深；不爾，遊覽山川，發抒志氣，亦古人窮愁著書一助。若左圖右史，雍容養高，慮非所以自廣。前過徐州，遥望山東，躊躇佇立。今縻睢陽，距彼六日，竟多牽制，不能渡河。乃知千里負笈，脱然高舉，良未易也。

閒暇無事，輒與陶子千俯仰憑弔，從左璧、咸士遍搜長兄詩文讀之。竊謂詩品、人品自當與陶徵士並傳，陶詩已傳而長兄之詩猶有所待，命也，如何！咸士頗號知人，頃謂長兄疎於接物，恐長兄不負人，人負長兄。方在論交，此非細故，願兄採納其言。

西湖風景，聞車駕東幸，桃柳遍栽，佳麗匹於其舊。僕恨不且往一遊，而遽北走。久事筆硯，倦於章句。又不能就幕，爲當代名公鉅卿掌書記。有遨遊之志，而不能如兄擺落家計。意欲附吴中勝友，選刻制義，冀少有酬，以爲小兒饘糲之資。既不受生徒籠絡，則得以其暇擺脱，從四方長者遊，益近大賢，斯僕所願。此事爲名，則不可，明爲衣食之慮，固亦無害。古人博徒賣漿，何所不爲？顧其用心何如耳。

朋友相保永終實難，咸士、亹侯曾以公義微不相服。比吴歸後，坦懷無間。此由長兄雅量，調護包容。不如是，何以使吾黨負氣之士傾倒歸義？廬山絶頂，足以位置，亹侯難與攀躋。至於辭受取與之際，應有由然，斯管仲所以致嘆於鮑叔也。

往在姚中，憶有厭薄道學之説。長兄真道學人，能爲此語，然自是關氣運衰盛。由漢而下，治不復古，皆因苟就功利，逢迎時務，酇侯、留侯將無應受其責？凡事極盛，自難爲繼。《六經》既明，而有《美新》；《四書》既出，而有訓詁；經義制科，而有講章；道學實繁，而有名士。今之修飾邊幅、號主講席者，皆名士也。若並惡道學，則不可矣。區區曲見，誠不敢阿所好，知有當於權度否也。

僕於癸亥九月客病，幾死嘉禾，髭髮咸白。不意近者渡淮以北，反覺精力可用。間亦試之鞍騎，與北方之果菽黍麥猶足相勝。唯恨氣質未清，神采勿暢，不足以稱其胸中之意。必若去其固陋，録其悃款，自非大賢，其孰能勿遺之？

家世行略狀〔二〕，求大加削正。僕自度未能立身揚名，恐先人遺訓將遂湮没，又晚得弱息，徼天之幸，萬一得遂長育，且不及記祖宗之事。病餘支枕，稍爲撰述，亦以見僕之早遘凶閔，罔極之報，私恨無窮也。握手無日，幸惟自愛。

黄梨洲先生曰：逐段零星，文氣自貫。章法從《楚昭王復國》篇來。

姜公鎬曰〔三〕：此先生痛心之友，故無賸言隱情。

答陶聖水書 甲戌

來書漫以史事見推，且欲執贄梨洲，求師天下，自周、秦、漢、唐、宋、明古文源流正變，一一詳詢，無以塞其惠問之意。誠哉，學然後知不足也！

廷采頓首，聖水陶君足下：君志古進取，不安於時，欲從當世之賢人君子遊，意甚厚。言必稱父師，仁孝之情，邑邑何已。僕求友於里中豪俊有志行者，而難其人也。今乃得之，則何敢匿其蒭蕘之千慮，不一出以求正？

僕少違父祖教訓，學問未加，氣質卒難磨礱。兼以遭際迍邅，乍進乍退，奄忽四十七載，迄以無就。至於文章一道，夙罕專宗，老師、宿儒羅布天下，不克負笈往事。即如梨洲先生，託處同邑，亦未執贄。年來益復放廢，知交零落，無所切劘，得過日多。自分永棄鄉黨，不意辱承惠問，過相推重。私心疑足下之詎我，何獨背流俗之所謂清議，而有取於此？抑氣類所感，取舍自持？僕内愧雖非其人，不敢不因吾子之望，勉進於善。吾子之賜於僕，豈淺鮮哉！

僕十六歲從先君讀書禦兒，即私取馬氏《通紀》，戲爲編次，立中山、開平、曹國諸傳。先君覘視微哂，若爲弗知而不之責。後遂貪閲《綱目》《史記》，暨《吾學》《從信》《憲章》等書，自覺性與史近。十八、十九兩歲，抄録明史無晝夜。顧牽俗儒聞見，牴牾應試，蔑以自堅。先君即世後，學業益廢。辛亥，在偁山，倣《史》《漢》論贊，著《讀史百則》。友人見而戲曰：『未作紀傳而先論贊，才方古人遠矣！』僕重爲慚恧，歸正遺韓先師，忽又萎没，同門徐文亦夢先師曰：『允斯文理，全未全未，且教之讀《易》。』旦日發遺書，得采所業編，咸大驚詫。遂自閣筆，以至於今。

夫文章有本有原，況於史事，尤非易至。才如馬、班，亦賴家有賜書，禄賜充斥，交遊豪俊，到處逢迎，繕書之手，賓從滿座，且猶父子再世，弟姊繼出，僅乃卒業。今或不自度量，取此自程，學識未充，形勢又逆。雖勤奚濟？唐、宋大家，惟歐陽公嘗爲史，韓吏部《順宗實録》外，未見有作，論者以年壽之不永傷之。然韓公他文，已自起衰絶俗，蔚爲唐、宋諸儒首。誠以其左右《六經》，本原甚大，故從祀兩廡，天下宗師。若蘇氏父子以文爲道，舉孟氏所云『浩然之氣』者專歸之文，不免從横權術之雜。惟其心術忠讜，治體通達，與從横家相去千萬，是以後先輝映，光照藝林。近世錢虞山、侯商丘，行己既已可疑，矢口下筆，故多旁皇瞻顧。文雖成家，無得於身，味旨淺薄。立言之難，從古如此。梨洲尚有《文案》一編，爲四方所傳寫，於文字之正變、源流蓋已略備。近傳江蘇宋撫軍先生聘毗陵邵君子湘輯《有明三百年文録》，訪遺鉤萃，便可告成。此君大江以南人望，必能精於取舍，可垂法式。不須如僕寡聞渺見，掛一漏萬，捉筆碌碌爲此也。

足下既志古，不安於時，務追古之立言者，體則根於道學，用則擬諸世務。雖未即實見之行事，亦必能口誦而心運之，然後發之於文，精微而弘博，剴切而開明。今來教所云『高自位置』及『强作解事』者，其人大抵厭薄道學、簡遺世務者也。氣運之不復，久矣！四十年以來，後生不獲接先民矩矱，恥爲淳樸，競爲輕剽。佛、老之後，將復繼以申、商之禍，蕺山劉子嘗言之流涕，歷今益驗。其一二老成尚在者，倦於荒耄，轉習圓熟以取容時俊。倣摹無自，議論俱空，舉世皆然，何獨一鄉一邑？有志之士以憫憂世道爲意，不足屑屑與之較量。但使舊人遺老操尺寸之柄，示以趨尚，十年之内，此習又將自變。且吾越中自文成王子倡明絶學，横山、緒山、龍谿、彭山講述兹土，洎於劉子集諸儒之成，流風餘思，至今未歇。以故後生稍有知識，尚多激發。孟子稱『私淑諸人』，其人不必過於後人，要其綿綿延延，尋已墜之緒於千百之什一，不可謂之無功。而天未喪文，應有傑者起當斯任，庸可高自位置、不急引進？事固有前不必承之祖父受之師，後不能私之子若孫，出而求之弟子。若一人而前後之責交迫，則其樂誠大焉。然古人於此，不以爲樂而方以爲憂。憂夫吾之行未成，德未立，終其身煢煢若無所歸，無與副前後之望，而以傳之師者發之弟子也。是二樂者，兩遇兩失之，其可乎？

足下能自得師，無以求師之篤而漫於執贄。顔子陶然陋巷，與太史公周行天下，所得孰多？古人晚而著書，非關世道，决不苟作。故凡内之不足而假於外，道之不勤而争於文，此在先哲有以爲恥者，不可與文士言也。僕欲足下不以文士自限，又懼無以答足下之意，故敬述向之聞於師者爲足下告。要之，於僕之身固無所得，足下得無笑其言之失實已乎！

開闔甚大，如長河巨江，滔滔混混而來。弟咸甫識。

倪載屏曰：八家之文。

與人索米書 甲戌

僕幸附邑里，行微能薄，以誦讀爲耕農，無少休舍。家無四壁，寄孥戚黨，歲入不足以贍朝夕。少遭凶閔，未艾而衰。四子皆幼，正在就傅。自顧頗與世俗不相宜，而心希古人，好效顰其著述。坐是日益困落，計其家資，豐年猶長歉也。比又爲先塋凌削，赴控慈水者一年，不克訟而歸逋，含羞祖宗。姚中諸賢皆以此事爲僕恨。

伏惟某君仁心爲質，引義慷慨。雖潛居里門，實能佐當事者推惠窮困。姚中兩歲大水，稻蟹不遺。賴前郡侯李公呼號拯救，古汲長孺之義何以加茲？公之於越也，不啻父生而師教也；其於吾姚也，繄起死人肉白骨也。俗薄風漓，不樂道人之善，當事者愛養如此，猶或愛憎各立。而清議在天下，私恩在姚與越之民，豈有誣焉？

當此時，君曾捐千金通糴，與邑之貧者。其於李公不可謂無助，而於姚民不可謂無德，古人之所難而君能之。去冬，又聞遣紀綱航海至甌買米，遇風，漂没數百石。則君之汲汲於賙貧卹饑，真不倦者。

僕神宇未暢，言論、風采不足以動人，然胸中頗含蓄留意古今之事。擬之於先民，誠不足比數，若猶自近時而論，此亦姚中所希矣。而使之饑餓不能出門户，執『可貧不可賤』之説，而不以告情於賢豪長者之前，亦見其果於自賊，薄於與人，諒而不可爲也。

古之童子，尚有滅爨更炊，因熱爲恥，僕豈不明斯義？顧維天生才，常困於所限，如僕者有營當世之志，而内不能贍其一身一家，大爲侏儒所笑。士屈於不知己而伸於知己，君誠未嘗知僕，僕不可不謂之知君，則亦知己之一道矣。

昔曹丘生嘗謂季布，以爲：『得黄金百，不如得布一諾。』僕與足下皆楚人，令游揚足下之名於天下，顧不美乎？何距僕之深也！』布喜延入，厚禮之。今君之賢不過季布，而僕之才不如曹丘。惟是大節所關，不苟依附。至於推揚義問，三年之内寤寐跂伫，未之有忘。若必三及門而不通，嚴於見距，道路之口必有疑足下好義第爲豪舉名高，而簡遺朴諒之士，未免爲大德之一累，豈不惜哉！

古者設取予然諾，急人之厄。乃至魏其、灌仲孺之徒皆争禮士，士在己之左，愈貧賤，愈益加敬。雖非聖賢至中之軌，要與當世之齪齪安飽自足者相去千萬。以足下虛心高識，宜何所取舍也？

陶穎叔曰：烹經鍊史，出其胸中，可聚米爲山，乃不免索米耶？滿釜泉清游魚，勿笑。屈彊排奡處，不讓韓公。弟越先。

與門人書

小道可觀，致遠恐泥；好行小慧，終累大德。是以朝廷之上，左史記言，右史記動。下逮寒士，何獨不然。況足下天性本自沉厚，江村同堂二載，私心嘆羨，以爲吾所不如，期許過望。此時邈乎其容，觸之不動，雖復鶴立雞群，微有執滯之病。三載以來，文藝大加於舊，器識稍減於前，病又似不在執滯，而在游移矣。吾所爲欲亟進一言者此也。

夫沉痾久則藥石莫前，習氣深則忠良難進。立談之頃，未可責人以正言；泛應之時，亦當力求其有主。謂宜亟返初服，豫養公輔之威儀；日近端人，復就聖賢之規矩。一切馳馬、試劍、六博、蹴踘等事，雖係游藝之末，終非吾黨所宜。勿或與世浮沈、從流忘反。留碩果之實，開風會之先，深山窮谷之中自有聲應氣求之侶。大開着眼，緊立腳步，一言一動必以尊公爲師，失之自鮮矣。

又飲酒温克，昔人所難；口角輕颺，最易敗德。《賓筵》《抑戒》之詩，一日之中不可不什伯思也。末俗奢靡，裘馬之麗，無復加勝。後生習見，以爲當然；老儒驟驚，自覺慚赧。不知饑饉流離，田廬漂没，寡婦泣墓，孤子號天。日者自揚之徐，七百餘里道路之間大略如是。加以催科鞭朴，一部鼓吹之下，百姓何求不得。平時弗知稼穡艱難，異日何以驟居民上？此誠立身成敗之本，家運淳薄之基，不可不審也。

復友人書

病寢寧神，生死事大，功夫覺有進處。而兄俗情喃喃，滿紙難了，適亂人意，非益我也。《劉傳》教正出於虛公，然事關學術，不得不辨。

天下最患是非黑白喜從蒙混，以致人心不正，世道不平。如近世之三教、紹聖之調停、南宋之和議，中於心術，而治亂從之。陽明之學，爲二溪、周、陶，相沿多弊，佛氏遂入而鼓其幟。今之攻陽明者無得於中，專藉先賢標榜取勝，固非天下真學人。乃餘人猶沿流守舊，妄以心、意、知、物四無爲宗主，而所爲真陽明者失矣。足下之好陽明，得無葉公之畫龍矣乎？

蕺山之世，教衰學微，雖其門人亦罕獨信。天下或以陽明爲佛氏，或以佛氏爲陽明。故如蕺山忠憤正直，而於深辨學術處，則獨承之以謙，守之以平，使其義明，其旨不失，而我無過於先賢，斯已矣。要之，明儒雖衆，必推王、劉爲一代程、朱。王近明道，劉近晦庵，而功勳節義過之。朱、王之學，得劉而流弊始清，精微乃見。

兄不見蕺山全書，未識其學之醇乎醇而集大成者，是以極言而公辨之。

復龔侍御書

伏讀手教，獎借過情。小兒又蒙施禮，鄙人何以克安？自分衰慵，永絶人世；今遇先生，勃勃復有生氣。感能以道義成我也。

《遺民傳》尚未刻，新正又續寄六篇歸，皆非酬應者。大約後刻先完，而前刻仍須自出資耳。脱忘米桶爲此騃事，知友皆笑狂愚，獨先生不然。内省病根，衹緣壯心未已，名心未除，是一生痼疾。昔宗中先輩曾下頂門針云：『凡有好高立異之念，皆自生障礙。究竟成一好名之士，於真正學問，全然不得力。』此話迄三十年不能出其範圍。陽明後身爲包姓，省會盛傳，較當年應自削薄多矣。吾生六十載，尚遥遥千萬重；况陽明距今百六七十年，其間情好汩没，人事遷流，求如當日之光明澄徹，豈可得乎！

此雖近二氏家言，然從古聖賢，憂勤惕厲，正自爲此，可勝悼慄！無本之文，明知當棄，未能超然捨去，亦差愈於市廛白望諸人耳。正恐彼營實利，此騖浮名，相誚還無已也。雖然，金銀銅鐵總出山限，要在良冶分別而均鎔之，則鐵猶金也，今日爲采良冶者，非先生其誰？

小叙奉贈，愧不成文。取其不作世情語，節之又節，欲更增入一二事不可得。博高齋一哂存之。竹垞先生書露函藉覽，即祈封致。是祝。

請建蕺山書院公啓

伏見郡城蕺山劉先生者，性成忠孝，學述孔曾；立朝則犯顔直諫，臨難則仗節死義；真清真介，乃狷乃狂。洎乎晚年，詣力精邃，揭慎獨之旨，養未發之中。刷理不爽秋毫，論事必根誠意。固晦庵之嫡嗣，亦新建之功臣。若其正命而終，尤見全歸之善。死非傷勇，何從容慷慨争易難；道集大成，總玉振金聲俱條貫。海内稱之曰子，來者仰之如山。特其全書藏在子孫，未經刊布，知其學者絶少，撮其語者無多。若不大爲表章，何以罄茲微奥？

又越中人才蔚起，皆藉先賢講學之功。宋時和靖、新安，先後昌明斯地。自有明一朝而論，始則天泉之倡和，卒有蕺山之信從。洛閩以來，於斯爲盛。後生口喙，時復津津，餘韻猶存，流風未泯。前郡侯李公鐸，曾重修五雲陽明書院，奉安朱、王二賢神主，而蕺山未有專祠。且古小學舊爲證人講所，今堂宇圮壞，學會不舉，豪强占侵，人心伊鬱。

恭遇某公，潛心聖學，緬想曩賢，引見遺裔，徵求卷籍，俯仰憑眺，綽有餘情。議毀淫祠，更建書院，誠千秋之盛業，闔郡之崇觀。於功令所不講之條，急教化所必先之務，按之典禮，咸謂允宜。敬請諏日召工，經始營度，俾夷、齊片石，特表西山；叔子高蹤，並碑峴首。即落成之日，啓講學之期，大振儒風，弘獎來學，豈特文翁治蜀，辟陋改觀；安定教湖，弟子日進已哉！

代歸德胡明府徵文啓

蓋聞洛水流符，爰錫龜文之寶；汾河效鼎，重修虎觀之書。聚五星於奎躔，知非人力；發二酉之秘笈，驚奉天章。文運必百年而興，人才匪異代之借。故夜光寶氣，雖什襲以作名山之藏；而天女支機，亦乘槎而達人間之市。

維兹宋郡，舊號平臺。上應心分，大火焕文明之象；西鄰嵩嶽，降神生王國之禎。元鳥至而天乙長祥，六鷁飛而兹父啓瑞。旗回熒惑，舞徹桑林。傳考父之銘，孔氏之斯文弗替；讀相如之賦，孝王之遺獻猶存。燦然經術之林，邈矣諸家之學。桓少傅之《尚書》章句，世乎焉、典、鸞、郴；丁將軍之大《易》微言，授之梁丘、施、孟。十三而得□□之瑞〔四〕，江郎藻六代之花；

四歲而知神氣之殊，蔡子命輿宗之□〔五〕。於今爲盛，振古如斯。

某承乏守臣，得交國士。掇梁園之秀，敢私桃李於公門；萃洛下之英，慮曬芝蘭於芳渚。歷七年之課試，既彈琴而見高山；知平日之揣摩，益引商而雜流徵。倒黃河之水，足斷韓潮；挹芒碭之雲，皆成龍采。凡茲高等，共啓巾箱。藉手校讎，媿比汝南之月旦；賞心剞劂，貪看冀北之騏騮。懸諸國門，期一字之不易；上諸天祿，定三載以爲期。謹啓。

張夢符先生曰：典核難移，陳言務去。

前上慈谿方明府啓 癸酉　公諱允猷，福建舉人。

竊采世貫姚江，先人葬慈，家繫紹郡，寄籍桐邑。在泮二十五年矣，足未登長吏之庭。日記數千百言，口囁嚅當事之問。上無寸椽，下無塊土，窮年坐讀。曾祖以下，僅有同祖兩弟，今去其一。四世一身，貧而兼病，零丁不堪。妻孥旅棲會稽，先人時祀未有所屬，憂心如焚，寤寐涕泗。食口十餘，獨藉硯田，一日卧病，十口無依。所葬治下太平湖陽，係采曾祖，年二十四早歿；曾祖母翁毀形壞面，植遺腹以迄於成立。祖父及祖母封股活親，節孝並烈，炳載邑乘。山共六畝，四契；田共二畝，二契。祖父兩世，渾厚素封，烝豚而祭，拜奠成禮。洎於采身，流離遷播，不獲時至墓下。清明日，遣弟以一盂麥飯泣洒墓碣，雙雞勺酒〔六〕，尚不能具。以是積爲鄉人所欺，眈眈而視，冀吞穴道。

庚午冬，某等伺采試不利，肆伐墳西巨蔭二百餘株。值前賈師臺去任，未經讞結。某等復抗法慘掘，山岡盡赤。子父男女，舉家劇病，迭起迭卧，卒殞弟命。今年癸酉，某等瞯采試又不利，稔采怯懦，竟用妻棺盜厝，率衆大斫墳東蔭木，直至園墻。驚拜墓下，咽淚吞聲，行道傷嗟，鬼神號慟。爲人孫子，誰無祖宗，而至斯極？用是去謀生之路，决萬死之途，冒雨戴星，躬負襆被，搏顙奔控。師臺一視同仁，憐其先人而澤及朽骨。采自今以往，至死之年，皆出師臺之賜也。

若曰『功令，歲終例宜停訟，此不過田上細事〔七〕耳』，則奸宄之徒將乘寬政而益横。采死本不足惜，其如九原之下，魂魄何依？師臺，衆人之母也，寧忍使赤子離母之懷，而訴其哀楚於祖父母哉！到慈來，會使節在郡，伏候至今，斧資告竭。欲返姚肄業，上無以對祖宗；欲羈守臺前，下無以活妻孥。伏祈師臺俯念哀情，嚴拘立讞。如非孚室，義甘反坐。得於旬日賜勘，使先塋護保〔八〕，藐孤息肩，不勝幸甚。

萬授一曰：立髮摧肝，有聲有淚。

後上慈谿方明府啓 甲戌

去年月日，以盜葬盜蔭事，具控某等到臺。上爲百年遺骨，下關一家生命，情窮理極，呼天呼父，萬不得已。顧此柔靡，豈能健訟？重蒙師臺培造，諭以尚宜讀書，感激涕泣，血與淚並。星夜負擔，往來寧、紹二郡，凡四閱月。進無懷資之利，退有焚次之危。所有左右墳鄰、禹廟僧道及管山人，悉某等三姓宗戚，處心積慮，非朝伊夕。姚越親朋爲采涕泣，宗族爲采飲恨。然皆以郡界懸遠，未能裹糧跋涉，就親師臺座下，爲采一言。師臺至廉且平，仁聲冠於浙東。寒廬下士敬守功令，無論力所不能，斷不欲以左右之先容、縉紳之箋牘，上塵大賢之聽，下隳一身之守。是以惡勢紛紜，譸張爲幻，日甚一日。雖效包胥之哭，卒無同袍之師。

某月日，大庭質對，某手出僞契，揑造鍾文魁鬼名，在順治十三年賣出。采曾祖墳塋原契，係鍾繼陛賣出，在天啓七年。前後越三十載，何緣墳西蔭木，與穴上者合抱無異？某向前盜蔭，已將木本盡掘，冀滅其迹，寧無青山一片可驗？况原賣與邵氏者爲鍾，爲邵氏管山者亦鍾，僞契私相授受者亦鍾。一姓串挽，綫索在手，指亂塊以爲埋石，飾土穴以爲留墳，熒惑道路，動摇清議。而某某凶狡尤甚，指揮决勝，不可億逞。幸蒙師臺面諭即勘，誠哉冤慘，非勘不明。

但采孑身到慈，妻孥在越，並無昆弟親戚賫糧相餉。臨審之夕，即與首證張朱振泝流西上，滿意欲呼號稱貸，以爲登山騶從之犒。蹇遭奇歉，百無一應。病妻弱子，牽衣涕泣，告以待哺。滿目蒼涼，流離載道。當事急長孺之義，里老倦黔敖之呼。内顧家人，潸焉涕下，憂愁卧病。相知就視，或謂仇不戴天，裹創復戰，雖死不休；或謂量力揆時，知難而退，左次無咎。呻吟涕泣，伏枕而思，祖墓自此告辭，家門因之遂壞。

采半生苦吟，未曾聞達。年四十七，鬚髮盡白，駭人聞見，人情貴少賤老，雖抱區區樸誠，豈能自達？長子十三始學制義，其餘幼小，益未可待。回望姚江桑梓，已爲客寓；先冢遠在甬中，魂氣若無不之，衹余夢寐可接。伏卧淹久，未能赴勘，惡黨高枕稱快，必有以坐誣懼罪、歸逋自竄爲言者。所恃師臺作主，天地父母，矜其孤弱，衈其疲病；使奸宄之徒少知斂戢，不敢平毁墓道。采身雖死，亦可以告先人於九原。倘惠邀大德，不即殞命，得埋頭經史，以延書香一綫，令頭童齒豁者眉揚氣吐，少收桑榆之效，以蓋東隅之失；十年之内，留此面目，復上先人丘墓，與左右墳鄰歡然相見，世世子孫保守無害，必不以睚眦相加。皇天后土，可爲明鑒。若其邵宗遂殄，天道後還，淚泗碧松，入土不化，死爲厲鬼，亦當殺賊。

昔郭汾陽身兼將相，功在社稷，尚不能保其先塋；至如采者又何足道？顧士庶人之孝，與有土卿相不同。彼其所係有重於祖宗者，忘身忘親，反經合道。若未膺一命，則由身以推本，所生豈容怠忽。古者仇有輕重，成敗利鈍雖不可料，要之匪躬盡瘁，必以死繼；或不報於身，則於子孫。故齊侯復九世之仇，《春秋》義之。今采雖内苦煢獨，外迫饑饉，加以未老而病，然尚有子可教，先人口澤未亡，潛德猶在。所葬曾祖母翁固大司馬見海公之孫，存孤亮節，與程嬰、杵臼爲伍者也。天苟欲存節孝，雖其曾孫不類，當或扶持而安全之。某等能洩地脉，豈能遂逆天意哉！

采幼遭不造，坎坷未遇。然生平自命，不肯後人，尚思專意爲古文詞，遠窺班、馬之堂，近探韓、歐之室。師臺不以葑菲，擯之門墻之外，使得隨陪問讌，翻卷卧聽，未必不少有裨益。倘更關邦家興廢，典禮考究，亦欲虚心諏度，集成一編，以附稗史之末。血氣稍平，匐匍就勘，又值農忙停訟，不敢固請。惟冀師臺無忘教以讀書之訓，始終培溉，召見内署，少解大庭威嚴，使采得盡向隅之泣，斯實厚幸。若以形迹爲嫌，師生道隔，則乞於呈詞内票，秋成勘審。起死肉骨，啣感無極。如使百年遺殖發於采身，穴胸斷頭，死不足贖。此後子孫不敢到山，更無見天之日。

臨啓，無任戰慄待命之至。

王子如曰：鄒陽辨謗、李密陳情，堪與並讀。

復韋明府啓 諱鍾藻，黄岡人。丁巳舉人。

伏以天開聖學，循良隆文教之修；地近賢關，黨塾佐上庠之養。事不妨於分任，道有貴於振興。佇沐弦歌，想聞風采。

恭惟師臺門下，鳳翔麟步，玉粹金剛。傾江漢之洪波，流清蕙水；移赤岡之明月，照映秘圖。武傳合肥之威，文有元成之器。自責臨於姚邑，乃方值乎無年。如慈母以哺流離，更神君而懲盜賊。德刑兼用，時應和風；養教並施，心儀前哲。經義治事，遠宗安定之齋；理學功名，今溯陽明之室。風流被於新典，館餐爰訪舊人。

廷采願屢違時，才難稱志。自謂迂疎其甚，未登謁於公庭；名讀聖賢之書，常有慚於獨寐。惟是近居接世，耳食《天泉》《傳習》諸編；寐寢興餐，思復姚江書院之地。顧教化之行自上，如風草之相迎；而道學之盛有時，想濂伊之當日。不謂大賢之至，遽崇作聖之功。舉梗楠杞梓之在門，悉棫樸薪槱之近澤。學以講重，宜復季會、月會之期；性待少成，兼循小學、大學之目。總之師惟希聖，何紛紛朱、陸之異同；道在證人，詎僅僅文章之工拙？經、史、子、集，淹貫惟今；喪、祭、冠、婚，典型由古。凡士習民風之大，並人心天理之微。要歸當事之施行，寧止書生之空論。

愧一得無芻蕘之獻，深負門墻；而先容非左右之人，難忘知遇。自砥所學，指衾影以爲期；共觀厥成，如蘭芝之俱化。

校勘記

〔一〕澌密無餘　密，康熙本作『滅』，當據改。

〔二〕家世行略狀　狀，康熙本作『伏』，屬下句，於義稍長。

〔三〕姜公縞曰　縞，康熙本作「鎬」。

〔四〕十三而得□□之瑞　光緒本、康熙本均缺二字，疑當作「夢筆」。

〔五〕蔡子命興宗之□　光緒本、康熙本均缺一字，據《南史·蔡興宗傳》，疑當作「名」。

〔六〕雙雞勺酒　雙，康熙本作「隻」，是，當據改。

〔七〕田上細事　上，康熙本作「土」，是，當據改。

〔八〕使先塋護保　護，康熙本作「獲」，於義爲長。

卷八　論

正統論一　天人

寧都魏叔子著《正統論》，以歐陽、蘇、鄭三家者言皆近理而有蔽。其過歐曰：『天下不可一日無君，故正統有時絶，而統無絶。絶其統，則彼天下得誰屬乎？而其與西晋而不與東晋，等後唐、後漢於朱梁、石晋。此歐陽氏之蔽也。』過蘇曰：『生於篡君之子孫，親爲其臣子而謂之君，猶舅以妾爲妻，而親爲其子婦謂之姑，可也。至後世之公論，則是人以妾爲妻，而國人則妾之耳。使當時之名一定而後不可更，則公議無權，亂臣賊子不畏身後之誅，以爲吾固可與二帝三王儼然而並列也，孔子之《春秋》可無作矣。故其進曹魏、朱梁，以爲無其實而得其名，聖人亦以名予之。此蘇氏之蔽也。』過鄭曰：『所南身當宋亡，發憤於《心史》，雖元魏之修禮樂、興制度，亦所不取。其尊宋之極，至於黜唐。夫以爲不正而得國，宋篡，實也；唐禪，名也。唐有救民除暴之功，安得以其名之禪而没之？此鄭氏之蔽也。』

叔子之論辨而正，吾因其説，而益以二言曰：有天行之統，有人心之統，是兩者萬世而不亡。叔子所謂『正統絶而歸之偏統，偏統絶而歸之竊統』者，天之所在，人不能違也。《綱目》既以甲子紀之矣，吾則謂存竊統而終不使附偏統，存偏統而終不與於正統者，人之所在，天亦不能違也。孔子曰：『其義則丘有罪焉爾。』故爲正統之説者，一衷於《春秋》《綱目》而定，餘紛紛可無議也。

蘇子生朱子之前，不知尊蜀漢；所南尊蜀漢，故知景炎、祥興之統不可亡，而其激也乃至於黜唐。君子之持論無取激，激則必拂乎天人。拂乎天，天無心，容可違；拂乎人，將有受其責者。即一家之似續、一國之世及不可以輕，而况乎正統之大乎？

正統論二 漢唐明秦隋

三代而下，以兵取天下爲正，而假受禪之名不與焉。其開地大而享國長久，守之以仁義，吾取漢、唐及明而已。

昔者商鞅變法，謀弱六國，天下血戰二百年，卒并於强虎狼之秦。當是時，先王遺法盡，而生民亦盡矣。蓋乾坤肇造，至此遂屯否也。漢興，復其見天地之心乎？以高祖之寬大，平暴亂；文景之恭儉，幾刑措；武帝之雄才，疆四荒而修六經。至風俗之美、士節之厲，未有越於東漢。四百餘載，英誼之君六七作。是以大漢之名，到於今中外稱之。雖治體雜王霸之間，規模氣象遠矣。此漢繼周後，斷然居正統之首也。自新莽始篡，因仍千百年，及於趙宋。

唐除隋暴，天下歸心，即不立侑，豈不遂定長安，取群雄哉？而見小速成，拘牽積俗，忽自蹈於不義，蓋非太宗本謀。亦起晉陽時，憑籍父資，寢門之諫，不能奪裴寂等之庸陋。後之君子讀書至唐之受禪，特累嘆而深原之。以爲隋惡稔矣，篡臣賊子萃於一家，苟有正而聲其罪，即蕭銑、建德，皆可與也。而況以太宗之賢，一統致治如此之盛乎？夫得之者逆，則取之者爲非逆。所南之言既有定論，奈何尊宋而反非唐？非唐則無以爲宋地。唐之所以不及於漢，正以其多此一禪也。

明起草澤，取天下，秉天地之義氣，以嚴立國。迨其亡也，有殉社稷之君。一代之名教比於漢、唐，殆超過之。於乎！吾於三代而下，取其足當正統者，僅有漢、唐及明。而唐又以可已而不已之禪，使吾餘憾於千年以上。天爲之，人爲之耶？

秦、隋之統一天下也，天心厭亂，適會其時。分之久必暫合，合而不於其所則必復分，然後求有德者而歸焉。漢、唐之德不如三代之什一也，以其承大無道之後，民饑渴之易飲食，孟子所云『事半而功倍』也。自古國家喪亡之日，必有忠臣義士，赴其難而同死之。後之稽古懷道之士，或相與太息而追憐之。世未有憐秦、隋者，以是知人心之不與也。夫不與，是其天之正也。叔子歸竊統於秦、隋，與吾天人之說有相合也。

正統論三　晋宋

世稱漢、唐、宋久矣，今乃夷宋於晋，何也？其取之不以正也。何言乎取之不以正？周世宗，三代以後之賢君也。世宗不死，天下歸周，其氣運當什倍於宋。不幸享國不永，餘教遺法固可以翼後嗣。使宋祖無二心，則范質、王溥、李筠、符彦卿輩猶足内外夾輔。賢世宗不得不重罪宋，所謂取之不以正也。

或曰：宋歷三百年，五星聚奎，賢人君子盛矣。三代而下，忠厚罕有如宋者，晋烏得比之？而烏得不進之？

曰：不然。宋之君，如仁宗之爲仁，孝宗之爲孝，誠足以培裕國基。然譬之家人，子孫賢孝，爲量減其祖父之罪可耳。舉而盡捐之，是厲王可以宣王而改謚，瞽、鯀可以舜、禹而易名，彼無罪者其誰肯服？孔子作《春秋》，不以公子鮑之賢、昭公之無道，而不書『宋弑其君』；不以宣孟之忠，不書『趙盾弑其君』。彼其人身爲惡而前後有善，則並録其善，以不没其實，示天下之勸而已。是《春秋》之斷例也。不然，藝祖亦三代以後之賢君也，其仁心爲質而愛民禮賢，容有過於漢、唐之太宗者，而吾於宋乎何深尤之？夫是非出於宋人之言六百餘載矣，其時爲君親諱，理固宜然。今易世而猶錮於成説，曰：『宋之代周，天與也，非晋比也。』於乎，是爲書愚而已矣！

或曰：叔子與東晋而不與西晋，排北宋而顧與南宋，其故何也？曰：此繼世之説也。天之待繼世寬矣，人心亦猶是也。君臣分定，親爲其臣子而父祖被其澤，不得不戴之爲本朝。使王裒、諸葛靚之裔執司馬師、昭之罪以讎簡文，韓通之子孫追討太祖、太宗而逮於真、仁、英、哲，天下群起而賊之矣。楚平王殺蔓成然，其子乘昭王之敗將復之。其兄止之曰：『君命，天也。父死君命，將誰仇？』其後昭王復國而行賞，子西曰：『請舍懷也。』王曰：『大德滅小怨，道也。』知此，可以明東晋、南宋之爲正統矣。故有『不以子孫之善，貸其祖宗之不善者，西晋、北宋非正統』之説也；有『不以祖宗之不善，累其子孫之善者，東晋、南宋皆正統』之説也。君子於正統之説，仁之至、義之盡也。

然則當日之修晋、宋史也宜何如？曰：是非隔世然後明。唐修《晋書》繼《漢書》，不以己之承隋尊北統而黜晋，此萬世之公也。《宋史》修於至正，諸君子力持公論，然降宋於史而後遼、金，容有未易處者。惟時會稽楊維楨以正統未有所歸，作辨上之。大要謂元承宋統，不承遼、金；厓山舟覆之年，乃皇元正統之始。會三史已成，未及納用。陶九成見而嘆曰：『此百世定論，後之續《通鑑綱目》者必以是爲本。』其後彭時、商輅等果用其説。立言之功大矣哉！然或者推維楨之意，遂欲改修《宋書》，而以遼、金爲載紀，則於理未安也。何也？遼傳七主，二百一十有五年；金傳九主，一百一十有七年。設官養民，創制立度，迨於其亡，有忠義之士與之同斃。其規模歷數非偶然者，安得以其史爲載紀，而夷於十六國？十六國爲載紀而附《晋書》，晋未嘗書幣稱臣於劉、石、苻、姚、慕容、元氏也。然則若何爲正？曰：修《宋書》而附遼、金史於末爲正。使宋之遇遼、金如遇元魏、北齊、後周氏焉，則安矣。元魏、北齊、後周氏比肩於宋、齊、梁、陳南國，而遼、金不使比肩於宋，如是而宋之爲正統之義明。

正統論四　南北五代

南北之所以爲南北，其劉裕之罪乎？然吾何敢罪劉裕？裕之不能致天下於一統，亦天也。君子尚論，不原其世之終始，而徒以事後觀成敗。古人可作，其誰吾服？

裕之時，拓跋方盛，雖守關中必不能兼河北。河北不兼，則關中不能守，其地勢然也。又有劉勃勃之猛鷙隨伺吾後，逆計裕之必歸，安有關中？裕積苦百戰，而精已消亡。劉穆之死，内事無託，倉皇解而東出。雖其子不能顧，又望其整旆更西，以圖復長安公家墳墓乎？裕不享年則無與抗拓跋，而南北之形成。加之魏孝文修禮紀政，改姓遷都，中國之氣胥聚於北而南無人矣。天無常歸，歸於有德。其不以先北於南，君子之不得已也，人心爲之也，逆天者也。夫逆天者，亦天之正也。

唐末之亂，朱温篡逆有甚於前之南北者矣。修史者以五代名而歸紀年於北，則以其時吴越、荆、潭争修職貢奉正朔，而北因得苟竊其名。然歷年彌促，豈足言帝王之統？得之不義，又無論已。周世宗其傑然者，而天不佑以年。

於乎！晋統亡而乃有南北，唐統絶而乃有梁、唐、晋、漢、周。世遞降而至是，果天爲之，人爲之耶？《易》曰：『物不可窮也，故受之以未濟。』知未濟，而後知統之有時絶；知統之有時絶，而後可與論統矣。

學校論上

古之學者必有學。自家而黨而州，至於天子、諸侯之國都，莫不廣其教之地，使之朝夕進德、習業於其中。古之學者必有師。延鄉大夫之賢而老者，坐閭門，教鄉之子弟。其法領於司徒，遞升其秀，以上於學。而又爲之小胥、大胥、小學正、大學正，以分掌四時之教。其教之之具，則《禮》有抑讓、仰俯之容，洒掃、進退、唯諾之節，以固其筋骸，安其坐作；《詩》有諷誦、反覆之音，以發其情志，而平其剛柔緩急；《樂》有宫商、清濁、六律之奏，八風之舞，以聰明其耳目，和平其血氣。所以教之之備如此。故其時，天子、公卿、大夫、士之材，無不出於學；爲國家天下之理，無不由於學之中。故道德茂而俗化成，天下之政教會於一。

周衰，先王之法廢，學校首壞矣。老、莊、申、韓、公孫龍、鄒衍之言潰決四出。下及秦、儀、起、臏、鞅、斯，以詐力勇戰，生民肝腦塗地。聖賢以爲其故在學校之壞，而庶人處士激溢横議，故從爲之説曰：『謹庠序之教。』言乎春秋戰國之際，庠序猶故存，而所以教之者不謹也。教之非其人與非其具：爲之師者莊、荀，而爲之具者《陰符》《韜》《略》。人欲熾而邪説恣，縱其洸洋遊談於天地之間而莫之遏。是以庠序雖存，猶之無庠序也。由漢以後，黄、老、莊、佛、神仙、道家之教與孔子更盛衰，上之所以治，士之所以學，舉不由學校，又非獨其具亡而已。

宋熙寧初，王安石欲變科舉，興學校。蘇軾議以爲：『時有可否，物有廢興。方其既厭，雖聖人不能復。慶曆固嘗立學矣，至於今日，唯有空名僅存。今將變今之禮，易今之俗，又當發民力以治宫室，斂民財以食游士。百里之内，置官立師，獄訟聽於是，軍旅謀於是，又簡不率教者屏之遠方。是徒爲紛亂以患苦天下也。』其持論如是，安石迄不能有所施爲。

夫孔子論三代之禮，有因、有損益。孟子述井田封建，止曰大略。然則今日之學校，亦惟因仍近制，使先王之舊物不廢於吾世。而獨其修身正心，爲天下國家之道，則必得其人以講明而振興之。若今之學校，則止爲科目之徑而已。以科目爲學校病，已非一世，而又有甚者。學術至孔孟程朱，無以復尚，而不意人心之僞，即流伏於孔孟程朱之中。其平居，則言與行相背；及入仕而臨政，自養與用相違。舉夫言語、政事、德行、文學，罔不歧爲二。數十年以來，士風靡濁，有馬弔、游湖、混江諸戲。賢愚耆幼，百唱千群。視晋、宋、六朝清談、麈尾、唾壺之習，其高下豈直相懸萬萬而已。

更有甚者，苦争學術以樹身名，幾與甘陵南北部黨人踵繼。彼漢、唐、宋、明四代之朋黨，一時同事，近而不相得，猶有説也。若朱之去今已五百餘歲，王之去今亦百有六七十歲，兩人傑然各爲一代功宗，今之議之，則何爲也？

故愚謂學校之敝，未有如今日之甚；而今日學校之敝，未有如講學之甚。士息講學而務返其本於孝弟忠信，則人心漸醇，浮言虚譽無所用而流競消，天下方有實行真品，而治化可興、聖道可明矣。昔柳公綽爲山南東道節度使，行縣過鄧。有二吏，一犯贓，一舞文，衆謂必殺犯贓者。公綽判曰：『贓吏犯法，法在；奸吏犯法，法亡。』竟誅舞文者。於乎！今日講學而學亡，其誅猶在馬弔、游湖、混江之上者也。

學校論下

或曰：夫子憂學之不講，而子爲是言，無乃戾於名教乎？曰：吾以扶名教也。夫古之所爲講學者，有爲己之心，講去其非而明其是，以致其瞬有養、息有存之功於己耳。今本無是心也，無是功也。譬則溉木者，不培其根而理枝葉，異於的然而日亡者幾希矣。

且先儒有云：『天下將治，則人必尚行；將亂，則人必尚言。』漢自昭、宣以前皆尚行，故治理清明；元、成後則尚言矣。匡衡、谷永、杜欽之徒出，極於王莽，誦六藝以文奸言，卒成新篡。宋真、仁、英時皆尚行，至安石行堅言辨，馴致徽、欽之禍。將亂而尚言，二代者其明徵也。

道不可一日不明，而夫子曰：『民可使由之，不可使知之。』豈惟凡民，雖士亦然。所謂不可使知者，乃上焉性與天道之事。非謂日用行習之中，第使之貿貿以由，而可安於不知也。苟其不知，則亦何所爲由哉？學者循循下學，每事精察力行。若驟進夫人而語之所以然，則自堯舜至湯，湯至文王，至孔子，五百年之内，見知聞知，間得數人耳。子以四教：文、行、忠、信。皆使人由之之事，非使人知之之事。其教顏、曾，中人以上，亦不外此，非有上之可語也。顏子深體斯教，故喟然見道也。

唯老、佛之爲教也必語上。故不立語言文字，則文可去矣；去君臣，逃父子，蔑朋友、兄弟、夫婦之倫，則行怪矣。蕩焉泯焉，守其空無以爲忠信。傅奕、韓愈、歐陽修諸人嘗出力以排之，而卒不勝也。程朱深探其本，欲窮其彌近理而大亂真之窟，故説之不得不精，語之不得不詳。既精且詳，則人多馳入於幽深惝恍之途，而老、佛之黠，或反用吾之軍號旌旆，以逼吾之中壘。於是高明之士争務於知而憚苦於由。始也以儒攻佛，既也以儒攻儒，而朱陸、朱王之辨曉曉以迄於今，不可解矣。

前此蘇軾嘗憂焉，謂：『性與天道，自子貢不得聞。而今之學者恥不言性命，讀其文，浩然

無當而不可窮；觀其貌，超然無着而不可挹。此豈真能然哉？蓋中人之性，安於放而樂於誕

耳。』黄道周亦教學者先讀孔門言論，求之躬行，毋早讀宋儒書，啓助長揠苗之病。是即引而不

發、無輕語上之意也。

今之講學者，患在喜於語上，而所以由之者疎，故吾欲以夫子之四教糾而正之。自宋以後

語録諸書，一切且束勿觀，而惟從事於《六經》，孔、顔、曾、孟之教。行之二十年，而故習漸忘，士

風龐厚。然後參用漢世取士法，復方正、賢良、力田、孝秀、徵辟、舉察諸科，期於實行實用。確

然有得，即唐虞三代之俗，其漸可致乎？

於乎！吾説而得行，尤我者必以爲道之不明自不講學始也。夫文中子之意，非欲焚經者

也，然與夫斷斷於朱陸之間，紛拏於石渠天禄之論者，孰爲去名而實存也哉？

作者之意，惡吕、陸之斥陽明也。然王學已被吕、陸闢倒。今之學者皆知無善無惡之

畔孔孟，此吕、陸之大功也〔二〕。

史論 歷年

開闢以來，起江南，取北方，統一天下，自明太祖始。天地無常勢，聖人無常用，鬼神無常

主。唯能養民致賢，修德以俟天命，則九州之内夫地而可王也，豈必關中、河内哉！蓋自太祖稱

吳國公，傳十二世十六主，六服中外，罔不臣貢。其後寄命强臣，民懷其舊，未忍離叛，尚十有餘年。德澤之結人心如此。是以漢之亡也以巴蜀，宋之亡也以閩粵，明之亡也以滇黔。天命所在，荒陬殊域莫不竭忠殫節，俗化之厚，同於鄒魯。要其創業垂統，則居可見已。

故有天下者務教化以道民，不以刑罰；深仁以澤民，不以小惠；衽席以安民，不以兵革。太祖始承元敝，用重典以悚息天下，齊同風俗，使民知三綱五常。行之三十年，然後父子有親，君臣有義，夫婦有別，長幼朋友有讓。於是始革荒陋之俗，復先王之教，久之因而不改。當時謀國大臣深思長慮者，皆以爲疑，然惟其立法之本，則一於愛民而嚴於核吏，吏知畏死，故不敢貪墨。

嗣主尊會典，守成律，三百年間際天地之休運，輕徭薄賦，與民休息，未嘗勤大兵。士有廩，官有蔭，民有業。下及鰥寡孤獨廢疾，驛站有養。民輸糧者，卒以八分得免〔二〕，無隔年之征，其里長無笞撻之辱。士大夫重廉恥，家居冠帛冠，衣大布。有致仕買田地至數百畝者，鄉黨以爲羞。民生其間，熙熙然安於樂生送死，不知外事。是以懷禮義之心，崇退讓之行，識上下之節，明貞邪之分，篤父母髮膚之愛。

當崇禎崩陷，帝后升遐，君臣夫婦，同死社稷。至賊敗西走，小民多撤户扉、連車衝塞道，發瓦石以驅賊。雖禍形於墮武，而德洽於崇文。『政以義成，帝王之世如秋夏。』豈非太祖之謂哉！

萬授一先生曰：摹寫盛隆之化，十未得一，然已若神農、虞、夏矣。

史論 開國

昔周之至德，三分有二，猶服事殷。武王克商，釋箕子囚，封比干墓，式商容閭。重民喪祭，賓及三恪，天下歸仁。

明興，雖以征伐定天下，然任德不貳，服人以信，懷人以義，褒善容慝，顯忠遂良。迹其起自濠濱，總師江左，始奉滁陽以戮力，後尊龍鳳以終身。可謂法堯舜之公心，行湯、文之盛節者矣。

洎乎初下金陵，禮葬福壽；繼得安慶，廟祀余闕。危素有和州之謫，劉炳受勿賀之命。是以一時士習蒸蒸興起。吳、漢方强，成敗未定，然且莫不守君臣之分，重去就之職。韓成烈於紀信，汪河比於洪皓，花雲勇於秀實，永安久於真卿。其餘致命遂志之士，張子明、于光、王禕之徒，不可勝紀。自三代以來新造之國，忠臣義士未有若斯之衆者也。

至其禮遇降者，恩澤尤厚。歸德歸義，並全宗族。伯昇、思齊，禄廪終年。君弼未至，則歸其母以開誠；國珍請降，亦還其孥以示信。斯則宣昭義問，廣布德心，過於漢、唐之祖遠矣。他若元都歆至，特免獻俘，崇禮有封，海西進爵。聖人御世，一視同仁，豈尋常因利乘便、雄略之辟可及乎？

壽佳峰曰：太祖重闢乾坤，上天篤生，誠非漢、唐之祖所及。跡其行事，皆有指實，非故阿所好也。

史論 功臣

漢、明二祖，皆以天授之略，際秦、元之末，整旅東南，不階尺土而有天下。旁求俊乂，與之立功。維時用人，擇將爲急。韓、彭、徐、常，並起隴畝，得遭運會，奉天明命，建不世之勳，成一統之尊。偉哉，非宋、唐之所及也！然而漢業垂成，功臣菹醢；明威已立，勳舊咸封。揆厥由來，見於用兵之始已。

秦載其暴，豪傑并力，海内同仇，獨夫受誅。西楚肆虐，空國而鬬，成敗爲速。非得信、越略不世出之士，不能出奇制勝，轉戰千里，收成功於五載之間。故漢興用人不次，予奪自我，天下已定而異姓俱起，高帝日不暇給矣。

元制區夏，兵德兼用。百年之間，民未愁怨。政衰盜起，久而後亡。將無章邯之能，敵非項羽之强。太祖守江南，布德修政，養民後用。得寸則寸，以次攻取。一時名將莫非純臣，而跅馳詐力之士希焉。是以徐、常循循卒伍，積勞累日，始爲上將。雍容弔伐，式遵成算，師克在和，功成而安，洵千載一時哉！

理富詞清，而一種渾穆之氣，非承祚諸人所能到。婿蔣申謹識。

史論 名臣

鄭曉稱：『高帝武功創業，顧喜接耆儒。』既入太平，始得陶安。兵行所至，息馬論道。陳遇聘於應天，秦從龍起於鎮江，戎簡來自句容。至金華，開郡學，延經術之士，與相討議，一時賢士彬彬至矣。浙東人才，於是爲盛。帝夢想賢傑，徵書四出。大將胡、李，加意名德，折節交薦。謀略則劉基、章溢，文學則宋濂、詹同，循吏則方克勤、吳履，死事則許瑗、葉琛，奉使則王禕、吳雲，議禮則陶凱，協律則冷謙。至洪武之末，而方孝孺以學行進，葉伯巨、鄭士利以直言顯。其他若鮑恂、余銓力辭王命，黄某、鄭湜惇行家庭。察其由來，所漸摩者漸矣。

孟子曰：『五百年必有王者興，其間必有名世者。』自宋受命洎於明興，凡四百載，中國之氣，萃於東南。宋氏雖亡，餘教未替。二三遺老守濂洛關閩之緒，相與講授，高踪嘉遯，終身不仕。方將紹明禮樂，推德三代，著一王之符，明聖統之尊。應時而出，生此王國，王、戴、吳、宋並出金華。隋有河、汾，元有金、許，皆儲才於易世之後而收其用，豈非天所以資大一統之君者乎？

沈謙三曰：人才自古爲難。上帝生之，太祖成之，遂開一代之盛。中指出金、許諸君子講授之功，更爲特識。但俯仰今昔，繼者何人？不能不於此三嘆。

史論 兵略

成祖用兵如風雷迅忽，人不可測。其出援永平也，非爲永平也，以誘景隆而疲之城下也；其略大同也，非爲大同也，以誘景隆而疲之道路也。欲取滄州，則陽言攻遼東，敵不知所備也；欲致吴傑，則下令散軍士，敵不知所趨也。縱南軍之降者使還，或潛九地，攻心爲上也；遣輕騎掠濟沛，焚軍糧，而南京大震，或動九天，彭越反梁地也；直趨南京，使鐵鉉等無所用其守也。一出一入之間，已成奇正分合之勢。故其言曰：『兵出在外，奇變隨用。』又曰：『野戰易，攻城難。百里之外，勢不相及。』蓋其驍捷似唐太宗，而屨敗不挫，漢高帝以下不及也。夫善戰者之握兵，猶蛟龍之得雲雨，騰躍變化，不可方物。敵逸能勞之，而己常逸；敵合能分之，而己常合。形之敵必從之，與之敵必取之。所謂『決機兩陣之間，致人而不致於人』者，成祖之謂也。

然則成祖之用兵，與太祖同乎？曰：太祖用正者也，成祖用奇者也。其才不同，其勢亦不同：太祖之時，群雄角立，當深根固本以圖進取，其勢不得不正；成祖以親王素有威望，起事易而名爲逆，知人心之不與也，幸於速勝，其勢不得不奇。蓋善戰之才過其父，而規模不及遠矣。即位以後，三征漠北，所任者特一將之事，而經國大業委之太子。雖有萬里戰勝之威，而近棄大寧，固不如高皇之設險善守也。迨安南之役，不思善後，三遣張輔而三召，卒棄交趾。視沐英之留鎮雲南，處置得宜，竟何如也？吾故曰：成祖決機兩陣之間，是爲雄耳；若夫天下大計，謀國經久之猷，不及太祖遠矣。

孫南屏曰：取材於《武子》十三篇，而以之論成祖，確而當。轉入太祖，用駘宕筆，如無縫天衣。較才度勢，抉出所以用正、用奇之故。前揚後抑，非特論體當然，而所短實有鑿鑿可指，非苛論也。

史論 伏節

嘗讀《遜國臣記》，未嘗不太息流涕也。曰：嗟乎，秦政坑儒而後，士君子之禍未有烈於此時者也。古之取國者，或鄰敵，或藩鎮，或盜賊，猶能褒録忠義，爲百年自樹之計；成祖起自親王，未至易姓，而斬刈殺伐，殆遍天下，禍延十族，戮及祖宗。舉太祖所不行於勝國者加之宗國，三十年殺運，何爲至此極也？噫，有以知明運之不競矣。

明之亡於崇禎十七年，天也。蓋承太祖開國之烈，繼以仁、宣。不然，成祖而殁，必有揭竿而起者矣。然自是以後，主威過亢，廠衛、詔獄、廷杖行。爲臣子者亦遂不自愛其名節，而士氣幾盡。由成祖之作法凉也。當王振之用事，人未有不爲王文者也，幸而間有爲劉球者，必死矣；嚴嵩之獨相，人未有不爲懋卿、文華者也，幸而間有爲沈鍊、楊繼盛者，必死矣；魏忠賢之亂政，人未有不爲廣微、呈秀者也，幸而間有爲楊漣、左光斗者，必死矣。

夫人才者，生之自天，養之自朝廷，曠世而一盛者也。明興，興養立教，三十年來，名臣良士幾復兩宋之舊。一旦猝經内難，並能臨大節而不挫。使成祖念太祖作人之非易，慰存矜恤，以唐太宗之待王、魏者待諸臣；其不爲王、魏者，聽其安於田野，不强之仕。如是，則保全元氣者多，而永樂二十年間之所用，且取之不盡矣。甚矣，其不思也！

漢黨禁、唐清流、宋同文之獄，大抵多在末造。未有開代之始，空善類而絶其本根若斯之酷者。後之人何恃守國，庇我子孫黎民？且身爲天子，與諸臣逞一日之忿争而忘大計，豈帝王之度耶？宜一代之國勢、人才，遠不古若。而其後迭有哲王，則天地之氣運所留，不拘於系類，而輕奪繼世，亦於此驗也。

史論 從亡

史彬等二十二人有程嬰之才，而不能爲程嬰之事，天耶？人耶？曰：天人之際，程濟知之矣。當燕師未起，濟即上奏，不死而囚。必欲與天争功，仁者不爲也。且古有以一成一旅中興者，惠宗非其人也。社稷有奉，生民有主。主宗廟者猶太祖之後，則守吾義、奉吾君而已。

且方孝孺諸人亦非有必死之志，特迫於不得不死之勢而死，非傷勇也。以天下之大義言之，惠宗可以無國，二十二人可以無家，而天地之間必不可以無君臣。既不欲從方孝孺等而死，又不欲從楊士奇等而生，而節愈高，心愈明，道愈坦矣。骸骨可歸，不必拔鐵鉉之鼎也；婦節可完，不必入象奴之室也；鄉黨宗族可幸無累，不必極瓜蔓之抄也。彼一門之内，自極兵威，取天下之正士而殲之。而若臣乃製衣履，攜方物，躡蹻擔囊於荒煙魑魅之鄉，出入萬里，更閱三世，卒致其君還大内，返西山，優游以善生藏死。可謂非人所爲，可謂非天所爲哉？

余嘗慨有明氏之天與前代異者有二：惠宗之遜荒也，英宗之復國也。前此未之有也。此其天亦可謂奇矣，二君者豈逆知之？故奪門之役，石亨、楊善貪天功者也。順天而不貪功，斯二十二人而已矣。

朱用輝曰：天地有一日，此文存一日。余生平極服此二十二人，曾爲之歌詞。

陶及甫曰：二十二人之中，謹侍左右者三人，往來道路、給辦資糧者六人，其餘或散或亡。總之君爾忘身則一也。必欲究其不能匡主中興，持論未嘗不正，然惠宗非其人也。一句已斷定二十二人心事。餘波作結，持論正而筆有微詞。

或有力駁此事之誣，並無程濟其人，不知何據。惜不得起亡者訂正。今依《吾學編》信史存此論。自記。

史論 列傳

帝王要道，莫先至明。知人則哲，帝堯猶難之，信哉！太祖以信義撫方夏，功伐巍然，繼於三代。三十年之間，作禮樂，定律例，興學校，易服色，正官制，卓然垂一代之良法。然足己自用，闇於任人。定爵則先李善長而後劉基；御將則厚藍玉而薄傅友德；命相則用汪廣洋、胡惟庸；求言則繫葉伯巨，輸鄭士利；受遺用齊泰、黄子澄，此其所短也。

昔在漢時，高平諸呂，實遺平、勃；文克七國，乃留亞夫。孝武屬霍光而燕、蓋誅，昭烈相諸葛而吴、魏讋。託孤之際，得人尤不易哉！

仁宗，三代之賢君也，其天資之美過於漢文、宋仁。誠得儒者之相，開陳聖學以成其德，治業所就當越漢、唐遠矣。惜斯時大臣皆不知學術，立朝議事，隨世苟就。建文之後，氣節之士已盡，况儒者乎！於乎，聖學不明而求王道之行，吾未之前聞也。以仁宗之賢而不遇王佐，天復奪以年，豈非斯民之不幸哉！

宣宗英武明決，博通治道，有唐太宗之風。而守法平恕，本於實心，不事紛更，則仁宗之令子也。先儒論貞觀之治，以爲無睢麟之意，故不若三代。宣宗承二祖積威之後，講武休兵，慎選守令，省官節用，專務養民，吏多得人。明治之盛，稱仁、宣焉。又能收養人才。易世之後，遺教未墜，賢能爲用，是以遭國大變，猶得蒙業而安。父子僅以十年，未覩厥成，百世而下尚有餘憾。蓋古治日常少，信哉！

馬晋允言：楊暄、馬士權皆義士也，而暄之智勝。使得任御史、給事，必能直言極諫，爲國名臣。聖人立賢無方，豈必遺一漆工哉？若英宗待袁彬反薄於王振，沙漠一載，南宮七年，行事猶舊，可謂迷復。天順之際，恃有李賢，方成朝廷，而譴責屢加，未稱明良。君子以是知英宗之不英也。

史論 列傳

明自太祖誕膺成命，三十餘年，旋經遜國之禍。又四十年，潰師土木，而中外奠安，以仁、宣之澤在人。而委任賢能，消患非常，則景帝功也。景泰、天順、成化三世，與民休息，閭閻寧樂。至於孝宗，邊陲無事，號稱全盛。帝以恭儉慈孝之德體承列聖，力行三年之喪，論道親儒，不邇聲色。優接臣下，致其歡欣。萬安、劉吉既去，前所擯逐無不登用，中正滿朝，直言遜容。其時腹心股肱如劉大夏、戴珊等，造膝密陳，惟以軍民多不獲所、天下未即太平爲念。仁心發於至誠，非有所希倣古昔而然。比於漢之文景、唐之貞觀，治象似遠過之。惜歷年不永，儲宮沖逸，豫教未成。升遐之後，遭劉瑾、宸濠、江彬諸變，而海内不摇。謚爲敬皇，固可以遠紹唐虞三代之心法乎！

明室之盛至神宗而極，而亂亡之本實基之，此其當漢元成、唐開元時乎？自英、憲、孝、武以來，外攘内救，日不暇給。世宗時，倭人屢犯東南，俺答、吉囊大爲邊患。至王崇古封貢之説行，而單于保塞。加以戚繼光、李成梁禦侮多才，九邊之間數十年無事，中原殷富，盜賊不起。

神宗適承其運，西平寧夏，南置遵義，兵威所及，不勞餘力。遂志衰氣惰，高拱深居，貪吏作於下而君不知，直言陳於下而上不覺。政權壅蔽，武備日弛，自古未有罷朝三十餘年，君臣隔絶如此者也。於是耄期黷貨，礦使四出，所在紛擾。民心愁怨，甚於青苗、公田之害。朝無正臣，東林諸君子争勵名節，憤而爲激。漢之亡也，黨禁烈而張角之亂興；明之亡也，三案争而徐鴻儒、王好賢之妖術乘之以起。禍本相尋，古今一轍。崇極而圮，固神宗蓄成之哉！

光宗居東宮，夙有令聞，善處父子兄弟之間。觀其即位以後，不怨鄭妃，蓋孝友天性然也。顧以質稟孱弱，講學日淺，未明於帝王大節。當外寇方張，内憂彌痛，不能枕戈泣血，衰墨從戎，而内寵蠱惑。竟在諒諳之際，遂隕厥命。嗣主冲齡，太阿下移。雖天之亡明，亦帝有以自取之矣。

思陵沈毅有斷，不邇聲色。當魏忠賢謀移國祚，幾不免禍。帝以潛德，克處其間。踐位之日，恭默而平大憝，天下稱明焉。遭值神、熹離涣之後，國氣未復，天災人害，於斯迭作。卒死社稷，得古今之正。漢、唐以來，未有憂勤亡國若斯之不幸也。然性頗褊忌，賢奸雜進，無所倚向。直言忤聽，主勢日孤。練兵榷食，處置乖舛，迄無成效。及大盗已逼，惟令内侍分守九門。諸臣盡亡國之臣，其如不能奪宦官之信何哉？嘗覽李自成移檄，未嘗不爲之酸鼻。《傳》曰：『無於水鑒，當於人鑒。』有天下者，取鑒於敵，其得失亦較然矣。

李天山曰：上下兩篇，徵實發揮，其筆似班孟堅。

史論 列傳

王禕『忠厚寬大，祈天永命』之論，其明興一人乎？三百年國祚基於此矣。觀《詩》《書》，三代之際，大臣告誡，未嘗不以享國長久、奉天道、順人心爲言。禕推見至隱，欲太祖遠法周、漢，省刑薄賦，可爲愛君之至，所見者大。方帝新立，虛懷聽受，雖未能盡用禕言，固嘉納之。踐位日久，浸違其初矣。葉居昇所奏猶夫禕也，然竟以得罪，悲哉！

論者方武寧於韓信。夫信，奇才耳；武寧，王者之將也。信之用兵以奇勝。歷下之戰，使漢負不義名於天下。武寧全師所至，義聲先路。自破鎮江，入蘇州，平大都，民皆不知有兵。仁人無敵，雖湯武之師何加焉。陳建言：『三代以後，唯漢、明得天下爲正。』然漢未得全爲順者，非獨二祖譎正不同，亦由所任之人，忠信詐力異也。武寧首建屯田，不極兵力，深得大臣爲國之體。又軍中械送德濟，明爲人臣不敢專誅。雖天性忠謹，亦其學道之力有過人者。『勞謙，君子有終。』武寧當之無媿矣。

常遇春、傅友德膽略絶世，稱二虎將。志不苟用，委身真主，其器識深矣。世稱遇春，率多其勇悍善戰。夫遇春表薦任亮，義釋尹堅，樂於聽謀，有國士之風。功業未終，天奪之速，惜哉！

何真保衆東莞，起事以正，信明義立，遂雄粤東。遭值明、漢之争，江南多事。真不效任囂教尉佗之策，顧從竇融歸漢之誠，列爵盟府，身名俱榮，可謂智士。歸國之後，胡、藍黨獄，功臣危矣。然真且雍容朝右二十一年，敬共明威。於乎，賢哉！

正統之末，于謙治内，郭登治外。景帝不惑群議，委任二人。天下之不亡，誰之力哉？栲栳山之戰，登以少擊衆，倉卒不懾，有尹繼倫之風。故能以孤軍力守危疆，爲國長城。其所施設、論奏，終明之世，前後諸將未有能過之者。才大任小，竟不得盡其志，固時爲之也。

薛公處天順初，其勢不容不去。不去，則岳季方之禍必移於公矣。自金履祥、許謙以後七十餘載，聖學失傳。公奮起三晋，守官守道，確乎不易，以出處去就實其所知。所以河東之學傳之二百年，不滋諸儒口實。則爲一代從祀之首，宜哉！此則係臨終前一日改正。

馬文升稱：『明家賢相，商公第一，楊士奇、李賢皆不及焉。』噫，使公少委蛇於汪、萬之間，如李東陽得留不去，於國家豈不陰有所補哉！而公不以彼易此者，此可以見其去就矣。觀其對懷恩之言，義勇奮發，諸奏疏侃侃有大節。『以道事君，不可則止。』商公當之矣。

劉大夏以經國之才，濟忠貞之節，納約自牖，不喜功名，美哉！夏、商之名宰相也，雖不以相，實有相業。當劉健、李東陽、謝遷備員論道，號稱明良，然皆庸庸未有奇勳，而大夏之名爛焉。戴珊清慎，卒死此官。彼其依日月之光，結主知不啻家人，豈不以忠哉？使二人而受遺輔武宗，雖韓魏公、歐陽修之風，何有加焉。

梁儲力扶亂主，依依不去，因勢合變，犯君之顔，幾死者數矣。然卒以見聽，社稷危而復安。當此時，儲豈知有身哉！以嚴嵩之得君擅威權，而徐階以不卑不亢之身隱處其間，卒扼其吭而仆之，消患於頃刻。應機默斷，斯足多矣。在世宗時用其愚，在穆宗時用其智，賴以克濟，得老氏之精。其天資詳審沈密，蓋有過人者與？

楊漣以一給事，有安國功。明世受遺定策，未有如漣之可觀者。使得假生殺之權，兼治宮府，宦官不足慮也。惜光宗識漣於衆人之中，而不能重用。漣感先帝之一顧，義無引避。值忠賢猖狂，危及社稷，其勢不得不力争。漣既死，而國亦從之矣。夫定國是者，唯才與忠，乃克有濟。漣之才節並於于謙，毋與庸碌者流同類而輕議之也。

諸卓山曰：其節短，其致曲，其氣疎以蒼。神司馬而非貌司馬。

瞍論

舜之天下，堯與之乎？曰：非堯與之。天與之乎？曰：非天與之。然則孰與之？曰：瞽瞍與之也。曷言乎瞽瞍與之？曰：非瞽瞍不能與之。有説乎？曰：有。孟子稱：『匹夫而有天下者，德必若舜、禹。』然禹非匹夫也，世爲崇伯矣。鯀則殛死，禹乃嗣興。鯀之罪在方命圮族，鄄洪水，逆其性而已。九載績用弗成，可謂之無成，不可謂之無勞於天下也。《國語》曰：『禹能以德修鯀之功。』禹之父非瞍比也。故邁迹自身，起側微，受天下，獨有舜。舜之德無以加於孝，而成舜之孝者，瞍也。

十二州之内，其爲孝子亦多矣。遽以孝子而畀天下，則人之心有所不服。惟舜則爲法天下，可傳後世，四岳、九官、十二牧交口稱道，無異詞。以及朝覲、訟獄、謳歌之歸，咸曰：『國有大孝，真吾君矣。』堯，孝者也。克明俊德，以親九族，百姓昭明，萬邦協和，是其孝之光四表、格上下也。故倦勤之日，亟欲得孝子而受終禪天下焉。舜生知之聖，由仁義行。凡其自升聞後，陟位總師，竟五十載，極於地平天成、鳳凰儀舞之化，非有所爲而致，獨以不順於父母不可爲人爲己憂耳。至盡事親之道而瞍底豫，瞍底豫而天下化，而天下之爲父子者定，則和氣充塞，四方風動，三苗分北矣。其敷文德而來有苗也，由瞍之允若始也。觀益贊於禹而曰『至誠感神，矧兹有苗』，則知瞍之允若有難於格苗者。惟天下之人群以苗視舜父，而舜則以聖視其父。《小弁》之詩曰：『何辜於天，我罪伊何？』其即舜於田號泣之心乎？

天下未有無父之人可以君天下者。周之東遷，復四五百年，如綫不絶，賴宜臼傳一詩爲之定其位而延其祚。舜至孝，而非瞍天下蔑由見其孝；文王至忠，而非受天下蔑由見其忠。聖人之忠孝，豈因所值加損？然而天下群見之者，則不幸有以成之也。昌黎之操曰：『臣罪當誅兮，天王聖明。』舜之於瞍也亦若是已矣。

抑余又有説焉。《春秋傳》曰：『自幕至於瞽瞍，無違命。』即四岳之薦，止稱『父頑』。頑者，冥頑不靈，凝滯於物。非色養如舜，難以得其歡心耳。所謂『無違命』，前史當有據而云然，則盛德必百世祀，固舜與瞍共之也。象之傲，亦止狎於不順，習與性成，非必有忍殺其兄之大惡。後封有庳而君國子民，與朱之虞賓在位，同在帝舜光天之下。則二人之傲，固非有播惡於朝野如共工、驩兜爲者。不然，使象不安其兄而與朱協意，或出於後世禄父、管、蔡之悖，則舜詎不能以義割恩，而第云明德懿親，負文祖、神宗付託之重哉？

後世以孝而得天下鮮矣，以不孝而失天下往往是焉，漢昌邑、宋光宗之廢是也。知不孝之所以失，則知孝之所以得。而大孝受命，不舜若者，無瞍之父以成之也。故非瞍不能以天下與舜，吾説果不誣也。

李園殺黄歇論上

黄歇之死，禍由己作。歇爲楚相，而以有娠之妾進王，則欺君也。嗟哉！君則雖欺，未知天之不可欺，而歇之得禍在此矣。

當日李園使其妹説於歇前曰：『王老而又乏嗣，妾則有娠而人莫知。若以妾進於王，幸而生子，則君之子爲王矣。』園言至此，歇則邪心頓起而貪子之爲王，未知子爲王而刃乃及於身矣。園恐歇言之不謹而致事露，頓立梟心，刺殺歇於棘門之下，而盡滅其家。嗟嗟！亡楚國者園也，滅黄歇者亦園也，斷以三尺法，寸磔以謝楚之先王，亦不爲過。

至黄歇受人託孤寄命，爲國重臣，早能裁以大義，雖百李園，鼠輩何足爲患？歇既包藏禍心，傾移國祚，則其罪百倍於園。不死國法而即死園手，天固巧於報之以泄其毒。萬世清議歸獄於歇，園又不足論也。

李園殺黄歇論下

黄歇之被死於李園，孽由自作。蓋歇爲重臣，知王老而無嗣，不廣選良家女，備嬪嬙以求嗣續，而以己妾進王，固已瀆矣；况又知其妊身而故進之乎？當園之使妹説歇，園自爲富貴計，非爲歇計也。迨園之富貴成而計遂，則於歇之身家乎何有？園何險而歇何愚也！

夫身居相位，託孤寄命，大節不奪，軍國重事，一切皆裁之以義，園之陰謀焉能至於我前哉？惟歇向包藏禍心，欲篡楚國，此意早爲小人女子所窺，故妾之言得至歇前，正合歇夙心耳。嗟嗟，歇欲盡得楚國，乃至反失其身，盡赤其族，實有鬼神指使其間。被殺棘門，固天之巧於報亂臣。若歇之大義正，則園之逆謀不行。然則園又何足論哉？

交阯議

交阯之議孰爲是？曰：張輔之議爲是。交阯自漢、唐以來，世爲郡縣，皆有名臣治之。非如雲南，至元始入中國。其不可棄者一也。宋氏不競，始封安南，特因其舊，非已得而復棄。今設官分牧垂二十年，棄之適足損威，不足示德。其不可棄者二也。楚莊王討夏徵舒，復封陳，是時罪在徵舒，陳自有後。今陳氏子孫已盡，因交人之情，復郡縣之制，原非利其土地。若云興滅繼絶，不應封植黎利以自欺。其不可棄者三也。小醜陸梁，兵連不解，非兵不足用而賊不可滅也，咎在將非其人。張輔三平交阯，已有明效。及黎利之起，則不遣輔而用他將，所以屢敗。柳升既死，輔固在朝，非無將也。使輔復出，則必能辦黎利。其不可棄者四也。勞三朝二十年之經營，廢於一旦，王者舉事，爲而無成，何以示後？其不可棄者五也。堂堂天朝，喪師失將，而甘爲城下之盟，貽笑蠻方。其不可棄者六也。楊士奇、楊榮之言曰：『交阯，唐虞三代皆在荒服之外。』此尤爲不知變者。必若遡而論之，則太伯始立勾吴，兩粤、甌、閩至漢武時乃闢。自有天地，風氣漸開，聖王教化何爲獨遺此一方民？其不可棄者七也。光武謝西域，亦謂不開邊隙，非隳已成之功。漢棄珠厓、唐棄維州，皆末世事，不足爲法。其不可棄者八也。

噫！交阯初定之日，張輔良將而黄福良吏也。使輔得世守交阯，輔死於正統十四年。而佐以福，漢、唐之盛可復也。若之何輔既不用，福亦召還？成祖既失之於初，宣宗復成之於後，棄中國士大夫於異域，而君臣自鳴盛德，則二楊諸人之過矣。

萬授一曰：俱有處分，非空空論理之詞。

金赤蓮曰：似漢人議馮奉世諸篇。

校勘記

〔一〕底本無此段評語，據康熙本補。

〔二〕卒以八分得免　卒，康熙本作『率』。

卷九 略

田賦略

粟米之征出於田，力役之征從乎人。井田不可復久矣，但準什一之意以取賦，酌公旬之法以征役，今猶古也。

租、庸、調，三代以後之良法也。楊炎變爲兩稅，其救弊非不善。會朱泚之亂，貨輕錢重，賦不加而民增困，或以咎炎。天下所以無任事之人也。

賦、役，二也，合而征之，民不堪。今南北異宜，丁并於田，北弗便也，南胥便之，然而田之累滋矣。

漢武之不爲秦皇也，以霍光承其後也。霍光，師文、景者也。

唐之分崩離析也，由宇文融括羨田逃户始也。至以正田爲羨，編户爲客，民安所措手足乎？會昌、大中間，買賣田不移户，州縣不敢徭役，而征税皆出下貧。至依富户爲奴客，於是逃亡日衆。咸通中，所在盜起，半屬逃户。黄巢、王仙芝煽之以傾中原，而唐遂亡矣。

奪富人之田輸官與貧民，父不能以得諸子，君安能以令諸民乎？使民與吏通財，而欲無鞭笞掊克，難矣。故王莽之『王田』、王安石之『青苗』，不可行也。

重農之外無生財，其本在節。《易》卦六十四有師、節焉。水入土中則田腴，匯爲澤則不溢。節自上先，不傷財，不害民，貧國可富，弱國可强。雖楊行密之於淮南也，嘗用之矣。

將亡之國必更制，賈似道之『公田』是也。注意財者恒失民，身於何有？而况財乎？度其後也自悔之，悔之何嗟及矣！

天地之不能安於質也，兖貢織文，青貢松、石，徐貢蠙珠，揚貢包柚，君人者安坐而有之，易樂也。堯舜五采作服，天下文明，允執其中，如水之流而得節。成湯接之，不邇不殖，亦以建中於民。故夏、商之治，號爲忠質。歷戰國，至漢而敝化奢麗，以蕩陵德。其時董仲舒請損周文致，用夏忠。夫用忠，師禹之克儉。儉，節道也。能節，則天地之氣留，然後可以賦民役民而非厲。痛乎，蘇軾之言曰：『臣至村落訪問，父老云：「豐年不如凶年。凶年縮衣節食，猶可以生；豐年舉催積欠，求死不得。」每以夏麥既熟，流民不敢歸鄉。』爲人上者可不念此乎？

明初有魚鱗圖、黄册。圖以田爲主，遣使者集耆民，履畝丈量，圖其田之方圓曲直，書主名、四至，如魚鱗相比爲之經，而土田之訟質焉。册以户爲主，田各歸其户，而詳其舊管、新收、開除、實在之數爲之緯，而賦役之法從焉。又掄殷户糧丁多者爲糧長，部運至京，往往得召見，對稱旨，或擢用。其恤民寬課深厚之意如此。然憤張士誠久不下，遷怒吴民，籍豪族田没官，而按其家私簿爲税額，遂爲三百年遺厲。

嘉靖中，歐陽鐸撫南畿，督十郡糧儲，曰：『吾獨虞蘇、松、常。蘇賦當天下半，即不充，如國計何？』既而曰：『昔周文襄忱據田以行法，吾當權法以補田。』乃計畝均征，比其輕重殊絶者，稍以耗損益推移之。諸推收田者，從圩不從户，田爲母，人爲子。令民歲以田出緡錢雇役，裁省郵置濫費，名『征一法』。於是糧雖不減而得均。於乎！法，井也；人，牧也。舍牧而去，井故在爾。安得長留如忱、如鐸爲蘇撫，隨方澄汲，王明並受其福也哉！苟有聖君賢相，奮然除去重課，俾數郡之民與他省均被覆載，豈惟上感天心，亦明高廟神靈所亟悔，而待其人補救者也。

萬曆七年，張居正請蠲免帶征錢糧，報可。八年，又行丈量法，大均天下之田。詔曰：『所爲均賦者，用蘇民瘼。非盡地利、求增税也。』時府州縣以丈量殿最，清强忠愛之吏竭心奉職，諸方田法令明具，人習步算而畝税均。而貪墨罷軟假手吏胥，苟以報完爲事亦不少。又養交沽譽，多饒貴勢，苛貧弱。山谷、湖蕩之田歲收下下，概以一則均之。求其能奉明旨、導恩意者，什不一二焉。

迄崇禎末，兵革困棘，驟加三餉，民逃亡爲盜賊。東南財力既盡，而山東西、河南北之地雖欲征，無可征者。憂時忠國之士蒿目言之，而上不寤也。長國家者鑒於唐與明之亡，其亦惕然知天命人心所依，無事聚斂以剥民，自取剥牀之害也哉！

户役略

古者井田之世，死徙不出鄉，是以風俗淳樸，上下親安。自井田制壞，始無定居。六國既滅，海内悉爲郡縣，民由此大遷。秦戍長城，漢徙豪傑實關中。其後水旱踣流，盜賊寇鈔，元元囂然喪其所依。惟刺史縣令賢，則户口倍增。故曰：民猶水也，得土則安。君爲之土，民不移矣。

其使之也有道。《春秋》，非時而作，必書。《周禮》，使民任老事，食壯食。公旬豐年無過三日。父母待養，復其子孫。蓋於用民之際慎矣哉！

漢制，算、更二賦及口錢。武帝時，役民歲三日，受役者年不出五十，雖征伐四荒，猶爲輕平。自長安王莽、赤眉之禍，重以凉州董卓、傕、汜，天下分崩，民生其間無所鳩屬。三國甫定，迄於典午而大亂。

晋元遷國，江表民之從而南者謂之僑人，並取舊壤之名，僑立州縣。往往散居，無有土著，多爲王公貴人左右佃客，率無課役。桓温秉政，以人無定本，傷理爲甚。乃以二月庚戌大閲户口，令所在土斷，謂之庚戌制。時役使無節，牽曳離遷，人人易處。方鎮去官，皆割兵仗爲送，多者至千餘家。力入私門，復資官廪布。兵役既竭，枉抑良人以相充補。故以十六爲全丁，十三爲半丁，咸備成人之役。後義熙中，劉裕亦表依界土斷，流寓多被并省。

元嘉時，至課米人六十斛。及蕭齊初，民避力役，生不長髮，便謂道人。抱子并居，竟不編户，公違土斷，流亡不歸。永明北伐頻仍，揚、徐皆丁三取二，遠州悉令上米準行，人五十斛，而就役如故。民生之困未有甚於六朝者。

唐制，民年二十爲丁，十六爲中，六十爲老。太宗生聚，至永徽垂三十年，户口纔三百八十萬。又百年天寶，始如隋氏之數。元和遂止户百四十四萬，什失其八。又自開元政玩，死邊戍者，貫籍不除。王鉷以其隱課按籍，責三十年租庸。至德後，富人丁多者多方規避，獨貧人丁在。是以天下殘瘁，蕩爲浮人，地著者百不四五。楊炎并租、庸，調爲兩税，庸錢已在税中。至宣宗大中九年，復立差役簿，是既税之又役之。民鋌走險，其何足怪？

宋制，以衙前主官物，里正督租賦。或輦運官物，往往破産。治平中，京東有父子二丁將爲衙前役者，其父告其子曰：『吾當求死，使汝曹免寒餓。』遂自縊而死。又江南有嫁其祖母、與母析居避役者，又有粥田減户等者。神宗閲内藏庫奏，有衙前越千里輸金七錢，庫吏邀求，逾年不得歸。重傷之。

王安石倡議：『古者斂民賦以禄在田，民不苦役，而官得人爲用。漢世宰相之子然且戍邊，故苦樂齊而役均。今鄉户憚差，不願保田畝，一夫執役，舉家失業。品官家皆得賜復，而細民重困。宜總州縣應用雇直多少之數，隨人户貲産高下，以差次出錢，雇充役者在官，名「免役錢」。其坊郭及未成丁、單丁、女户、寺觀、品官之家，舊無役而出錢者，名「助役錢」。取足用雇直，而頗寬其數，增三分，爲水旱缺乏備，名「免役寬剩錢」。如此，則官有錢以雇役，而民輸錢訖即弛然退，自力於爲生。吏無所施其巧舞，其法便。』詔行之。令下之日，開封罷遣衙前數百人，民皆相慶。第不正用雇直爲額，而展斂三分，備吏禄、水旱之用，有司乘此掊克，群臣每以爲言。

元祐初，司馬光爲相，欲罷其法。蘇軾言於光曰：『差役、免役，各有利害。免役之害，聚斂於上，而下有錢荒之患；差役之害，民不得力農，而吏胥緣爲奸。三代之法，兵農爲一，至秦始分爲二，及唐中葉，盡變府兵爲長征卒。自是農出穀帛以養兵，兵出性命以衛農，天下便之。雖聖人復起，不能易也。今免役之法，實大類此。公欲驟罷免役而復差從，正如罷長征而復民兵，蓋未易也。』光以農民出錢難於出力，著令定差，不願身充者聽自雇代，而衙前重難如舊。尅期五日，而免役之法竟罷。迨章惇作相，復行免役。馴至南渡，差雇雜用，役愈不均。

乾道中，金華松陽民汪灌等首倡義，度其時里正一歲之役，長短相覆，費可三十萬。自實其皆三等，差定役籍，衆割田公之，以其粟佐當役者。役先後視籍，田多寡視等，他日户升降，則告於衆而進退之。歲三月，衆畢會，擊羊釃酒，舊里正以授新里正，名之曰『義役』。約成，頗爲有司所持，灌任以爲必可行。竟三十年，俗大歡洽。時葉適爲令，愧之曰：『民誠義。吾有司之不義，甚矣。』自是所在推行，而御史謝諤言：『當從民便，不願者差役如故。』朱熹亦謂義役固善，恐踵之者不能皆善人，則豪强把權，役户反不得以安其業矣。然則法無全善，存乎其人，即户役一事可見也。

明初，人户以籍爲定。户三等，曰民，曰軍，曰匠。民兄弟出分及贅婿、養子歸宗，聽異籍。惟軍、匠有清勾，以異籍爲規避。年十六曰成丁，丁成而役，六十而免。婦女若不成丁，不役。役三等：以户計曰里甲，以丁計曰均徭，上命非時徭曰雜泛。凡役法以一里百户分十户，各值一歲，承徭役。又五年，充里長、甲首。其明年爲經催，後遂用爲糧長，皆起於役，與田賦不相及。祗應、禁子、弓兵等，俱以市民僉充，不役富人。凡額外科率錢一文，擅役夫一名，則上罪配流。

已而法中弛，專論丁糧，通計差役難易輕重之適，自極大至極小，造鼠尾册。按丁糧多寡以次填編，不論里而單下户得寬。其後公私百費，官不能辦。乃復計直年里甲户丁，分爲十二總，按月祗應，曰值月。府州縣官下至簿尉，各以坊長值其衙。凡官司外出、賓旅經由、夫馬供帳飲食，畢取給百姓，於是里甲與十甲均病矣。其均徭，部解上供金銀庫，倉户收支，皆有留難，本境有驛站、水夫、馬匹，而均徭病矣。糧長兑糧，本色有斛面，折色有火耗，初值役有拜見，初出江有銅鑼花鼓，既部運有馬匹鋪張，餘吏胥需索不在是，而糧長又病矣。

於是議行一條鞭法，以爲輪甲十年一差，出多易困，不如條鞭每年續辦，出少易輸，均輕重，通苦樂。於一縣十甲中，民如限輸錢訖，諸部運上金銀庫，倉户斗給，糧長秤頭斛面。凡百役所供及諸遞運夫馬俱官自支辦，略仿宋免役意。嘉靖末，都御史龐尚鵬奏革天下郡邑庫子。而都御史周如斗撫江西，力主條鞭議以上，制可之。乃通計里甲、均徭、驛傳、民兵，以隆慶初盡六年爲率，總合用銀派之，名四差。輸銀於官，官給銀募人。法初行，民釋重負。行之十餘年而法又弊。前所役坊里長、糧長，獨其名罷，其籍故在。里長之值年，經催之部運，實有不可已者。其初法嚴令具時，上下約嗇，精神振勵，後稍怠矣。銀錢入官，非篤廉之吏不無消蝕。卒有部派軍興，必且陰陽其術，别爲名項。又山谷之民畏官憚事，雖條鞭行，坊里祗應如異時，獨易十二總稱八班，改值月爲值日爾。

萬曆十年後，里甲廢業，與嘉靖中葉無異。益以礦使四出，閭里騷然。西北窮民，依食驛站。崇禎初裁之，以致盜起，節小費而釀大患。雖禍敗之原不盡由是，然涓涓不絶，流爲江河。其始也節所不當節，其究也自增所不當增。事勢各殊，而歸於斂財悖人之意同，以知通達國體難矣。固諸臣謀國之不詳，亦不能爲賢主諱也。

國計略

漢初接秦之敝，丈夫從軍旅，老弱轉糧饟，作業劇而財匱，自天子不能具鈞駟，而將相或乘牛車，齊民無蓋藏。高祖於是量吏禄、度官用。以賦於民，田租十五稅一。漕轉山東粟以給中都官，歲不過數十萬石。

孝文在位二十三年，宫室苑囿、車騎服御無所增益，屢赦天下田租，三十税一。武帝患幣之輕，始鑄白金，造皮幣。患商賈之重而算舟車，告緡錢。費用無制。

昭帝詔郡國聚賢良文學，問民所疾苦。皆對願罷鹽鐵酒榷均輸官。桑弘羊難，以爲此國家大業，所以安邊足用之本，不可廢。於是乃僅罷榷酤。

元帝用貢禹言，詔太僕減食穀馬，水衡減食肉獸，省宜春下苑予貧民，罷角抵諸戲。量減宫衛，以寬徭役。免諸官奴婢，廪食乘塞，代關東戍卒。

成帝時，天下亡兵革之事，然俗靡侈，不以蓄聚爲意。至於哀、平，百姓貲富雖不及文、景，户口滋盛矣。

光武有見於昆陽之勝，故兵以少而精；有監於武帝之奢，故官以簡而當；有徵於新莽之碎，故賦以薄而贍。當軍興艱費之後，而身致富庶。

明帝即位，民無横徭。於時東方既明，百官詣闕，戚里侯家自相馳騖，車如流水，馬如飛龍。章、和惠養相仍，壤土日闢。

及至桓、靈，營作盛於内，西羌畔於外，阿母常侍，賞賜不貲。遂開西邸賣宫〔一〕，每郡國貢獻，先輸中府，名爲『導行費』。又作列肆於後宫，使采女販賣，帝親着商賈服，從宴飲爲樂。

昭烈入蜀，約事定，府庫百物悉與士衆。及拔成都，軍用不足，劉巴請鑄大錢，令吏爲官市。

數月之間，府庫充實。

晉武不節，物流倉庫，女德無厭，服玩相輝，於是王武子、石崇等役財誇尚。物盛則衰，固其宜也。永寧初，蜀中尚有錦四百萬匹、寶珠金銀百餘斛。蕩陰返駕，寒桃在御，隻鷄以獻。用布衾兩幅，囊錢三千，以爲車駕之資。

元帝渡江，兵難屢作。蘇峻既平，庫中惟有練數千端，粥之不售。王導患之，乃與朝賢俱製練帛中單，人士競服，練遂頓貴。令主者出賣，端至一金。其乏空如此。

宋、齊、梁、陳開國，皆務省嗇。隋文供御，有故敝者隨令補用，更不改作。江南初定，給復十年。又均田土，立義倉。海内皆饒於財。楊廣反之，民乃重困，盜賊雲起，然所在倉庫猶大充仞。吏懼法，莫肯出賑。李密食洛口之粟以圍東都，而長安、永豐適爲唐興。鉅橋之散在德厚薄，不在貧富，如隋者可以鑒矣。

唐之授田以口分、世業，取之以租庸調之法，至近古也。自太宗力行仁義，至開元始政清明，海内富安，行千里不賫糧、持尺兵。其後妃御承恩，賞賜無限，視金帛如糞壤。命姚思藝撿校進食，一飧珍羞，費中人十家之産。由是禄山首畔，京室空矣。

肅宗行率貸，籍富商右族，十取其一。諸道亦税商賈贍軍。第五琦請於江淮置租庸使，凡吴鹽、蜀麻、銅冶皆有税，市輕貨由江陵、襄陽、上津路，轉至鳳翔。裴冕建議，給空名告身，召人納錢。兩京平，又於關輔諸州納錢，度道士僧尼萬人，詔能賑貧乏者寵爵秩。故事，財賦歸左藏，而是時京師豪將假取不可禁。琦爲度支，請皆歸大盈庫，主以中官。是時天下之財爲人主私藏〔二〕，有司不得程量多少。

德宗時，天下户口什亡七八，所在宿重兵費廣，悉倚辦劉晏。晏有精力，多機智，變通有無，曲盡其妙。常以厚直募善走者，置遞相望，覘報四方物價，不數日皆達。食貨輕重之權，悉制掌握，國家獲利，而天下無甚貴甚賤之憂。晏以爲辦集衆務在於得人，必擇通敏廉善之器司之。具檢簿書，出納錢穀，事雖至細，必委之士類。吏惟書符牒，不得出一言。其官屬雖數千里外，奉教令如在前，無敢嬉紿。又以爲丁口多則賦税自廣，故其理財常以養民爲先。諸道各置知院官，每旬雨雪豐歉之狀以告，豐則貴糴，歉則賤糶。或以穀易雜貨供官用，而於豐處賣之。知院官端見不稔，先申至某月須若干蠲助，及期，晏不俟州縣申請，即奏行之。由是人户蕃息。始爲轉運使時，天下見户不過一百萬，季年乃三百餘萬。，　初財賦歲入不過四百萬緡，季年乃千餘萬緡。及楊炎變立兩税法，民力未及寬，而朱滔、田悦等叛，用益不給。借商茶算之令出，晏亦爲炎所譖害，議者冤焉。德宗初年厲精，楊炎請出大盈内庫歸有司，即日下詔從之。生日不受四方貢獻，李正己、田悦各獻縑三萬疋，悉歸之度支。天下欣然，迨後轉務吝刻。涇原兵反倉卒，幸奉天，猶於行宫廡下貯諸道貢物，榜曰瓊林、大盈庫。陸贄請盡出賜有功，散小儲而成大儲，不能用也。及朱泚既平，益屬意聚斂，竟進裴延齡，退贄，末年至爲宫市，置白望。終唐之世，民窮斂繁，馴至亡國。

宋祖懲方鎮私擅財賦，詔諸州金帛送闕下，以文臣通判州事，益置諸路轉運使，利歸公上。然聚兵京師，外州無留財，天下支用悉出三司。初承吴、蜀、江南、南漢平附，因其蓄藏，守以恭儉，用度給足。後户口歲增，兵吏倍多，百姓亦稍縱侈，上下始困於財。祥符天書一出，宫觀賞賚無厭，宋政於是少怠。

仁宗明恕，節道家之奉，省土木之役，約己以先天下。西邊兵起，議裁冗費，首自掖庭。減皇后及宗婦郊祀半賜，罷左藏月進一千二百緡。會元昊稱臣，屈意撫納，歲賜繒、茶，及增契丹歲遺，共至八十萬。乃稍徙邊兵還内地，命包拯行河北，汰軍士之不任役者。范鎮上言：『古冢宰制國用，今中書主民，樞密主兵，三司主財，各不相知，是以天下事卒不可爲。願令中書、樞密通知兵、民、財利大計，與三司量其出入。』有司不能承上意，卒無所建明。神宗嗣位，執政以河朔旱傷，乞南郊勿賜金帛。司馬光言：『救災節用，當始貴近，可從。』王安石引常衮辭堂饌折之，以爲：『國用不足，未得善理財者耳。善理財者，不加賦而國用足。周置泉府之官，以均變天下之財，後世惟桑羊、劉晏粗合此意。今欲理財，當修泉府之法，以收利權。』帝納其説，立制置三司條例司，而農田水利、青苗、均輸、保甲、免役、市易、保馬、方田諸役並作，號爲新法。古陂廢堰，悉務修復。又令民封狀，增價以買坊場，增茶鹽之額。設措置河北便糴司，多積糧穀於臨流州縣，以備饋運。天下騷然。而安石持冢宰掌邦計之説，一以《周禮》行新法，與三司分權。凡歲賦常貢，方歸三司；其摘山、煎海、坑冶、榷貨、户絶没入之財，皆歸朝廷。外則分建二司：民間常賦酒税，以歸轉運；而免役、坊場、河渡、禁軍缺額、地利之資，悉歸常平，别號朝廷封樁。運入京師，更立庫貯之，三司不得與焉。於是天下之財始分爲二。建炎軍興，東南歲入不滿千萬。吕頤浩始創經制錢，孟庾又創總制錢，朱勝非增月樁錢，又有板帳錢。紹興末年，合茶鹽、酒算、坑冶、榷貨、糴本、和買之入，凡六千餘萬緡，半歸内藏。而於時兩浙、福建苦板帳，江、湖苦月樁。葉適條奏痛言其弊，迄於宋亡曾莫之改。於乎！鹽鐵取之山澤，酒酤、均輸，舟車取之商賈。稍奪以助經賦，亦貴農摧末遺意。後世既各設名額取之，是紛紛者復何爲哉？然則安石之法，固桑羊、劉晏所不道；而月樁、經制，又安石所不道。使剥民奉君，汙吏利其便己也，而不去其籍，曰『吾有所受之也』，是誰階厲也？

有明宗禄、養兵、蔭子之費最鉅，至郊賚歲幣，視宋省矣。洪武初，山西惟晋府一王禄米萬石，嘉靖中至八十萬石，他藩可知也。初時天下武職二萬八千餘員，成化中至八萬一千餘員，錦衣衛官八倍之。文職又可知也。

昔太祖閲内藏，慨然謂侍臣曰：『此皆民力所供。蓄積爲天下用，國家無事，封賞之外，宜儉約以省浮費。』

成祖、仁、宣躬慎儉德，國用有餘。至英宗，邊患漸興，用兵南方，疲耗中國。内帑故儲金十窖爲邊備。景泰頗事浮浪，以金荳、金錢擲賜近侍，取其閧笑。英宗居南内，聞之，嘆曰：『累朝之積，其盡乎！』甫復位往觀，則金具存，唯缺一角，旋節他費補之。及成化中，太監梁芳、韋興用事，十窖俱罄。上以責二竪，已而不悦，起曰：『吾不與汝計，後之人必有與汝計者。』蓋指東宫言也。

孝宗初立，馬文升首疏言，愛民節用必自内廷始，請罷營造，裁冗食，革濫賜，以蘇民困。上躬親庶務，勤於講學，優接下之禮。户部尚書韓文悉心釐畫，滌除成化敝政。是時天下十三布政司、兩直隸府州縣實在官民田土，共四百二十二萬八千頃有奇，户九百一十一萬有奇，丁口五千三百三十三萬有奇，實征夏税、秋糧二千六百六十九萬有奇，自古罕盛焉。

正德逆瑾用事，政由賄成。其後佞幸益雜，增造軍器，加織蘇綺。豹房、僧寺、鎮國、延壽、凝翠、太素之飾，窮極工麗。又遍置皇莊，跨州連邑。於是中原盜起，村落丘墟。自出師，賞犒費太倉銀二百餘萬。而上巡游無度，不以國事爲意，户口、賦税由此減耗，孝宗之業衰矣。

世宗繼統，天下拭目觀新政。然喜崇道教，宫觀齋醮，費出無經。重以北備俺答，南拒倭人，時宰貪掊，虚凋日甚。

穆宗即位，問户部：『京帑貯金幾何？足備幾何年？』尚書馬森奏：『太倉見存銀以今數抵算，僅足三月，見存糧支二年。請崇儉約。』復奏：『祖宗舊制，河、淮以南以四百萬供京師，以北八百萬供邊境。一歲之入，可供一歲用。後因邊庭多事，一變有客兵年例，再變有土兵年例，累增至二百三十餘萬。屯田十虧七八，鹽法十折四五，民運十逋二三，悉以年例補之。在各邊，則士馬不加昔，而所費幾倍於先。在太倉，則輸納不益前，而所出幾倍於舊。邊境安得不告急？京師安得不告匱？請乘朝覲廣集衆思，條議經久之策。』報可，乃遣御史分行直省清查糧課。御史亦無所施爲，惟將各省官儲，悉行催解，致天下庫藏空竭，荒饑無備，徒滋搜擾。大學士張居正疏曰：『是國用未充，而元氣已先耗矣。昔漢昭承奢敝之後，與民休息，行之數年，國用遂足。然則與其設法征求，索之於有限之數以病民，孰若加意省節，取之於自足之中以厚下乎？伏望敦崇儉樸爲天下先，敕吏部慎選守令，牧養小民。以守身端潔、實心愛民者爲考成最，才能幹局爲中，而殿其貪汙暴著者，追贓發邊使自行輸。非獨懲貪，亦實邊之一助也。又天下官民服舍俱無限制，外之豪强兼併，賦役虐民；内之宫府造作，侵欺冒破，各部寺在官錢糧漫無稽考。凡此皆耗財病民之大者，亟期釐正。所遣御史，宜令回京。屯鹽之務，但責成撫按，以後唯務清心省事，安静不擾，庶民生可遂而邦本獲寧也。』自居正没後，政歸叢脞。礦税之使四出，風俗日益靡壞，邊兵額增，驕惰不任戰。於是初加遼餉，又加練餉，上下困敝。崇禎末年，爲户部者束手無策，以至於敗。

農政略

甚貧之國可使富，甚奢之俗可使儉，甚貪之夫可使廉。貴五穀而賤金玉，則三者均得之。有君天下之權，在於示天下以意。貴粟之道，在以粟爲賞罰。以粟賞罰，則人知上意矣。秦之强也，以耕戰也；隋之富也，以倉庾也。未聞金玉可以富者，梁臺城之餓可鑒已。故五穀能致金玉，金玉不能致五穀。

文、景之富以勸農蠲租，庶王政之遺意乎！孝武之大略，其於恭儉非不能也，多欲累之也。汲黯二言決之矣。迨其悔也，封丞相爲富民侯，則人知上意矣，彼秦、隋者瞠乎後矣。

趙過爲搜粟都尉，令民爲代田，一畮三甽。歲代其處，得穀常多其旁田畮一斛以上。其耕耘下種田器，皆有便巧，二千石遣令長、三老、力田從受之。又教民無牛者以人輓犂。自後邊城起居延，至河東、弘農、三輔皆便代田，用力少而致穀多。任延得其意，教民牛耕，以開九真之田。

龔遂爲渤海，黄霸爲潁川，召信臣、杜詩守南陽，皆治陂田，課耕牧，養雞豚，種樹韭，鰥寡貧窮獨孤皆有養葬。此士君子之道行於一國者也。王丹者家居，好施與，周人之急。歲時察其强力多收者，携酒殽從勞之。其惰者耻不能致丹，無不力耕。此行於一鄉者也。

建安初，關中流入荆州者十餘萬家。及聞本土全寧，企望思歸，無以自業。衛覬議以爲：『鹽者，國之大寶，喪亂以來放散。今宜如舊，置使者監賣，以其直益市犂牛，給歸者勤耕積穀。』於是關中豐實。黄初中，京兆太守顔斐以民無車牛，令閒月取車材，轉相教匠，養猪投貴，賣以買牛。後皇甫隆爲敦煌，俗不作耬犂，及不知用水，隆乃教之。歲終率計，所省庸力過半，得穀加五。西方以豐。

江南多水田，宜秔稻也；江北多高田，宜菽、麥、粟也。五種之入，各有土矣。宋太宗詔民雜殖以防水旱，爲利周矣。

置農師，襄農事，本務也。苟非其人，徒滋擾矣，宇文融亦勸農使也。

早稻之種來自占城，宋祥符四年始也。穗長而無芒，粒差小，而不擇地而生。今其利且遍於荆、揚，與日本之木棉同爲萬世賴，真宗愛民之心所致與？

仁宗詔諸州旬上雨雪；民流亡十年者，其田聽人耕，三年而後收，減舊額之半，自復亦如之。後世朝耕尺籍，暮籍催科，則愚者不來矣。嘉祐中，欲廢唐州爲縣。州守趙尚寬力争言：『土曠可闢，民稀可招，而州不可廢。』得召信臣陂跡修復之，溉田數萬頃，盡爲膏腴，假牛犁種食以勞來。歲餘，流民自歸。時患守令數易，察有實課者增秩再任，尚寬應詔爲天下倡。高斌繼之，亦以能勸課留再任焉。

南宋立國百五十年，高、孝之澤也。紹興招集農民歸業，除其租。立『守令墾田殿最格』，縣具歸業民數、墾田多寡，月上之州，州季上轉運，轉運歲上户部，户部置籍以考之。孝宗尤加意勸農蠲課。光、寧以後衰矣。

明享國三百年，高、成、仁、宣重農寬賦功也。仁皇后之恤民，女中堯舜未是有矣。自成化中置皇莊，至正德而極，則中官、勳戚之爲也。皇有莊，示天下私也。天子藏富於民者也，孝宗抑私情而不予壽寧侯河間田，有令名也夫！

太祖設營田司，下令田五畝至十畝者栽桑、麻、木棉各半畝，多者倍之。洪武二年春，躬祀先農，遂耕籍田於南郊，皇后率内外命婦蠶北郊，自是歲以爲常。三年夏，久不雨，素服草履，詣山川壇禱。晝暴於日，夜卧於地，皇太子捧榼進農家食。凡三日，大雨沾足。四年，興廣西水利，修馬援所築興安故渠，溉田萬頃。又命工部遣官往廣東買耕牛，給中原屯種之民；有司考課必書農桑學校之績。用古者狹鄉得遷寬鄉意，詔山西澤、潞無田民，就耕河北荒田；杭、湖、台、温、蘇、松諸郡無田民，就耕淮南北、滁、和閑田。皆蠲科繇，給鈔備農具。二十七年，課百姓種桑棗，每里百户種秧二畝，三燒三耕乃種。初年課二百株，次年四百株，三年六百株，違者謫戍邊。以湖廣辰、永、寶、衡之地宜桑而種者少，命於淮、徐取桑種二十石給其民。大修天下農田水利，陂塘湖堰可蓄泄者悉修治，亦毋得妄興工役疲民。二十八年，命天下鄉置鼓。遇農月，晨擊鼓，衆皆會，及時服田，月旦，召京師父老，諭以孝弟敦行。其勤政如此。

仁宗監國時，屢發官粟賑民。及即位，詔州縣水旱缺食，即檢實蠲濟。其流離田荒者爲豁除，召別佃。衛所屯田軍士不許擅差，妨其農務。時四方奏報雨澤疏故貯通政司，司官有欲送科者，上曰：『祖宗所以令奏雨澤，欲前知水旱，以施恤民之政。爾今貯科中，是欲上之人終不知也。如此，則徒勞州縣，何益哉！自今其亟封進，資朕親覽。』嘗誦聶夷中『鋤禾日當午』詩以教宣宗。

宣德五年，張太后謁陵，民老稚滿車下。太后顧謂上曰：『國家宜輕徭薄賦，以存恤爲務。自古帝王保有天下傳之子孫者，惟能安民爾。』過道旁民家，召老婦問所業安否，應對質樸如家人，喜，賜之鈔帛。有進蔬食酒漿者，親嘗之，以示帝曰：『此農家食也，當知之。』既還自陵，道見耕者，帝以數騎往視，從容咨稼穡事。因取所執耒三堆，顧謂左右：『朕三舉已不勝勞，況常事此耶？』耕者初不知爲帝，既而驚怍，羅拜呼萬歲。命從至營，人賜鈔六十錠。又念農民得所在賢守令，諭吏部謹擇。

嘉靖初，用科臣夏言奏，皇莊税均例畝納銀三分，解部類進。皇親、功臣赴闕關領，禁中官宦僕毋得私出收受。於是前弊盡革。九年，建先蠶壇於北郊。十年，行祈穀禮於大祀殿，召學士翟鑾等，觀西苑收獲。特建無逸殿，書周公《無逸》篇於壁。

神宗十三年春，久不雨，屏輦詣郊壇躬禱，諭輔臣曰：『亢旱爲災，雖朕不德，亦以天下有司多貪暴爲民害，上干天和耳。自今慎選無忽。』復步還宮。浹旬，大雨。蓋萬曆初政，勤民省己，尚有可觀焉。

屯之名，自晁錯議募民屯田徙塞下始也。天下有不耕之田而始有屯。趙充國之屯金城也，以屯爲戰者也；棗祗、任峻之屯許下也，以屯供戰者也。充國其近於王乎？王者不言戰，伯國不慮貧。

敵有人焉，未可以戰，則且屯且守以俟時，鄧艾、羊祜之於吴、蜀也。自是而後，籌軍食者無不講屯政矣。民屯須授之以力，既而奪其田，不可也；兵屯須授之以時，亟而呼之戰，不可也。商屯，善之善者也，以其時與力來而田常在官，明開中之法具矣。葉淇，庸士也，變爲改折，豈屯之意乎？屯者貴得粟，不貴得金。漕東南之粟以餉西北，不終日之計也。一夫横於江、淮，斯大勢去矣。商屯不可恃，經遠謀國，莫如兵、民屯。

倉貯略

管子曰：『守國者守穀。』計然曰：『歲在金，穰；水，毁；木，饑；火，旱。六歲穰，六歲旱，十二歲大饑。』聖人知天地之反，先爲之備。《周禮》三十年之通制用，常有十年之蓄。天子、諸侯，春秋補助，下至公卿有禄，咸取陳食，農人不待饑而後糴賑。自巡狩、述職廢，井田壞，天下之民聽其自生自死，有田者不自墾，而能墾者非其田。雖蠲租賜復，而貧弱不與。有心者無運世之柄，第可隨時補救，則積貯爲急。

平糴之法起李悝。糴甚貴傷民，甚賤傷農。使民無傷而農益勸，莫如平糴，所謂任地力是也。

常平倉之法由耿壽昌。漢宣帝時，穀石五錢，農人少利。壽昌白令邊郡皆築倉，穀賤則增價而糴，以利農；貴則减價而糶，以利民，名曰常平。後世用之。

義倉之法自長孫平。隋開皇中，平奏令諸州百姓，當社共立義倉。秋成，量上中下户勸輸粟麥，委社司收支，歲饑以給社人。取之民薄，給之民近。有常平以平價，而又有義倉以行賑。唐貞觀中，戴胄亦請行之。

廣惠倉之法始於宋嘉祐二年。樞密使韓琦請無粥没入户絶田，而募人耕，收其租，别爲倉貯之，給州縣郭内之老幼貧疾不能自存者。王安石用事，以常平、廣惠之糴本爲青苗錢。蘇轍争之，司馬光以爲散青苗錢之害猶小，而壞常平倉之害尤大，安石皆不聽。

社倉之法詳於宋乾道四年。時建安饑，浙東提舉朱熹請於府，得常平米六百石賑貸。每年斂散，取十二之息。積十四年，以六百石還府，得息米三千六百石，以爲社倉，不復受息。嘉定末，真德秀帥長沙亦行之。

明洪武元年，詔天下府州縣立預備倉。

永樂、宣德中，南直巡撫周忱置濟農倉，蘇、松、常各貯米三十萬石。會是年夏旱，盡出以賑猶不足，忱與蘇州知府況鍾等謀曰：『三府故運糧百萬石貯南京倉，給北京軍職月俸，率六斗致一石，獨不可使彼受於此乎？若來此給之，既免勞民，且節費六十萬石以入濟農倉，農無患矣。』具聞於朝，從之。明年又旱，大發濟農米賑貸，忱之力也。

弘治中，都御史林俊請募民輸貲入粟，補散官，贖罪，爲常平本，又募民各以私立義倉、義學、義冢，爲『三義』。詔州縣儲粟，三年必周一年之餘；計里積穀，吏以其事最殿。

嘉靖中，以州縣積穀無濟實用，有欲罷之者。或以不可輕議變法爲辭，乃詔減其額。然州縣大者猶數萬石，小者數千石，所在取盈，有司作威生事，反失濟民初意。又斂散失時，多至紅朽，及當行賑，非奏請不敢擅發。隆慶初，户部奏免積穀不如額葭州知州尹際可等三十六人，吏部以非正賦，宜差別輕重，持之甚力。於是官民並以積穀爲厲，而積貯之政不可爲矣。

靳學顔，深計士也，隆慶五年巡撫山西，上疏曰：『國家建都於燕，北極窮邊更無郡縣。守在强鄰，雖有東齊西秦，勢不相及。自京師南至江、淮，無名山大澤之限，强藩與國之資，所恃爲股肱腹心者，惟河南、山東、江北、畿内八府之人心耳。其人率贅悍而輕生，易動而難戢，游食而寡積者也。一不如意則輕去其鄉，一有所激則視死如歸。八府遇荒則走山東，山東遇荒則走江北。一夫作難，千人響應，往事蓋屢驗之。然弭之術無他，不過曰恤農以繫其家，足食以繫其身，聚骨肉以繫其心而已。自故中原空虚〔三〕，未有如今日者也。漢以前有敖倉，唐以前有洛口諸倉，唐有義倉，宋有常平倉，隨地貯穀，不專在京師。今徐、臨、德州雖有官倉，止爲寄囤，原無存積。唐義倉王公以下皆有入，是以其積獨多，所謂法令之行自貴近始也。宋則準正税額二十分取一以爲社，中歉賑極貧，以次及中户、富室，所謂恩澤之加自無告始也。請下各省，以唐、宋斂穀之法爲則，在官倉者，時其豐歉而斂散之，利歸於官，民有大饑則以賑之；在民倉者，利歸於民，雖官有大役，亦不許借。藏富於民，即藏富於官。上所爲南面而恃以無恐者，根本在此。今之計者，不憂穀不足，而憂銀不足。夫銀實生亂，穀實弭亂。銀不足而泉貨代之，穀不足，則孰可以代者哉？』時不能用，論者惜焉。

水利略

天地之物，能生人者皆能殺人。穀，生人者也，能殺人者也。過飽，斯殺人矣。玉，生人者也，能殺人者也。粥於市，斯殺人矣。火，生人者也，田而焚焉則殺。木，生人者也，折而崩焉則殺。由是言之，天下之全利少矣。禹之行水也歸之海，而天下永寧。禹行所無事也，去其害則利興，有其功則患作。

井可廢也，田不可廢，水利之事詳焉。水利湮患不獨及於田，田先受之。有天下者，天下爲利；有一國者，一國爲利。《記》曰『無曲防』，則天子之禁也。

導山導川，並於西北，用之一方也亦然。決九川距海，濬畎澮距川，天地之氣脉通矣。聖人之於水也，臂指使之耳。

是以齊桓用管子，請除五害，先置水官。西門不仁，不引漳水以灌鄴旁。秦鑿涇渠，關中富强。白公繼之，首起谷口，尾入櫟陽。

召信臣之守南陽也，立均水約，溉田至三萬頃。鄧晨守汝南，用許揚爲都水掾，築塘四百餘里，累歲大登。至若王景之在廬江修芍陂，馬臻之爲會稽開鏡湖，百世賴之。漢之興水利者，猶近古也。

自古言陂之利者有矣，未有言陂之害者也。晋咸寧三年，大霖雨，潁川、襄城特甚。杜預上疏，以爲：『民食不贍，當恃魚菜螺蚌。宜大壞兖、豫州東界諸陂，隨其所歸而宣導之。令饑者盡得水産之饒，不出境内而旦暮野食，此近益也。水去後，填淤之田，畝收數種，又明年益也。往東南草創，人稀，故得水田之利。自頃户口日增，陂堨歲決，良田變生蒲葦，人居沮澤，水陸失宜，樹木立枯，皆陂之害。陂多則土薄水淺，潦不下潤，水雨横流，延及陸田。言者不思其故，因云此土不可陸種。臣計漢之户口，以驗今之陂處，皆陸業也。人心所見不同，願勿撓群議，敕刺史二千石，其漢氏舊陂舊堨及山谷私家小陂，皆修繕積水。自魏氏以來造立，盡決瀝之。比凍涸，當補塞者，皆尋求微跡，如漢故事，豫爲部分列上，須冬東南休兵交代，各留一月以佐其功。」朝廷從之。及平吴後，預在荆州修召信臣遺址，激用滍、淯諸水〔四〕，以浸原田萬餘頃，分疆刊石，使有定分，公私同利，號曰『杜父』。又開楊口，起夏水，達巴陵，千餘里。内瀉長江之險，外通零桂之漕，控南北之全勢焉。

杭，東南大都會也。瀕海，水鹹不可食，自唐以前，居人鮮少。李泌、白居易嗣爲刺史，穿六井以引西湖之水入城中，南築江堤，拒錢塘之潮，民乃輻輳，群飲湖水矣。蘇軾守杭，又募民種菱於湖以去葑，湖流益泓，六井之源不竭。乃再築長堤，開架六橋，栽柳桃堤上，延亘三十里。望之如畫圖，人耽其樂而忘其勞。軾之風流嘉政爾也。水，生人者也，非殺人者也。淮堰之壞，聲聞數百里，則以水殺人矣，梁惠王之不仁也。

鹽法略

錢，取之山者也。鹽，取之澤者也。山、澤通氣，錢、鹽表裏，故齊桓有官府之利，漢帝置鹽鐵之官。

天一生水，潤下作鹹，而鹽出矣。鹽生於水而能生物，一日不食鹽則不下實。其成之也以火。有曝鹽焉，日火之尤烈者也。水溢則患無鹽，母之壯者子不蕃。銅，金也。其母，土也。坤爲土，寄於艮，是生金。故銅多在山，母不妬與。不得火不成，鎔而後成質，天地之美具焉。是物也，饑不可以爲食，然而化居通貨，利溥矣。

聖人制爲鹽以佐民之食，而用在焉；制爲錢以佐民之用，而食亦在焉。其佐之者也，非主之者也。主之者曰穀，得五行之尅而生，食之，則仁壽而康寧。

聖人無事不惠民也，曷有鹽鐵之禁？利不可散在下也。散在下，則民爭；轄在上，則民寧。聖人之治鹽鐵也，非私其利於己也，以寧民而衣食之也。

善鹽者，其劉晏乎？商受鹽，任其所之而不問也，悉奏罷諸道榷鹽錢。去鹽鄉遠者，轉官鹽於所在貯之，值商之絶，減價以糶，利歸官而民不知貴，名曰常平鹽。晏之初年，鹽利歲四十萬緡，季年乃六百餘萬緡，世不以聚斂之名尤晏。其智優也，有恤民之心。

鹽院之設，第五琦始也。禁粥私鹽也，東郭咸陽、孔僅始也。自賢良文學數十人對策，不能奪御史大夫之議，而鹽禁遂與古今終始矣。雖以孝昭、霍光爲主臣，與民休息，而不改父之臣與父之政也，勢也。

鹽之品有四：刮於地而得，其味苦，謂之苦鹽；熬其波而出，其質散，謂之散鹽；風其水而成，其味甘，謂之飴鹽；有積鹵而結形似虎，築於人，謂之形鹽。祭祀之加用苦鹽，賓客之加用形鹽，王后、世子之膳羞用飴鹽。形鹽與菖歜同用，其用尊矣。

鹽之有開中也，邊政之大者也，以鹽爲穀矣。屯於邊而輸穀，民不能也，而商又樂之。商之大者耦數百人，小亦數十人，車、馬、牛、器械稱是，皆足以資戰守也。其扞邊也，扞其身家。千商之在邊，率數萬人不費糧，爲天子守禦焉。葉淇變爲改折，是鹽而已矣，明成化中始也。葉淇，長户部者也。

牢盆之制有二：一曰鐵盆，一曰竹盆。鐵盆之鹽常不及竹盆，甘苦異焉。木曲直作酸，酸之轉也爲甘；金從革作辛，辛之轉也爲苦。其要歸於鹹，水不變也。

利不可使不在商，利不可使獨在商。私販横，則利不在商，引之阻也。上受之，故禁强徒，不禁老少。老少，天民之無告者也，恣其所取而力微，弛以惠焉。若是者，不可使獨在商。

以鹽課均入兩税中，輸官而弛禁，周世宗之仁也。河北之人請之，世宗許之，故宋初河北不榷鹽。慶曆中，張方平引其事以告仁宗也。時余靖亦言：『臣嘗痛幽、薊之地，入契丹幾百年，而民無南顧心者，以契丹之法簡易，鹽麴俱賤，科條不煩故也。今榷之，鹽必驟騰，民怨矣。』其後章惇領三司而榷鹽，遂爲河北患。蘇軾争之不得也。

蘇軾言：『臣在餘杭時，見兩浙以鹽獲罪者，歲至萬七千人。盜販以兵仗護送，率數百人爲群，吏士不敢近。今東北之人悍於淮、浙，一旦榷鹽，恐禍未涯。』然則强徒亦何可强禁乎？

解州有二池，廣袤數十里，得南風，水化而鹽熟，名曰顆鹽，《周官》所謂鹽盬也。宋世，令商人運解鹽於陝西沿邊，而禁民食蕃部青鹽，重邊防也。商運則價廉，青鹽之禁行。小人知其一也，請改爲官粥，民冒法與蕃市矣，徒使青鹽得行而以爲彼利也，防自此弛矣。

皇親、王府及内臣奏討之弊，未有如明世者也，憲、孝、武三朝其甚者也。奏討莊田，而民病矣；奏討鹽窩，而商病矣。鹽窩者，一名賈窩，中商處之以屯于邊。招遊民，墾荒土，築墩臺，立保伍，皆商財也。其令甲始於永樂，迄天順、成化間，三邊粟石直銀纔二錢，邊儲大盈。自勳戚權倖占窩，商人藉手中納，費多而利分，屯之氣怠矣。葉淇，乘怠氣者也，壞法則貴近始也。

孝宗納李東陽之説，禁占窩，敕巡撫、糧儲官毋阿徇。正德改元，遂大放決。

有貧竈之困，有商人之困。有小商之困，有食户之困。有竈户之餘鹽，有總催之私鹽。

隆冬汲海，酷暑熬盆，墨面灰頭，人形盡變，窮窰半菽，無復生氣。此貧竈之困也。

洪武中每引納銀八分。永樂中，每引輸邊粟二斗五升。自罷邊屯，每引納銀三錢五分，累增至八錢五分，并餘費約用銀二兩有奇。法，一引鹽二百五十觔，賄場官，私加至三百觔。其後納銀於官，聽買竈户餘鹽，通五百五十觔。嘉靖末，復嚴夾帶、割没之令，歲上割没課銀，多至百萬。此商人之困也。

商力不能遍致，小賈買引代行，至批驗所，鹽院不以時掣，必俟商舟齊至，有守半年不得掣者。輕重不如册，以盗販夾帶論。此小商之困也。

初年，命運司以掣下餘鹽，分給州縣人户，計口納鈔。其後鹽不復給，鈔仍不蠲。又行鹽之方，去鹽鄉或千百里，水陸回遠，勢不能待官鹽後食。而官司所在徼察，必責食其遠而價重者，不聽食其近而價輕者。山谷貧敝之區，有數月無鹽以爲常。此食户之困也。

竈，田於鹽者也。給之鹵地與草場，猶口分、世業也。令甲以官鈔收餘鹽，比之農夫辛苦餘粒，今禁其餘鹽使不得賣，則有窮而死爾。總催之氣力足以役諸竈。諸竈，總催之家傭而已矣。故近場蕩歸其兼併，鹽課爲其乾没，總催饒厚，甚有羅窮竈之餘鹽爲已鹽而罔利。故近場私鹽，多出總催。窮竈之餘鹽，乃以私鹽抑之；總催之私鹽，公與官鹽賣之。非恤貧弱、鋤豪奸義也。必弛竈户餘鹽之禁，嚴總催私鹽之禁，則出鹽之地清矣。

至若商人之私鹽，其弊也何？商，中鹽者也，販私鹽者即商也。自鹽院、自運司以至於場官，皆督鹽官也，縱私鹽者即官也。官之取於商者厚，則商不得不販私鹽；上之責於官者以羨餘，則官不得不縱私鹽。官與商交，以私籠受，而法不得行矣。故峻法不如省官，省官不如省心。省官則省吏矣，省心則省利矣，省利則天下之利出矣。故曰：利之權不可不在上也，利之心不可或在上也。

嚴私鹽之罰，自富商始；救窮商之敝，亦自禁富商私鹽始。蓋富商與窮商，其勢常相低昂。富商行路場官，鹽多溢額。入江又買私鹽而行，所過輒賂關津，不照引截角，往復再三，以前引影射。私鹽行，則額鹽愈壅，而窮商困。此所謂商人之私鹽也。

弘治初，鹽法阻壞，敕刑部郎彭韶往兩淮清理。還奏，繪瀕海窮民淋煎、負戴、折閲、朋償之苦，各爲圖詩以獻。時祭酒章懋亦疏鹽弊五端，末言：『游手無賴，什伍爲群，以小舟載私鹽，多置篙楫，沿江上下而强賣之。伺間椎劫，跳身疾掉，瞬息不可跡。唐末之王仙芝、黄巢，元末之張士誠皆出鹽徒，願敕巡江，嚴固江防。』嘉靖初，尚書梁材、詹事霍韜、主事李夢陽等具言：『兩淮鹽課，歲辦小引七十萬有奇。除正額外，産鹽猶餘三百萬有奇。今正額不得多取，餘鹽又不得私賣，則此三百萬鹽將安所洩？此爲官自蔽其耳目，徒令私鹽横溢而國恩不下逮也。且淮鹽之行，西達荆、湖、鄖、鄧，東盡海壖。地方數千里，丁口億百萬，獨仰給七十萬引之鹽，果足食乎？法愈嚴則利愈大，民見利不見法。淮安豪猾數千室，並海負險，多招亡命，專販私鹽。良兵勁弩，高檣大舶，千萬爲伍。行則鳥飛，至則狼踞。官司熟視，莫敢誰何。此横不除，必貽大患。今淮安官兵受利而護之出境矣，山東官兵且就之丐鹽充食矣。形兆既萌，可不爲寒心哉？』按有明諸臣之言，通國體，究時變，本爲鹽發，不止於鹽，即以當賈、董之疏對可也。

錢幣略

《洪範》八政，一曰食，二曰貨。貨以懋遷有無，而錢爲重。穀猶可以升斗離也，布不可以寸尺而裂也，故言專用布穀者，闊矣。井田封建之世，民不遠徙，農人可用布穀。若商旅，必變輕貨，是以九府圜法不可廢也。

錢之爲制也，外圓函方，文鐫年號，其兼天、地、君三者之道乎！然常有壅而不行：輕重失宜，司市不爲平物價，壅一矣。錢自上流，不能反歸於上，民以此輸課，官弗收也，壅二矣。方行而銅匱，寶源、寶泉之出不可繼，以乏而輒成壅，三矣。上收私鑄，京局之制錢，不能即布，小民朝夕望食，則以私鑄錢三當京錢一，尚不肯受，而食貨交壅，四矣。

有古人權以濟時不可式者，昭烈之直百錢是也。六朝之荇葉、鵝眼、綖環，薄小濫惡，隨出隨壞，此衰運亡足論矣。若夫吴濞之即山鑄錢，是天子與諸侯共操柄也。鄧通以鑄錢財過王公，與嬖臣共操柄也。錢，無用器也，而可以易富貴。故人主之操柄不可共，漢二賈之言至矣。

其出銅也當奈何？禹鑄歷山、湯鑄莊山之金，皆自山出之者也。顧獨不見葉宗留之事乎？齊太公、桓公煮海鑄山，豪民大俠，私暱中貴，莫敢與焉。明萬曆之礦使，生厲階也。

聚數萬人於空山而出銅，可虞也；聚數萬人於海壖而作鹽，可虞也；聚數十萬人於河、淮之衝而築堤，可虞也。利百而害一，明者不爲。

聖主知其然也，故陶匏以爲器，不用金銀銅飾，則民無敢僭矣。從薄葬，不以錢幣納壙，民無敢濫矣。屏棄老、佛之教，更像爲主，或斲木、摶土、去金，民不以無用毁有用矣。三者非爲錢謀也，錢之源裕於此矣。

後世巧僞滋萌也。諸鈔關以銅觔解京者，就京採買省運，京師遂有銷錢爲銅規利者。本欲益錢，反以耗錢。誠責督撫驗明起解，而五城巡坊察銷錢之奸民，痛其罰，使銅必自外省輸京師，而銅裕十五矣。

劉秩言：『銅以爲兵，不如錢。以爲器，不如漆。宜令民間銅器一切禁絶，悉送舊器應毁者詣官，稍厚其直收之，銅裕十八矣。』周世宗言：『銅像豈所謂佛，無以毁佛爲疑。』此亦裕銅之一端也。

其鑄之也不惜銅，不愛工，仿漢五銖、唐開元通寶之制，則輕重均而可久行。

其致遠也實難。唐憲宗時，商賈至京師，委錢諸路進奏院及諸軍使家，而輕裝走四方，合券取償，名曰『飛錢』。宋時，蜀人患鐵錢重，不便遠賫，使爲券貿易〔五〕，謂之『交子』。後貲衰不能償負，蜀以多訟。官爲交子務，私造者禁，而交楮始屬官，即唐飛錢之制。然非積錢爲本，固不能以自行也。紹興初造關子，召商入中以給軍。而商人執關子詣榷貨務請錢，止日輸三分之一，道路嗟怨。至元人用鈔而法愈敝，此錢之窮也。錢爲母、鈔爲子則行，鈔爲母、錢爲子則不行。

錢尚有窮，而況鈔乎！明洪武初用鈔，鈔爲主而佐以錢，收受艱滯，終廢不行。而天下皆用白金，國家經賦獨受花文銀，并錢法亦且輕矣。銀，實也；鈔，虚也。質虚不如質實。銀，約也；錢，奢也。操約易於操奢。至於銀錢并用，上下遠近齊同，以致百物，以并輕任，聖人復起不能易矣。

錢銀各有得失，略相等焉。銅性融液，月鑠歲化，此錢之失也。鑱白金而用之，易耗而難復；銷白金而鎔之，易淆而難行，此銀之失也。二者散之則流通，藏之皆無用。梁臺城之圍，以銀錢易布穀，不得矣；隋東都之圍，至以布易穀，亦不得矣。聖人去食而存信，則本計也。

隆慶初，侍郎譚綸陳言：『足國富民，必重布帛菽粟而賤銀；欲賤銀，必行錢法以濟銀之不及。夫錢，泉也，謂其流行而不息。今惟欲布之下，而不聽輸之上，故其權在市井而不在朝廷。又識以紀年，亦有壅而不通之患。請歲出工銀一百二十萬發兩京、各省，開局設官，專督其事。所鑄錢，即以備明年官軍俸糧兼支折色之用。每制錢十文直銀一分，俱以國號通寶爲識，期可行萬世。從前制錢及先代錢，悉從民便。新錢盛行，舊錢自止。又令民得以錢輸官，如税糧起運折色，文銀六，錢四。存留折色，及官軍俸糧、罪贖紙錢，俱從中半取錢。如此，則百姓皆以錢爲便，雖欲强其用銀，不可矣。』從之。萬曆初行天下直省，一體開局鼓鑄，與所在舊錢兼行。且嚴私鑄之禁，頒錢式，每百文重十有三兩，每文錢有三分。擇銅必精，選工必良，輪郭周正，文字深明，使私鑄者無利，不禁而自止。於是民間鼓舞，争用錢，銀入錢出，銀出錢入，銀錢互相子母，上下交爲灌輸。明世錢政之善，萬曆稱最焉。

漢武帝始鑄白金。時征伐四出，工作煩浩，議更錢幣以贍用，而禁苑有白鹿，少府多銀錫。於是有司言：『古者皮幣，諸侯以聘享。而金有三等，黄金爲上，白金爲中，赤金爲下。今半兩錢法重四銖，而奸或盗磨錢裏取鋊，錢轉薄而物貴，遠方用幣煩費不省。請以白鹿皮方尺，緣以藻繢，爲皮幣，直四十萬。王侯宗室朝覲，必以皮幣薦璧。』又造銀錫爲白金。以爲天用莫如龍，地用莫如馬，人用莫如龜，故白金三品：一曰白選，重八兩，圜之，其文龍，直三千；二曰重差小，方之，其文馬，直五百；三曰復小，撱音妥之，其文龜，直三百。令縣官銷半兩錢，更鑄三銖錢。盜鑄諸金錢罪皆死，而盜鑄白金者不可勝數。又以三銖輕，易奸詐，乃更鑄五銖錢，周郭其下，令不可磨取鋊焉。自造白金、五銖錢後五歲，赦吏民之坐盜鑄金錢死者數十萬人。

議革鼓鑄錢法始自貢禹。元帝時，禹言：『古者不以金錢爲幣。今漢鑄錢，及諸鐵官攻山取銅錢，一歲功十萬人。以上中農食七人計之，是七十萬人常受其饑也。鑿地數百丈，銷陰氣之精，地藏空虛，不能含氣出雲，水旱之災未必不由此。自五銖錢起以來，民坐盜鑄被刑者衆，而富人積錢滿室，猶無厭足。商賈各用巧智，東西南北，冀什二之利，而不出租税。農人猝草把土，已奉穀租，又出豪税。故民棄本逐末，雖賜之田猶賤賣以賈，窮則起爲盜賊。何者？末利深而惑於錢也。宜罷採珠玉金銀鑄錢之官，亡復以爲幣，勿販賣。租税禄賜，皆用布帛穀，使百姓一意於農桑便。』議者以爲，交易待錢後通，禹雖志古近本，然膠而難行。魏黄初二年，採禹議，罷五銖，以穀帛爲市。至明帝時錢廢，而民競濕穀以充貨，作薄絹以抵貴，嚴刑不能禁。本重穀帛，適以輕之，乃更立五銖。漢之五銖，晋世猶用之也。

關市略

使天下無甚貧甚富之民者，井地之均也；使天下無甚貴甚賤之貨者，關市之平也。自井制湮，民去一富矣；關市苛，民又去一富矣。迨富民盡，而貧民亦并盡，天下事尚忍言哉？

夫自有生民，其不能不趨於兼併者，勢也。雖以聖人爲之君相，無可如何。在上者封建併於郡縣，在下者八家之世業併於豪强，雖皆上之失道致然，然而此固自然之理也。故封建非聖人意，當此之時，其勢不得不分。郡縣亦豈秦意？當此之時，其勢不得不合。孟子曰：『天下定於一。』此時封建未盡亡，已知天下之不歸於郡縣而不止矣。然郡縣之利，不能復公之爲列國；豪强之利，有時還散之於貧民。以其地近體親，緩急資賴。故明王常養富民有餘之力以及貧民，此政之平也。

《易》曰：『重門擊柝，以待暴客。』古之爲關者如是止耳。聚天下之民，致天下之貨，交易而退，古之爲市者如是止耳。固未嘗設一格以困商也。或稍示抑末之權，則如漢初禁市井子孫無得仕宦爲吏。迨其末世，禁綱愈煩，征商彌甚，而所謂抑末之意則無矣。自開西邸賣官，沿而行之，謂之事例。爲吏者多市井子孫，以故富商驕侈，氣陵公卿。非平日果周於德，鮮不爲邪世所亂。而稽古考文之下，亦遂沾沾焉轉有市心，是朝而市、士而商也，庸獨咎商人兼併農人乎？

夫取民秕政，莫刻於元封之告緡，莫陋於貞元之白望。若事例之開，則避告緡之名，用告緡之實。直令天下斗粟尺帛，皆聚於人主之内府；驅一世農民學士，群習爲商賈之行。吾見貧民賤而富商皆貴，貧商空而富商亦空。欲民之不窮而盜，人心稍知有耻而不爲者，决無此也。

是以氣節盡，則荀彧、賈詡之徒出矣；風俗狂，則夷甫、平叔之誕崇矣。此古今升降之機，雖不盡由關市，而關市亦揚波餔糟之一端也。

昔唐天后時，鳳閣舍人崔融有言：『稅市則人散，稅關則暴興。關市不安，天下之人心搖。故以秦政之雄圖，捨而不用；漢武之伯略，棄而勿取。』彼誠審於大勢，不欲禁末流、規細利也。然則今之制關市而資國課，使貨無甚貴甚賤之憂則奈何？曰：師古者懋遷有無，而參以唐劉晏之術，周知四方物價，而制食貨輕重之權，無多設官峻法，以滋紛擾，庶幾猶三代養民遺意也哉！夫晏之才非軌於道，要亦救時之良吏也。若乃賤買貴賣，人主自爲商賈而牟利；放錢收息，人主自爲豪强以貧民：是武帝之所悔，而章惇、蔡京之争於護法，以取靖康之禍者也。奈何而不鑒於此也！

刑律略

用刑之意，《尚書・舜典》《皋陶謨》盡之矣。其法之不與世輕重者，曰『象以典刑』。典刑，五刑也。五刑，肉刑也。象之云者，所謂明罰敕法。禁於未然之謂豫，若天之垂象示人，俾人人仰見之而不犯也。至於昏愚頑暴，禁之不可而故犯，則有不得已而用刑者矣。然聖人猶進刑官，咨嗟告誡，致其欽恤。在《易・中孚》之《象》曰：『君子以議獄緩死。』言用刑不可不誠也。

心誠於好生，雖有當死之獄，而議緩其死也。《賁》、《旅》之象曰：『以明庶政，無敢折獄。』『明慎用刑，而不留獄。』言用刑貴於明，明不及遠，則無敢折獄；及遠而得情，乃可不留獄，然猶用之以慎。以此見明之不可恃也。文王大聖，『罔攸兼於庶言，庶獄庶慎』。又曰：『庶獄庶慎，文王罔敢知於兹。』此即唐虞欽恤之心也。

至於刑，有一定之法，有法外之意。流宥五刑，法外意也。五刑之疑者，則從輕而流宥之，故民得以紓其死，而並生於聖世。《記》曰：『刑者，侀也。一成而不可變，故君子盡心焉。』欽恤而矜疑，盡心之事乎？若夫鞭朴，官府學校之刑，則在肉刑之外，皆輕刑也。漢去肉刑加笞，廢五刑而專用鞭朴，死者益多，名雖輕而實重。金作贖刑，止贖鞭朴，而五刑無贖。穆王移之以贖五刑，法之變自此始。此固其耄荒之一徵也。由此以觀，穆王之於肉刑用金贖，漢文之除肉刑從加笞，皆以輕壞，不以重壞。聖人之象刑，其可廢乎？

自是以後，開國之主並惓惓矜恤。如唐宗禁鞭背，宋祖嘆綱密，皆垂有成律斷獄。惟元不倣古制，取一時所行之事爲條格，吏胥上下滋弊。明太祖吴元年，臺察既立，按察司將巡歷郡縣，乃命李善長、楊憲、傅瓛、劉基、陶安等詳定律令，諭之曰：『立法貴在簡當，使人易曉。若條緒繁多，或一事而兩端，可輕可重，貪吏得藉手爲奸，則以禁殘暴者適以賊良善，非良法也。夫綱密則水無大魚，法密則國無全民。卿等宜盡心參究，凡刑名條目，吾與卿面議斟酌之，庶可爲久遠之法。』已而律令成，太祖親閱視，爲減去煩重，頒行。死罪二，曰斬，曰絞。斬者殊死，絞死而不殊。流罪三，自二千里至二千五百里、三千里。徒罪五，自一年至一年半、二年、二年半、三年。杖罪五，自六十遞加十，至一百。笞罪五，五十以外無加焉。參用金贖，不以及死罪。而本《周官》八議，原父子之親，立君臣之義以權之，可謂至平且慎矣。

以今之五刑擬昔之五刑，其笞杖即鞭朴，徒流即流宥，而死罪絞、斬、大辟，則肉刑固在其中。盜有墨刺，但去劓、刵、宫三刑耳。今欲全復肉刑，則行之已久，人情必驚。惟貴體『刑期無刑』之心，以致其中乎、明慎於五者之中，無深文苛鍊，附致重典，則幾於與聖人不悖矣。漢之于、張，唐之徐、杜，皋陶之徒也；漢之寧、郅，唐之來、周，三苗之派也。又有患者，律之外有所爲例，其初亦本『議親』、『議貴』、『罪疑惟輕』之説，而後乃遂夤緣上下其間。是例本輔律，而反因之析律，開奸吏亂法之漸，固亦聖人之所禁也。

孝宗時例繁，刑官奏言：『律條前世相承，損益無幾，敕令則世自爲格。宋人敕重於律，斷獄用敕，敕中所無方用律，昔賢病之。國初，定《大明律》，後又申明《大誥》。列聖因時推廣而有例，例雖非律所該，實不大遠於律。自巧法吏引便己意，律寢格不用。』於是命尚書白昂會九卿大臣，删定畫一，班示中外。世宗時屢興大獄，刑部尚書鄭曉以其職與嚴嵩争，嵩不能奪，然曉由是去位。訖於熹宗，經撫之獄訌於外，三案之訟聚於内。烈皇繼統，首清大憝，諸條次黨人輕重，法稱倫要矣。然性嚴威，法司多比附重例。時倪元璐侍經筵，講《孟子》『臣始至于境』畢，進曰：『皇上好生洽民，惟刑之恤。近又恭承恩詔，釋理冤滯，薄海歡呼。然臣見向者所司不循正律，每有比例加等之議，臣心竊有未安。雖律無正條，何以但聞比重，不聞比輕？若云法可意變，何又但聞加等，不聞減等？三代之制，夏曰夏臺，商曰羑里，周曰囹圄，獄一而已。今兩獄並設，俱各填積，愁怨之氣，上干天和。伏望聖慈深加軫念，撤除詔獄，則自無冤民；矜原注誤，則自無滯獄。』時不能用。

蓋太祖初年，立刑部、都察院、大理寺三法司於鍾山之陰，命曰貫城，言當如貫索之中虛。然重贓吏之罪，作《大誥》申誡，命國子生讀律令。見《老子》書言『民不畏死，奈何以死懼之』，惻然霽威。焚錦衣衛非法刑具〔六〕。是時天下講誦《大誥》，師生來朝者凡十九萬三千四百餘人，並賜鈔遣還之。嘗行郊壇，皇太子從，指道旁荆楚曰：『古用此爲朴刑，取能去風，雖傷不害，蓋恩念深矣。』靖難初，多殺忠義，方孝孺等至滅十族。於是始立東廠，用内官刺小大事情。成化中，復設西廠刺事，而錦衣衛、東西廠並爲詔獄。是三法司外，天子有私獄也。

自古人君欲其法之必行，始用重刑以束之；有所疑畏，則任酷吏以詷察之。人臣竊權而志於篡君移國，於是作爲威福，必用重刑。始皇、李斯，欲其法之必行者也，故參夷之禍烈焉；唐武曌、明成祖，有所疑畏者也，故周興、來俊臣、紀綱用焉；曹節、王甫、魏忠賢、劉瑾，竊權而志於篡君移國者也，故北寺、廠衛、詔獄崇焉。國瀕亡，法之敝者不肯易。阮大鋮在南都，猶用詔獄以陷陳貞慧、吴應箕諸名士，其後徒倚西南者亦莫之寤也。故省刑薄斂，天命人心之所繫。前事不遠，此賈誼、賈山、路温舒之論所爲惋憤而太息也。

漢建安初，百姓刓弊，生刑不足以懲惡。自名儒大才鄭玄、陳紀之徒，咸以爲宜復古肉刑。少府孔融議以爲：『古者淳龎，善否區别，吏端刑清，政無過失。百姓有罪，皆其自取，故肉刑行焉。末世陵遲，風化壞亂，政撓其俗，法害其人。欲繩之以古刑，投之以殘棄，非所謂與時消息者也。昔紂斮朝涉之脛，謂爲無道。夫九牧之地，千八百君，君各刖一人，是下常有千八百紂也。且被刑之人，慮不念生。趨惡之徒，莫復歸正。夙沙亂齊，伊戾禍宋，趙高、英布，爲世大患。雖行肉刑，不能止人遂爲非，適足絶人還爲善耳。』後曹操以問紀子群，群復申父議。惟鍾繇與群同，餘皆以爲未可復，竟罷議。

《曲禮》：『父之仇，弗與共戴天；兄弟之仇，不反兵；交遊之仇，不同國。』《檀弓》：子夏問於孔子曰：『居父母之仇如之何？』曰：『寢苫枕干，不仕，弗與共天下也。遇諸市朝，不反兵而鬭。』『兄弟之仇如之何？』曰：『仕弗與共國。銜君命而使，雖遇之不鬭。』『從父昆弟之仇如之何？』曰：『不爲魁。主人能，則執兵而陪其後。』《公羊傳》曰：『父不受誅，子復仇可也；父受誅，子復仇，推刃之道也。』

唐天后時，同州下邽人徐元慶父爲縣尉趙師韞所殺，殺師韞而束身歸罪。陳子昂建議誅之而旌其閭，著爲令。後柳宗元駁之，以爲旌與誅不得並：『若元慶之父，不陷公罪，師韞獨以私怨奮吏氣，州牧不加罪，刑官不知問，上下蒙冒，籲號不聞。而元慶能以戴天爲大耻，枕戈爲得禮，處心積慮以衝仇胸，介然自克，即死無憾，是守禮而行義也。執事者宜有慚色，將謝之不暇，而又何誅焉？其或元慶之父，不免於罪，師韞之誅，不愆於法，是非死於吏也，死於法也。法其可讐乎？讐天子之法，而戕奉法之吏，是悖驁而凌上也。執而誅之，所以正邦典，而又何旌焉？今元慶不忘讐，不逃刑，服孝死義，是必達理而聞道者，豈其以王法爲敵讐哉！請下臣議，凡斷斯獄者，不宜以前令從事。』

憲宗元和六年，富平人梁悦報父仇，殺秦果，自詣縣請罪。敕：『復仇，據《禮經》則義不同天，徵法令則殺人者死，宜令都省集議聞奏。』韓愈議曰：『律無復仇之條，非闕文也。蓋不許，則傷孝子之心，而乖先王之訓；許之，則人將倚法專殺，而無以禁止其端。故聖人丁寧其義於經，而深没其文於律，意將使法吏一斷於法，而經術之士得引經而議也。臣愚以爲復仇之名雖同，而其事各異：或百姓相讐，如《周官》所稱，可議於今者；或爲官所誅，如《公羊》所稱，不可行於今者。又《周官》所稱「將復仇先告於士」，則無罪者若孤稚羸弱，抱微志而伺敵人之便，恐不能自言於官，未可以爲斷於今也。然則殺之與赦，不可一例，宜定其制曰：「凡復父仇者，事發，具申尚書省集議奏聞，酌其宜而處之。」則經、律無失其旨矣。』於是杖悦一百，流循州。

明弘治十一年，蕭山知縣鄒魯以湘湖事誣前御史何舜賓在戍所逃、篡取重囚一罪，杖之四十，解赴原戍廣西慶遠衛查理，在道置之死，圍捕家屬。舜賓子競逃匿父友常熟王鼎家，枕匏卧棘，寢未嘗寐。妻虞有身，生子。踰年，魯遷山西按察僉事，已禪印。競返匿族父何寧家。伏競而飲故人酒，言及舜賓，皆流涕。競躍出再拜，願復父仇，衆從之。魯詣省取憑，競手鐵尺伺道，掀魯，仆輿。衆二十人杖齊下，矐魯目，剔其髮須。競拔佩刀斫其左股，與魯並項鏁，預令何澤二赴闕訟冤。鎮監、御史會質，不得決。獨布政使楊峻具由，謂：『律例，部民毆本屬長官，杖且徒，傷而後流，折傷而後絞。若毆非本管，則五品以上官，減之減矣。今鄒魯已禪印，非本管也。何競與母各出詞守巡所，兩造而已，非平人毆五品以上官也。所争者，讐不讐耳。』上遣郎中李時、給事中李舉會巡按雜治，擬魯故屏人服食至死，競部民毆本屬長官篤疾，俱絞。競不服，其母朱赴鼓院撾鼓。復命大理寺寺正曹廉會巡按覆治，同本縣知縣就楬櫝驗。競號呼，嚙指血瀝骨，驗其真，觀者皆哭。解人任觀慷慨吐實，出舜賓臨命所付血書。於是衆伏左驗無異，改擬魯造意謀殺人，斬；競毆傷五品以上官，加凡人二等，徒三年；其助魯爲惡，當充軍、擺站、贖徒、贖杖有差。刑部尚書閔珪議：『魯罪當，獨競宜倣唐孝子梁悦例充軍。』於是辟魯，戍競福建福寧衛。正德改元，赦歸，服衰終其身。

萬曆九年，武義孝子王世名復父仇。世名年十七時，父良爲族姪俊以爭屋毆死。恐殘父屍，不忍就理，乃佯聽其輸田議和。凡田所入，輒易價封識。俊有餽亦佯受之，錙銖無不登記。私繪父像，自帶刀侍，懸密室，朝夕泣拜，購一劍，銘之『報讎』字，母妻不知也。服闋，遊邑庠，不專事舉子業。已而生子，甫數月，撫之，謂母妻曰：『吾已有後，可以死矣。』母妻亦不知所謂。俊飲於鄰，醉歸，乃迎而揮其所購刃，立碎其首。遂出向所封識租價餽直，赴邑請死。邑令欲白上官曲宥以全孝子，世名曰：『此非法也。非法無君，何以生爲？』遂不食而死。死之日，雲霧昏慘，烈風迅雷，大雨如注。迎屍歸，始開霽焉，遠近赴弔者載道。

弭盜略

豐歲無盜者，其食用充也；治國無盜者，其紀綱立也；善人之鄉無盜者，其教化漸也。

豐歲不時得，善人不恒有，弭盜之略不如立紀綱。子産之治鄭，義也；子太叔一不忍，而萑苻之辟愈煩。人之才分若是其不可及與？凡開國之初，境内少盜，以其時知恤民而飭刑。迨其衰也，鮮不以弛，民寒饑而莫之問，則適以資賢者爲驅除難，秦、隋、元之末路是已。

有散兵不用而盜解者。龔遂遣還渤海郡兵，下教：『持鉏鈎田器者爲良民，吏無得問，持兵者乃爲盜賊。』遂單車獨行至府，盜賊皆罷。於是選吏牧民，課之畊斂，郡内完富，獄訟衰息。

有明設賞格而盜止者。張敞爲膠東相，開群盜令相捕斬除罪。吏追有功，上名尚書補縣令，國中遂平。

有置五、正長，不得舍游民而盜清者。韓延壽行之潁川，而奸人莫敢入界。閭里阡陌有非常，吏輒聞知。其始若煩，後吏無追捕之苦，民無箠楚之憂，皆便安之。

有赦盜不誅，還使察盜者。建武二年，車駕西征隗囂，潁川盜起，郟縣賊延褒攻圍縣舍。令馮魴力戰，矢盡城陷，乃去。上還，按行魴向鬭處，曰：『此健令。所當討擊，勿拘州郡。』褒等自詣上請死，詔以還魴。魴釋不殺，聽各反農業，爲令作耳目。後每有盜賊，並爲褒等所發。

有設三科募壯士以平盜者。虞詡爲朝歌長，令掾史各舉所知，攻剽者爲上，傷人偷盜者次之，不事家業爲下。收得百餘人，悉貰其罪，使入賊中，誘令劫掠，伏兵待之，遂殺數百人。又潛遣貧人能縫者，傭作賊衣，以采綖縫其裾爲識。出市里者，吏輒擒之。賊由是駭散。咸稱神明。

漢世，太守統郡兵，令長皆得自督盜賊，無所牽束。而吏士習技擊，盜發但遣郡兵，不遠調客戍。是以一方有警，天下不摇，此其節制之近古也。王莽苛細，民愁嘯聚山澤，州郡不得擅發兵，賊由是不可制。時田况上言：『盜賊所發，咎在長吏不爲意。縣欺其郡，郡欺朝廷，實百言十，實千言百，遂至延蔓。今宜固守，招之必降。若多出將帥，郡縣苦之，反甚於賊。』莽不聽，遣廉丹、王匡討赤眉而敗，卒如况言。其後靈帝時，黄巾大亂，賴皇甫嵩、朱儁爲將，不一年而蕩定。漢之得以不亡於黄巾，嵩、儁之功；而敗於董卓，則嵩、儁之惰也。

自漢以後，綱紀益隳，軍政不修，郡縣之任輕，而武臣貪功養寇。廟堂不務恤民，惟務徵兵；不務練兵，惟務搜餉，民窮無控，盡起爲盜。迨翟讓歸於李密，仙芝合於黄巢，羅汝才并於李自成，而後知圍東都、人長安者即民也。秦二世諱東方之叛，則其臣皆以鼠竊爲言；隋楊廣顧多人而詑，則其後益以斬刈爲事。亂亡之形，古今一轍，悲夫！

至若盜之變而爲流，始自唐乾符而極於明。明以盜亡，始終招撫誤之，然正德之宜亡而不亡，以主雖荒而民不疲也。崇禎之徒存而致亡，以主雖勤而民則疲也。勤主御疲民且猶不存，而况荒主乎？漢之季年，郡國皆有兵，大將用兵以制，故盜賊破散，皆不旋踵。惟常侍擅命，奸雄乘隙，傾移國祚，其亡自上不自下。明之季年，府州縣無兵，諸督鎮之兵雖多，不能用之以制。將無英雄之才，唯知跋扈。至於國命愈蹙，征斂愈繁，閭閻之間俱鳥獸散，其亡自下不自上。故曰『撫我則后，虐我則仇』，祈天永命，以民巖〔七〕爲本也。

宋建炎、紹興之際亦多盜矣，而不以盜亡，則有韓、岳爲將，先靖内氛而禦外侮。盜之來降，轉爲精兵。而其桀驁如李成、孔彦舟者，則北走而歸金。歸於金斯不爲盜，以金之紀綱立也。至正之末，方國珍首亂而不能討，益以爵禄縻之，於張士誠亦猶爾也。故明祖謂元之失馭以縱非以寬，得之矣。

凡弭盜，有弭盜於未發之先，有弭盜於既發之後，散穀賑饑其要領也。

宋富弼知青州，河朔大水，民流就食。勸所部民出粟，益以官廩，得公私廬舍十餘萬區，散處其人以便薪水。官吏自前資、待缺、寄居者，皆賦以禄，使即民所聚，選老弱病瘠者廩之，仍書其勞，約他日爲奏請受賞。率五日，輒遣人持酒肉飯糗，慰藉出於至誠，人人爲盡力。山林陂澤之利可資以生者，聽流民擅取。死者爲大冢葬之，目曰『叢冢』。明年，麥大熟，民各以遠近受糧歸，凡活五十餘萬人，募爲兵者萬計。前此救災者，皆聚民城郭中，爲粥食之，蒸爲疾疫，反相蹈藉，或待哺數日，不得粥而仆，名爲救之，而實殺之。自弼立法，簡便周盡，天下傳以爲式。王則反，齊州禁兵欲應之，或詣弼告。齊非弼所部，恐事泄變生。適中貴人張從訓銜命至青，弼度其可用，密付以事，使馳至齊，發吏卒取之，無得脱者。即自劾顓擅之罪。此弭盜於未發之先者也。

唐懿宗時，浙東賊裘甫破象山，入剡中。以王式爲浙東觀察使討之。時兵穀少，而式所至輒開倉廩以賑，用吐蕃、回紇配管内者數百人爲騎兵，遂以平賊。諸將請曰：『始軍食方急而遽散之，何也？』曰：『賊聚穀以誘饑人，我給之食，則彼不爲盜耳。且諸縣無守兵，賊至，倉穀適足資之耳。』『不置烽燧，何也？』曰：『烽燧所以趣救兵也。今兵盡行，無以繼之，徒驚士民，使自潰亂耳。』『使懦卒爲候騎而少給兵，何也？』曰：『彼勇卒操利兵，遇敵且不量力而鬭死，則賊至不知矣。』皆拜曰：『非所及也！』此弭盜於既發之後者也。

有除土盜之略，有除流盜之略。除土盜之略，絶其往來道路，使不得合外寇；平其險阻窟穴，使不得復嘯聚。馬文升、項忠之擒滿四而毁石城是也。

除流盜之略，遏而防之，使不得越度；蹙而圍之，使不得逸出。若李自成之脱車廂，張獻忠之跳開歸，則主兵者之無謀而不以律也。老、佛之教，流爲盜賊，大方、五斗、紅巾、聞香，何代無之，故律有禁止師巫邪術、妄言禍福，以防盜也。流民不可不急懷撫也，秦苻姚氏之盛，以流民歸之者多也。數萬人流亡，而有李特兄弟雄桀者在焉，則閉劍閣而紀元建國，與中朝爲敵矣。

明祖之失慮也，命鄧愈討定鄖陽，不立州縣而空其地，禁流民不得入。後饑民徙入不可禁，卒釀寇患。白圭、項忠前後剗勦，致多殺人。時祭酒周洪謨著《流民説》，以爲：『東晋時，廬、松之民流至荆州，乃僑置松滋縣於荆江之南；雍州之民流聚襄陽，僑置南雍州於襄西之側。

其後松滋逐隸於荆州，南雍遂併於襄陽。今誠聽流民於附近州縣著籍，遠者加設州縣撫之，置官吏，編里甲，寬徭役，令安生理，則流民皆齊民也。』北城兵馬吏目文會亦言：『荆襄古用武地。自劉千斤、石和尚、李鬍子繼亂，大臣處置失宜，終未寧輯。今河南歲荒，入山就食，勢不可止，能保無後日之患？謹條上三事：一曰荆襄土地肥饒，皆可耕種，遠年入籍流民，可給還田土，新附籍者領田土力耕，量存恤之，其願回籍者聽。二曰流民潛處，出没無常，乞選良有司爲之撫綏，軍衛官爲之守禦。三曰荆、襄上流，下通吴、楚，必於總隘之地，加設府、衛、州、縣，立爲保甲，通貨賄以足其衣食，立學校以厚其風俗，其民自趨於善。』上均採二人言。成化十二年十一月，始開設湖廣鄖陽府。割湖廣、河南、陝西交屬地，分置七縣，使僑寓土著錯居，立都司衛於鄖陽以保控之。都御史原傑莅其事，深山窮谷，無不親至，宣布德意，問民苦樂，父老皆欣然願附版籍。籍流民，得户十三萬三千餘。府、州、縣並選比境循吏習知其事者爲之。薦御史吴道宏代己，兼制三省，撫治八郡。傑勞勤成疾，還卒驛舍。

其後正德中，新建伯王守仁討平南、贛之盜，亦奏設安遠、和平二縣，以爲：『縣治立，則民依守令以安，獷悍者不得穴其中矣。是綏懷久遠之道也。』其用兵一以節制。請無調狼達兵虐百姓，即於諸縣弩手、打手、機快中，縣選驍勇千人，厚餼精練，以次拔長部隊。原額官軍汰三之一，專守城隘，用所募新兵分奇正進戰。即以知府伍文定、邢珣、徐璉、戴德孺等爲將帥，權以濟事，其實經也。蓋古者兵民不分，文武固合，主兵者盡如陽明，天下之亂何從而起乎！

若夫遠斥候，謹烽燧，畫郊圻，固封守，前人行事，所見殆略同矣。元魏李崇爲兗州刺史，命村置一樓，樓皆懸鼓，盜發之處，亂擊之。旁者始聞者以一擊爲節〔八〕，次二，次三。俄頃之間，聲布百里，皆發人守險要，由是盜無不獲。諸州皆效之。明正德中，許逵知樂陵縣。時流賊横行河北，逵修城濬隍，使民家築墻，高踰屋簷，開墻如圭，僅容一人俯入。家令一壯丁俟於竇，餘就伍，聽視鼓旗號令。乃設伏巷中，洞開城門。賊至，旗舉伏發。賊火無所施，兵無所加，盡擒斬之。自是不敢近樂陵。

康熙十三年，閩難作，紹興群盜四起，諸暨、嵊縣之寇直薄郡城。知府許公弘勳練鄉勇出禦，四日夜不解甲，賊乃退。時傳有内應，城中洶懼。公令户爇膏炬，當衢一力士執刀斧守門，達旦市販如故，内應者不得發。又令殷户各即本坊行賑，民乃大安。二十九年大水，餘姚尤甚。裂山谷，破冢墓，漂没千餘家，城不没者二版。知府李公鐸率知縣康公如璉慟於撫軍之前，請具題蠲正賦。遍勸郡中紳士富室，出見糧及買温州米以賑，有至千金者。設賑法，佐貳教職官分詣各鄉親給，民無遠哺，吏無中漁。行賑官皆自炊，不沾里長半菽。凡三賑，人受米一石五斗，轉徙者沿道爲粥以飼之，民乃全寧。是歲也，人以爲微公悉心安集，群走大嵐山爲盜矣。大嵐西連會稽，當紹、寧二郡上岡。公之救荒，人知之；而公之弭盜，人隱受其福而未必知也。以越人稱越事，此其可紀者也。

河防略

周太子晋曰：『天地成而聚於高，歸物於下。疏爲川谷，以導其氣；陂塘汙庳，以鍾其美。』是以水不可遏也，古之善策河未有主遏者。

漢賈讓謂：『治土而防其川，猶止兒啼而塞其口，非不遽止，死可立待。故欲徙冀州當水衝之民，决黎陽遮害亭，放河使北入海。河西薄太行，東薄金堤，勢不能遠，有泛溢，期月自定。此功一立，千載無患，謂之上策。多穿漕渠於冀州地，使民得溉田，分殺水勢，東西列張水門，興利除害，支數百歲，猶爲中策。若乃歲完故堤，增卑倍薄，勞費無已，而數逢其害，則下策也。』

宋歐陽修謂：『河本泥沙，無不淤之理，而其淤常先下流。下流淤高，水行不速，必自上流低處而决，此其常也。夫避高就下，水之本性，故河流已棄之道，復之實難。决河非不能力塞，故道非不能力復，然不久必决，由故道淤高，水不能行故也。智者舉事，擇其利多害少者爲之。惟因水所在，增治堤防，疏其下流，浚以入海，則所謂害之少者，是智者之所擇也。』

明丘濬著論言：

周以前河之勢自西而東；五代、北漢後，自西而北而東；宋迄今則自西而東，又之南矣。《禮》曰：『四瀆視諸侯』。瀆言獨，以其獨入於海也。今以一淮受大黄河之全，是合二瀆爲一，並河州縣其何以支？況清口又合泌、泗、沂三水同歸於淮也哉！元人雖排河入淮，而東北入海之道猶微有存者。今則一淮受衆水歸，無涓滴之漏。且漕東南粟入幽、燕，不由博、濟之境〔九〕，則河決不可使之東行。一決而東，漕渠乾涸，害非獨在民生，且移之國計矣。

古今治水，要當以大禹爲法。禹之導河，既分一爲九，以殺其洶湧之勢；復合九爲一，以會其奔放之衝，此其準則也。賈讓三策甚備，然歷代所用不出其下策，往往違水性而與水争利，非徒無益，反取其害，顧又不如聽其自然而不治之爲愈也。前代止治河，今兼治淮；前代止欲除其害，今且兼資其用。朱子有云：『禹之治水，止從低處下手，下水盡殺，則上水漸淺。』因朱氏之言而求夫禹之故，益信賈讓上、中二策爲可行。

國家誠奮然不惜棄地，不愛勤民，舍小以成其大，棄少以就夫多，使重臣沿河流，相地形，於下流迤東，條爲數河，以分水勢；又於所條支河旁地堪種稻者，依江南法創爲圩田，多作水門，引水以資灌溉，河既分疏，水勢自減。然後從下流而上，於河身之中去其淤沙，使河身益深，足以容水。如是，則中有所受，不至溢出，而河之波不及於陸；下有所納，不至東隘，而河之委易達於海。又委任得人，因時製法，積以歲月，隨見長智，則害漸除而利日興，河南、淮右之民庶其有瘳乎？

右三人皆博古識時君子也，從其近今，則丘氏之論尤可用焉。余草茅尠見，以爲欲河之平，當使河自歸河，淮自歸淮，是即大禹疏瀹、賈讓多穿渠作水門之意也。當使河自爲河，漕自爲漕，是即《禹貢》『逾於洛，至於南河』之蹟也。夫以一河奔流，兖、冀不能當，而況益之以淮？是故必欲離之也。以一河南北之奔突不可制，而況累之以漕？是故必欲歧之也。夫引河而漕，比之引狼兵以除内寇。嘉靖中，都御史劉天和嘗言之：『故寧其瀦汶，不敢引河，其次則寧引沁之爲愈。若築斷清口，置倉埸南北岸，以車牛輿輦而過，則黄流淤沙，不至日積於淮、揚兩郡之地矣。河流既北，淮流漸平，如是而稍通周家橋、高家堰故道以分淮勢，而使全淮下於安東、海州，回徐、邳之河稍北讓淮，淮寧而河不得淮之助，引入衛河，以達於臨清、天津。行賈讓之中策，於滄、景、德、棣、東昌、兖州、曹、沛諸地多穿渠，列水門，以時蓄洩，務與河相距二三十里，使水來紆餘游漫，不至迫溢，細則引之溉田，大則放之入河。又令民間增修畝澮，仿古溝洫之制，合萬夫之力各治己田，愈於集十萬之夫叢治河堤。夫河流無常勢，惟下之趨。所以日徙而南者，趨下也。第令北方之人咸願盡力溝洫，北藉水之利，而南去水之害，安知其徙而南者不還徙而北乎？故謂故道必不可復，亦非通論，在順水勢之所趨，排而出之而已。』

明世治河奏績者，徐有貞、劉大夏、潘季馴。然有貞之治張秋也主於分，季馴之治淮、揚也主於合。有貞作治水閘、疏水渠，起張秋金堤，西數百里至澶淵，接河、沁。凡河流旁有不順者堰之，架濤栅木，實之石而鍵以鐵，曰：『合土、木、火、金，平水性也。』又作放水閘於東昌，水盈過丈則洩，皆通古河入海，得賈讓上、中二策遺意。季馴當萬曆初，河決崔鎮，奪淮入海，遂決高家堰。議者謂諸決口當毋塞，惟開支河殺水，濬海口以通之。季馴以爲：『海口潮汐往來，隨濬隨淤。惟導河歸之海，則以水去水，導河即以濬海也。河未易以人力導，惟善固堤防，使不分決，水入地益深，力强而赴海疾，則治防即以導河也。』其立意如是。然堤堰雖堅，而疏濬無法，流沙日壅，清口日淤。實基泗陵水患。賈讓所謂勞費無已而數逢其害者，此策是也。

今世治河，大抵宗季馴而不敢師有貞，是以無數年之安。人情憚於謀始，一顧漕，二惜地，三苦於清口數十里陸運，漕丁、商旅均以爲不便。然欲建數百年之長策，斷而行之，宜有大功。而吾更有不忍言者。《易》曰：『山澤通氣。』古者庖犧氏畫圖時，已位艮於西北，位兑於東南矣。以今河、淮合流之勢觀之，數百年之後，恐人力不勝天行，將有不至并入於江而不止者。是四瀆爲一，雖神禹復生，當亦無如之何也。於乎！不知者以吾爲老生之私憂過計，而吾固亦未之見者也。

史略　治體

建武重名節，建隆崇儒術，庶乎離遠功利之習。明太祖承元後，參用刑辟，以輔德禮。其時，文學諸臣進以忠厚寬大、祈天永命之論，上稽首受昌言曰：『吾以救世也，内斷於心。』持之三十年，然後人紀肇修，彝倫攸叙。歷世相沿，遂成治體。成祖、世宗師其遺意，用壹威權。萬曆初年，張居正作相，天下清明，邊陲乂安，由其力修實政，屏却空文，以嚴爲治。前後相業未有能越之者。

自後朝綱墜隳，委任貂璫，遂養光、熹之禍。思陵謀振之以英勵，而絀於知人之明，所用非養。大君孤立，賢親無輔，遂以隕祚。此後王不能率由之過，非作法之有失也。

然則秦人之與明人，用心殊而收效大異者，一主於德禮，一極夫刑名也。明祖，鑄刑書之子産也，然而猶有遺愛也。斯意也，孔子表之矣。

史略　兵制

三代寓兵於農，故文武不分。兵取諸八家之民，將取諸公田之卿、大夫、士。凡封建、學校、財賦、役法、兵車、器用，無一不於井田取之。民生八歲入小學，即教以射御。上自天子之子，下及民之俊秀，皆可爲將。是當時教法未嘗分文武也。又春秋田獵講武，三年大閲，選造之法，以次陞於司馬，是當時未嘗有武科也。所以戢戈櫜矢之後，勿復用兵，天下未嘗無武備。洎乎春秋，齊作内政寄軍令，晋用六卿爲將佐，斯則兵農合一之明效。

及至後代，廢井田，開召募，田與兵二，一日不給餉而天下遂無兵。文臣不擅軍功，學校不兼射御，學與武二，一日不選練而天下遂無將。故古之兵可去，今之兵不可去。使不能善兵制，蓄將才，而徒慕先王之偃武，是晋武、唐穆之失策，非明於天下之勢者也。

明初定天下，州縣邊鎮，各設衛所，屯戰兼修，府兵遺意。在京師者有五軍都督府，在宫中者有錦衣衛，川、湖、雲、貴、廣西則置安撫、宣慰、宣撫、長官諸司以統之。承平既久，不以兵革爲意，衛所將士日即弛惰，而軍復爲民矣。

自成祖用錦衣衛詗察内外，專捕機密，其後每有大臣獲罪，輒遣緹騎四出，而錦衣將吏僅代一獄卒矣。漢、唐有事，南軍、神策軍嘗出平外難；而明錦衣衛皆勳貴子弟，肉食紈袴，驕不可用，未聞出城一當敵。唯都督府改十二團營，自于謙以後多重臣、功臣提督，項忠、趙輔嘗將之以平蠻寇。至京軍惰而邊卒始横，江彬等四外家幾致大變。於是大同殺主帥，遼東逐巡撫，跋扈極於仇鸞，而邊卒又壞，俺答入京師，莫之能禁矣。京軍、衛所皆不足用，乃召狼兵，召川兵，召土兵。小醜猝發，徬徨四顧。戚繼光始用南兵於北，而《紀效》《練兵》，盛難爲繼。

魏忠賢内操，震驚宫闕，外患内寇，乘虚馳突。而兵柄且握於宦官之手，武夫悍將，拱手環視而莫之救，此不重將權之過。將無威以令其三軍，雖有奇傑異能，銷沮就盡。一進士授爲御史出邊，則坐統數十萬人之雄鎮，俯首以聽其尚方之及。總兵、參副，平時稱走狗於督撫、經略之前，而臨事緩急，又安復有將之可恃也哉！

史略　宗藩

自古同姓之封，周制爲善，漢、晋失之過，而唐、宋、明則不及焉。周之封建，地不過百里，兵不過三萬，諸侯得自治其國，而征伐之權出之天子。雖有四夷，犬牙相制，勢不得入。漢高懲秦孤立，割千里以王吴、楚，終召七國之亂。及主父偃推恩之令行，而同姓又患太弱。然漢之所以復興者，以子孫散在四方，不專食禄於宗人也。故至東漢之末，劉虞在幽，劉表在荆，劉焉在益，猶能分據方面，而先主卒賴其資，以延四十年未灰之燼。自周以來，獲同姓之助者，唯漢耳。唐太宗忌建成之黨，宋太宗因德昭之事，刻爲禁防，宗室遂弱。

明興，太祖分王諸子，秦、晋、齊、燕、周、寧、楚、蜀，皆據要害。論者徒見靖難之禍，遂謂封建太過。不知王府之國，天子使吏代治，財賦軍民俱不得擅，三護衛僅足自守，不足當周、漢什一。惠宗優柔，遇燕王百戰之鋭，與崛起者比。自是以後，諸侯帖息。高煦之叛，嬰城坐縛。寧王招集群盜，謀之十年，然後起事，不兩月而滅。皆非以分地太過之故。諸宗人但許食禄，不得立朝任事，比於異姓，雖有才略，無所自效。是以養成驕闇，終不可用。

至崇禎之末，秦、晋、福、楚皆據形勝之地，擁百萬之貲，閉門束手，揖讓而延大盜。使宗藩茍有智勇，收召豪傑，以忠義自奮，秦王守潼關，蜀王閉劍閣，晋王塞臨晋，襄王扼江、漢，百萬之衆可立募於帳下。或朝廷遣一介之使，明詔諸王自開幕府，徵辟僚佐，相與合從討伐，納襄王於周邸，起元帝於江東，天下事或可爲也。處積輕之勢，不能自振，奈之何哉！

竊謂諸藩食禄於宗人府者，當令習騎射，諳韜略，通經術，親民事。才可爲郡守、大將者，即以舉之。其願爲諸生，則就試於其省，聽與異姓同應科目。在國家可以省秩禄之煩，而又無弱而不振之患，庶於帝王親親之誼，强幹之形，兩得之矣。

史略 宦侍

自古宦官用事，未有不亡人國者。然國亡而身亦不免焉，如漢、唐之季是已。蘇氏論宦官不可擊；余謂擊亦亡，不擊亦亡。擊之，或早滅於國亡之前；不擊，則國亡而宦者獨不與其禍。

太祖《祖訓》首嚴内侍之戒，慮患獨深。自成祖遣鄭和下西洋，而開英宗委任兵柄之漸；

馬騏鎮交趾，而開神宗委任方面之漸。大臣無人，以宦官攻宦官，而其類終不可絶。張永擊之而勝，瑾死，宦官居其功，王安擊之而不勝，安死，而魏忠賢之勢遂熾，竟以亡國。及王師迫都城，李自成入畿輔，當盡誅宦官以謝天下，而竟莫起而擊之者。內無袁紹之强，外無全忠之逼。宦官安坐而肆其害，有漢、唐之横而不受漢、唐之僇。於乎，烈矣！

思陵既誅忠賢，謂廢置自我，恃其駕馭，遂輕朝士。於是專任左右，用固維城。然而市主者皆腹心之臣，清宫者號知命之士。向之所用，適以爲賊間而速自斃。躬蹈覆轍，殆又甚焉。成祖以此始，思陵以此終。有國家者，禍豈在大也哉？

史略　海防

天下之事多故矣。昔之邊備西北，今之邊兼備東南。倭患之烈，近古未嘗有焉。從來待日本者策二：漢、唐、宋不通貢使，得上策；我太祖置市舶司制其出入，得中策；元傾中國以事海外，單舸不返，爲無策矣。

明既通貢，邊民熟海，倭使來廷，山川土俗益習，東南之患自此始也。自世宗輕變祖法，罷市舶司，而倭患始亟；殺朱紈，弛海禁，而倭患再亟，地連數省，召土司狼兵以番戍，而西南騷動。當是時，西北邊方困於兵，東南之兵數十年而不解，延及於萬曆。

自倭事起，將才一變。征蠻乘障之士，皆不足以備東南，於是俞大猷、戚繼光、劉顯之徒奮其材力，因事以見。才之升降，亦運會然歟？

史略 太學 州郡

三代以後，太學之制唯東漢、兩宋爲得。太學諸生，爭厲名節，國家有失，則上書言事，李固、劉陶、陳東其最著者。當理宗之末，丁大全逐董槐，陳宜中等六人劾全，皆謫遠州，天下號爲六君子，亦可見當時教法之善矣。明之國子監多任子蔭補，士之廢業不録於州郡者，輒輪金爲監生，故太學人才最劣。當奸相擅權，宦官亂政，世宗、神宗大禮大爭，未聞有監生上言以抒公憤者。至熹宗時，而請祠魏忠賢於太學者有之矣。以化民成俗之地，爲賣恩藏垢之區，宜乎士風日以壞也。

漢唐時，太守領郡兵，郡中偏裨皆隸太守麾下。猝有盜賊，郡兵足以制之，李固所謂『發將無益，州郡可任』是也。安禄山反，顔真卿以平原、許遠以睢陽、張巡以真源令，皆能起兵討賊。宋自南渡，知府亦當方面之任。

明專以知府理民事，郡縣之兵遂弱。崇禎之末，大盜長驅，未聞有知府將兵入衛勤王者。郡縣兵皆不足自守，於是設兵備，設提督，設總督。官愈多，民愈煩，權愈分，而事愈不辦。致亂之由，實基於此。郡縣兵權，誠不可不重也。

校勘記

〔一〕遂開西邸賣宮　宮，康熙本作『官』，是，當據改。

〔二〕是時天下之財爲人主私藏　是時，康熙本作『自是』，當據改。

〔三〕自故中原空虛　故，康熙本作『古』，當據改。

〔四〕湋淯　光緒本、康熙本字均作『濁渭』，《晋書·杜預傳》作『湋淯』，今據改。

〔五〕使爲券貿易　使，康熙本作『私』，當據改。

〔六〕焚錦衣衛非法刑具　焚，原作『聞』，據康熙本改。

〔七〕民巖　光緒本、康熙本均作『民岩』，今據《詩·商頌·殷武》改。

〔八〕旁者始聞者以一擊爲節　旁者，康熙本作『旁村』，當據改。

〔九〕不由博、濟之境　不，康熙本作『必』，當據改。

卷十　墓碣　墓表　墓志　行略　傳　雜著

明保定府通判丹冶陳公墓碣

公諱本鎔，字君陶，號丹冶，姓陳氏。其先弋陽人。宋建炎初，左僕射康伯從駕道餘姚之馬渚，聞鐘聲，樂之，命次子祥家焉。三傳至寶一，徙今壩頭。又數傳，巨理以孝聞。生右副都御史克宅，號省齋。學於章楓山懋，嘗巡撫松潘。

省齋公四子：長有勳，光禄寺正；次有濟，諸生；次有孚，衡州府通判；次有年，吏部尚書，贈太子太保，謚恭介。而有孚二子，長啓和，公父也。公兄弟三人，伯兄本欽以舉人知定南縣，而公屢試不上第，最後貢試順天，又不售。

天啓四年，通判成都，監松潘軍餉。松潘羌地，洪武初御史大夫丁玉討平建衛，環山密箐，爲西徼要害，仰餉他府。是時以奢崇明之變，餉久不至，奸弁陳閏等因煽亂，一軍脱巾，聲言將屠城。城中人死鬭，斬閏，餘黨尚洶洶，兩月未定。公至，召軍頭，責以大義：『朝廷飽餉若等非一日，今饑暫耳。若觀富强如播、跳梁如奢，有在者乎？且我來決不令若等獨死，我獨生。』聞者感公至誠，已見末減其黨，但遣戍，乃大安。布政司迫軍興，終不時給，公憂甚，曰：『川事堪再壞耶？此豈可久空言縻？』則以刺集四省商，謂曰：『軍皆有宿負在爾。今且死，誰爾償者？盍更貸諸軍？軍生亦商利。』商如教。自後餉詘，頗以此法酌紓之。先是官此土者，出入張軍容，盛騶從，動行軍法。公雅儉單，隸圉或不能具炊，至傭食。行縣無持蓋，亦不以屑意。由是邊人和輯，番漢懷服。

其年冬，東路者多番遮道行剽，主者議姑集熟番以調馭之，公獨立議主勦。夜擣巢，焚其積儲者。多出不意，大困，縛首亂以降。或欲乘勝遂攻甘燕、爬城番，公曰：『彼有備，未能窮討也。然業小創，宜就約。』數日果來，喜不加兵，則競相埋奴。埋奴者，番法，以殺人之人生埋其處，土壓肩，使自殪，示悔罪。松人知公長兵略，愈益畏讋。縉紳追憶省齋公整飾松潘時殲橫梁威伐，嘖嘖公繼先業，乃建二陳公祠紀世勳焉。

公司獄平，不以生殺徇情面，上官憎其强項，巡撫朱公燮元特心重之。

明年，外艱歸。崇禎元年，補保定通判，復司懷來衛軍餉。釐剔宿弊，苞苴却絕。總督王象乾、巡按葉成章有疑事，咸就取决。方欲舉卓異，會得疾，卒。

居常修肅，牀笫無私語。訓諸子以『立身承家，惟在力孝弟，培元氣』。又言：『我行蹟遠不逮先人，幸清白家聲無墮耳。汝曹當念我此意。』

元配倪孺人，生一女，適徐宏業；繼配葛孺人，生一女，適邵邦榟。男子四：正行、正衎、正衜、正衢。年六十七，葬上虞竹橋之塔園山。

外大父陳蜀庵先生墓碣

采生八歲，始從僕負攜至外大父陳蜀庵先生之家。時采母即世已八年矣。外大母撫余流涕曰：『是外孫也，生而哀。』越日，直太夫人諸葛八十。置宴設鐘鼓，先生與兄儀一先生捧觴上壽，跪拜之數，甚恭以久。諸父肅進，宗人、外家以次致敬畢，太夫人登坐，命工歌奏梁太素故事。越旬，又直丹冶公諱日，則兄弟皆白衣冠，孺子泣而臨祭。卒事，童稚不譁。采時方争啖棗栗，見外大父家門如此，亦垂泣知念母氏。後四年，從先生學經義，遂受《左》《國》、馬、班文。康熙辛亥，先生年六十四，自石門授經吴氏歸，疾終於家。竟無嗣。於乎，可悼也夫！

按行實曰：

余負黍之裔。漢廣陵郡公準，余遠祖也。宋魯國文正公康伯，余始祖也。國朝副都御史省齋公克宅，余高祖也。文正從高祖南渡，攜其次子祥節公過姚墟，遂家焉。請於朝而作譜，始自廣陵公。自廣陵公至於余，五十四世矣。文正公至於余，一十七世矣。省齋公至於余，五世矣。省齋公生郡丞安愚公、治中龍邨公、冢宰心穀公。龍邨公者，余曾王父也，生庠士致庵公。致庵公者，余王父也，生別駕丹治公。丹治公者，余父也。伯考曰邑宰曙空公，叔考曰庠生鑒空公。丹治公有子四人，女二人。伯姊適徐子六超，倪安人出也。安人，編修小野公宗正孫女也。仲姊適邵子文燦，及正行、正衎、正衜、正衢，皆諸葛安人出也。安人，御史東軒公啓孫女也。

衎爲仲子，字嘉仲。性好梵夾，喜禪悅，間涉書史，自號曰止止山人，家在菁江之曲，曰菁江笠翁，蕙水之陽，曰蕙水愚翁。其曰『勾山男子』，隸於姚也；『東海布衣』，濱於海也；『東野逸人』，遯於野也。姚治之東有客星山者，亦曰陳山。陳山，漢嚴陵先生故址也。昔司馬氏慕相如而以相如名，員凝之慕伍員而以伍員姓。余本陳人，欣慕先生，遂自稱『陳山人陳山人』云。

陳山人之爲人也，千慮而無一得；其涉世也，百拙而無一能。故又曰抱一子、拙益子。嘗東出普陀，西瞻曲阜，量黃河之大，測滄海之深，浮汶、泗，涉江、淮，回望金陵，登北固，陟虎丘，窮武林諸峰之勝，探禹穴之奇，遊樵風之涇，泛若耶之溪，弔稚川之磯。往來羅巖、白石、東山煙水間，自呼曰：『止爾，忘止止乎！』自是百慮頓息，惝然若有所會心。

生平私淑者，念臺劉先生、石梁陶先生、四明施先生、霞標管先生、金如王先生也。親炙者，求如沈先生、子虛史先生、晴潄黃夫子、瀛槎吳夫子也。又與天童山峰、雪竇石奇、雲岩空林爲方外遊。若邵子安元、蘇子玄度、韓子仁父、鄭子奠維、吴子斐臣，則所稱道義交也。周子伯維、秦子汝翼、徐子漢官、吕子裁之、邵子長庚，則所稱文字知也。至積之邵翁以及孫子卿雲、邵子魯公、朱子孝若，兄曰含真，弟曰在子，姪曰玉嗣，僧曰破愚，則姻盟也，宗誼也，師弟賓王之情也。

配諸葛氏，母氏兄子也。舅曰宇黄先生。諸葛氏有三女二男，女長適邵立夫，仲適邵筠卿，季適徐子振，婿皆名家子。而外孫邵廷采，長女出也。大兒曰章，三歲見飛且鳴於天者，而歌所受詩，聞者器焉。次兒曰愷，日授魏、晋詩三四章，亦輒成誦。並以痘殤。昔人謂『天乎無罪』，余何敢擬此？

於乎！天地萬物，皆有盡也；壽夭達窮，一歸也。自今以往，吾其無意人間事矣。昔陶淵明作輓歌，而程大中自志其墓，余皆不若之。顧念守先人口澤，寤寐不忘先朝與師友之傳習，冀有知者或鑒余衷。

先生之自撰云爾。

居常大德，在家庭侍伯兄如侍丹冶公。行己直方，能面折人過，亦殷受規諍。爲文好孫月峰《今文選》，獨宗周、漢，以百鍊句字爲工。痛飲説曩時遺事，輒潸焉涕下。衣冠漢儀，至五十餘假服釋氏巾。其時文舉業，大有原本。門人經指授，多用取進士上第。潛心性命之學，然於諸儒堂室未有入也。晚號蜀庵，因無嗣，亦合於慎獨、止止、艮背不獲其身之義云。

外大母諸葛氏後先生十六年卒，合葬丹冶公墓側。

承德郎江南寧國府通判前兵部職方清吏司主事及庵陶公墓表 壬午

《論語》稱：孔氏之門，厥有四科。雖未盡接聞一貫之微言，要莫不深明大義。七十子之徒並守四者，尊聞行知，理身紀世，卓卓可紀述。嗣是以降，中行益罕，才性各流，傳循吏者不必風雅，揚文苑者別於儒林。惟統以德行，則四者齊同。蓋仲尼時聖教昌行，四科之傑本出於一。戰國後百家殊方，取舍異趣，則違德行而爭名實，言語、政事、文學並起而爲患天下，蘇、張、申、商，《南華》《參同》，此其明戒。是故四者並具，學術純美，生心施政，並受其福。嘻乎，艱哉！

陶公及庵先生，德行人也，不在言語之科，文學、政事亦略遇用於世。《春秋》經義爲東浙所推。嘗論《春秋》曰：『雋不疑斷方遂之獄，其引經非也，其用經之法是也。董江都「正次王，王次春」，以後刑尚忠之意，指明更化，合乎體元居正，道之大原。如《繁露》諸篇，濫觴災異，下及子政《洪範五行》，雖亦《六經》支流，去聖人本指遠矣。』其生平誦説，一本程朱。其自樞密官屬出判寧國，值海氛内侵、逼據郡邑之後，反側内疑，人情悸驚，談笑而麾定之，訖以無虞。引老致政，兀洒窗几，炷香專坐，怡然退然，不假足於外，詠歌彈琴，有以自娱。年八十，識其楹曰：

『衛武九十五好學，日警國人「無以老耄舍我」，今幸更假我紀半之工，是我師矣。』然則先生之一生，殆可謂不變不倦、稱道不亂，僅有存者。

余向怪俗儒銘志，動言吏治曰龔、黄、召、杜，文藝曰馬、班、向、歆。彼其人於斗室陋巷間，精神瞬息不能自攝，何取談天拔地，不可稽詰之頌爲哉！孔子稱好學曰『不遷怒，不貳過』、『不改其樂』，是以操簞與瓢，聲出金石，蔚爲四配之首。官不必蒲、莒，文不必游、夏，彼安然群爲之下，而信其有以兼之。更若文饒性度，太丘道廣，所在聲蹟並以德行從化。觀於先生，古人居可知矣。

先生諱秉禮，字在魯，及庵其號。會稽人。由崇禎己卯科舉人，歷順治己丑，就嘉興府嘉興縣學教諭，遷國子監助教。己亥，轉兵部職方清吏司主事。以明年調外，得江南寧國府通判，視事凡八年。康熙三年甲辰，解官歸。十四年乙卯，年八十三，考終於家。其孫鈺生、鋐生。以采辱從女孫夫，屬表墓道。

采惟古之布衣遺士，類嘗表賢人達官之墓，况於先生我姻我師。至其承家孝友之勤，居官臨政之實，編摩紀注之盛，似續裕後之隆，已入家傳銘狀者，鄉邦久稱聞之，故不復綴。

倪元功先生曰：議論自行，不填實事，大旨歸於好學不倦。詞味醇腴，兼有兩漢氣調。

陳執齋先生墓表 丁丑

於乎，出處之際，難矣！士不幸遭革命之運，迫於事會，不獲守其初服，惟有愛民循職，苟可以免清議。若没没貴富，入而不返，更數十年面目俱易，則君子羞之。

明亡，遯荒之盛，超軼前代。如方密之、熊魚山諸君子，皆託於浮屠；至於章格庵之徒，既逃其跡，旋掩其名。下逮繩樞甕牖，抱遺經不試，窮老無悶者，所在多有。而老親在堂，門户爲重，遭俗蜩沸，寇攘肆横，不得已紓節以應新朝遴辟。洎乎服官臨政，和平愷悌，使遺黎得蒙更生之澤，當塗猶見儒者之功。因時順流，爲福匪細。詎謂金仁山、謝皋羽外，遂無正人端士聲流於後哉？

執齋陳先生以孝友諒直之性，挺然介立。丙戌後，割棄舉業，專精古詩文。已而有所迫，出應試，輒爲羅者所得。人賀之，則愀然曰：『家有老母，慚負初志耳。』教諭石門十載，擢知祁陽，遷齊東，知晉州，皆有循吏聲實。卒以墨敗。天下士不以此爲先生冤，先生亦不以自愧。怡然解官歸，修先人之廬而擁書其中，朝夕一編，吟批詮録，曰：『吾故書生耳。得同志者，願虛衷焉。』

故人之子邵廷采執其業請益，語及祖父，流涕。先生凝眸久之，曰：『邵氏有嗣矣！』教之曰：『君於古文詞能爲大家必傳之業。慎勿近名，近名者名亡。』邑有宿儒嘗從受史料，先生遺書曰：『某君文藝，位當高置。而足下津津道譽，似不僅服膺其文者，吾所不取。足下着筆宜爲將來徵信，而是非倒置，可怪也。』其持論如是，先生豈今之人哉！先生自分不能爲皋羽、仁山，而世之摹仁山、摹皋羽者，先生固亦弗之屑也。

乙亥七月，廷采走謁先生。爲道三世之交，且恤其貧病，以爲力不能振，嘆曰：『吾晚而知子，恐旦暮先入地，則子誰可與語者！』甫一月而先生告終矣。采赴哭，伏地不能起。仲子昕烈請桐鄉朱聲始先生爲墓志，而屬余書碣後。

於乎！先生之恩澤被於州邑，文采載於詩文，孝義浹於鄉黨，名德信於交遊，志已詳之矣。特爲原其出處，舉其持論，以見先生之不苟同於俗，古人無愧。有心者自知先生，先生不求人知也。夫不求人知，兹其所以爲先生也與？兹其所以爲先生也與？

馬錢侯曰：以出處持論四字關鎖，不苟下一語，是真知先生者。

陳芹溪曰：命意慨惻，詞旨和平，有儒家氣象。

蔣節婦童孺人墓志銘

蔣節婦童孺人，以康熙四十八年己丑十一月告終於內寢，距生崇禎十三年庚辰，年七十矣。

彌留，命其子申曰：『吾爲汝家婦，未能勸夫勖子以揚先烈，惟是未亡人三十年之内，茹荼紡緯，無廢悉嘗禴祠者，乃道之庸，汝其無乞志銘，貽泉壤羞。』申頓首受命。既三月，將葬，哀號請於余曰：『惟申母之幽光潛德，不爲希名；惟先生之秉道立言，不爲諛墓。雖遵治命，庸得已乎？』余悲申之意，重嘉孺人之賢，乃爲之志曰：

孺人姓童氏，餘姚人。考諱可成，字集生，起家國學，同知廬州府事。孺人自居童即以孝聞，迨歸於蔣，而先姑已没，晨夜悲思。既廟見成婦，舅虚受公舉管鑰授孺人。孺人視其倉，米不盈斛，怡然承之，無怯容。小大内外具有綱紀，琴瑟静好，雝雝肅肅。此一時也，孺人之象爲春，其氣安以和。

治虚受公喪，必誠必信。既成婚九年，而旋哭其夫屺孫公。屺孫公倚孺人之助，曾不問家人生産事。公没，而家道益荒，孺人獨撫六歲子申、四歲子坤、三歲女寧，以養以教，用十指縫紉紅作代食，而盡遺謝故僕夫婦之執爨操井者。此一時也，孺人之象爲夏，其氣舒以莊。

蔣氏自太常公再傳贈參政公，三世獨子。至虚受公乃生二子：其長諱煜，字屺孫，即孺人夫子也；屺孫之弟期孫，悦於禪而不娶。屺孫生申與坤，坤未聘卒，故虚受公之子及孫亦以獨子傳。申娶邵氏，七年而失厥配。中間鰥處者又七年。孺人輒撫申而號曰：『四世之傳在汝。吾年踰六十，尚未抱孫，天乎？人乎？』此一時也，孺人之象爲秋，其氣悄以肅。

丙戌之秋，申繼室於潘，孺人始有婦矣。越一年，生女孫，且弄孫矣。又二年，舉長孫，申始有子。孺人顧之，喜可知也。申夫婦能事母姑，俞諾婉娩敬從，家雖貧而和致祥。此一時也，孺人之象爲冬，其氣專以翕。

於乎！天有四時，孺人之氣俱備矣。盈虚消息，七十年之内皆身歷之，天且不違，而况人乎！此孺人所以於垂革之日，自信其後之必有昌，而誡申等以益勉進其前業也。

孺人生二子，其存者獨申。申前妻，余女也。後娶潘君聖，生女，女嫁太學生張燦，皆同縣。孺人以康熙某年登邑乘，中憲李公題其匾額曰『苦節可嘉』。今考終而事益定，三黨咸服，奉爲禮宗。雖申等未有聞達，而守身事親能體先人之志。有子考無咎，其亦可以安於地下矣。某年月日，葬某山原。銘曰：

孺人之孝，五世而遥。孺人之貞，三紀風高。兀然而立者，明山之秀。隆然而伏者，姚江之坳。窀穸定兹，於千萬年奉其春秋俎豆於不祧。

叔父母合葬壙志 庚辰

女巫有篤鬼者，喉間嚛唶，彷佛人語，遠數十年、近數年召死者無不至，響應聲如面譚，自名鬼僊，吴越間尤崇此術云。

叔父上由先生以康熙癸亥之江西，蓋山陰商姓者爲小吏於饒之樂平，識先生京師，先生擔囊往焉。去半年，問不至，家之人遣信附賈人貿磁者寄饒。踰年春，大母終。垂革，叫先生再四，家之人又以爲古人嚙指心動，饒去姚纔十數日許，宜有夢怪，自必歸。至冬十月，得樂平來函，開視，則商君札：『遲先生一年不至，忽接邵氏家報，若其人在敝署然者。大爲詫愕，謹將原書致還。』閱罷，長嗣弟廷英、季弟廷俊慟絶仆地。嗚呼，先生死矣！死何日？死何所？死何狀？痛哉！

且大母以其年正月終，先生以前年七月往，往一年而商君問至，則先生之死在大母前決矣。死者與死者宜有知，不以告，豈没寧固然；不關生人哀樂事乎？然猶日望先生歸。戚黨爲好語相慰，曰『是必他往』，授某某往事證。余亦姑因慰叔母曰：『叔誠他往，歸有日。』痛之而不能言。

入十二年甲戌，叔母孫病故，叔母省女石堰，卒於女家。與先生殊近遠，皆客死。在古人達生者曰：『魂氣無不之，骨肉歸復，唯所在可也。』然是絶可痛也。而廷俊又先叔母一年卒於苕。叔母痛廷俊，且心知先生死，内嗚咽，終未忍發哀，以故病不起。

余向讀鹿門茅君《趙氏客遊述》，輒爲酸鼻。趙氏雲南人，萬里出滇，二十年不返。其子徒跣傳乞於路，榜背尋親。神感其意，遇之江南。及傳奇雜説，如斯類孝子不可勝紀。今廷英獨子，才弱，不能爲古人所爲，百死莫償。余小子廷采，猶子也，又限於勢力，末由探先生死期消息，是則絕可痛也。然宗人有適江西者，曾屬之踪跡，起西陵，沿富春，掠淳安，泝徽江而上，至於祁門，緣饒抵樂平。舟輿旅舍例有日記注簿，遍覽無先生姓字。而叔母厝石堰兩山之峽，風車輪轉，寒侵骨，七年於兹矣。延英每念遷厝，且招先生魂合葬。

庚辰九月，有巫作先生言，呼英名，號曰：『英，余與爾母同在中樓久矣。前年爾爲余主，里人還越，始附以歸。余死所，江西新淦也。因上船頭小遺，隕水而逝，滔滔之流，我能盡乎？余生之日即余死日，汝其記之！』已叔母又號曰：『吾苦風，風凛不可禦也。然汝知，無力出我矣！』聲訖而去，巫自言不知所云。英以斯言告於采而號，采曰：『是巫也，非巫也？抑巫女也？又烏知新淦者？父母告爾矣，且微巫言，爾不將終葬乎？』遂以其冬十二月二日庚申，啓叔母厝至四明石洞。英刺血斬石，具先生諱字生卒，合葬於石孝子碑下。銘曰：

是我叔父之室。魄雖不存，魂其來合。於斯萬年，如縷無絕。

新淦者，臨江屬邑，隸湖西道，距樂平西南又六七百里，云先生卒所，莫解何由。意他往者，其說近是。巫之術，吾所不道，以志極痛，附於偕卜筮、審物變之一義云爾。

吴逸茉曰：借巫言寫沉痛，通篇波瀾起伏在此。末只一語掃去曰：『巫之術，吾所不道。』是占地步處。

陶母章孺人墓志銘 戊辰

誌人之墓而期於信而有徵，雖古人以爲難也。有其不信者，且并疑其所信。夫揚人之善於身殁之後，而不能信其文以及於可傳，見之者束勿覽，而立言者亦自以爲酬用之作，不足留集中，稿甫成而輒削之。然則近世之所爲銘狀如此，不亦舉可廢與？

余之誌陶母章孺人不然。孺人之夫子於余爲執友，其二子嘗授經義，而余之妻於孺人又爲侄，兩家欣戚與共。余之知孺人也宜悉，而爲我友誌其内也，宜不敢以即於欺。丙寅冬，余客雪苑，陶子寓書曰：『吾妻亡，吾入而閨門之内失一友焉。惟吾子誌之。』余嘉孺人之名德，又陶子所以交余者，孺人之輔爲多，其何忍以不文辭？

孺人姓章氏，考諱綿祚，諸生。世爲會稽人。孺人少温慎，動止有則，事父母以孝聞。比歸陶，能相其姑主内政。迄於今孺人亡之年，門以内之事陶子不知也。陶子曰：『吾今而然後知吾妻也。』孺人奉舅姑孝，與娣姒和，撫僕御有恩，宗黨稱之無間言。自甲寅陶子館余於家，始至入門，堦除洒掃拭如也。登其庭，器具咸備，以次列進。詣二子之席，則執經穆然坐，雖垂髫，容如宿儒。已而授餐，饌飲畢精以旨。餚核尊簋，自陶子家者率絶出其族人。爾時竊嘆異曰：『此豈陶子自爲？蓋所得於室家之遇者，固已盛矣！』是年南中方用兵革，陶子慷忼談功名，與余聯榻卧，稀入内問家事。事無細巨，悉陶子之父太公總成於上，而孺人受之以代終。陶子時泛南湖，招友論今古而已。然余館其家六七歲，未嘗聞孺人言語聲息。既婚於陶，以甥禮請見，孺人守禮，終不出。陶子好客，客望風千里至者，皆孺人手調羹具，無倦容。客安之，以陶子之家爲家。

丁卯，余自雪苑歸，詣陶子，則孺人之櫬僳然在寢矣。陶子爲垂涕，執余手而言曰：『吾今而然後知吾妻也。吾事父母，節目疎闊，賴吾妻彌逢其間，今節益闊矣。吾性卞急，妻嘗佐之以寬，俾小大咸不我怨，今怨矣。吾於交友雖至篤好，易見人過，或致嫌隙，吾妻必擇人之善者稱之，短者覆之，俾吾朋友相保以無忘始終。今即不致隙，過日見矣。吾教子孫無序，吾妻慈惠而栗然，出入必稽必面，今離塾師之側，無嚴者矣。吾與子契好二十年，不爲不久矣。然子好我而已，未悉我之短也；見我之外而已，未覩我之隱也。若吾妻者，可謂知我者也。噫，此我之所以悲也。』余聞其言而黯然。

孺人生於明崇禎某年月日，卒於今康熙某年月日，年四十七。子二：長文焕，娶王氏，生四子一女；次峒，娶沈氏，生二子。居喪能凖古禮，見者感動。以某年月日葬孺人某所。銘曰：

坤之爲道，惟順與貞。孺人具之，漠不聞聲。克寬克勤，以相夫子。溘焉云亡，永錫令嗣。

任左璧曰：章法似空同《左氏墓志》。

陶式南曰：誌婦德，從夫子口中叙出，是永叔家法。

五世行略上

維邵之先，出姬姓康、穆召康公、穆公。之後，功在周室，紀於《甘棠》。及漢，青州守休加邑爲邵，代有名字，世邈難譜。宋河南新安伯康節先生以樂天知《易》，齊德周、程。孫徽猷閣待制溥扈蹕南渡，家臨安。溥玄孫新昌令淳自臨安徙會稽。淳曾孫揚州都巡忠，復自會稽遷餘姚通德門之清風里，於是餘姚始有邵氏。邵氏之在餘姚，不能與孫、王、謝三姓齒〔一〕，而科甲之目獨盛於明，浙東明經取高第者以邵氏爲最。邵氏文章勳節不甚傳而吏多清白，子孫慎守經術，以儉爲師，雖累世貴宦而族無富室，此其家風之可稱述者也。徵遡闕遠，自仁率親，起禰、祖、曾、高，逆數五世自海州公，作《五世行略》。

海州公諱遠，更諱甄，字世昭，號鑒水。父曰東野公德聰，東野公父曰寅八公文誼，寅八公父曰奎六公珷。溯珷始奉化公七世：奉化公氏亞六生昌一公浩棠，浩棠生道一公德懋，德懋生宗一公宗周，宗周生福一公復生，復生生傳二公悌思。悌思四子：伯珍，仲珉，叔珷，季珂。珉生文達，文達生德容、德久，並登科第。德容任刑部主事，德久知邵武府。德久子陛官刑部左侍郎。而珷之後三世海州公，始以嘉靖壬子舉孝廉，由汝寧、光州、固始縣知縣陞知海州，卒於官。

海州公之學出兄芑泉公。芑泉公諱培，字世德。以《禮記》爲經生師。江以南言《禮記》者推餘姚邵氏，而芑泉公經義傾縣。自汪南溟道昆輩皆千里脩贄。門人用其業起家十數，顧獨芑泉公不得第。海州公與南溟同齒，師事芑泉公，不以家人母弟假借師弟禮。既登賢書，講業金陵、廣陵間，奇氣素豪。八上公車不利，益縱詩酒，任俠天放。南溟見而規之，遂斂息，博覽典故，習通政事。

萬曆二年，南溟佐邦政，公猶試南宮，勸公就選，得固始。淮西之俗，民性鷙悍。公莅政，威惠兼著。在縣七年，境無奸盜，百廢修舉。稍遷海州，太息曰：『吾將以儒術興，業勤而功半，儒術猶夫人也；吾將以吏治興，事勤而功半，吏治猶夫人也。安吾義命，奈之何哉！』州城壞，吏白圈牛取土，公曰：『不可。是奪民耕也。』捐俸市牛，使贖鍰更受版築。會饑，饑民群就築食。不踰月，城完，全活復萬人。故令歲運必由海入河，患盜出沒。又有牧馬，累潦則牧場盡萑葦，異産輒死。公創折馬價輸太僕，糧價輸户部。更開水利，業民屯種，多儲常平積穀。諸興除參用古法，人以爲便。再越歲，方有成緒而公卒，時十年七月七日。州人哀思之。

侍郎陞狀公：儒則閎儒，吏則循吏，而行己本孝友。丁外艱，家人計出後叔氏可應試，公頓足曰：『誰非人子，而作此語！』芑泉公死杭州，自金陵來奔，時倭人内犯，沿道充塞，兼程徑進無所避。育三孤若己子，人言質行似齊魯諸儒。此其較著者也。

公没七年，仲子靖州公舉應天。又三年，請南溟爲墓誌，葬縣東北十里柳家山。配孺人項，恭儉淳德，後公十年卒。五子：長欽訓，次靖州公，項孺人出；次欽詔、欽試、欽調，金孺人出。

靖州公諱欽論，更諱伯棠，字克良，號廓原。高才睿思，默通大意，爲文砉然冰解。海州公任固始，出《禮記》一編留授曰：『經學之傳當在汝。』由是宗黨間知名。萬曆十六年，舉應天，五上計偕，不第。三十二年，始就安肅教諭。越七年，陞國子助教。明年，出知靖州。又三年而罷官。

性薄世資，善處豐約之際。其在安肅常乏食，遺家人書曰：『吾今啜小米粥，有餘飽；被疏布衣，有餘温；迎送棲止，有餘適。真見人生事事分定，無入而不自得，方爲居易俟命之君子也。』三十五年復應公車徵，卷屬同縣都諫廉厓陳公房，既雋，以避形嫌割去。陳素嚴介，同試咸爲嘆惜，公殊不攖情。助教北雍，同官或歲滿當遷，代之出外，乃得靖州。

州交貴州、廣西界，民瑶錯居，不可純以禮義法度制説。公屏去察政，專用清静，緩税均徭，弛禁蠲贖，羈獷皆樂業。治無能名，巡按御史廉其蹟，將上最，而公雅闊彌縫，有譖者，遂落職。洒然曰：『吾故不諧俗，於一官何有？將歸隱玉田之莊老焉。』玉田莊者，海州公所置，其田延袤八十頃，直窩洛沽。海州公没，嘗挈家耕玉田八年。

及解靖州，徑往玉田，不之家。益種秫麥，且屯且牧，穿池養魚，以自周贍。

晚好《老子》，閉精藏息。又知天下將亂，欲令諸子分處南北，冀圖遺種。四十七年，年六十四，竟終玉田。遺令：『勿作佛事、請銘狀，便埋北方，延陵季子、梁伯鸞事可法也。』諸子終不忍，奉喪還南，葬慈谿二十都龍山。

元配宜人楊生三子：洪慶、洪褎、洪化。繼配宜人諸，生一子洪襄。並稱孝弟恭讓長者。采聞之宗黨曰，公少時，走馬宗中道上，猝遇宗老，不及下。旁無賴輒假宗老意，手擊公，公端立謝父兄教。感奮力學，讀漢疏《禮》《書》，常至夜分。一老持鬻羹漿飯夜詣讀所餉，曰：『無廢先業，聊用相問。』拜飲，盡歡去。生平禮數安簡，不修苛節。几窗明，暇與知交薄飲清談。友孝篤誠，不以俗情。長幼倫次，離隔恩愛，家事禀受伯兄。母孺人積歲病攣，抑搔扶持，靡有衰倦，竟享年七十二。又樂施務義，人有請乞，略無難色。嘗言：『吾力有限而心無窮。』其天性仁恕明達，類然也。兩任教職，一試遠州，恥爲俗吏，唯勤治稼穡，託於非力不食之義。遺書諸子：『三載守靖，未嘗輕擬一辟，念留不盡以遺汝曹。勉之！』孫少保鏜稱：『公用世有本，處家有紀，寡欲自足，生死失得之際，絶塵而奔。天下人才如公湮廢者，當復不少，幸備員公卿，司用人權，以此爲恨。』陳太宰有年亦雅相禮敬云。

易庵公諱洪化，字品生，靖州公第三子也。九歲從之玉田，習樂北方，性行慷慨。靖州公奇愛之，以爲類己，遂與玉田莊田，勸令務學，曰：『幸登第，則出若田供王父祀事。』萬曆三十六年夏，上府應學使試，大雨，試廠皆飛。感疾，尋卒，時年二十四。知交無不悼惋者。

配孺人翁氏亦二十四，任身方七月，躃踴決身殉，曰：『吾惟之，節弗如烈久矣。况舅姑在北，弱寡婦何恃能守？』宗老殿鳴公使告之曰：『歸烈婦，無子死可也。新婦見有身，關嗣續。至期生非子，死不後。』至期，生魯公公，乃不死。魯公公幼多病，百端調護。伯仲念其寡孤，令無均值宗祠，則執議曰：『先夫固有子，不可。』霞標管先生，孺人祖尚書見海公外孫也。有學德，禮之於塾，教孤飲食、言語、居止悉規視先生。以故魯公公少成而莊，德性深厚，弱冠即具儒者家法。顧孺人亦多病，魯公公方藥周篤，旁及醫學。稍起復病，病劇輒愈，亦若有鬼神陰相之。竟至六十七歲而卒。卒之歲，孺人有曾孫四年矣。

明農黄先生葆素謚之曰『貞懿』，而拙修史先生孝咸志其墓。

明農謂：『邵母一日之年，皆其子一日之所留。不然，將以烈聞，不以貞聞已。忠孝節義不同，同歸於善。善者，人之長而世之師也，能邁越世數而特立，不爲流俗汙世所沈没。倘以光遠而彌有耀，其未可知而可知之者也。

拙修謂：『烈者一朝，貞者終身。下宫無程，趙孤誰存？千鈞之系，一髮之微。考績要歸，公孫則易。』

會稽吾隱子謝無可孔淵，以鄒汝功持狀爲傳，則曰：『孺人撫教其孤以不負其夫，四十餘年如一日，誠賢有才者。今日士大夫棄故君脱屣，或死而無救禍敗，視孺人踔厲風發，完孤全節，寧不定傾持運烈丈夫也哉？』陳孝廉祖則傳曰：『邵氏之黨，群稱孺人禀性剛棱，忠亮明著，推天誠以待人。或挾詐來，則矜憐曰：「當非本心，出不得已耳。」遇僕婢爲小偷，輒先引避，恐驚之。追遠奉先，時久愈殷。忌辰月正，面靖州公及楊宜人像而嗚哀焉。諸宜人病，叩神乞身代。殿鳴公配張氏，同齒，奉之如姑，曰：「吾不逮事先姑，敢忘先姑之姒乎？」自稱未亡，斷葷長齋，念《楞嚴》「究竟堅固」四字，未嘗近精廬女冠也。時召尋夫宗賢節，窮無歸告，均給衣食，風示閨範焉。』

魯公公諱邦琳，字林玉，更諱曾可，字子唯，號魯公。傷易庵公之既没而始生也，每展墓悲嗚，攀樹號曰：『靈何往乎？』哀動行路。

事翁孺人，作嬰兒啼笑以娱樂焉。用母意周惠三黨，賑遺饑困，没身不廢。一姊早寡，奉如奉母。配孺人孫氏亦時時迎姊所欲，以順適姑意。姊歸寧，好談説古今閨範異烈事，旁及内典，常夜向午。孫孺人共伏持聽，雖甚倦，不敢先即寢。其家法如此。

孫孺人來歸，年十三〔二〕。明年，姑病，衣不解帶、不入私室者竟兩歲。姑性喜與邵宗嫠媪相對飲食，爲設牀褥延致，燕坐常數人。每歲穀登，有所施散，一唯姑命從聽。事太姑諸宜人恩孝隆至，太姑喜，姑亦喜，曰：『吾兒後不衰矣。』然公終不以内賢明咨預家政。

其學出沈、管、史三先生，故牀笫之際無私言，出語朋友無隱情。伯叔兄弟推多均少之外，無餘財。及南都多故，從沈、史兩師避隱三溪石浪。出，與世父積之公賣田積穀，以供軍興。既而浙東潰，奉翁孺人入居甘溪山中，事寧返家。翁孺人後六年終，公於是感慨歔欷，謂二子曰：『吾生而無父，四十餘年，微吾母，豈至今日？不圖經遇家國之變，視息此世，又何求哉！承吾志者，古今寬廣，可自得師，勿徒作沾沾舉業爲也。』

公卒，在順治十五年，年五十一。同人祭以文，稱其『不服闇，不登危，如臨如履，守身爲大。人無長幼，罔敢或慢；事無大小，罔或弗虔』。至於好學之篤，前無所承，皭然不摇流俗訾議，尤難及云。

鶴問公諱貞顯，字立夫，魯公公長子也。少讀書姚江書院，師友皆宿學名德長者，講求古嘉言懿行、忠孝大節。公輒向往，神志超上，日益詣進，諸老先生咸器之。乙酉元年，始冠，有《哭劉忠正公百韻》，遂絶舉場，一意爲古詩文。詩祖空同、信陽，文祖鹿門、震川，尤好王晉江。爲人直義，效忠敦質，務存大體。屏去機利之事，唯篤孝行，奉母孫孺人，先意承慈。弟欲異居，不忍割炊，每對嗚咽。既弗能止，終不及財産腴瘠多寡。嘗謂廷采曰：『孝，吾家本也。利不可近，近利則商賈心。世家降爲氓隷，其故在此。吾猶及崇禎時，士人重廉恥，羞諱争細，今三歲童子知務侵牟，若等必以爲戒。』

幼患胃疾，體貌枯侵，須髮先白。康熙九年，年四十五而卒。臨没，執廷采手曰：『先人經學不可廢。吾遭亂離，舊業未卒，所録宋明諸儒、王文成書，魯公先生遺教，行業具矣。餘先正古文、《詩》《左》《國》《史記》評節、月峰《今文選》等抄，出自吾意，雖亦學之支流，要當存之，毋用覆瓿。若更自求向上，非吾所及也。』廷采涕泣，跪牀下拜受。

元配陳氏，舉廷采；繼配章氏，舉行正。廷采六月失恃，及長，弗能狀母之形容也。哭而問諸父，父謂之曰：『汝母奉姑孝。鷄初鳴，盥沐立寢門外，敬問安否；日中視膳如之；昏定又如之。其容笑言面，無以出於中人；而温恭淑順之氣，承舅姑而宜室家者，竊以爲雖古賢哲，不必過也。』

大母則告釆曰：『丙戌夏，西陵失守，吾家避兵山中。翁孺人匍匐，吾與汝母兩掖之以行。抵一舍，始得肩輿，吾二人徒從。道遇親戚輒面之哭，不能止。三日，乃達蔣岙。盗晝剽掠，時顛連流寓，困躓萬狀，能不失婦姑内外之禮。吾以是知汝母之賢也。然遂用憊病，致隕其孕。又二年生汝，轉劇。汝之所以不克育乃兄與依乃母，則職丙戌之由。』又曰：『汝母之彌留也，瞪目視我者三，曰：「新婦不能事姑矣！」欲絶，已凝眸，還顧若有所囑。余意領，召保母立汝於前，翹首曰：「以累姑。」言終而卒，年二十一耳。吾之撫爾以至於今未有成，則汝母之哀不忍没也。汝繼母之歸，汝甫三歲。繼母之奉吾如汝母，其撫汝也如吾。及汝弟舉，而汝父之愛汝不衰。服食居處雖出自吾，汝常得豐。汝母亦曰：「吾子何敢與陳氏姊子比！」家人翕然賢之。汝繼母之亡，亦止二十七歲。汝時十一歲，汝弟三歲耳。汝當已有知識，或能憶之；汝弟不復憶也。』於乎！二母之行事彷彿，得於大母之告廷釆者如此。

自廷釆生六月，而先母陳孺人卒。越三年，先君繼受室於章。又八年，章孺人卒。卒之明日，先祖魯公府君卒。又明日，啓殯祖載，致楹於舅。又八年，行正以痘殤。又四年，先君告終。自先君之亡至於今年甲子又十五年，而大母孫孺人卒。祖父母、父母、兄弟無一人在者。

大母之亡，撫柩躃踴，形影單孑，回念二人，手澤猶新。曼卿之喪未歸，瀧岡之阡難表。日月如馳，冉冉將暮。傷如之何！痻痳無爲，斯以知談性命爲虚誕，而慕功名爲夸誕。大本不立，志節奚伸？故《蓼莪》有鮮民之痛，《小宛》抱所生之恨。以古況今，其悲殆一。恐後生無聞，故略叙先人行事，著其内痛之自，具於篇。

朱約傳曰：合觀後篇，家學世德略具。無休董先生評云：『非徒温雅，乃别見孝弟之性。』誠然。

劉序思曰：第五章一手注寫，血淚從腕中迸出，真不讓《瀧岡阡表》。

五世行略下

易庵公同母兄二人：庠賓公、文學公。後母弟一人：孝廉公。

庠賓公諱洪慶，字積之。志存仁儉，約己利物。靖州公、楊宜人之玉田，公與仲弟褒守家，偕妻顧入四明山。結廬石洞，力耕積穀，手植竹果，數年成林。既有儲蓄，特置高、曾以下祀田，三黨鰥寡獨孤、喪婚嫁讀皆有助。先世舊業則頗推諸叔從弟，曰：『吾父意本爾。』又善於勸勞，歲出陳贍耕人，感其至誠，咸不欺負。軍興徵發，率先急義。上自有司，下及田父樵牧，皆道其賢。順治十一年，年八十一，卒。子邦梓、邦華、邦泰並先没，有繼孫三治喪。

文學公諱洪褒，字迓衡。承伯兄意，撫孤姪有恩。後母宜人諸從玉田歸，齒少於公十餘歲，公與伯兄蒲伏拜謁，歲時伏臘、慶賀宴享皆拜，宜人坐而受之，見者以爲難。季弟襄初年奢麗，近狎客，公順母志，勿苦禁。宜人卒，襄在京師。公親視其筐篋，就加封識，一無所取，俟襄歸完付。其資性恭愛如此。崇禎十年，年六十三，卒。配陳，端毅守禮，生三子：邦鑒、超群、兆昌。

孝廉公諱洪襄，字六佐。九歲而孤。才性旁溢，諸度曲、鐫金石、投壺、調琴，彌不精工。已就婚李氏於玉田，常往來京師，益遘亂離，嘗悉情僞，畢改少時浮華之習。遺魯公公書曰：『今東西用兵，當枕戈待旦，以效同仇。君父猶從事帖括[二]，非男子也。』又書曰：『北方洊饑，三餉並斂，天下事可知。』至甲申國變，如公言。順治三年，舉順天鄉試。未幾卒，葬玉田。十六年，從弟洪庚官濟寧同知，迎李氏至濟寧。一子，尋卒，無嗣。附靖州公祠祭。

邵氏海州公之宗，皆重廉恥，謹取與然諾，有萬石醇厚家風，而從事講學則自魯公公始。翁孺人禮聘霞標管先生，因引見求如沈先生，子虛、子復二史先生，爲發濂、洛、關、建、姚江諸子之學。由是志識開廣，操詣日新。族人嘉孺人貞德，咸曰：『易庵公宜有後。後之嗣者，能每事不忘孺人與魯公公，毋致蹉跌，使宗族鄉黨間稱孝稱弟，則何必通籍乃爲立身行道哉！』

采六月失恃，育於大母孫孺人，十易保母乃得乳。比長，教之甚嚴，故不識俗語及詈人。十三四時曾一蹴鞠，孺人召之泣曰：『若祖父能薄，不任蹴鞠，若今才過祖父矣。』采頓首出血謝。

孺人五世祖爲忠烈公燧，高祖文恪公陞，曾祖宗伯公鋌。父文學君應楫，字維舟，鞏昌同知，如泟仲子也。少警慧，能悉其家世，嘗舉以教子及孫曰：『孫氏立朝大節，吾婦人也，何能言！然吾嘗習孫氏之家法矣，吾曾祖與伯兄清簡公，韓出也；太僕卿、大司馬，楊出也。楊夫人率其二子受經業於二兄，稱弟子。二兄之奉後母也，朝夕立寢門外，定省拜跪，出反必告而如禮。楊夫人朝後宮，皇后及妃主以下，咸欽女範取則焉。自吾歸汝家，見吾姑翁孺人之教亦然，吾僅能守此以無忘遺訓也。采乎！立身貴早，要於孝；喜怒必以類，要於和且平。留意保身，以承先祀，勖哉！』

孺人性明肅，夫婦居室，相對如畏友。期功以內，無不嚴服。細及女紅、中饋之事，嘉旨精妙，人人自以爲不如。初於歸，即以孝聞。大父止一女兄，歸孫公應奎之曾孫藉洵，親敬亞於事姑。子字其子，爲之聘婦。采妻父龔公，邵出，從甥也，待之如孫氏甥。故龔公指廷采而言曰：『舅母賢而惠我，而教孫也有義方。是兒率謹，必能成立。』甫六歲，即以女字焉〔四〕。龔氏亡，遺一女，又撫之。采贅陶氏於會稽，不能歸，念之至没。丁卯秋，陶氏歸，孺人亡四年。痛先人之不逮事，而家法無所稟式也，乃垂淚而書其概。

先君奉大父教甚謹，晨夕動定，每事禀承。嘗泣謂孤采曰：『吾父訓子嚴。若汝父之訓汝，不逮遠矣。吾嘗自愧不盡子道，今視汝之事吾，又不逮吾事吾父也。顧吾家世以孝謹相遺，汝父德薄，汝宜效汝祖，勿效汝父。』塾課首重經義，曰：『此起家之本。當念先人九原相待，無泛迂稽誤時日。若立身揚名，光大前業，更有進於此者。』每閲大父書，嘆曰：『汝質本厚，可與向學。惜汝祖早世，所以至此。』又謂：『汝近日非不能作道學語，止欠一誠字耳。』采或稱説偶當，喜曰：『吾亦知汝持論頗正，但踐履不可不實。』

從先君出旱門觀潮，僕婦自江北渡南岸，舟蕩婦懼，采援之上。先君怒曰：『雖僕婦，固女子也，而執其手以登乎？』

陳執齋先生，先君執友也。與兄柳津、弟友上、秋湄在石門唱和，友上云：『某出制義，質尊公委備分別，封識完固擲還。竟二年，無偶泄者。於此服尊公厚德，而知其他立心待物，無不然也。』執齋亦嘆息先君忠厚：『爾不及尊公多矣。』自惟輕薄，悼喪生平，泫然書之。

外祖陳蜀庵先生與兄儀一先生性行忠孝。每宴集，説崇禎甲申事，輒俯首，淚岑岑下，一坐爲罷酒。朔望詣家廟，申飭宗法，舉子弟非孝者罪。祭祀，齊衰行禮，終身不改故時衣冠。兄弟燕見，蜀庵先生必拱手侍，命之坐乃坐。或遭督過，則斂容立聽。父丹治公，川撫省齋公曾孫也。仕通判，歸舊廬，纔蔽風雨衣而已，唯藏書數簏以教子孫。采過母家，時時見儀一先生親手讎校，嘆息曰：『先世自松潘以來所遺盡是。今老矣，遭世亂離，以耕代食，又擁此書，不爲不足矣。但未知子孫能明吾志否耳。』言已，又輒泣。蜀庵先生先卒，無子。儀一先生命其子養叔母終年，即采外祖母也。外祖母諸葛氏，上虞人。

采少年失爲人兄之理。正弟三歲喪母，半依外祖母於甘谿。七八歲時即令獨宿，老僕王五妻爲持被周蓋乃去。然早識孝弟，爲道母氏，輒慘然變色。余失意，私過越城，弟遍走兩城求余。暮歸，告叔母曰：『阿兄出門未嘗持金，此時不知泊何所矣！』因泣下。稍長，曉世務。從甘谿來，泣謂余：『舅氏怒我，嘗持鐵椎椎我，以我他姓子也。』余持之而泣。弟没，先君自石門歸，責采：『爾弟將死而爾不知，是爾性不至也。』因述：『蜀漢車騎將軍張飛爲帳下所殺，持其首奔吴。帝聞飛營都督有表，即頓足曰：「噫，飛死矣！」古人天性篤至，誠自生明。今爾不知爾弟之死，必平生孝友之意衰也。』采無詞以對。後有兄弟者當以我爲戒。

零零碎碎，有類雜俎。而詞氣温淳，真覺言不盡意，使人不能急讀。弟元榮識。

祖姑孫孺人傳略 癸未

表叔孫畹仙先生奉其母祖姑孺人之行實，而命采爲傳。越十年，掩關於語溪沈氏之南雅堂，出而卒讀，泫然曰：『忘此，是忘余先祖也。』

孺人姓邵氏，曾王父易庵公女，貞懿翁太君出。太君年二十四而寡，孺人方三歲。又三月而王父魯公先生生。孺人幼閑貞淑，及長，歸孫公縱葦，親黨咸嘆息曰：『庶見禮宗繄太君賴。』孫氏自蒙泉都御史以來，家世饒盛。孺人侍兒盈十，顧事其姑太君，奉匜沃膳，不以藉手。罄躬承睫，弗敢遂專。尋而姑没，夫亦傷逝。孺人時年三十，與伯姒各撫一孤，恪持門户，内外罔有間言。其教孤不忍叱笞，有不率則潸焉淚下，不語終日。孤瘖跪謝，乃復飲食。洎兩孤婚娶各畢，始就分異，諭其孤曰：『慎無懷私小傷大本，自求成立。』故田取磽者，廬敝者，僮癃者，器窳朽者，薛包故事在，汝則也。』學於佛，識《華嚴》《壇經》之秘。自孫公亡後，洗粧疏布，没齒素食。曰：『未亡人宣爾，敢踰儒家女誡乎！』子婦姜亦賢孝，克盡色養，閨閤之内不聞聲語，以故孺人於家事一無所問。卒於康熙十八年二月十日，年七十四。垂革，悉屏醫藥，曰：『吾得正命，安以草木之滋爲哉！』但起薰盥，端坐而逝。

二子：長先棻，即畹仙；次先棐，媵出。棻三子，並早世。棐二子。采叔母孫，祖姑女也。漸母教，事大母孫孺人禮孝恭謹，俞諾、進退、定省、操作舉以法。嗚呼，繼之者難矣。

叔父天章先生曰：節孝相傳，家法具備，可入《小學》外篇。人家後生知得如此一二分，方能受益。

擬曾祖母翁太君入紹興府志貞節傳

明餘姚邵洪化妻翁氏，南京兵部尚書翁大立孫女也。年二十四而寡，孝事後姑，撫孤成立。一日病篤，遺男曾可與婦孫氏同日封臂。宗黨咸謂『節孝萃一門』云。

擬外母王太孺人入紹興府志貞節傳

清會稽王氏，庠生陶儒彦妻，明節婦吴氏兒婦也。年二十九夫殁，無子，氏欲以身殉，其姑勸止。奉姑曲盡孝敬，甘貧苦節六十年，壽八十有八。人羡『一門雙貞』云。

丁母章太孺人傳 壬午

余與丁子淇園若蘭忘齒交，閲四年，得聞其大母太孺人之行節，而屬余爲傳。

太孺人姓章氏，會稽道墟里人。幼有亮志，叔父午垣公奇愛之，請於父爾範公而子畜之。許字於丁，未歸。及午垣公爲天津遊擊將軍，迎婿昏焉。

丁君幼孤宿疾，太孺人娠三月而君病不起，毁不欲生。公强劫之曰：『爾欲斬丁後邪？姑忍死待。』其年九月，嗣君生，太孺人乃不死。

公改職令歷城，從之官。崇禎十七年，流寇圍歷城，城將陷。嗣君方三歲，太孺人度不免，乃紉兒所著內衣，納以金錢、乾糒，教之姓名、父母、年歲、里居，令成誦，曰：『記此，告免爾者。』頃之庭中驚亂，太孺人挾嗣君走，前至井，顧泣曰：『母死，此兒自免。』嗣君方牽衣號，有老人急呼曰：『無爲徒死，賊退久矣！』賊果退，不死。時猶未解嚴，乃率僮婦求得廄後枯井，更鑿爲閟匿計。賊進攻城下，匿井中三日夜。糧盡，嗣君啼饑聲徹聞，益惶急。已而賊竟去。章皇帝定鼎京師，南下三齊，公去官歸市廛，僕御散走。山東連歲饑，人相食，米石錢萬。太孺人食糠覈竟十餘年，傭針黹養父母及嗣君。率漏四鼓，猶事刀尺，十指血殷。

比嗣君從師文藝成，能走京師，乃迎太孺人就養，太孺人於是有衣食矣。公夫妻流寓山東，月致米肉，千里餉之，迄於其亡，恩孝不怠。嘗謂子孫曰：『本歸丁氏，無家，依父母居。夫子早即世，中更亂危。吾之餘年有子及孫，念不到此。宗人在南，當不知乃公有後。若等幸思我苦辛，追昔先人。』

壽七十三，康熙二十八年終於天津。以嗣君當受官，例贈爲太孺人。嗣君尋亦亡。越四年而孫若蘭遵其父遺令，負遺書，返會稽。娶於郡城，因遂家焉。若蘭泣而告其宗人曰：『太孺人始有家也。』

贊曰：余曾祖母翁太君，尚書公大立孫，歸曾祖易庵先生。娠三月而先生終，忍百死以立邵孤，延及於今四世矣。幾得以如綫不絶，太君澤也。今淇園所載太孺人事，一何相類！太孺人不即死，以二老待養，幼孤待長。卒幸違險阻、就安和，非天主之，人主之矣。范氏《後漢書》存孝女三，其已嫁者，犍爲叔先雄，酒泉龐娥，餘並以節烈聞。自有父子夫婦以來，此義也未之改也，於太孺人何異。以淇園爲人純質，不苟阿好，是以信而登之。夫匹夫之紀述與朝廷之表閭封墓，權義均也。余文附太孺人以傳，其兩不朽矣哉！

每用淡筆着意，是先生長技。贊語自占極高，使人知立言之不苟，小儒望而咋舌。陶德纛識。

劉雍言配王孺人傳 壬午

山陰劉雍言配王孺人者，陝西榆林人也。榆林勇義甲天下，而王氏世爲總戎。孺人父官介休令，而雍言父知陽曲，兩家比郡寅好，因結婚焉。

歸時年十七，識古今孝烈事。善女紅，奉姑章手竭針凿，曰：『此何足展婦職，盡我敬心耳。』姑於諸婦中加愛曰：『是識度類我，必興我宗。』顧謙厚，未嘗以賢智先伯叔姒，尤不喜聞人過。有道長短於前者，正色辭之，乃至竟日兀對無一言。化行閨闈，下迄僮御，靡不雝肅。又勇於施義。夫之知友假貸與貧不舉殮葬者，輒勸賙之。獨不佞老、佛之徒，以爲錢財當用之窮急，何事空奉巫祝。又才性高秀，中饋餘暇，手談清茗，超然有遺出塵俗意。謂富貴、貧賤、妖壽一切若駒過隙，惟士厲學，女厲行，乃人生實事。

念尊章在都，勸夫寧親，曰：『立身須早。況數千里外，省定久缺，何心懷安？』以故雍言北行而孺人病卒於家，不及視含襚。前數日，豫知死期，力疾起謝姑，上環瑱管鑰，以不得終婦道爲罪。見者皆泣下，孺人容色自若。宗黨咸嘆異焉。二子：均、堪。

論曰：古之傳列女不專一操，或以節表，或以才揚。苟取之不慎，則載筆者爲後世嗤矣。然《雞鳴》士女名逸，而其詩猶列之《國風》，況姓氏之章章者與！夫家之思賢妻與國之思良相，感於事後則益愴以深，昔人所以多悼亡之作也。余之傳王孺人以此。

呂遠思曰：敘閨閣略無脂粉氣，酷似范蔚宗史筆。

書會稽宋陵始末

元以西僧楊連真伽有軍功，命總統江南釋教，遂播惡江浙，與丞相桑哥表裏爲奸。至元二十一年甲申，使僧嗣占妙高上言，請毀宋會稽諸陵。明年乙酉正月，桑哥矯制可其奏，於是盡發陵之在紹興者，及大臣冢墓凡一百一所，將裒陵骨，築浮屠於杭。故宋將作監簿山陰王英孫，出家財，具羊豕，使客唐珏、林景熙、鄭宗仁等以己意召會豪少，謂之曰：『吾輩皆宋人，不忍陵蜕之暴露，當取他骨易歸。此千載惋痛事，書儒不足謀，非君等義烈士不可。』衆感諾，遂分路入山，夜收遺骨，葬蘭亭山天章寺，植冬青樹爲識。惟理宗頭不得，先爲真伽取去，截其頂爲飲器矣。後數日，真伽取散骨渡江，即宋故宫築白塔，雜牛馬枯骼共穴，名曰『鎮南』。杭人悲咽，不忍仰視。其後塔三經雷震，焚其金裹瓠壺。蓋諸人易骨時倉皇，零佚有仍入塔中者，所以能動天若此。

二十五年，從桑哥、真伽奏，毁宋故宫殿、郊壇、太廟，悉爲佛寺。又患宋宗室居江南者百姓敬憐，欲徙之京師，既而不果。二十八年，桑哥敗，真伽下獄，籍其家。飲器遂入於官，以賜帝師。尋出真伽，還所籍。三十年，復用其子暗普江浙行省左丞。已聞江南民怨真伽不已，罷之。

及順帝至正十九年，張士誠弟士信守杭，壞白塔甃結砌，又井甓。城。二十八年，元亡，距發陵八十二年矣。

明洪武元年戊申，正月戊午，皇帝御劄丞相韓國公李善長，遣工部主事谷秉義移北平大都督府及守臣吴勉，索飲器於西僧汝納，以理宗頂骨來獻。詔付應天府守臣夏思忠，瘞諸鳳臺門高座寺之西北。明年己酉，六月庚辰，上覽浙江行省進《宋諸陵圖》，遂命啓瘞南歸，藏諸舊陵。護葬者禮部尚書崔亮，紹興府知府張士敏勒碑記年月。其後越人好義者立雙義祠於會稽縣學名宦祠之左，祀唐、林二公。嘉靖二十六年，知縣南充張鑒更建祠陵旁，歲祀六陵，以次及祠，與陵相從。

四十年，彭山先生季本言：『謝翱、唐珏、林景熙、鄭宗仁皆王英孫客，王氏故宋勳戚胄，富而好施，收骨之事實始倡謀。不然，唐一寒士而鄭、林、謝遠客僑人，安能動捐不貲以圖成哉？又元、明之際，張丁、趙子常皆以瘞骨歸英孫。丁之説得於傅藻，傅藻得於其師黄文獻溍，而子常《跋冬青引》云：「注中言是王修竹。此大奇事，非季布、劇孟之徒不能辦。」《霽山集》中有鄭樸翁。而楊維楨云：「翱有陰移冥轉之功。」則此數人，其功一體。今攢陵專祀唐、林而不及謝、王、鄭，亦司風教者闕典也。』季本字明德，陽明門人，世或稱長沙公。其爲此論定於晚年，宜可據云。

楊連真伽發陵事，首禍於杭天長寺僧聞。天長者，故魏憲靖王墓寺也。聞阿真伽，以寺獻，旋發王冢，多得金玉，因遂思發會稽攢宫。演福寺僧澤力贊之，授意會稽泰寧寺僧宗允、宗愷，使控楊侍郎、汪安撫侵寺地。乙酉八月，發寧宗、理宗、度宗及楊后四陵，取其寶器。理宗永穆陵藏尤多，啓棺，有白氣亘天。穆陵面如生，藉以錦，下承竹絲金織細簟，擲地有聲。或言含珠有夜明，遂倒懸其屍於樹，瀝取水銀，凡三日夜。竟失其首。或云西番回回以得帝王髑髏可厭勝，故盗去。先發時，有中官陵使羅銑者抗争，澤痛箠，脅以刃，擁而逐之。銑力不勝，猶據地大哭。事竟，製棺衣殮，慟絶，路旁人相向哀。是夕，四山皆有哭聲，如是旬餘。

十一月，又發徽高孝光四帝、孟韋邢吴謝五后陵。徽陵無一物；高骨髮俱化，餘端硯一；孝陵存頂骨片餘及玉瓶爐、古銅鬲，音力，曲足鼎。皆爲澤所取；光宗與諸后儼若生存。銑並棺斂火化。陵中金錢累萬，爲尸氣所蝕，如敗銅。諸凶棄不取，多爲村民所得，有得猫睛、金剛石異寶者。一翁從孟后陵得碧髻，長六尺，貫金釵，虔祠之佛堂。已而得金錢家非死即病，翁恐，亟送龍洞中，後爲富人。

徽之返櫬也，君臣咸意其非真。入境，即承以椁，納衮冕翬衣焉，不改殮，故壙中空無有。金世宗葬欽宗於鞏、洛之原，宋固未嘗求之也。有以徽、欽並言者，誤以邢后陵爲欽耳。方移穆陵屍時，澤在旁，以足蹴其首，示無畏。足輒爛數年，墮指死。聞得志驕蕩，多奪人田，後爲怨家圍而屠之道間。宗愷與真伽分財不平，杖死。惟宗允以財豪一方，越人怨之刺骨。

案曰：宋陵之發，傳聞異辭。周密，齊人也，號草窗。仕於宋，宋亡不出。所居杭癸辛巷，有《癸辛雜識》。云：『楊髡發陵，在乙酉至元二十二年之八月及十一月。』陶九成，台臨海人也，名宗儀。仕於元，退耕吴門。有《輟耕録》紀元事，終於集慶兵起。書成次年，洪武建元。其紀發陵，則在至元戊寅。密見之親而宗儀聞之悉，猶異同若此。然後人多據謝翺詩，以戊寅爲正。商文毅等修《續綱目》因之，是知翺之可據而不知密之亦可據也。

翺詩「種年星在尾」，或別有說，不可臆推。但戊寅爲元至元十五年，實宋祥興元年，少主昺猶蹕厓山，東西蠭起之衆所在皆是。以元君臣之鷙謀沈力，寧不慮人心動摇，而驟爲此幽慘，代施田單反間計耶？抑文山被拘入燕，沿道悲吟，詎漠不聞斯禍，而無一語痛及？獨霽山詩：「猶記去年寒食日，天家一騎捧香來。」似爲杭亡次年事。然題本曰夢中，亦未可指實「去年」二字爲案也。

說者又謂：「丙子元兵下江南，至乙酉將十載。版圖已定，法令已明，安得有此？惟戊寅距丙子纔二年，庶事草創，西僧或得乘間以行其惡。」斯言何已恕而不達情理之甚耶！夫元悉毁宋宮廟郊壇，欲遷其宗室，何恤於陵？元時稗史避諱，至宋景濂始發其事於乙酉。丘文莊更昌言之云：「真伽之罪雖不容誅，然世祖因其奏請而從，則是以帝王而樊崇、温韜行也。」於乎！劉向封事深陳山陵之戒，向没未三十年，而其言遂驗。班固傳楊王孫，獨載裸葬一事，彼親有見於赤眉之禍，若向之先識，其不可及乎？理宗之末，鄰强境蹙，亡形成矣，而藏尤厚。蓋以度宗之庸愚，而内主之以謝后，外輔之以似道，忍令君父之首至於倒垂而飲器終也。明祖御世，首命北平西僧歸理宗頂骨，遣大臣護瘞故陵。然後宋帝泉壤之冤得以雪，而義士忠憤之氣亦藉以伸，豈直禮葬福壽、廟祀余闕比哉！於乎！後之有天下者，行事之得失可無鑒於兹？

書思陵始末

武進邵蘅文集有《書趙一桂事》。趙一桂者，不知其邑里。崇禎甲申三月，以省祭官署昌平州吏目，營葬思陵。事竣，列其狀申州，略曰：

職於三月二十五日奉順天府僞官李檄，昌平州官吏即動帑銀，雇夫穿田妃壙，葬崇禎帝及周后梓宫。四月初三日發引，初四日下窆。時會州庫如洗，又葬日促，監葬官僞禮政主事許作梅束手無策。職與義士孫繁祉、劉汝樸等十人，斂錢三百四十千，僦夫穿故妃壙。方中羡道長十三丈五尺，廣一丈，深三丈五尺。督工四晝夜，至初四日寅時羡道開通，始見壙宫石門，工匠以拐丁鑰匙啓門入。享殿三間，陳祭器，設石案一，懸萬年燈二，旁列紅紫錦綺，繒幣五色具。左右列侍宫嬪，生存所用器物、衣奩皆貯以木笥。左旁石牀一，牀上疊氍毹、五采龍鳳衾褥、龍枕。又啓中羡門，内大殿九間，正中石牀，高一尺五寸，闊一丈，陳設衾褥如前殿，田妃棺槨厝其上。

其日申時，先帝梓宫至陵，停蘆棚，陳豬羊、金銀、紙錁、祭器。率衆伏謁，哭盡哀。奉梓宫下，職躬領夫役，奉移田妃柩於石牀右，次奉周皇后梓宫石牀左，然後奉安先帝梓宫。

田妃棺槨如制。職見先帝有棺無槨，遂以田妃槨用之。梓宫前各設香案、祭器。職手然萬年燈，度不滅。久之事畢，掩中羨，閉外羨門，復土與地平。初六日，又率諸人祭奠，號哭震天者移時，呼集西山口居民百餘人畚土起冢，又築冢墻，高五尺有奇。

本朝定鼎，敕建陵殿三間，繚以周垣，使故主陵寢不侵樵牧，雖三代開國無以加。竊計一時斂錢諸人，皆屬義士。孫繁祉，諸生，捐錢五十千，耆民劉汝朴錢五十千，白紳錢三十千，徐魁錢三十千，李某錢五十千，鄧科錢五十千，趙永健錢二十千，劉應元錢二十千，楊道錢二十千，王政行錢二十千，合三百四十千。

於乎！甲申之禍，天崩地塌。傳聞烈皇帝大行舁至東華門，賊殮以柳木，覆以蓬廠，老宫監三四人坐其旁，諸臣皇皇然方投揭報名，翹足新命。梓宫咫尺，無一人往謁。甚者揚揚意得，揮鞭疾驅過之，曾不足當一睨者。而趙一桂胥吏末員，孫繁祉、劉汝朴等草莽布衣，相率斂錢營葬，奠醊號哭，其高義寧出唐珏、林景熙下哉？友人譚吉璁，康熙初客京師，嘗遍謁昌平諸陵，撰《肅松録》。《録》中載趙一桂事，云得之州署故吏牘中語，可信不虚。烈皇帝不幸遭罹百六，躬殉社稷，草草渴葬。此亘古深痛，余懼後世史失其詳，輒據一桂語，稍加删潤，備著之如右。

又按：許作梅，河南新鄉人，庚辰進士，官行人，從逆，改僞禮政府屬。僞順天府李不詳何人。常見甲申野史，載襄城伯李國禎以死力争三大事，又稱藁葬梓宫，惟襄城一人往送，返役即自殺。今以一桂事考之，襄城未嘗至陵下灼然無疑，而争三大事及自殺亦似傳訛。寧都魏禧作《新樂侯傳贊》，附載襄城事，與野史頗異同云。

讀馬伏波傳

後漢伏波將軍馬公義烈士，能擇君矣，而不能度時。蓋君之幘坐迎我而開心見誠者，以其時天下未定，游士固能重輕也。當公孫稱帝，隗以西之勢在隗囂。迨竇融款而公效誠，一丸泥封關之計不得行矣。

昔七國處士横議，儀、秦、鞅、斯並以立談取卿相，而四公子之客皆至三千人，豈其時王公誠能下賢哉？以爲是諸人者，定天下不足而撓天下有餘，吾不收之，將轉爲他人用，協而謀我也。迨天下既定，人之謀計横溢而不能制，大則取菹醢之禍，小則受請室之辱。而欲保全功臣之世者，則使之以列侯就國第，不任吏職。此亦天下之勢宜然，漢、唐、宋、明開代皆如此，非可徒咎其君之薄而已。

公定交阯有大勳。至武陵五溪蠢動，一偏裨任耳。矧帝已厭兵，却臧馬之言而謝西域。公年踰耳順，猶復壯心不已。即無薏苡之謗、梁松之搆，其能免於疑嫉哉！帝之褒周黨而重嚴光，亦明示天下以意也。後人徒尚光之高、光武之量，而不窺其深識大慮，猶爲未知光與帝者。

《易》曰：『後天而奉天時。』光之出處，特爲後天奉時，所以千百世下仰先生之風，而嘆其山高水長也。感伏波之事，因以志焉。

讀寇萊公傳

仇讎之國，無通講之理也。夫差使人立於庭，呼曰：『而忘越王之殺而父乎？』則對曰：『唯，不敢忘。』三年覆之會稽。其後小不忍而聽種、蠡之成，吴竟沼矣。宋澶淵之役，微寇萊公，景德其遂爲靖康乎？公，主戰者也。惜其君不能行公之意，金繒歲益，沿至於金、元，兄之弟之，伯之叔之，臣之帝之。權常在人而命制於敵，雖有至勇極謀之士，能善其後乎？

寧都魏禧評兩宋人才，公爲上上，蓋公之意與一代之邊計皆相謬者也。當其時，使王旦還守京師，旦請：『宣寇準，臣有所陳。』準至帝前，旦曰：『十日不捷，當如之何？』帝默然，良久曰：『立太子。』旦乃馳去。惜夫，真宗有種、蠡之臣而不能用也。重臣當國大事，如旦、準者，蓋其少哉！

宋二聖之不還也，以講失也；明太上之還也，以不講得也。於乎，此主之者于謙，而不可謂景帝之無功也。

讀趙丞相傳

趙丞相廢光立寧，可與權矣。孟子所謂『貴戚之卿，君有大過則諫；反覆之而不聽，則易位』者也。惜不能燭幾未萌，旋失侂胄。抑猶患於心之有所恃乎？人臣有功不居，可以律己，不可以責人，況侂胄何人也！朱晦庵及羅點、葉適，皆儒者也，其見理過於汝愚遠矣。

雖然，三代以下善處廢立，臨大事而斷者，前霍光而後汝愚。光受武帝之託，而汝愚未膺壽皇之命，則汝愚尤不可及哉！光有張安世、田延年、韓增、趙充國諸人爲之先後，而汝愚黨解權去而不知，兹所以敗也。

王允行董卓之誅而不能靖亂，無亦志滿慮疎，夬履傷恃，不知天下禍患出智計之不及料者正多也。允才十倍汝愚，而乃有此敗，則持盈定傾，功成名遂而身退，唯伊尹一人也與？

讀李文忠傳

嘗讀《宋史》：『岳飛破金，一日奉十二金牌召還。百姓遮道慟哭，飛泣，諭之曰：「我義不得復留。」』未嘗不仰天椎心泣血也。及觀國史，至『李文忠擣應昌，獲元皇孫買的里八剌及其后妃宫人，并歷代金寶玉册以歸』，又嘆曰：人之生世，固有幸不幸哉！

當金、元之盛也，以韓世忠、劉琦諸將奔命而不足；及其衰也，以劉福通、關先生諸盗馳騁而有餘。故金之亡，孟珙入蔡州；元之亡，徐達平大都。至應昌捷，而彼運始盡矣。前此文忠有大同之捷，常遇春有上都之捷，徐達有太原、定西之捷，後馮勝有金山之捷。計其戰功亦僅半於宋，乃宋竟不支，何也？豈自屈者無勝圖，得天者有偉略歟？

文忠之忠勇不後於飛。飛遇宋高，抱痛以死；文忠遇太祖，而成吉甫、方叔之功。自石晋賂德光以來，遼、金、元世守四百年之地，得復見漢官威儀。伯顔渡江，六宫北徙；粘罕入汴，二帝東遷。和尚完普夢叶於文忠之三十二年，於乎，盛哉！

姚江書院訓約 甲戌

廷采生質固陋，制行拙迂。幼幸從祖父入姚江書院，與聞沈、史諸先生緒論。復受業韓夫子，朝夕面命。數十年來，頑鈍猶昔。兹遇黄岡韋明府來莅吾邑，育材興學，猥辟廷采濫充斯席。自愧業不精，行不立，無所挾持，與姚中君子相周旋。敬述所聞於師，條次訓約十則。務期諸君恪遵砥礪，以無負作人盛典。《記》曰：『斅學半。』於廷采有深幸焉。

一曰立意宜誠。

《大學》言『毋自欺』，《中庸》言『不誠無物』。蓋心術不純，學問事功俱無歸宿。生心害政，發政害事，有流禍於家國天下者。故先儒陳真晟謂『誠意是《大學》鐵門關』；蕺山劉子揭慎獨爲宗旨；拙修史先生每警門人以立誠爲第一步，一念虚假，通體皆非，切須鞭辟近裏。即今諸生，讀書是真讀書，做人是真做人。其間天資敏鈍，氣候淺深，自是各别，要不相妨。但能從爲己之心打進，不患不日新月盛。朱子説忠信進德云〔五〕：『如項羽破釜甑，燒廬舍，持三日糧，示士必死，無一還心。須辦此志向方得』。

二曰勘理宜精。

人情、物理、事勢皆聖人之學，故曰：『道一以貫之。』又曰：『合外内之道。』此理甚寬，守着便不是。務要隨處體認，博學、審問、慎思、明辨，然後可加篤行之功。《大學》誠意必先致知，《中庸》誠身本之明善，明所以適於誠之路也。不然，非禮之禮，非義之義，行堅言辯，亦謂之誠，可乎？拙修史先生言：『學問自有向上功夫，勿以必信必果爲駐足之地。』正是此意。

三曰倫紀宜敦。

三代之學所以明倫。人倫之本，首重孝弟，如築室之有基，如立苗之有根。吾輩未膺民社，晨夕出入，但有愛親、敬長兩事。此處不立根基，無論異日服官臨民無所取資，即今靦然人面，坐擁書史，友朋相對，豈不内愧？劉子名講學之地爲『證人社』，言如此爲人，不如此爲獸。畏之！慎之！

四曰威儀宜攝。

求仁之功，只在非禮勿視、聽、言、動。惟顔子天資明健，當下請事斯語。其次循規矩，蹈繩墨，以求寡過。約之以禮，固是徹上徹下功夫。動容貌，正顔色，出辭氣，檢束身心，惰慢不設，乃恂慄後自然威儀，非作而致之。夫子言『不重則不威』，重字是學者對症之藥。程伯子見獵心喜，自覺輕習未除。此等痼疾，惟真實用功，從無間斷，始能推勘。俗薄風漓，後生輕傲，而長輩愈益謙退，誰與發其病而藥之？內外交養，無暴其氣，此學問之墻壁。朱子《學齋規約》，可以爲法。

五曰識量宜弘。

世間多少難了事，何暇目前屑屑較量？『振衣千仞岡，濯足萬里流』，不可不具此氣概。《易》曰：『知崇禮卑，崇效天，卑法地。』兼此兩者，乃能覆載萬物。識見愈高則執禮愈謙，聖人與天地相似，吾輩不可不以天地爲心。至如人品學術、交游趨向，或有小異，不害大同。習而沿之，其失斯甚。從來朱陸之辨、洛蜀之黨，此等客氣俱要掃除。好學之士只問自家得力何如、過失何如，安得道聽口傳，坐論他人是非同異？坦懷相遇，平心觀理，何彼何此，會見萬物皆備於我。

六曰取與宜嚴。

韓夫子每述師訓言：『人只一念貪私，便銷剛爲柔，窒智爲昏，變恩爲慘，染潔爲汙，壞了一生人品。』故君子以不貪爲本，千駟一介，一切當安義命。士居四民之首，具大人之志，豈容私小陷溺？當務謹身節用，量入爲出，絶去分外希望，正是自家豎立處。陸梭山先生《居家四則》具在，何不倣而行之？

七曰學術宜端。

吾輩束髮受書，但識堯舜周孔，凡諸子百家、九流三教，皆汙世揉雜之説。每見近來扶箕、拜斗、煉丹、持咒，種種陋習，老、佛所唾棄，賢者亦嘗爲之。蕺山劉子改了凡『功過格』爲《人譜》，專紀過，不録功，以遠利也。韓夫子曰：『聖學以經世爲主，事君事父，經綸天下之大經，故與二氏不同。』凡吾同人，須卓然信得及，推之冠婚喪祭，酌行《朱子家禮》。正己正人，移風易俗，誠吾輩分内事。

八曰讀書宜進。

古者八歲入小學，習洒掃應對進退，禮樂射御書數，所以收放心、徵實用也。後世小學之教不行，手足既閒，身心俱軼。迨乎應務，動獲窒碍。談性命則入於空虛，慕功名則流於夸大。離道、器爲二，明德、新民，大學之功俱無安頓處。迨後專習舉業，終其身敝精神於無用之文，是以人材遠不如古。茲姑無甚高論，即於讀書中尋取本原，略倣山陰徐伯調，課以《五經》《左》《國》《史》《漢》《性理大全》《通鑑綱目》及唐宋大家古文，分爲經緯，每日讀經五頁，史五頁，古文五六頁，約年可一周〔六〕。至看書之法，先虛心涵泳四子本文，次繹傳注，《或問》及《大全》中朱子之説，寢食於斯，恍有湊泊，及至下筆，汩汩然從此中流出，自是出人頭地。程子教人『半日靜坐，半日讀書』，原非劃然分限，深思者當自得之。

九曰舉業宜醇。

自制科取士以來，名臣良吏，多出舉業，揚名榮親，道無踰此。何得僅視爲敲門磚，草草易就，吟哦一生，終不成家。先正作文，以先秦、西漢、唐宋大家之氣，寫程朱之理。理是生法，氣是生才。氣貴清不貴粗，理貴微不貴鑿，法貴老不貴平，才貴横不貴巧。四者同出一原，昌黎所云『游之仁義之途，養之《詩》《書》之源』、『沉浸濃郁，含英咀華』。然後發爲文章，理法、才氣一時俱到，理不傷氣，法不掩才，斯爲大雅。家長孺先生言：『八股須自出手眼，與日逐看語録，同一心思，而調度各别。既是文章，要新，要活，要風采色澤，要分外出奇；而又不必苦苦着意，求之艱難，只是看題扼要，段段見作意耳。若胸無根柢而動言歸、唐、金、陳，耳食何異？』

十曰功課宜勤。

業精於勤，敏則有功。古人今人，共居一堂，人生樂事孰過於此？正恐時會不常，往還難定。若復燕朋逆師，燕僻廢學，豈非自誤？登斯堂者，毋好佚，毋因循，毋凌亂泛閱，毋進鋭退速，毋作無益害有益，尤忌聚談害事。朱子講修辭立誠云：『氣之疎密，心之存否，即言之多寡可驗。』最説得細。吾輩相觀而善，要各各竪起上達之志。如世俗馬弔、博奕、傳奇、小説，一切非聖之書、非禮之事，固當恥而不爲。安石圍棋，何如士行運甓？似此惜陰，方有功課。

右十條非託空言，務期實踐。廷采既叨末席，意欲嚴以致和。更望諸君道義相成，忠告善道，虚公相與，毋立私交，自愛愛人，補廷采所未逮。廷采有過，亦祈無犯無隱，從容規切，當虚心以改。姚江固陽明夫子闕里也，去世未遠，近居亦甚。賢才蔚興，將在今日。心乎愛矣，跂予望之。

詩經兒課小引

辛未冬，余讀書陶氏之鏡佩樓。時病纔起，懶事制舉業，間取架上《詩傳》，授長子承濂。承濂亦病，纔起，輒又病，不能竟讀，或半日一讀一輟。陶君笑謂余曰：『吾子與先生子才頗相當，年與病又不相下，業專《易》矣，且兼《詩》，懼不勝，盍節略以爲易受地乎？』

余曰：『唯唯。古未有取聖人既删之經，更其篇次，意爲去取者。然亦有説。明經將以致用，漢儒一生第窮一經，立朝服官大節皆取足其中。今人不唯其用之爲，徒貪多務得，思攫取詞藻，雷同勦説而已。才力薄，而見聞漁獵之富，或反過乎古人，乃如之人盡身通六藝者也，可謂之明經乎？夫紀事必提其要，纂言必鈎其玄，斯道也有行之矣。其分門摘類，脱落掛漏，專事節略而忘全經，斯攫取勦説之尤甚，余小子又烏乎敢？』陶君以爲然，請卒成之。

於是晨夕講誦，隨手抄録。月而積之，得《豳風》《豳雅》《豳頌》爲一帙，鄉飲酒升歌《鹿鳴》至合樂《關雎》爲一帙，郊廟樂章爲一帙，戎祀燕享之類爲一帙，周自后稷迄於文、武先後世系爲一帙，宣王中興之詩爲一帙，衛武公三詩爲一帙，十五國《風》正、變爲一帙，變《雅》爲一帙，《魯頌》《商頌》又自爲一帙。凡十卷，得三百篇三之二焉。善學者讀全經之文，而參覽於是編，不無足以相發者。

録成，授承濂及陶君子金鐸，使私藏之，曰：『爲爾輩設，毋令人見，謂余穉且狂也。』十月既望，姚江邵廷采記。

刻姚江書院志略端由 庚午

采承先人付託之重，圖取書院往蹟勒成一書，久而未能。己巳冬，偕同人請無休董隱君爲諸先生立傳，隱君曰：『書院之立，所重惟學。諸先生之學，余聞之夙矣。抑其制行之卓、語言之妙，子其哀次，以佐余討論所未悉。』采因於笥中出大父魯公先生所手輯《義學緣起》、

《院規》、《請益教言》、《稽古》數十則，并吾之俞先生《學要徵略》呈隱君。隱君乃即舊本所載，合之《劉子全書》，洎於譜志，及諸門人之稱述諸先生者，博採而慎收之。凡匝月中，成大傳六，小傳十七，復爲之記，并條次諸先生所著序言、紀事等篇，爲上下二卷，總名之曰《書院志略》。

已隱君猶未厭意，命采入姚江，再蒐之同人，無以應。采仍繙先人存稿，復得沈、管、史、韓四先生遺大父書，及趙不疑先生與家安元先生欲爲沈、管兩先生立傳書，《學會質疑》數紙。既又得孫少保，楊中翰與管、史兩先生唱和詩札，家得魯先生與鄭奠維先生始創義倉緣起。隱君復增訂之，於以起文成之絶脉，并闡蕺山之微言。蓋是書非一邑之書，而天下之書；抑非一時之書，千百世之書也。采竊心喜，以爲祖父所欲成而未及爲，二十年圖之不遂者，一旦得受成書於隱君，何幸如之！

既又念大父貯明儒書甚富，自文成王子以下，曰仁、緒山、東郭、南野及蒙泉燕詒之録，靡不鈎串提要。每月學會，必手書先儒語，共相問答。當采讀四子書時，便欲提撕本原，出入教以孝弟忠信，語之以必爲聖人。所隨舉語，多詳經而略史，屢告以《客座私祝》、先康節詩句與《朱子家禮》，勿示以縱横詭道文。門無雜賓，所與居皆義學侶也。大父之於學勤矣。

王子有言曰：『程朱没後，師友道亡。』夫師友之道亡則學亡，祖父之澤亡則師友亦亡。世有念師友而思祖父者，諒不以是編謂余小子擅也。略之云者，隱君曰：『此亦因所見而粗集其梗概耳。』其諸未備，冀有心院事而深契諸先生之宿昔者，爲加詳焉。

萬授一曰：民生有三，事之如一。邵子茲刻，其有親有師矣。講學明善，以正人心，則事君之義無不在是也。邵子茲刻，其有功三事，豈不偉哉！

擬徵啓禎遺書謝表

伏以筆削紀前朝，賞罰出大君之命。是非明異代，文章持萬世之公。事慮久而漸湮，徵求宜豫；道與天而均重，編次非輕。古者一史自出於一人，或以父子而世其業。後世衆傳分成於衆手，至以崇卑而監其官。馬遷分散數家，刊落猶多未盡；范氏淹通後傳，條例且虞過煩。《晋書》經瀛洲之十八士而始成，《宋史》費歐陽之百萬言而尤雜。辭之煩簡以事，文之今古以時，固欲自成一家之體。然述一事而先後不同，叙一人而彼此不同，遂至踵壞百代之書。又況周臣不立韓通，國嫌宜慎；唐録難私張説，公道誰明？魏則爲王，蜀則爲寇，名儒且與陳壽同譏；按之入地，揚之上天，何物敢與魏收作色？總之本朝自尊其人物，多稱賢者而不列小人；若夫後王追定其權衡，當討大夫而并及天子。

恭惟皇帝陛下，志在《春秋》，書成律例。謂有明歷年三百載，得統紹漢、唐之隆；傳世十六王，致治追殷、夏之烈。母儀咸備，配宋曹、高；《祖訓》集成，同周損益。特其文網太盛，《關雎》《麟趾》之意怒有忝於二《南》；綜核過嚴，闊達忠厚之風似難符乎七制。是皆太祖詒謀之未善，更遇文皇繼序之非經。靖難之争、大禮之争、三案之争，士氣衰而愈憤，門户之臺諫與流寇之轉戰俱亡；詔獄之弊、廠衛之弊、廷杖之弊、官常毀而無餘，閹寺之刑威瀝諸賢之碧膏誠痛。宣孝短祚，世神永年，皆爲氣運之薄；徐、李推誠，于、王再造，並流天地之名。蓋始也高帝之肇規模，懲寬獨嚴墨吏；究也思陵之殉社稷，升遐尚念蒼生。一代無奇功，故百姓蒙其休養；累朝多教澤，故縉紳皆重廉隅。

第正、嘉以前之書，足徵文獻；啓、禎以後之事，半散冰灰。伯喈之逸才，恐其亡形江海；所南之《心史》，亦虞緘襲金函。若不及此蒐羅，何以終其條貫？紀表志傳，當如班掾之精嚴，毋仍應泰紀事之體；予奪貶褒，願學文公之平恕，勿等李贄續書之偏。臣等向未窺中秘之藏，早留心於著作；今幸值承明之選，反汗面於編摩。因思作史之難，非獨其文不易。以昌黎之强直，尚避譏彈；如廬陵之博通，猶辭參閱。所以野史得行其獨見，而素心難證於同修。宜開忌諱之門，大肆專家之學。

伏願除俗弊而布寬政，若明祖之聽劉基；無欲速以致太平，法孝宗之用大夏。復建文之號，不必別立革朝之名；存弘光之年，使得概從亡國之例。封周子南君以備賓恪，禮嘉客於淫威；置守陵之吏以護寢園，感百神而垂泣。

題蘭亭劉生喜容

鏡之面，畫之影，其幻一也。天之畀形於我，與我之託形於鏡與畫，亦豈或異？安知鏡與畫之非真，我之非幻乎？我故爲幻而責真於鏡與畫，亦見其惑也。余怪世人好圖小影，顔之曰『喜容』。夫情有七，而喜特其一；容有九，而喜之容又特其一，曷獨以喜名容？曰：喜，天地之仁氣也。春生爲仁，仁統四端，根心生色，施於四體。惟仁者其容舒，乃克有喜焉。喜不僭，而七情九容舉不忒焉矣。顧置一鏡一畫於此，閲歲時，更熟覩之，每不相似，則又以疑鏡之爲真、畫之爲幻也。然而世且圖之者，以真將藉幻以留也。

抑感《洪範》二：『五事：一曰貌』，而言、視、聽從之，其本則起於思。思之幾有聖有狂，貌、言、視、聽隨所思而變，我之真其在斯乎！不歸其真，而徒執其向所圖之容曰：『我固坐是立是，山水環我，花石繞我，魚鳥依我，我則儼然君是畫者也。』彼山水花石有知，毋乃笑此蚩蚩者之非故我與？

劉生弱冠而圖喜容，即之若真有喜者。余則謂生方盛顔，能慎其思以進於日强莊敬；洎乎耄年，而鏡中之劉生與畫中之劉生恒似而不相〔似〕〔七〕，其爲喜也乃更多矣，是則余之所羨於生者也。

登州觀德亭記跋

仁和王公繪《登州圖》，作《觀德亭記》。余披覽伏讀，凡海氣之呑見、日月之沉升、倉庾之貯積、射圃之習禮〔八〕，雖未至登，一一如矚諸目。甚哉！公之圖與文，曲寫公之心也。

登故官山府海國。下逮趙宋，坡公出守時尚稱全盛，未至如公文所云凋敝。以是知地有升降，政由俗革，即一登而他郡可知，天下可知已。然惟山川壤性，終古不移。至於郛屋建置，民户充蕃，物産土俗之豐腴窕秀，固皆可以人力復旋而轉之，存乎其時。登與遼之金、復、海、蓋一航相望。隋、唐征高麗，舟師皆自登出。明萬曆援朝鮮，間使轉運，取道沙門島。迨天啓初加設防撫，重以東江、吴橋之役，兵連不解，太守、令長往往僑治鄉聚。

今海隅日出，並爲一家，烽火晏然，民安枕樂生六十餘載矣。公當歉歲後至，正己恤屬，輕徭平賦，四年之間，元氣漸紓，流民之圖可無繪。令後世志風俗者以斯文爲失實，孰知旋而轉之者之存乎公也？公云：『射以觀德，未有不正身而可居人上者。』凡司牧其各寫一通，銘之座前乎！

紀養説

昌邑之厨有司養焉，以煎熬微失，遭主人譴責，蚩無一言。主人色轉霽，使益前，問其姓，曰：『紀氏。』問其名，曰：『年長矣，不知名。』更問，則顧而嘻曰：『吾司養，即以養名，可乎？』余曰：曷謂養無知？養有知也，合於古者命名以事之義矣。

按《春秋傳》魯莊公元年：『齊使遷紀郱、鄑、郚。』鄑在昌邑。蓋齊將滅紀，遷三邑之民而取其地。是由鄑遷，非如縣志所云遷於鄑也。然則養之先以是年被遷入齊，而養今在此者，豈其世遠遞傳，復轉徙而至此耶？抑天心好還，滅紀之後二百餘年，齊亦旋奪，紀子孫沐田氏之寬政，得以返其初服耶？

《春秋》大復仇，雖以齊襄荒暴，不斥其滅紀之罪，而書『紀侯大去其國』，又書『紀季以酅入於齊』。紀侯者，知其先之深有怨於齊，齊不我釋，而己之力不足以抗也，故委國於季而去，季亦不惜屈己以延廟祀。其後紀侯卒，夫人姬氏不以存亡易意，不魯是歸而酅是歸，卒而葬焉。是以紀亡而書『紀叔姬』，文繁不殺，固深嘉姬之守義，而亦兼予齊之能以禮處紀也。

吾於是而有感於德怨之際，人性之本，亦天理之平。戰爭、土地之隙微，而祖宗被讒、烹僇之釁大。九世以内尚如此，矧父母兄弟舉宗俘辱，已晏然南面衮冕，有天下之半，乃靦顔稽顙，臣事仇讎，錮箝天下之口以護奸邪，屠殺忠義之臣以怡敵國，果人性乎？天理乎？

張子有言：『太虛不能不聚而爲氣，氣不能不聚而爲物，物不能不散而爲太虛。』夫聚而爲物則有性，有性則有喜怒哀樂，得其節而處之以禮，仍散而爲太虛。怨仇者，哀與怒之發也。不發則滅性，發而非以禮節則害虛。如雷之起無聲，而仍復於無聲，復於禮也，此其節也。不然，物之攖震擊而得傷者豈少哉！曹操之復仇，雷之失其節者也，是無禮之尤也。齊、紀之事庶幾乎得平，是以夫子交不貶也。

抑遡齊師遷紀之年，迄於今養鼓刀以養之年，二千六七百歲，其間日之爲甲子者以萬計，爲世者以數百計，天下之變遷淪毀，何可勝道！而紀之苗裔尚有存者，豈其先固嘗有功德於朝，又其能善處亡，不忍鬭其民，以僥幸於難可成之勝，故當時固不殄其祀，而百世亦竟得保其嗣耶？然而凡此者養皆不知也。夫不知，非其愚之罪也，養之天也。姜與紀交惡於當年，而今比處於邑中而不偪，蓋怨毒之散也久矣。聚而爲氣，散而爲虛，天之所爲無心也。養之無知，其天也。

叔崑琰曰：　本《正蒙》立言，拈禮字發先儒未發，方不是老、莊、佛之旨。

後蒙說

采十一歲從先大父受書，爲作《蒙說》。今年辛未，采四十四歲，伯子承濂纔十歲，仲子承明甫七歲，質性下愚，視采尤甚，自愧無以教之。回憶大父曩時，爲之淚下。口授鄙語，名曰《後蒙説》，聊志不忘先子之意云爾。

唐堯、虞舜、夏禹、商湯、周文王、武王、周公、孔子，皆故聖人也〔九〕。故曰：堯以是傳之舜，舜以是傳之禹，禹以是傳之湯，湯以是傳之文、武、周公，文、武、周公傳之孔子，孔子傳之孟軻。軻之死，不得其傳焉。傳者何？傳道也。欲傳聖人之道，不可以不知聖人之學。

伏羲、神農、黄帝、堯舜，謂之五帝。禹、湯、文武，謂之三王。夏、商、周，謂之三代。天下之主謂之天子，一國之主謂之諸侯。諸侯有五等，曰公，曰侯，曰伯，曰子，曰男。

孔子，魯人也。生於春秋之世，不得行其道。删《詩》《書》，定《禮》《樂》，贊《周易》，修《春秋》，爲萬世師。

《詩》《書》《禮》《樂》《周易》《春秋》，是爲《六經》。《易》《書》《詩》《禮記》《左傳》《公羊傳》《穀梁傳》《周禮》《儀禮》《論語》《孟子》《孝經》《爾雅》，是爲《十三經》。《大學》《中庸》《論語》《孟子》，是爲《四書》。《論語》，孔子門人所述也。《大學》，曾子門人所述也，聖經一章，則孔子之言也。《中庸》，孔子孫子思所述也。孟子與萬章之徒著書七篇，即名爲《孟子》。蓋孟子鄒人，生於戰國之世，去魏適齊，道終不行，因追述唐、虞、三代之德，推明孔子之學。萬世以後，尊孟子爲亞聖大賢，以其功業雖不見於當時，負荷道統而學在也。所謂學者，學賢人，學聖人，必以孔子、孟子爲師。孔孟之道，孝悌而已矣，仁義而已矣。不愛親，非孝也；不敬長，非悌也；居心殘忍，非仁也；處事失宜，非義也。非孝、非悌、非仁、非義，非人也。所謂學者，學爲人而已矣。小子識之！

欲學爲人，須識人倫。人倫有五：父子有親，君臣有義，夫婦有別，長幼有序，朋友有信。天命之性，生來有此五者，所以異於禽獸而爲人也。庶民去之，斯爲禽爲獸；君子存之，斯爲聖爲賢。唯天下至誠爲能盡其性，盡此五者之性也；經綸天下之大經，經綸此五者之經也。親、義、序、別、信，要而言之，止是一誠。故誠於事父，即孝子矣；誠於事君，即忠臣矣。誠者，天之道，乃天命之性；思誠者，人之道，則復性之功也。三代之學，皆所以明人倫，明此而已矣。老、佛二家，離却經綸大經，高言立本知化，所以都無根蒂，全屬虛假。先儒言：『其用誤者，其體未有不差。』又曰：『未識人倫，焉知天道。』此聖賢之真傳也。

人有性、有情、有才。性善，則情亦善，才亦善。愚夫愚婦皆有性之人，即皆有才情之人。

但人之才情，當用之於忠孝節義，不當用之於詞章藻繪。漢之諸葛武侯，唐之郭汾陽王，宋之岳忠武王、文文山丞相，有才情之人也；宋之施全，明之補鍋匠、東湖樵夫，亦有才情之人也。何也？忠孝節義各率其性，無大小，一也。『鞠躬盡瘁，死而後已』，武侯之所以爲武侯也；克復二京，夷險一節，汾陽之所以爲汾陽也；全師歸朝，恪共君命，忠武之所以爲忠武也；『求仁得仁，抑又何怨』，文山之所以爲文山也。是數人者之豐功烈行，與愚夫愚婦之與知與能，一而已矣，是真有才情之人也。彼文家之司馬相如、揚雄，詩家之沈佺期、宋之問，立身一敗，萬事瓦裂，而世方以才人、情人目之，亦見其惑也。

有志之士寧樸無華，思力返其天真，不苟同於時好。毋爲世之稱才情者所惑，庶幾養一身之元氣，以培祖宗之元氣，且合天地之元氣。盡性至命之學，何必不在是乎？《易》曰：『保合太和。』此之謂也。

諸葛亮，謚武侯，佐後漢昭烈皇帝。其《出師表》有云：『臣但鞠躬盡瘁，死而後已。』

郭子儀，封汾陽王。安禄山反，陷東京洛陽、西京長安，子儀佐唐肅宗收復之。西京即今陝西西安府，東京即今河南河南府也。

岳飛，謚忠武王，佐宋高宗破金兵於朱仙鎮。奸臣秦檜主和議，一日發十二金牌召還，下獄死。

文天祥，號文山，事宋恭宗、端宗。兵敗，爲元兵所執。宋亡，元世祖殺天祥。其《告先太師墓文》有曰：『求仁得仁，抑又何怨？』

施全，宋高宗時軍士。欲殺秦檜，爲檜所殺。

明成祖入南京，惠宗遜去，有東湖樵夫聞皇帝崩，大慟，投水而死。又有忠臣埋姓名，爲補鍋匠。

人生天地間，焉可不知上天下地？天之所以爲天，吾不得而見矣〔一〇〕，其形而下者，則有四時，有五行。春、夏、秋、冬，謂之四時；水、火、木、金、土，謂之五行。春爲木，爲東方，於《易》之八卦爲震；夏爲火，爲南方，於《易》之八卦爲離；秋爲金，爲西方，於《易》之八卦爲兑；冬爲水，爲北方，於《易》之八卦爲坎；四時之季爲土，爲中央，於《易》之八卦爲坤。日月寒暑，往來相推，而歲成焉。

天三百六十五度，其行一日一週。日行一日，不及天一度，積三百六十五日，退而復與天會；月行一日，不及天十三度，積三十日，退而復與日會。故月以月計，歲以日計。其間氣盈朔虚，有縮有盈，則爲之置閏。《書》曰『以閏月定四時，成歲』，『協時月正日』，蓋謂此也。

至於星辰之數：二十八宿，不動爲經。五星交錯於其間，常動爲緯。辰，水也；熒惑，火也；歲，木也；太白，金也；鎮，土也：是謂緯星。東方蒼龍七宿：角、亢、氐、房、心、尾、箕；南方朱鳥七宿：井、鬼、柳、星、張、翼、軫；西方白虎七宿：奎、婁、胃、昴、畢、觜、參；北方元武七宿：斗、牛、女、虚、危、室、壁：是謂經星。惟經星與天河不動，故因此以知天行。詩曰：『倬彼雲漢，昭回于天。』又曰：『七月流火。』蓋謂此也。

至于南至牽牛爲冬至，北至東井爲夏至，東至角爲春分，西至婁爲秋分。日行亦以經星爲節，日月交會之度爲辰，每月一會，故一歲十二辰。

日食非晦則朔，月食必於望。月掩日而日爲之奪，則日食；退而自掩，則月食。皆陰盛陽微。伐鼓救變，所以扶陽抑陰，學者不可不知此意也。若夫節宣陰陽，範圍天地，令日月不過而四時不忒，則存乎聖人之致中和而贊化育。下此，恐懼修省，念用庶徵，君子固有所不廢焉。

地有九州，而高下因焉。西北高而東南下，故西北多山，東南爲大海。大海南接廣東瓊州，自廣東而東南爲福建〔二〕，自福建而北東爲浙江，又北東爲南京之地。又正東爲山東，自山東而北爲遼東之金、復、海、蓋，與朝鮮相接。自廣東至于朝鮮，綿亘萬里，外皆爲海，故曰：『地不滿東南。』《易》之圓圖，兑居東南，其此意也。

西北之山起崑崙，黄河之源在焉。《書》曰：『導河積石，至於龍門。』以崑崙尚在西域，去中國遠，故導河自龍門、積石始。龍門、積石在雍州之域，今陝西延安界也。長江之源爲岷山，在今四川。漢水之源爲嶓冢，在今陝西之漢中。皆古梁州域内。淮水之源爲桐栢，在今河南之南陽，古豫州域内。濟水之源爲王屋，在今山西之平陽，古冀州域内。江、淮、河、濟，號稱『四瀆』，而皆發源於西北諸山。《易》之圓圖，艮居西北，其此意也。

山之最尊者爲五嶽，而發源之山不在列。中嶽嵩山，在豫州，今河南南陽境；南嶽衡山，在荆州，今湖廣衡州境；東嶽太山，在兖州，今山東濟南境；西嶽華山，在雍州，今陝西西安境；北嶽恒山，在冀州，今北直真定境。中嶽建天地之中，而其餘四嶽，則古者天子巡狩、朝會諸侯必於此焉。《禮》曰：『五嶽視三公，四瀆視諸侯。』蓋山川之大者，天子之待之其隆禮如此。

至《禹貢》九州之域，長江以南止有荆、揚二州。荆，今之湖廣、江西是也；揚，今南京、浙江是也。若福建、廣東、廣西、貴州、雲南，名爲五嶺以南，不列五服職方内。惟《堯典》有『宅南交』，《記》稱『舜崩於蒼梧』，則南極交趾、粤西矣。要皆羈縻弗絶，非必盡登貢賦，如今日之盛。長江以北七州：青、兖，皆今山東；徐爲淮、徐；豫則今河南五府；而河北三府屬冀，冀州所轄最廣，今山西、北直皆是；陝西、四川當天下之半，是爲雍、梁。舜時分青爲營，裂冀爲幽、并，始有十二州之名。所謂封十有二山者，一州以一山爲鎮，越之南鎮，即揚州之鎮山，舜所封也。

至九州封國，上應二十八宿，各有分野。後儒雖多附會，其理與數亦不能盡明，要之大端不爽。俟年紀長成，能讀《漢書·地理志》，當自知之。

聖人之學在躬行，讀書其一端也。然欲發明心理，知古今，識事變，濟時行道，揚名顯親，自非讀書皆無由致。故程子曰：『進學在致知。』朱子曰：『讀書，起家之本。』古人亦有託於農畝，高尚其事者。諸葛武侯之躬耕南陽，陶靖節徵士之東軒嘯傲，其人固讀書人也。若不讀而耕，則農夫而已矣。況祖宗世以讀書傳家，荒其業而嬉，是爲不孝；舍其舊而他途是謀，是爲無恥。奚可哉！奚可哉！

讀書之序：《四書》讀畢，一年而習一經，五年可畢五經。經學既通，以及諸子百家，俱有本矣。古文自《左傳》始，《國策》不必多讀，因蘇、張習氣，壞人心術。宜多讀漢儒董仲舒、王吉、魏相、劉向、匡衡之文，其餘取雄健嚴謹，賈誼、司馬遷、相如、班固要當成誦，此外可勿問也。唐宋大家，韓、歐最上，卓然傳經紀事之言。柳文亦不宜多讀，朱子謂其『易令後生氣促』。三蘇、曾氏俱好，惟王氏叛道篡聖，當黜。能不惑於從前習見，方爲有識之士。他如《十三經》、二十一史及宋以後文，隨精神識力所能加，而多方採擇之，非可預講也。

三皇之書謂之《三墳》，五帝之書謂之《五典》，《易》之八卦謂之《八索》，九州圖籍謂之《九丘》。《傳》稱左史倚相『能讀《三墳》《五典》《八索》《九丘》』，即謂此也。

《易》始伏羲，初有畫，即有卦，卒有圖，是謂無文之《易》。其後夏《連山》首良，商《歸藏》首坤，周《乾坤》首乾，則皆有文之《易》，謂之三《易》。今《序卦》上下經之次第，自乾至於未濟終焉者，《周易》也。四聖人之意，總以《易》冒天下之道，使人得以遷善改過，趨吉避凶，而懼以終始，不失乎天理之正而已。程傳自發義理，朱子推明本義。本義云者，以伏羲還伏羲，以文王還文王，以周公還周公，以孔子還孔子。讀四聖人之書，前後不必相顧，然後不可爲典要。惟變所適之趣，相叩而益出焉。知是意也，《易》可勝用哉？

《書》記虞、夏、商、周四代之政事。西山蔡氏序《書傳》言：『欲求二帝三王之所以爲道，當求二帝三王之所以爲心。』與程子論《周官》法度而推本《關雎》《麟趾》之意，大略相似。

《詩》有六義：比、興、賦、《風》《雅》《頌》。《風》者，民間之詩，天子巡狩，太師陳之；《雅》《頌》則朝廟之樂章，皆公卿所作。其體不同，其用亦異。故學《詩》之益，興觀群怨，事父事君，鳥獸草木，無所不可。而其爲教之本，則一言以蔽之曰：『思無邪。』人能止邪於未形，不爲物交牽引，於詩道也庶幾矣。

《春秋》始魯隱公元年，實平王之四十九年。周室東遷，王迹熄而《雅》詩亡。孔子因魯史作《春秋》，當一王之行事。隱公之後爲桓公，次莊公，次閔公，次僖公，次文公，次宣公，次成公，次襄公，次昭公，次定公，次哀公終。《春秋》十二公，二百四十二年，絶筆於哀公之十有四年春西狩獲麟。傳《春秋》者左氏，非丘明。司馬遷謂『左丘失明，爰著《國語》』者，誤也。晋杜預注《左氏春秋》最爲詳密，宋林堯叟推廣其説，後人比而刻之，謂之杜林合注。讀《春秋》當從杜林合注始。至於公羊高、穀梁赤，皆子夏門人。漢人表章《六經》，並立《公羊》《穀梁》傳，而《左氏》不列於學官，故劉歆移讓太常博士，以此爲言。自胡文定作傳以後，記事者必推左，而談理者專尊胡。雖聖人作，不能易矣。

讀《禮》之法，以《儀禮》《周禮》爲經，《大戴》《小戴》爲注。《儀禮》《周禮》作於周公，而《戴記》多出漢儒傅會。盡信書則不如無書。於乎，能擇於《三禮》之中者，其於古書之正僞，昭昭然白黑分也，復何有哉！

讀《論語》者須先識仁。『己欲立而立人，己欲達而達人』，仁之體也；『己所不欲，勿施於人』，仁之方也。『克己復禮』、『既竭吾才』，顔子之勇於仁也；『以爲己任』、『死而後已』，曾子之弘且毅於仁也。此顔、曾二子所以得聖學之傳，而仲弓、子貢以下諸賢莫能及也。博施濟衆，不欲無加，終身可行。夫子三答子貢，皆教以强恕求仁，教仲弓亦如此。

千聖之學，『人心惟危』四言盡之矣。孟子之『不動心』，所以持人心之危也；其曰『性善』，則所以明道心之微也。後世商鞅之變法，李斯之助虐，王莽之肇篡，揚雄、王安石之僭經蔑聖，皆由一念人心之危而熾；堯舜三代之治功，濂洛關閩之學術，亦由一念道心之微而開。

吁，可畏哉！

讀《學》《庸》者須先識誠。誠者，天道也。人必學天，方盡人道。故曰：無所爲而爲之，爲天理；有所爲而爲之，爲人欲。不怨不尤，下學上達，合天人而貫之者，其誠乎！未發之中，誠之復也；中節之和，誠之通也；天命之不已，隱然行於喜怒哀樂間，人自日用而不知耳，所謂體物而不可遺也，是誠之體也。君子知其在我而畏天命，故戒慎不睹，恐懼不聞，養其中以生和氣，極其至而天地位、萬物育。求誠之功，皆於未發處實用其力。未發一差，見於七情，動於九容，施於百行，無不差者，故曰『天下之大本』也。所謂獨也慎者，慎此而已。蕺山劉子以意爲心之所存，非所發，雖與朱子異，然按之經文，印之先儒，其説皆合。千聖萬聖從事之途，未有不從立大本起者。若以所發言而曰『欲正其心之本，先誠其意之末』，其途之相去，不亦萬里乎！行文當從傳注，然劉子此論，實精且正，發明先聖之微言，後生不可不知。

先儒云：『欲知顔子所樂何事，當先知顔子所好何學。』夫子自言『樂以忘憂』、『樂亦在其中矣』，七十子之中獨稱回也不改其樂；自言『不如丘之好學也』，七十子之中，獨稱回也爲好學。孔、顔同爲此學，即同有此樂也，故曰『惟我與爾有是夫』。『好之者不如樂之者』，樂固是學問盡頭。曾點已見大意，是見及此；顔子直詣及此矣；漆雕開『吾斯之未能信』，是篤志從事乎此者，亦尚在『好之』界上。然功夫切實，點或反遜於開。觀其屢以哂由爲疑，是自家信不及處。

畢竟如何好學？曰：食無求飽，居無求安，敏事慎言，就正有道，如此之謂好學。更約其實，則一言以蔽之曰：主忠信而已矣。必有忠信如丘而不能主，所以不免爲鄉人。而主忠信者，可以爲聖人也。忠信即誠也，天之道也；主忠信即思誠也，人之道也。忠信即『道心惟微』也。不主忠信則物交牽引，必有非所主者，即所謂『人心惟危』也。何以主之？曰：博學之，審問之，慎思之，明辨之，是精以主之；篤行之，是一以主之。

七篇之中，歷叙道統者三：『幾希』章言人禽之關，吾心存亡之所由繫也；『好辯』章言治亂之運，世道存亡之所由繫也；末章『見知』、『聞知』，則自堯舜以至孔子而後，孟子直自任一個人矣。要之，此道非知不開，故伊尹曰：『使先知覺後知，使先覺覺後覺。予，天民之先覺。』能覺則能存此幾希，始見惟人萬物之靈，有以異於禽獸。彼庶民去之，直不知不覺，嗤然與鳥獸伍耳。然業以先覺自居，則此身便與世道相關。故伊尹幡然應湯，伐夏救民，禹抑洪水，周公誅紂伐奄，孔子作《春秋》討亂賊，孟子距楊、墨，皆是此意。旋乾轉坤功業從幾希中做出，即從此知中開出，方是聖賢之出處，有體有用之學。萬物一體，生來原是如此，不容絲毫虧欠，此之謂能盡其性。盡人性，盡物性，贊化育，參天地。

古之封建，唐、虞、夏之時約萬國，商時三千，周初千八百國。至於春秋，國之見於經傳者一百六十有五。而戰國之時七國，秦最强大，齊、楚、燕、韓、趙、魏六國在山東。六國合兵以伐秦，名爲『合從』；　六國出幣以事秦，名爲『連横』。蘇秦言從，張儀言横，惟孟子言王道。

春秋之齊，太公之後也，姜姓；　戰國之齊，陳公子完之子孫，舜之後也，田姓。完奔齊，爲齊桓公工正，及陳文子而大。至陳成子弑簡公，成子之孫田和遂篡齊，即齊宣王之祖也。

七國惟秦、楚、燕仍春秋之舊，其餘皆非舊國。田氏篡齊，而太公之齊亡。韓、趙、魏分晋，名爲三晋，而唐叔之晋亡。孔子嘗言之矣：『天下有道，則政不在大夫。』春秋之變爲戰國也，政逮大夫之極也。

春秋之時，天下之所擯者唯楚，以其僭王猾夏也；　戰國之時，天下之所擯者惟秦，以其蠶食六國也。春秋之時，天下猶有禮教；　戰國之時，天下惟知戰争。封建、井田、學校，凡先王所以治天下之具，皆亡於戰國。

六國吞并小國，秦又滅六國，而封建廢。封建廢，則爲今日之郡縣矣。商鞅相秦孝公，始變法。開阡陌而井田廢，井田廢則民無恒産而失其養矣；　輕仁義之士，重遊説之徒，而學校廢，學校廢則處士横議而教益衰矣。先王治天下之具，恃封建、井田、學校以爲綱維。三者既亡，雖有良法美意，皆無所施。後世之民所以不得沐唐虞三代之化，自戰國始。

孟子答北宮錡，封建之制也； 答滕文公，學校、井田之制也。『如欲平治天下，舍我其誰』，必以仁義爲本，而復井田、學校，此《孟子》之大略。 觀『地不改闢，民不改聚』及『魯在所損乎，在所益乎』之説，其不欲遂廢封建可知。 具此懷抱，還有管仲、晏子在其意中否？ 又何論公孫衍、張儀？

凡講書，都要從『天命之謂性』句看下來。 大學之道，在明明德、新民。 德與民皆受於天，故能盡其性，則人性、物性，合下俱在内。 性之德合外内之道，不得分明德爲内，新民爲外。 修己以敬，即修己以安人、安百姓，自是歇手不得。 性至善，不離乎氣，而實不雜乎氣，純乎天理而無人欲。 故明明德、新民，皆當求盡天理，而無一毫人欲之私。 孟子願學孔子，不安於具體而微，諸賢以其明明德之未止於至善也。 治不若唐虞三代，而僅如漢之文景、唐之太宗、宋之仁宗、明之宣孝，新民之未止於至善也。 故止於至善者，所謂『窮理盡性，以至於命』，人而天矣。

一切學問功夫，都不論未事臨事，總無可間斷。 以存心之功而言，靜時存養，動時又要省察； 以致知之功而言，平時考究，臨事又當研審，如『子入太廟每事問』可見。

問： 一事必有一理，逐物而格之，不已勞乎？ 曰： 不勞。 理皆本於心，合下是一以貫之。朱子謂非存心無以致知，須要心作得主宰。 若俗儒詞章訓詁之學，一切向外馳求，不思用心於内，即浩博如馬、班，其歸無益。此則不勝勞耳。先儒以讀書爲玩物喪志，正指此病言。聖門格物之功，豈慮有此？

身，所以載此明德者也。耳司聽，目司視，鼻司臭，口司言語、飲食，手足司運用。動容周旋皆合禮，是謂身修。然心爲身之大體，耳、目、手、足、口、鼻爲小體。小體不思而蔽於物，心之官則思。先立乎其大，則小者不能奪，故修身必先正心。至於意者，動之微，吉之先見者也。動而無動，發如未發，凡好善惡惡，皆依其天、率其性以出，方謂之誠。但知未致，雖欲誠意，其道無由。昔漳州布衣陳真晟謂：『誠意爲大學鐵門關，致知二字乃其玉鑰匙』，最説得好。知即吾心本然之知，所爲虚靈不昧者也，必博學、審問、慎思、明辨，以盡格物之功。漸漸積累會通，則衆物之表裏精粗無不到，而吾心之全體大用無不明，是謂物格知至。知至之後，自誠意以下節節有功夫，一一有事業，其功不可闕而序不可紊。聖賢學問，要在知行並進。格物窮理如此乎，致知以修身，則察之無不盡；誠意正心如此乎，力行以修身，則由之無不盡；舉吾身之察之無不盡者，而措之家國天下，則知之無不明；舉吾身之由之無不盡者，而措之家國天下，則處之無不當。知明處當，是之謂齊，是之謂治，是之謂平。故曰：『壹是皆以修身爲本。』

三綱領中既指出本末終始，復於八條目中指出本末厚薄，使人知求端用力之方。乃知管仲之器小、唐太宗之仁義，皆其本亂而薄於父子、夫婦、兄弟之間者，欲坐奏治平，無由也。

無思無爲，寂然不動，是虛也。感而遂通天下之故，是靈也。旦晝梏亡後，平旦之氣其好惡仍自與人相近。雖不仁之人，乍見孺子入井，皆有怵惕惻隱之心；呼爾蹴爾之食，乞人亦不屑受：是不昧也。合虛靈不昧而此理常存，乃見明德。明之者，格物致知，明以明之；誠意正心修身，誠以明之。用力之久，人欲净盡，氣禀俱化，無聲無臭，至矣。

氣禀有厚薄清濁，有生之初，便有此累，在天地亦無如何。然天地亦有氣質之累，凡日月過、四時忒、冬有愆陽、夏有伏陰，皆氣質爲之。但有至誠參贊，則於穆不已之命，自然流行其中。人則便不能如天地，多受其桎梏而不化。聚數人一堂，或粗猛，或重滯，或明决，或拘謹，不出高明、沉潛二途。如聖門誾誾、侃侃、行行諸賢，各由學問陶鎔，乃有此等氣象。下此，鮮不拘於氣質。『由也不得其死』，終是氣質變化未盡。此則致知格物之功有虧，以致心意之間，必信必果，多有正非所正、誠非所誠者。故夫子告由，於致知之功再三致意。

韓文公《原道》足羽翼聖經而不及致知，先儒議之。《大學》之所謂知止，合定、静、安、慮、得而言，非異端虛無頓悟之謂也。

人欲所蔽，是有生之後，如江河之日下不可返，然亦自有生之初氣質中帶來。人有氣始有身，有身便有欲。口於味，目於色，耳於聲，鼻於臭，四肢於安佚，此人之情，亦謂之性。《書》曰『人心惟危』，又曰『惟天生民有欲』，正謂此也。道心甚微，人欲熾則道心爲其所蔽。故惟精惟一，能擇能守，庶其天全而明德之在我者不失矣。

新民，止欲民共明其明德，故下云：『欲明明德於天下。』剛柔緩急，民之氣禀異矣；飲食男女，民之大欲存焉。聖人制禮樂刑政，以平其氣禀，節其嗜欲。人心風俗，歷久必敝。如琴瑟之不調，必解而更張之，其大者井田以養，學校以教。至於世變風移，教化浹而王道成，則新民之明效也。

學文以明其理，修行以踐其實，主忠信以立其誠，心行合一，知行合一，是夫子之教。

文是言語文章。明道之事，非求工於言語文章者所能也。夫子删《詩》《書》，定《禮》《樂》，贊《周易》，修《春秋》，其大者也。孝弟忠信一一體諸身，而盡其精微之藴，爲法天下，可傳後世，是爲躬行君子行道之事也。

小有才之人鮮不驕吝，其故只是不學。顔子唯好學，故『願無伐善，無施勞』。《書》曰：『汝唯不矜，天下莫與汝争能。』大禹、周公之盛德，一也。

夫子與桓魋是善惡之對待，魋與夫子俱不能違天，即至善之流行。

偶教濂兒，小成卦畫，問：『畫卦自下始乎？』曰：『然。天下事無不從實地起者，如築室之有基，如立苗之有根。故曰：「孝弟也者，其爲仁之本與？」行遠自邇，下學上達，皆是此意。其職則子、臣、弟、友，庸德也。其功則戒慎不睹，恐懼不聞，養未發之中，立天下之大本也。如此，方是中庸之學，無聲無臭至矣。此之謂下學上達。』

六藝之數不小矣，知數者其知《易》乎！數蓋自一始也。一爲奇，分而爲二，爲偶。純奇純偶爲乾坤，主乎奇爲震、坎、艮，主乎偶爲巽、離、兑，以綜之以成六十四卦、三百八十四爻。天一地二，以至於十，推而極於千萬，胥是一矣。書同律度量衡，皆以黄鍾之宫爲本，其卦爲復，所謂一之日也。識得『一』字，小德川流，大德敦化。天地之所以爲天地，仲尼之所以爲仲尼，皆在於是。夫子曰：『吾道一以貫之。』曾子曰：『唯。』以此見曾子之深於《易》。畫從一起，圖從中起，故學貴知本。

讀《易》須先識圖。《河圖》《洛書》，天地無心而成化者也；伏羲五圖、文王二圖，聖人有心而無爲者也。伏羲之時，龍馬負圖而出於河。其位一、六居下，二、七居上，三、八居左，四、九居右，五、十居中，一、二、三、四、五生數居内，六、七、八、九、十成數居外，奇偶皆兩相配，所謂對待之體也。大禹之時，神龜負書而出於洛。其數戴九履一，左三右七，二四爲肩，六八爲足，自一至九而無十，偶統於奇，陽用事也。《河圖》五、十居中，而一、三、七、九四奇，分處四方之正；二、四、六、八四偶，退處四隅之偏，貴陽賤陰之義也。然《洛書》雖無十，而九與一、八與二、七與三、六與四，横視之皆有十在焉，所謂流行之用，與圖相經緯者也。

問：伏羲取一、二、三、四定四象之位，取六、七、八、九定四象之數，又取中宫之五、十爲大衍之數。圖不出，《易》將不作乎？曰：《易》作於聖人，非從《河圖》起也。聖人洗心藏密，神以知來，智以藏往，已具全《易》之德矣。顧其神明旁達，百物不廢，於天地間名象無不博取兼收，況於《河圖》啓天地之秘而洩造化之藏者乎？夫仰則觀象於天，俯則觀法於地，近取諸身，遠取諸物，此畫卦之本也。若《圖》之出，適與作《易》相會，聖人亦遂則之，以明其成變化而行鬼神之功，先天而天不違，此固其一端耳。《洛書》出於作《易》之後，而其理通於《易》，禹因之作九疇，箕子傳之。夫子以《洪範》入《周書》，明其爲治天下之大經大法，蓋亦莫非《易》之用也。安意《洪範》九疇安知非因《洛書》以演《易》，即所稱夏之《連山》，大禹或别有全書在乎？箕子之學，識其大者，其詳當不止於是，學者不可不知。地有九州，井有九區，皆象《洛書》之數。冀州之爲帝都，九百畝之中爲公田，即『五皇極』之意。

九疇以五行爲準，以『敬用五事』統下八條，爲人道用力處，而以『嚮用五福，威用六極』終之，條目最密。蓋能敬用五事，則入五福，不然便入六極。開此二門，以待人自趨自避，而『念用庶徵』，又敬用功夫研密處，乃天人交合之幾。

有不善未嘗不知者，顔子也；若决江河，沛然莫之能禦者，舜也。顔子見得善惡分明，舜則渾然皆善，微有先後生熟之别。『三人行，必有我師』，要識主善爲師意。劉子《人譜》云：『無善而至善，心之體也。』師者，師此而已。故曰：獨知主之，『擇』字下便着『從』、『改』字，此是慎獨實際，此是致良知實際。

五行得土而和，五事得思而通，五色得黄而尊，五聲得宫而君，元亨利貞得乾而運。仁義禮智根於心，故曰：『乾，元亨利貞。』

《漢書》每立一傳，必先本其所治之經，而終身服官行事因之。如王式以《詩》諫昌邑王，夏侯勝以《洪範》占廢立，董仲舒以《春秋》對策是也。其後劉歆輩附會王莽，誦六藝以文奸言。故文中子謂『漢人解經，經亡』，非指石渠、虎觀諸儒也。

作文如用兵，練意、練格、練詞皆在平日。平日不辦，何以應猝？故將與敵習，臨敵易將，是無將也；士與將習，兵不識將，是無兵也；馬與士習，臨陣易馬，是無馬也。凡人於題必有所短。西北之人短於舟楫，東南之人短於騎射。善用兵者避吾所短，用吾所長，則前無堅敵矣。又必能正而後用奇。魏延請間道出斜谷取長安，當時用其言，或可大勝，然不勝則大敗。陳史譏武侯短於將略，非知兵之正者也。雖然，亦有不持寸刃，御不習之卒，遇大敵而輒克者，忠義之氣勝之也。郭汾陽以敝卒二十抗吐蕃數十萬衆，虞允文以一書生而成江中之功，皆是道也。故知見性者又作文之本也。

童慎樞曰：陡然下『作文如用兵』句，已扼全勢。正寫作文之法止十字，下則暢論用兵，而一結兜轉作文，筆意高妙。

閱史提要

六經中之《尚書》《春秋》，經而史也。自《春秋》後，宋司馬温公採十七史編《資治通鑑》，朱子因之作《綱目》，起周威烈王初命晋大夫魏斯、趙籍、韓虔爲諸侯，訖五代周恭帝禪位於宋，史而經矣。明商文毅公補宋、元二代爲《續綱目》，能不失朱子之意。讀史者當閱《綱目》，然後是非審而條例明。童子始學，則先記時代之前後，更識歷年之長短，而以次求之。上下古今，日積而多，可以開廣聰明，拓充志氣。斷從孔子删《書》之法，自唐、虞始。

唐　帝堯，伊耆姓，高辛氏帝嚳之子。代兄摯而有天下，都平陽。在位一百載，禪於舜。

虞　帝舜，嬀姓，黄帝、昌意之後，瞽子。受堯禪而有天下，都蒲坂。五十二載，陟方乃死，禪於禹。

夏　大禹，姒姓，崇伯鯀之子。受舜禪而有天下，都安邑。至相爲羿所篡，少康中興，至桀而亡。傳世十七，凡四百四十歲。

商　成湯，子姓，契之後。放桀而有天下，都亳。屢經河患，遷殷。高宗中興，至受而亡。傳世三十，凡六百四十五祀。

周

武王，姬姓，稷之後，文王之子。伐受而有天下，都鎬，是爲西周。厲王暴虐，流於彘。子宣王中興，幽王復爲犬戎所滅。子平王東遷洛邑，遂棄西周之地，是爲東周。至赧王而亡。傳世三十有八，歷年八百七十有四。

秦

伯益之後。始皇嬴政，莊襄王之子，實姓呂氏。吞二周，滅六國而有天下，都長安。始建號稱皇帝，廢封建，置郡縣，築長城以備匈奴。焚書坑儒，任法律之吏，而唐虞三代之遺法掃地盡矣。始皇崩，李斯、趙高矯詔殺太子扶蘇，立胡亥。陳涉、項籍等起兵，高弑胡亥，立子嬰。漢高帝兵至，出降，項籍殺子嬰。得閏統，四世而亡，凡四十三年。合莊襄爲四世。

漢

高帝，劉姓，沛人，晋士會子孫，堯之後。起於布衣，除秦滅項而有天下。仍周秦之舊，都長安，是爲西漢。至平帝爲王莽所簒，光武中興，都洛陽，是爲東漢。至獻帝，又爲曹丕所簒。昭烈退守巴蜀，都成都，與魏曹丕、吴孫權三分天下，是爲三國。及子後主禪而亡。漢得正統，傳二十七帝，凡四百五十年。魏都許，吴建業。西漢二百十年，外加王莽僭號稱新十五年、更始一年，共二百二十六年。東漢一百九十六年，蜀漢四十四年。

晋

武帝司馬炎，懿之孫，昭之子。簒魏滅吴而有天下，都洛陽，徙長安，是爲西晋。愍帝爲劉聰所滅，元帝退守江東，實姓牛氏。棄中原，都建業，是爲東晋。是時五姓迭亂，前後南北共十六國。至恭帝而亡。得閏統，傳十五主，凡一百五十五年。

南北朝

南朝：劉裕篡晋，國號宋，傳八主，六十年。蕭道成篡宋，國號齊，五主，二十四年。蕭衍篡齊，國號梁，傳四主，五十六年。陳霸先篡梁，國號陳，傳五主，三十三年。宋、齊、梁、陳皆都建業，共一百七十三年。北朝：自拓跋珪并諸國，國號魏，都平城。至孝文帝弘改姓元氏，用中國禮樂，徙洛陽。後遭爾朱榮之亂，分東、西魏。高歡篡東魏，國號齊，都鄴。宇文泰篡西魏，國號周，都長安。周高祖宇文邕滅齊，盡有元魏之地，爲楊堅所篡而亡。南北朝之際，天下無統，故《綱目》用列國例，以甲子紀年，而分注年號於下，蓋世道之大變也。然猶先南後北，取《易》中圓圖天地定位之義，有不得已之思焉。

隋

文帝楊堅，漢楊震之後，忠之子。篡周滅陳而有天下，都長安，以洛陽爲東都，至恭帝而亡。得閏統，傳三主，凡三十八年。

唐

高祖李淵，隴西人，西凉王暠之後。以子世民起兵，滅群雄，受隋禪而有天下。仍周、隋之舊，都長安，以洛陽爲東都。天寶末，安禄山反，陷兩京，玄宗奔蜀。肅宗即位靈武，用郭子儀、李光弼等爲將，收復之。唐自是遂失河北，世有藩鎮之亂。其後朱泚、黄巢再陷長安，至昭宣帝爲朱温所篡而亡。唐得正統，傳二十帝，凡二百九十年，中經武氏僭號稱周二十年。

五代

朱温從黃巢爲盜，篡唐稱梁。李存勖滅梁自立，稱唐。石敬瑭以契丹滅唐，稱晋，復爲契丹所滅。劉知遠入自晋陽，稱漢。郭威篡漢稱周。知遠之弟崇保晋陽，稱北漢。五代之際，多以養子承祧，君臣朝暮易位，傳八姓，十三主，共五十四年。大江以南僭國不一，率奉表通貢於北，貪冒無耻，真天地否閉之時也。其爲無統，視南北朝又甚焉。抑石敬瑭以山後幽、薊等十六州賂契丹，宋氏不競，遂不能復。周柴世宗聰明神武，有混一南北之勢，而天不祚以年，豈非世運之大升降哉！夫諸葛亮死而後有司馬氏之晋，五姓之亂，晋實階之；柴世宗死而後有趙氏之宋，遼、金、元之盛，宋實啓之。讀史者綜前後而相觀，知其所由來漸矣。梁、唐都洛陽，晋、漢、周都大梁。

宋

太祖趙姓，受周禪，并諸國而有天下，都大梁。太宗滅北漢，稱一統。然歲輸契丹金繒，有南北朝兄弟之號。金滅遼，虜徽、欽，高宗徙都臨安，遂棄中原，是爲南宋。理宗時會元兵滅金，孫恭宗降元，至帝昺覆舟厓山而亡。宋得正統，傳十八帝，凡三百二十年。

元

世祖奇渥温忽必烈，鐵木真之後。誅金滅宋并西夏，而有天下，都大梁。至順帝遯於沙漠而亡。入承大統，傳九主，凡八十有九年。

明

太祖朱姓，其先句容人，徙泗州。起布衣，滅群雄，取元都而有天下，都金陵。成祖徙順天，以金陵爲南京。得正統，傳十六帝，凡二百七十七年。

自唐堯元載甲辰起，至明崇禎末年甲申止，共四千零一歲。

司馬温公全史釋例

天子稱『崩』，諸侯稱『薨』。帝后稱『殂』，王公稱『卒』。帝王未即位皆名，自贊拜不名以後不書名。天子近出稱『還宫』，遠出稱『還京師』。列國曰『還某都』。凡新君即位必曰『某宗』，後皆曰『上』。太上皇止稱『上皇』。皇后、太子曰『立』，改封曰『徙』。諸侯有國邑曰『封』，無曰『賜爵』。節度使赴鎮曰『爲』，使相曰『充』，遥授曰『領』。高其土曰『封』。彼自歸服曰『下』，兵威服人曰『下』。以善去曰『罷』，以罪去曰『免』。誅得愆曰『有罪』。凡師，有鐘鼓曰『伐』，無鐘鼓而掩其不備曰『襲』。《春秋》和而不盟曰『平』。民逃其上曰『潰』。犯順曰『寇』，逆上曰『反』，争强曰『亂』。

二十一史作者姓名

《史記》西漢司馬遷　《前漢書》東漢班固　《後漢書》劉宋范曄

《三國志》蜀晋陳壽　《晋書》唐太宗　《南宋書》梁沈約

《南齊書》梁蕭子顯　《南梁書》隋姚思廉　《南陳書》姚思廉
《北魏書》北齊魏收　《北齊書》隋李德林　《北周書》隋令狐德棻
《南史》唐李延壽　《北史》李延壽　《隋書》唐魏徵
《唐書》宋歐陽修、宋祁　《五代史》歐陽修　《宋史》元歐陽玄、揭傒斯
《遼史》歐陽玄、揭傒斯　《金史》歐陽玄、揭傒斯　《元史》明宋濂、王禕

讀書管見 缺

史測 缺

詩韇 缺

遺命 辛卯

余本有清明之質，又承祖父教育，師友皆賢良，向是聖門路上人。後值家勢艱難，因循叢隳，日削歲剥，喪厥生平。今歸期就近，復覩此心，恍還故我，作《遺命》以誡四子。

憶先五世祖海州公年不滿六十，靖州公六十四，易庵公二十四，大父魯公先生年五十一，考鶴問先生四十五。自慚何德，乃過先人。

追數六十四年中，蹉跎舉場凡十四科。以外艱承重，不應試者再；元配龔産亡，適當試時，不應者一；又以授經山左，不應者一。其餘無試不與。於舉業亦嘗悉心殫力研磨，豈非行薄，不獲蒙當世之榮味乎？

然吾本意初不在此，此意亦難與外人言。既身爲此事，又説不欲，人以我非迂則誣。所以不欲而仍業此，久不割棄，無非念祖宗門户，遂爾姑試十擲。其擲去中不中，自己全不主張。至今日則曰：天之所以玉我者，在此不在彼也。外人不知，其以是言謂我病狂喪心矣乎？汝曹則決不可爲此言，設此想。擲必命中，亟須修行。祖宗即天，念祖宗即念天，修行即念祖宗。汝父行薄，無令吾之遺厲延及汝曹，重獲罪於天。

易庵公臨没時尚無子，翁太君植遺腹，以迄於今又四世，此事極不可忘。魯公先生纔二子，其季余叔父，後惟實公；鶴問先生兩子，止留一，爲余。余哀念無兄弟，恐一旦不可諱而斬先人後，故兢兢保守，於衽席間尤慎。汝曹修行，當厚於待兄弟，慎無懷挾私小。天壤寬廣，富貴、功名、學問皆可自取，莫之禁抑。無向自家井底中，紛紜爾我，量少計多。曾見好貨財，私妻子，於父母兄弟刻薄者，家事展拓有幾？若肯抱頭痛哭，大家圖畫祖宗諸事，便爲幹蠱之子。

吾又自度虚生於世，雖不取榮，不至大辱。被人譏彈有之，尚未交手唾面，及遭刑戮。固感上天祐憐，亦由我懷刑蒙垢，始終戒畏。大抵謙恭下人，高可集福，次亦寡怨消尤。《易》曰：『崇效天，卑法地。』《書》曰：『謙受益，滿招損。』聖謨洋洋，教人立身處世之道，胡不勉之？

客冬語承張云：『吾不以兒子待汝，直以祖宗待汝。』斯言痛絶。又寄承明云：『「一時事未定，天命可畏」八字，聖賢心法，亦千古定形。』知時事未定，可絶無妄之求；知子孫即祖宗，則愛非私恩，孝可不念遠哉！至於卜居一事，死必首丘，内斷於心，不以二三婦人言易吾先人祠墓。欲留會稽者，任自謀之，不汝禁也。

吾爲祖宗之意無窮。靖州公、易庵公、六佐公三主廟食，須六十金。大父、父兩世布衣，不可開此變例，須祔食小宗。或子孫能封三代，則時至義起，更可恢廓規模。東野公、海州公各須增祭田。此皆不欲託之空言者。吾已老廢，汝曹能續吾心乎？汝行之，即吾行之矣！又吾生六月失恃，賴大母孫孺人鞠育成長，後就婚汝母。三十餘年來撫噓汝曹一女四子，皆外祖母王太君之德。欲於陶祠附田數畝，長佐粢盛，汝曹亦必識之。

吾日内多病，忽忽感念生平。十七歲時，病於石洞林屋。吾父以肩輿入山，舁余歸邑，泣禱石洞之神，三命三吉。病痊，復躡蹻四十里走四明，隻雞稽謝。此一事也，未之能酬也，況於授經董行之大者乎！癸亥，病禾城，病沈，已不知人。自念必死，不得歸見大母爲恨，幸不死。次年甲子，奉大母終。踰年，出游歸德。歸德閲三年，丁卯而歸。歸輒病於外弟陶士偉書室，其病之沈如癸亥。辛未，又大病，幾殆，荷陶君一體醫護以生。厥後，或一年，或四三年，靡不病，病多在夏秋之際。自丁卯四十歲，在歸德郡塾，至今辛卯六十有四，視息此世又二十五年矣。善病莫如余，屢病而獲存，愛我者咸嘆且咤爲奇異。余曰：『此非余小子之能存，乃曾祖母翁太君行節，與吾祖、吾父之孝友，至誠感神，保我後生。天故未絶余小子，爲不忍於絶節孝之後，以使當世之無風教也。』

昔趙清獻公，晝之所爲，夜必焚香以告於帝，不可告者不敢爲也。司馬温公曰：『吾生平無他過人，但所爲無不可對人言者耳。』余之所爲，不可以告於帝、對人言者，多矣。古人知非而化，猶云寡過未能，况余小子乎？

吾之不獲已，而刻《思復堂》一編，誠以師友之傳習在是。且推揚魯公先生，爲後進所忌，吾實非阿其祖，先賢先師之靈可質告也。身既被放，故藉此以表先人懿德，冀當世有推挽者。此編幸而獲留，亦邵氏一家之事也。吾豈敢希千載之遇於吾子孫哉？惟幸不毁，固藏此板，便爲善養吾志。

四時之序，成功者退，勉旃！各自愛，早克樹立，無貽畢生後悔，令妻孥啼號之，憾與歲月并也。繫之句曰：我年配《易》數，慚與昔賢同。文章經世業，天地共虚空。

校勘記

〔一〕不能與孫、王、謝三姓齒　齒，原作『次』，據康熙本改。

〔二〕年十三　十三，康熙本作『十五』。當據改。

〔三〕君父猶從事帖括　君父，光緒本、康熙本均如此，疑下有脱文。

〔四〕即以女字焉　字，原作『氏』，據康熙本改。

〔五〕朱子説忠信進德　説，康熙本作『講』。

〔六〕約年可一周　約年，康熙本作『約三年可一周』。案本書附録《理學邵念魯先生傳》引《訓約》亦作『約三年可一周』，當依康熙本補『三』字。

〔七〕而鏡中之劉生與畫中之劉生恒似而不相似　光緒本『而不相』下闕一字，康熙本作『似』，今據康熙本補。

〔八〕射圃之習禮　射，原作『財』，據康熙本改。

〔九〕唐堯……皆故聖人也　故，康熙本作『古』。

〔一〇〕吾不得見矣　康熙本『見』下有『之』字。

〔一一〕東南　各本同，疑爲『東北』之誤。

〔一二〕大梁　各本同，疑爲『大都』之誤。

附録

邵母貞懿翁太孺人傳

謝孔淵

姚江鄒汝功以《邵子曾可母翁太君狀》來屬爲傳，余受讀之。蓋太君二十四稱未亡，又四十三年完節，是固足以傳也。

太君父時宣，寧遠衛經歷，母徐氏，祖大立，南京兵部尚書。太君生而穎慧，女紅針紉不教而能。長端淑，嫻禮法，王父以下咸愛異，稱爲女士。十八歸邵易庵公洪化，公靖州守伯棠子，海州守甄孫也。

自太君歸而儆孝義，勉《詩》《書》，相莊如賓者六春秋而公即世。太君拊膺號慟，誓不獨生，無能諭止者。宗老殿鳴翁使謂之曰：『若任娠者數月，幸若身存得雄，夫死亦生；不幸若身死殄若祀，則真死而夫矣。盍忍死待乎？』繇是太君乃忍不死。及期，曾可生。生而善病，瀕死者數，太君百方調護。比長就塾，諸奉師者躬視乃進，教以義方，弗孤兒姑息。以故曾可爲人行端而守確，志孔孟之學，交遊信之。而太君因是益名隆邵宗。太君奉先孝，分至伏臘，敬共嘉旨。後姑諸宜人歸自燕，齒少於太君，事之甚謹，曰：『向尊章宦遊，曾未致孝養，心恧爾；今幸得奉宜人，敢不恭恪！』其待人寬以周，御下有則，饑寒勞疾恤之唯恐後。始秉家政，訖曾可有成立。大自婚嫁祭賓，細及米鹽，靡不一身營辦，宗黨咸謂：『能母婦者，莫太君若也。』晚年崇禮佛氏，顧足未嘗涉蘭若，曰：『非婦人所宜。』其自律始終若此。

嗚呼！若太君者，撫教其孤以不負其夫，四十餘年如一日，誠賢有才者，是洵足以傳矣。抑余有慨焉：今世士大夫讀書知禮義，束髮從君，取高爵厚禄如寄。其平昔志意寧太君殊，而雲委波靡，忍死偷生者比比，甚不惜讐其主以爲己功名地，曾不若太君一女子凛凛有氣節，念不忘其夫。以彼視此，寧不顔汗頸赤、自容無地耶？

太君生萬曆乙酉，卒今辛卯，年六十有七。逢喪亂，不克旌，世以爲恨。余則謂太君自有其不朽者，旌不旌何論焉！太君一子，即曾可。一女適孫籍洵，少寡而貞淑如其母，蓋禀於太君，而又益以觀感焉者也。故爲傳媿不貞者，以風激夫效貞者。

吾隱子曰：太君以貞教，而其子婦咸刲股以療，療而病死復生者二十年。比再病再刲股，而病卒不可療。蓋天欲以其完者復其夫地下，而不得更生於曾可夫婦之孝也。雖然，太君之貞、曾可夫婦之孝，厚其樹者豐其報，天必使邵氏子孫食德於祖母與父，而永爲世教，豈其爲德而嗟今世之不效哉！

邵魯公先生孫孺人墓志銘

陳執齋先生

邵子魯公亡二十七年，始與其配孫孺人合葬於白山之南原。越十年，余歸自晋州，其孫廷采遵其父遺命，號哭來告曰：『大江以南，能以立德實其言，傳人之先人者，莫如先生。孤等實陋且微，不能揚先人潛德，願藉一言以發其光。』余固束髮交君，又君於余妻中表兄。及余教諭石門，君長子立夫來訪，詩酒酬和，惠好甚密。遂不辭爲志銘。志曰：

君姓邵氏，世爲餘姚人。初諱邦琳，字林玉，更諱曾可，字子唯，號魯公。靖州知州廓原公叔子易庵公子也。在娠七月而孤，以篤學至孝嗣親成立。母翁太君病，偕配孫孺人羹股進，復享年十七。入對夫婦，出接賓友，冠佩方正，唯於母前作兒啼笑承歡。無兄弟，止一姊，亦早寡，奉如母。少受業霞標管先生，屏絶嗜好，一意孔孟之學。姚江書院初建，亟往襄事，諸先生喟然嘆君之躬行無闕，以風勵其學人。乙酉，東南被兵，求如沈先生、拙修史先生輟講晦跡，聞蕺山劉子正命，即山中爲位而哭。君時年三十八，夙敦志節，每入山省視兩師。歸護翁太君，使不知亂離。後七年辛卯，太君終，遂捐世貲，以教子勿隳先業爲事。孫廷采甫六七歲，率詣書院繙示先儒書，曰：『小子今未能讀，異日庶沉思静觀之。』

戊戌，携課皇山省拙修先生，病於半霖，心喪致毀。直軍興，旁午供億。冬，自皇山扶病歸，遂篤。其友韓仁父等祭以文，稱君『依依孺慕，數十年如一日，敬以守身，慈以惠物，忍人所不能忍，容人所不能容，人亦卒莫或先之』。咸謂君定評云。

孫孺人系出忠烈公燧，父曰維舟君應楫。年十五於歸，賢聲溢於邵宗。明年姑病，兩歲衣不解帶，多設牀褥飲食迎致，賢節以奉姑言笑。事太姑諸宜人恭謹。宜人垂革，執其手，授以筐鑰，告以『玉田，先人之遺莊手澤也』。每念太姑及靖州公，潸焉涕下。余妻常至外祖家，見孺人縫衣裳，供甘旨，洒飭庭除，粧篋靡不鮮嚴，竊心艷之，未能逮焉。

廷采則告余曰：『大母，女宗文獻也。能述邵氏、孫氏之前烈。誡我後人，曰：「祖宗傳家者，唯孝而已。不愛其親而愛他人者，謂之悖德；不敬其親而敬他人者，謂之悖禮。悖德悖禮，是之謂逆。吾少受《孝經》，先君子僅免於逆，期子孫世世恪持是心。」』崇禎二年，維舟君死楊村，出簪珥佐兄迎喪。既而孫氏微，流寄通州，歲遣子孫以雞黍紙幣，詣客星山上維舟君冢。

早歲失恃，半依外祖父呂氏。呂氏故貴公子豪華，心弗善也，故迄終身自奉薄。獨明大義，篤任恤。遇大父之執友，脱佩贈報，致館饋飧。尤潔豐粢盛，敬共祠祭，常事室事罔不夙戒，自質明至日旰，身未嘗食。姚江院會，親滌盞豆，以餉先生長者。其育廷采，寢食服用並有恒節。自大父亡，家計日衰。康熙九年，廷采丁外艱，益闕侍養。戊午反自舉場，孺人迎泣曰：『吾忍死待汝成立。今老矣，度不能更待，門户將復何持？豈小子不内念祖宗，因循歲月以至此？』采伏地哭，不能起。

癸亥，患病，常閉目不能登樓。越歲，卒。後大父之亡二十七年，齒少大父三年。前五十年當盛隆，然自勤勞，無即安時；後二十四年遭際陵夷，經歷變化，哭三女、一子、一孫、一孫婦。七十垂暮，抱曾女孫。獨子出外，孫婦久贅不歸，曾孫生三年未面，並爲遺恨。大父故厝柳岙祖塋旁。采父在時，歲請堪輿家度地，未得。迄大母亡，采哭泣至白山漢祖祠下，沿河千武，得今墓所。北面客星，右龜左蛇，水環其南，東會於江，在邑南城東門之外五里。其葬日，甲子十一月二十五日。

據狀，君生萬曆三十六年戊申十月二十三日，終順治十五年戊戌十一月二十二日，年五十一。孺人生萬曆三十九年辛亥七月二十八日，終康熙二十三年甲子正月十八日，年七十四。子二：長貞顯，即立夫，先孺人十五年卒；次貞頤，壬戌燕遊，還至江南〔二〕，無確音。女三：長適翁年覲，次適孫浚，次適徐南有，皆先孺人卒。貞顯娶家都御史省齋公裔孫嘉仲君女，生廷采。繼娶章氏，生行正。君没之前一日，章氏以疾終。行正年十三殤。貞頤娶君姊女孫氏，生廷英、廷俊；一女，適王夢熊。廷采娶龔氏，無子。繼娶陶氏，生承濂、承明、承張、承朱。廷英娶毛氏，生承泗。廷俊未聘，死湖州。

於乎！君雖不遇於時，而能立身以孝，信道自隱，教其子孫以守先人經籍，夫又何求？孺人晚景雖奇，然至孝之行、正身範家之道，餘光在人，不藉彰表而榮。如君夫婦者，可無憾矣！銘曰：

先生其尹彦明後一人也哉？彦明出伊川之門，而先生出沈、史之門。抑彦明之配未有聞，而共德孝德，相其夫以善養；獨邵氏之定祥自孫？白山之域，炎劉之精，如火烈烈，發其後昆。

邵立夫先生配孺人陳氏章氏墓志銘

張五皋

康熙庚申秋，余與邵子念魯始遇於會稽之樊江。兩人同縣，同補博士弟子員，其意趣同，交遊聲氣、所讀書無勿同，數以文相往來駁正。顧閱二十年，竟未識面。既見通名，則各訝曰：『不圖今日獲我故人！』

已而稱及尊人，先生輒涕泗哽咽，聲淚交下。曩者吾友每道其先人則痛哭，今於念魯再見之，因拜詢先生遺狀。復涕泗曰：

先大人之生，逮事曾大母翁太君二十餘年。太君喜得玄孫，護視勤至，若捧盈執玉。曰：『吾兒志意超遠，幸登科第，持門户彌望於汝。』迨甲申、乙酉，受大父魯公府君命不應試，則又摩慰曰：『吾向者之言，彼一時也；今汝能不出，吾復何求？』

其舉魯公府君也，曰：『祗帥父德，乃爲克類，寧止誦經籍、守舊聞而已。』受業沈、史諸先生，敦禮棄利，不解機權，啓口無俗情。及弟上由公析産，惟取磽确。奉母孫孺人，一舉足、一出言，未之有忘，竟十二年。假館石門，歸省輒依依牽衣如孺子。教廷采，遺事遺韓先師，曰：『入於薄，則忍人，而不可爲也；習於利，則市人，而不可爲也。』

爲古詩文奉月峰《今文選》科律，動稱先秦，曰：『唐、宋者，學文之階梯耳。其根底在經，勿肆口説文章高下。』於時俊奉吕秋厓、黄梨洲，曰：『雖無老成人，尚有典型。』

藏書貯閣上，每歸，見牙緗縹動，則召廷采面之怒。既乃太息曰：『先人口澤止此。吾今成壞，當由汝矣！』因垂涕，引起。

又曰：先大人貌侵，身長不及中人，而志意寬廣，恥言嬴絀，遠斥市儇。每戒廷采以『祖宗風氣不可變，孝弟之道不可闕，翁太君、魯公府君先緒不可斁』。詩筒函札，具饒酬應，顧潛身著述，曾無佐書投幕之想，足不越禦兒、檇李以西，誠古之能守有道者。

余肅然起拜，曰：『先生之風烈尚矣！美矣！愧余浪遊南北，邑有模楷而識之遲也。敢問先孺人懿行何如？』念魯則又大慟，曰：

采六月失恃，何知？吾母身，祖母留也。祖母爲言采：『母之亡止二十一歲。丙戌避兵入山，重趼歸而憊病，越年生汝。汝生之年，汝母死之歲也，汝諦志之。』八歲，省外大父蜀庵先生於陳，引謁陳氏宗祠，則對神主而言：『省齋都御史，余高祖也；冢宰恭介，余叔曾祖也；通判丹治公，余考也。家世忠孝，清德延及子孫。故汝母雖女子，亦漸遺教，少而性成恭順。爲汝家婦，逮事太姑與姑。姑政嚴肅，家人頤指罕當，獨汝母能敬奉。恨短祚，未及五年，不終侍養，又以汝累姑。此吾女臨殁所不瞑也。』采哭泣歸，以斯語告孫孺人。

後母孺人章出慈谿縣十八都之甘溪，外大父申甫公耕讀守家，當避兵時入姚城，因定昏焉。申甫公樸而忠，每入城省女，攜山中果芋，未嘗不垂顧欷歔。母于歸之二年，生弟孝，孝三年殤。又三年，行正生。又二年，母弱疾終。自庚寅來迄於戊戌，執婦道者竟九年，家人小大内外無異詞。得娟事太姑纔一年，其撫采也無異己生。病耳，恒失聰。先大人念前母不永年，顧遇孺人時時彌縫其闕。康熙七年戊申，行正殤，廷采哭告母主曰：『正之不延，天也。采固母子也，母其有靈，無以前後易意。』夢寐涕泗，則呼母者輒以再，曰：『兒有兩母，其敢一呼？』後母之亡，先大人年三十三，自是不娶。

蓋先生兩孺人之行蹟與其遭遇，得於念魯之口述如此。余忍不銘？

先生姓邵氏，餘姚人，諱貞顯，字立夫，號鶴間。父曰魯公先生，儒者，以孝聞。生天啓六年丙寅十二月廿九日，卒康熙九年庚戌八月十五日，年四十五。陳孺人生崇禎元年戊辰十二月九日，卒順治五年戊子六月廿九日，年二十一。章孺人生崇禎五年壬申五月十八日，卒順治十五年戊戌十一月廿一日，年二十七。

子二：行中、行正。行正年十三殤，行中更今名廷采，即念魯。娶龔氏，同縣侍郎輝之裔孫執卿君女。能奉祭祀，承侍太姑孫孺人，曲順有先姑風。于歸十二年而終，茹荼旨蓄。生一女，嫁蔣申。繼娶陶氏，會稽人，考曰子良君。生四子：承瀌、承明、承張、承朱；一女，嫁陶原達。承瀌娶鄭氏，同縣彥袖君女。生一子，先鼎；三女，未字。承明娶母孺人從兄玉君女陶氏，即原達妹。次承張、承朱，未聘。

先生初厝柳岙祖塋莊，康熙十三年甲寅冬十二月，始合葬。兩孺人舊攢，在六世祖贈奉直大夫東野公塋左。距陳孺人亡二十七年矣。啓殯改櫬，念魯痛不能視，踴不成拜也。自言獨子弱貧，又時山寇薄邑，有類稿葬；冀子孫昌大，更卜吉域。其意可哀也已。銘曰：

先生之孝，孺人之懿，既立厥配，胡不憖遺？先生之文，孺人之德，黄耳鼎象，以承先澤。屈者一生，信者無窮。修短何論，古有貫、終。爰及苗裔，杯棬手泣。柳山之東，碑我鴻烈。

以上傳志三首舊附集後，今仍之。

邵念魯宋元明紀事序 姜垚

《周官》王會採千八百國之風，統之柱下史，列國亦皆自採其風俗，以待輶軒，所以維綱常，重名教，盛世大業也。春秋之後，秦、漢遞降，合者分，分者合。甚至江之南北、山之前後各自爲史。採録之難，百倍於古。蓋起居注多揚美隱惡，而稗史又家異紀載，此是彼非，故修前代史易，修近代史難。以其事涉傳訛，語多避諱，非考核詳慎，心手光明，未克勝此。司馬子長爲史家祖，後人譏其尚未博雅，且有『謗書』之目；若陳壽不以昭烈爲正統，名義乖實，抑又無論；蔡邕逸才曠代，不得續成漢書。甚哉，史之難也！吾謂舉其大，略其細，存其號位，恕其成敗，庶乎無難。况殷頑民，周嘉客，厓山未覆，歸命未來，較不庭後誅，相去懸絶。大哉王言，加惠明季，特詔福、唐、魯、桂四王附懷宗末年紀事，旁搜野史，禮徵遺獻，示天下以是是非非之大義，虚公寬大，毫無忌禁，前古所未有也。

吾友邵子念魯，幼遵庭訓，究理學。長而志盛，謂事業可立期。忽忽五十，鬚髯如雪。乃潛思著述，先成《宋元明紀事》一種，屢易其稿，心良苦矣。大約取資於馮司寇《見聞録》、毛太史《後鑒録》、黄徵君《行朝録》，益以董隱君之口述，綱舉目張，可稱信史。

悲夫，中西之時何時耶？大厦已傾，瑣尾中纔存餘喘，而争門别户，立黨招權，如燕雀喧呼於爨室，觸蠻奮勇於蝸角。方且剥脂膏，行賄賂，聲色歌舞是娱。致緬人揶揄厭憎，束身投械，駢首就戮。豈天奪之魄，雖有智者，亦莫能善其後耶？但其時不乏忠義之士，不以小朝廷亂其志操，視死如歸，執義侃侃，氣衝霄漢，名並天壤。國史行將採登，以磨勵濯盥斯世。金黄門《上定南書》有云：『開國之功臣與亡國之忠臣，皆受命於天。天下無功臣，則世道不平；天下無忠臣，則人心不正。』斯編若存，亦人心之一助也。而村學究畏縮忌諱，不敢明言顛末，致後生無從聞見，猥陋實甚。若卓爾大雅君子，搜揚遺節，憑弔昔賢，當有取於此。

章慎樞曰：忠孝大節如日星河岳，炳諸天壤，豈齷齪者流所能埋没？然表章不朽，端賴有心人集採，爲名山之藏耳。讀此令我太息。

送邵念魯先生南行序 范蘭 辛巳

江以南州郡介山瀕海而處者，延袤萬餘里，而廣州爲之會。其地東連吴、越，西控交、桂，極於滇南。海舶乘風而下上者，瞬息以千計，而水陸之貨、象犀珠貝之珍，莫富於廣州；而外錯島夷，内連數十百郡之人皆於是乎聚。

余友邵子念魯，姚江之篤行士也，博學嗜古。嘗自稱曰：『士不得志則覽名山川，退耕且釣，志韓愈之志，業司馬之業耳矣。』所至以筆墨自隨，而尤汲汲以蒐羅勝國之遺爲己事，顧文日有名而困於省試，且老矣。今年夏，告余有廣州之遊。

余謂今遊士之客食於州郡，不憚車馬舟楫之勞險者相望也，而以吾邵子之才、之學、之志、之遊則有異。以邵子之才、之學、之志，夷然以諸生自處，世亦僅以諸生愛尚之。即客食州郡時，相遭於車馬舟楫之間者問别而笑。以爲彼亦不過投吾之所往，而不知其中之有以爲也。夫廣州，數省風物之要會，而勝國之事所嘗經遺湮積之區也。邵子歷其江山，旅宿其廛市，宴游其士夫僚吏，而又以時雜採童謡里諺，與夫番商海賈之傳聞，豈繄猶夫人之得而歸也歟？

雖然，天下承平五十餘年矣，邵子試登越王臺西望而嘯，故老有存焉者乎？遊士之客食者既如余所言，海舶之乘風來集者知以利爲市，即數十百郡之流聚而能言者，各自道其州土之豐樂，斯已矣。吾又不知邵子之有得與？無得與？抑所得有加於邵子與？其無加於邵子與？吾又以懼能當邵子意者之無何，而邵子之才、之學、之志之無厹所從來久矣。

得愚叔祖論文書

細讀記序，明潤雅暢，意近歐、蘇，傳志幾入班、范，快甚。老人抱鬱，弭口不説文字者久矣，裨益不尠。吾邑自孫司馬本歷下、瑯琊倡明古學，先君子與桐栢先生實或承之，呫嗶家始知有秦、漢之文。厥後不專於文而勤於討論，則姜重海先生。欸緒風，而規隨勿失，獨吕秋厓耳。

愚幼失學，常聞長老先生言：『文貴鍊，鍊則潔而峭而簡，味腴而氣厚。譬如金銀出礦，必經火鍛，而後寶色璀璨。非然，雖材勿工。』又言：『不讀《尚書》《左傳》，不曉鍊法、鍊篇、鍊調、鍊句、鍊字。慎思勿措，久而入妙。』吾嘗讀《禹貢》，叙述九州、山川、田土、水道、貢賦、産植，後人充棟未了，不千餘字而眉目較然，斯何道與？吾輩爲文，病於好繁而不能簡。秦、漢長文如屈原《離騷》、太史公《報任少卿書》、賈誼《治安策》，累數千言，繁矣，然而無句不簡。以簡用繁，斯多多益善也。即如鍊兵，必自一人始，以至於千百，步伐止齊，仍一人耳。鞭子玉之三百乘，錯綜王翦之六十萬，則茅勁如一，五花八門，無不可矣。不然，其不爲孟德之赤壁、苻堅之淝水者幾希。

子曰：『辭達而已矣。』吾輩爲文，每患勿達。複詞疊句以求達，終勿盡達。《易》曰：『修詞立其誠。』詞之勿達，要亦誠之不立乎？古人才禀英靈，胸中具有一篇大文字，措作發揮，淵泉波折，匠心裁古，自然可傳。今人得題始尋議論，摭拾典故，且以書生心眼，時文聲調，捃綴成篇，護惜疵瑕，好自矜詡，享敝帚以千金，襲碔砆而拱璧。修詞如此，誠乎否耶？歐公就文輒粘壁間，往來咿吟塗乙，往往原稿不留一字。『環滁皆山也』，凡數日而得此一句。《晝錦堂記》既呈韓公，急索歸，於首二句各增一『而』字，韓公大服。歐陽公猶精密如此。

古云『文以氣爲主』，然吾謂必以識爲先。蓋識高則寄想曠雋，不落常徑；發言樹論本經術，合聖理，足垂世教。且識高則品卓。他不悉數，即近代空同、大復、于麟諸公皆風骨矯矯，不苟逢世。以之操觚豎議，即文弗盡佳，猶以人貴，况迥出藝林、俯視人表者乎？近日錢虞山則又人以文存，未可概論。吾輩文過蒙叟可也；若立品，則當以古人有志節者自期。由此言之，非特文貴鍊，人益當鍊耳。

嗟乎！兵戈饑饉垂五十年，儒者不坑而靡，卷籍不燒而盡，先賢之文采風流澌滅莫問。至今日而沾沾於蓬蓽破竈間，抵掌而談舊學，豈非痴絶？雖然，神而明之，存乎其人。念魯足下本從祖父爲儒者之學，今又沈浸千古，不欲苟以經生自處，宜子文之日進，而不能量其所至也。余往年知足下，晚既喜得宗賢，冀足下之光遠有耀，亟以鍊之一言爲足下告。足下高識更有進於此者，亦我告無吝。甲戌七月以發白。

以上書三首舊附集後，今仍之。

文學邵念魯先生墓志銘

仁和龔翔麟撰

餘姚有篤行君子邵念魯先生，耳其名，未之識也。康熙四十六年丁亥始識之昌邑，遂訂交。越三年辛卯，先生來訪余田居，爲先公立傳，又作《田居記》。未幾，疾作，渡江歸。別纔十日，聞先生病且殆，以文一編語其孤曰：『能傳吾文者，龔侍御也。』及卒，其孤泣以告。將葬，復持行實來乞銘。麟與先生爲有道交，且其文其行爲海内推重，敢不諾而序諸？

先生姓邵氏，諱廷采，字念魯，宋康節雍之後。紹興餘姚人也。先生五世祖甄，領嘉靖中鄉薦，官海州刺史；高祖欽諭，領萬曆中鄉薦，官靖州刺史；曾祖洪化、祖曾可、父貞顯皆儒者。

先生生六月失恃，大母孫撫之。

長沉潛穎敏，即向往陽明、蕺山及姚江書院諸先生。年十五，通《易》《詩》《書》并《左氏春秋》，喜讀朱子《綱目》。一日，閱馬晝初《通紀》，即仿立劉誠意、徐中山、常開平各傳，見者奇之。年二十游學在外，於經史諸義有所得，輒手抄口誦無停晷。而尤究心史學，著史論，復訪求宋、元以來遺民軼事，爲紀傳以傳之。所爲各體文皆具古法，然頗自矜負，不肯妄作。嘗曰：『文章無關世道者可以不作，有關世道不可不作，即文采未極，亦不妨作。』其持論如此。講學則宗陽明，謂『孩提之不學不慮，即堯舜之不思不勉。』

性至孝，幼侍父於石門，惟大母是念。中年旅居會稽，不忘歸老餘姚，依先人祠墓。彌留誡子書，諄諄以家廟祔食、增祭田，叮嚀至再。嗚呼，先生誠篤行君子也！

先生貌甚豐，鬚早白，衣冠類古，言動有禮。所著有《思復堂前後集》，所纂輯有《詩經兒課》《禮記節要》《姚江書院志略》等書。先生生於順治戊子正月五日，卒於康熙辛卯五月二十六日，年六十四。宗黨暨從游學者私謚之文孝先生。

初娶龔氏，一女，適蔣申。後娶陶氏，生嗣君承濂、承明、承張、承朱；一女，適陶原達。今康熙五十二年冬十二月癸巳，四子葬先生暨元配龔於慈谿太平湖龍山廟左先塋之次。銘曰：

勤學曰『文』，秉德曰『孝』，載在謚法，誰稱厥號？先生有之，是以似之。凡百君子，於焉視之。生遊四方，歿歸其鄉。龍山蒼蒼，湖水湯湯。依其先世，以成其志。用垂後人，勿替此謚〔二〕。

理學邵念魯先生墓表

會稽陶思淵撰

三代以後，惟兩漢儒者各有稟承，非其師弗學也，非其學弗祭也。故夫淵源密切，本領閎深；其守之也堅，其成之也大，而其傳之也久而不敝。自窮鄉無師，獨學無友，又才質淺薄，不克奮然傑出，自比於古豪傑之士。始猶逡巡決廢，寡渺陋簡；卒乃顛倒瞀亂，出入竄伏。譬若門第之無宗譜者，即昭穆猶不可尋，矧其始之祖乎？

夫賈、董、馬、鄭輩，終身守一師而不變，皇皇汲汲，網羅補苴，不過三代聖王致治之粗迹與六藝之緒餘，非有若孟子所謂守先待後、經正民興者也。顧以方夫根柢亡而枝葉具，徒以其謬悠無所稟承之學，據爲尺寸柄，將以砥柱一世，相去則亦以遼矣。

姚江邵允斯先生，少隨其父立夫公受讀書爲人之法。而其祖魯公公，勤道纘學，敦善行不怠。先生念之弗忘，故又改字念魯。當是時，先生方弱冠耳，厚重嚴慤，已卓然不肯墜其家規。比長，出就外傅韓遺韓。遺韓故姚江老宿，淑艾於王文成公者。示以入門梯級，謂聖人可學而至，先生則益私心向往，有志於性命宗旨。

往時余從先生游，先生執余手，娓娓道文成天泉夜論時光景，及横山、緒山相繼之統，曰：『人心不死，端賴斯脉。昔遺韓師教我如是。』言訖，淚琅琅下。

夫王門師弟之功過，在先生原未嘗偏執依附於其間。特以衛孔、孟者攻二氏，衛君父者攻楊、墨，王門非二氏、楊墨比，則吾亦第有謹持師説，以體驗於毫釐而已。若夫執兩用中，聖人復起，自有歸宿。故夫後之人有能指陽明『無善無惡』之教，推尋以至於朱子之『不偏不倚』，又推尋之至於孔、孟門庭，講其是而去其非，隆隆然無纖絲繄障，不可謂非先生之藴火有以發之也。

先生上窺下逮，自封建、學校、農屯、軍政、天官、輿圖諸書無所不讀，而獨不雜於神仙、浮圖、蟲魚、小説，其他則皆發爲文章。顧尤覃精史事，嘗自謂：『生平頭白汗青。西清、東觀，差堪以老布衣，與聞掌故。』自先生没後，豈惟東南道學一傳景響頓絶，即欲求三百年遺案與夫勝國軼事，而訛舛隱諱，亦無從徵信於萬一已。

勝朝作者如歸震川、茅鹿門、錢虞山，本朝如侯朝宗、汪鈍翁、魏叔子，古文碑版滿天下。惟肆其力於文詞，故工力所到，遂亦行遠。今先生之文，未知於之數子後先何如，抑傳不傳亦有命焉。惟是百十年餘，學者聞風興起，慨然欲從金華四君子以追閩、洛，因而求先生之文以溯洄陽明遺緒，則先生固抱祭器之冢子也。數小宗大宗者，其必由是矣。然則如先生《姚江書院》等文烏在其不傳？傳亦遠在歸、茅數子以上，無疑也。

孟子曰：『待文王而後興者，凡民也。若夫豪傑之士，雖無文王猶興。』先生生當科舉盛熾之時，獨以其所得於父祖師友者，服膺弗失，迄白首寒餓而不改柯。若張子厚之欲自爲井田，經營試驗於一方，心彌苦矣。空言何補，然而先生自五世祖暨其後嗣，綿綿延延有完行而無闕德，則先生之道，亦不可謂不明不行已矣。

若其立身行己、進退取予、始終本末，別自有傳，余第揭其大者著之於阡，以答先生，以告學者云〔三〕。

念魯先生本傳

餘姚邵國麟撰

先生姓邵氏，諱廷采，字允斯，儒者諱曾可孫也。曾可服膺良知學，師事管宗聖。宗聖謂『曾子之道以魯聞』，隨字之曰魯公。先生思紹其祖，因自號曰念魯。

生六月而喪母陳，其王母十易保母晲之。嘗奉王母命入菜埒驅鳥，先生整冠束帶，左手竿，右手出懷中《漢書·儒林傳》，三復之。薄暮歸，王母得其狀，大喜悅。

康熙初，姚江講學諸儒若沈、史，韓輩，朔望集書院，先生均師之。一日，問韓孔當曰：『孩提之不學不慮，與聖人之不思不勉，將無同？』孔當笑曰：『子知良知矣！』己酉，父授經嘉禾，先生往省覲，乃籍桐鄉，補諸生第一。顧先生不屑屑習制舉業，篤志聖學〔四〕，旁及唐宋韓歐家，撰古文詞。是時陳祖法諭石門，先生屢往質問，所業益進。尋謁禾城施博論名臣奏疏，博稱善，且勖之厚自愛。隨治史學，著聞髦俊間。凡宋、元以來軼事，悉糾其徵信者表之。

同郡薦紳敬其人，多委贄以教子弟。甲戌，餘姚邑大夫韋具書幣，請授經義學。故事，邑大夫同博士臨塾，師率弟子出門迓之。而先生以師道尊嚴，令弟子出，而自立講堂阼階上，舉手揖入。邑大夫與司諭、司訓博士並坐，先生獨坐，南向。北向，鄉大夫及諸生序齒並坐。受業弟子侍坐，皆東北西向。三擊雲石，司讀弟子起立西陬，讀几上《大學》，始開講。堂上肅然無譁。已邑大夫顧博士曰：『真先生！』時麟亦在弟子列也。

明年，率其令嗣擁被讀宗祠東寢。讀竟，囓令嗣臂出血，而呼曰：『汝知痛耶？知痛則必知學。』稍息，引其耳，面祖位跽，使自訟。令嗣學業倍進。是冬烝祭徹，率長子承濂登龍泉山。立祭忠臺上，遥指累世墳塋，濂伏地稽首，而先生大慟，爰作《祭忠臺慟哭記》。丁亥陬月五日，先生春秋六十。覽揆之旦，閟之，惟然鐙爇香，俯伏而號曰：『嗟乎，小子廷采生之歲，吾母死之年也。其誰死吾母乎？而尚生爲！』晚歲，遊齊、魯、燕、趙，不偶，幡然來歸，曰：『天之所以玉我者，在是矣！』遂隱禹穴著書，不復出。

先生贅於會稽陶氏甥館，歲必返姚江省墦埌，勿衰。訓其嗣曰：『貧賤，常境也，常可安也；富貴，暫境也，暫不必羨也。惟家庭不可不孝友，書不可不讀。不孝友，見惡於父兄，何况踈者？不讀書，見鄙於州里，何况遠者？』乃書『承先惟孝友，昌後在《詩》《書》』十言，誡曰：『子孫錫名，其準諸此。』

辛卯夏，病膈，彌留，大聲呼中子承明操筆，口授改訂所著《史論·薛文清》一則。曰：『吾恐長後起君子訾議也。』其生平篤志聖學，至死不苟類如是。有《思復堂文集》《詩經兒課》《禮記節要》《姚江書院志略》行於世。

論曰：麟讀先生傳死義諸臣，簡而有體，文而辨，知先生殆經世之學。而先生爲陽明辨心體，爲蕺山證慎獨，則知先生非徒文士，蓋取舍宗乎孔、孟，議論擇其精微者也。先生樹品師大父魯公公，多聞識古文詞，師徵君黄宗羲、翁山屈大均。竟以肆力古學，負病而亡。天也夫！命也夫〔五〕！

理學邵念魯先生傳 甬江萬經撰

先生姓邵氏，諱行中，字允斯，更諱廷采，號念魯。宋康節雍之後。紹興餘姚人也。五世祖甄，嘉靖壬子舉人，知海州。高祖欽諭，萬曆戊子舉人，知靖州，稱廉平。曾祖易庵公洪化、祖魯公公曾可、父鶴間公貞顯皆姚江書院中高第。

九歲，隨魯公公入姚江書院見沈國模，謂曰：『孺子治何經』？對曰：『方受《尚書》。』國模摩其頂曰：『孺子識之：在知人，在安民。』十一歲，從魯公公講業於皇山翁氏莊，晝課制義，晨夕出望原野，平步林皋，訓以孝弟忠信，夜則共臥。寬嚴得中，誦説有法。

年二十，委贄姚江先輩韓孔當，孔當教以静坐。月赴小會，歸治經書，竟日閉樓，默不出聲。或家事棼雜，則走讀四明山樓，越溪渡岡，不以爲疲。一日，孔當問曰：『堯舜之道在孝弟。孝弟亦不易盡，夫子尚言未能。「人皆可以爲堯舜」，其説云何？』先生對：『孩提之不學不慮，即堯舜之不思不勉否？』孔當怡然悦曰：『良知宗旨，被汝一語道破。此是性善根苗。孟子言「人人親其親、長其長，而天下平」。道邇事易，何事他求？只此，子歸而求之，真有餘師矣。』時孫元儒舉克復義，解重克己，先生進曰：『須先識禮。譬如破竹，禮爲主，則視、聽、言、動迎刃而解，故曰存天理之本然。』孔當首肯曰：『先儒微旨已瞞不過。』

二十二遊邑庠，以爲舉業非向上工夫，乃讀《周易》《左》《史》及《朱子綱目》《陽明文集》《蕺山全書》。辛未，纂《詩經兒課》。甲戌，黄岡韋孝廉來宰餘姚，辟先生主書院，先生條次《訓約》十則榜堂楣〔六〕：

一曰立意宜誠。《大學》言『毋自欺』，《中庸》言『不誠無物』，蓋心術不純，學問事功俱無歸宿。生心害政，發政害事，有流禍於家國天下者。故先儒陳真晟謂『誠意是大學鐵門關』。蕺山劉子揭慎獨爲宗旨。拙修史先生每警門人：『立誠爲第一步，一念虚假，通體皆非，切須鞭辟近裏。即今諸生，讀書是真讀書，做人是真做人。其間天資敏鈍，氣候深淺，自是各别，要不相妨。但能從爲己之心打進，不患不日新月盛。』朱子講忠信進德云：『如項羽破釜甑，燒廬舍，持三日糧，示士必死，無一還心。須辦此志向方得。』

二曰勘理宜精。人情、物理、事勢皆聖賢之學，故曰：『一以貫之。』又曰：『合外内之道。』此理甚寬，守着便不是。務要隨處體認，博學、審問、慎思、明辨，然後可别篤行之功。《大學》誠意必先致知，《中庸》誠身本之明善，明所以適於誠之路也。不然，非禮之禮，非義之義，行堅言辨，可乎？拙修史先生言：『學問自有向上工夫，勿以必信必果爲駐足之地。』正是此意。

三曰倫紀宜敦。三代之學所以明倫。人倫首重孝弟，如築室之有基，如立苗之有根。吾輩晨夕出入，倘於愛親、敬長兩事不立根基，無論異日服官臨民，無所取資，即今靦然人面，坐擁書史，豈不内愧？劉子名講學之地爲證人社，言如此爲人，不如此爲獸。畏之！慎之！

四曰威儀宜攝。求仁之功，只在非禮勿視、聽、言、動。惟顔子天資明健，當下請事斯語。其次循規矩，蹈繩墨，以求寡過。約之以禮，固是徹上徹下工夫。動容貌，正顔色，出辭氣，檢束身心，惰慢不設，乃恂慄後自然威儀，非作而致之也。夫子言『不重則不威』，重字是學者對症之藥。程伯子見獵心喜，自覺輕習未除。此等痼疾，惟真實用功，從無間斷始能推勘。俗薄風漓，後生輕傲，而長輩愈益謙退，誰與發其病而藥之？內外交養，無暴其氣，此學問之墻壁。朱子《學齋規約》，可以爲法。

五曰識量宜弘。世間多少難了事，何暇目前屑屑計較？『振衣千仞岡，濯足萬里流』，不可不具此氣概。《易》曰：『智崇禮卑，崇效天，卑法地。』兼此兩者，乃能覆載萬物。識見愈高則執禮愈謙，聖人與天地相似，吾輩不可不以天地爲心。好學之士，只問自家得力何如、過失何如耳，至如人品學術、交游趨向，或有小異，不害大同。習而沿之，其失斯甚。從來朱陸之辨、洛蜀之黨，此等客氣都要掃除。

六曰取與宜嚴。韓仁父夫子述師訓，言：『人一念貪私，便銷剛爲柔，窒智爲昏，變恩爲慘，染潔爲汙，壞了一生人品。』故君子以不貪爲本，千駟一介，當安義命。士居四民之首，具大人之志，豈容私小陷溺？謹身節用，量入爲出，絶去分外希望，正是自家竪立處。陸棱山先生《居家四則》具在，何不倣而行之？

七曰學術宜端。吾輩束髮受書，但識堯舜周孔，凡諸子百家、九流三教，皆汙世揉雜之說。每見近來扶箕、拜斗、煉丹、持咒，種種陋習，老、佛所唾棄，賢者亦嘗爲之。劉子改袁黄『功過格』爲《人譜》，專紀過，不録功，以遠利也。韓夫子曰：『聖學以經世爲主，事君事父，經綸天下之大經，故與二氏不同。』凡吾同人，須卓然信得及，推之冠婚喪祭，酌行朱子《家禮》。正己正人，移風易俗，誠吾輩分内事。

八曰讀書宜進。古者八歲入小學，習洒掃應對進退，禮樂射御書數，所以收放心、徵實用也。後世小學之教不行，手足既閑，身心俱軼。迨乎應務，動獲室碍，是以人材遠不如古。兹姑無甚高論，即於讀書中尋取本原，略倣山陰徐伯調，課以《五經》《左》《國》《史》《漢》《性理大全》《通鑑綱目》及唐、宋大家古文，分爲經緯，每日讀經五頁，史五頁，古文五六頁，約三年可一周。至看書之法，先虚心涵泳四子本文，次繹傳注、《或問》及《大全》中朱子之説，寢食於斯，恍有凑泊。及至下筆，汩汩然從此中流出，自是出人頭地。程子教人『半日静坐，半日讀書』，原非劃然分限，深思者當自得之。

九曰舉業宜醇。自制科取士以來，名臣良吏，多出舉業，揚名榮親，道無踰此。何得僅視爲敲門磚，草草易就，吟哦一生，終不成家。先正作文，以先秦、西漢、唐宋大家之氣，寫程朱之理。理自生法，氣自生才。氣貴清不貴粗，理貴微不貴鑿，法貴老不貴平，才貴横不貴巧。四者同出一源，昌黎所云『游之仁義之途，養之《詩》《書》之源』、『沉浸濃郁，含英咀華』。然後發爲文章，理不傷氣，法不揜才，斯爲大雅。姜赤書師言：『八股須自出手眼，要新，要活，要風采色澤，分外出奇。若胸無根柢，動言歸、黃、金、陳，耳食何異？』」

十日功課宜勤。業精於勤，敏則有功。古人今人，共居一嘗，人生樂事孰過於此？正恐時會不常，往還難定。若復燕朋逆師、燕僻廢學，豈非自誤？登斯堂者，毋好佚，毋因循，毋凌亂泛閱，毋進鋭退速，毋作無益害有益，尤忌聚談害事。朱子講修辭立誠云：『氣之疎密，心之存否，即言之多寡可驗。』最説得細。吾輩相觀而善，要各各竪起上達之志。如世俗馬弔、博奕、傳奇、小説，一切非聖之書、非禮之事，皆當恥而不爲。安石圍棋，何如士行運甓？似此惜陰，方有功課。

丁丑、戊寅之間，著《明儒蕺山劉子傳》。癸未，著《姚江書院傳》。甲申，如山陰之石泗，遺書仲子承明曰：『汝力作中須節勞，無令頓憊。東漢諸君子有傭賃數日，讀書數日，後來多至公卿。近者士人名爲讀書，實皆游惰，人才從此隳壞。大舜於田供職，漢置孝悌力田，均務實事。魏晋清談，齊梁靡麗。自是以後，士大夫大都習爲高簡，雖以宋明之崇尚理學，不能悉改也。汝讀書求古今，當自知之。極憐汝勞勩，第恐動念，故爲此説。若能於此中打出，方是孝子順孫，方是聖賢豪傑。』丙戌夏五月，如萊昌。戊子，自萊昌至燕都。己丑夏五月，歸自燕都。庚寅，著《明儒文成王子傳》。辛卯春，梓《治平略》，曰《田賦》，曰《户役》，曰《國計》，曰《農政》，曰《倉儲》，曰《水利》，曰《鹽法》，曰《錢幣》，曰《關市》，曰《刑律》，曰《弭盗》，曰《河防》，一十二篇。

夏四月，病膈，預立遺命。踰月而卒，年六十四，時康熙五十年也。彌留，顧仲子曰：『死後不作佛事，瘞大父墓下，無違吾言！』已指《思復堂》一編曰：『吾生平心血多耗此，最足貴者。勿漫示人，汝貯存之。』

先生孝友篤學，恥言勢利。少以經濟名節自許，持論操行，卓犖不爲苟同。讀書尊經右史，一切稗編、小乘，不屑寓目。講學宗陽明。自桂文襄倡詆後，目良知爲禪宗垂百八十年。先生以砥柱自任，作《姚江書院傳》，大意謂：

人皆可堯舜，獨恃此不學不慮之良知，與聖人不思不勉之本體同。而作聖之功，不廢學慮以致之。陽明之致良知，即孔子之欲仁仁至，孟子無爲不爲、無欲不欲之旨。存心、致知功夫並到，非空虛無事者也。良知即明德，是爲德性；致之有事，必由問學。尊德性而道問學，致良知焉盡之矣。爲善去惡，正致良知實功，故曰：『致知在格物。』其小異於朱子者，正心誠意之事攝入格致中耳。

至於『四無』之言，流失在龍溪。龍溪之所謂『四無』，以無爲無者也；陽明之所謂『四無』，以無爲有、以有爲無。前乎此者，濂溪之『無極而太極』；後乎此者，蕺山之『無善而至善』。『上天之載，無聲無臭』是也。蓋學術各有沿流，固非作者之過。陽明以後，惟錢緒山、鄒東廓、歐陽南野能守師訓。再傳彌失，如李贄之狂僻，亦自附於王學。而斯時密雲、湛然，宗教熾行，高明罔知裁正，輒混儒、佛爲一，託於『四無』宗旨。

以故蕺山承其後，不稱良知而第言誠意慎獨。謂意者心之存主，所云『道心惟微』，即未發之中，天下之大本也。獨體在是，功夫全在未發處用，慎者慎此而已。獨體下不得個動字，未發下不得個静字。共睹共聞，自有不睹不聞未發在。而指其微過，一言蔽之曰妄。復則不妄矣，不妄則七情、九容、五倫、百行稍有纖過，正如紅爐點雪，隨着隨銷。故曰：『不遠復，無祇悔。』『苟志於仁，無惡。』至龍溪以心、意、知、物并歸無善無惡，不從性善歸根，則性命事功俱無依泊。

蕺山篤實類朱子，其所謂『獨』，即良知本體、道心之微，與朱子殊，不與文成殊，特改換名目以作士氣。故蕺山嘗曰：『文成王先生承絶學於詞章訓詁之後，反求諸心，而得其所性之覺，曰「良知」；因示人以求知之方，曰「致良知」。良知爲知，知不囿於聞見；致良知爲行，行不滯於方隅。即知即行，即心即物，即動即静，即體即用，即工夫即本體，即上即下，無之不一。以救學者支離眩騖之病。孔孟以來，無若此之深切著明也。特其急於明道，往往將向上一機，輕於指點，啓後學躐等之弊。天假以年，盡融其高明踔絶之見，而底於實地，則範圍朱、陸而進退之，有不待言矣。』文成恐學者支離於學問，蕺山恐學者荒忽於靈明。補偏起廢，同一苦心。其相羽翼於孔孟之門，先後固一也。

且陽明之所云『致知』者，攝於約禮之内，始學即審端一貫；朱子之所云『致知』者，散於博文之中，銖銖而稱，兩兩而積，其後乃豁然貫通焉。此同歸中有殊途之别。世之學者不究其同歸，而喜摘其殊途，所以從朱從陸，杳無定見，去聖愈遠，畢累世而不能相合也。

至蕺山專主誠意，以慎獨爲致知歸宿；擇執並至，而不過格致於誠意之前〔七〕；合一貫之微言，審執中之極則。孔孟以後，集諸儒大成無粹於此。特全書未經刊布，世多傳其節義，而其承千聖絶學尚罕有知之者。吾於明儒，心服陽明外，獨有蕺山耳。

其持論如此。

生平嘗欲復封建，行井田，改學校。曰：『封建則君民親，根本固。曾見三代時有三十萬衆困於平城者乎？有丐兵食於異國者乎？誠參制郡邑，三吴、秦、蜀不以封，燕、齊、梁、晋、九邊並立宗子，以固維城，使人自爲戰，則守在四裔，養諸侯而兵不用。』其論井田曰：『欲得封建，先復井田；欲復井田，先興水利。議者謂：「中原沙土，穿渠即塞。然環城之濠，未聞有是也。」且有溝洫則有封植，有封植則土厚而水定，蓄洩以度，開濬以時，何患焉？議者又謂：「今皆民田，奪彼與此，勢將生亂。」余謂倣限田之意，令買田毋過一頃，十年之間，乘除消息，無往不復，此天道也。』論學校曰：『重經術，廢時文，如試誦説，可也；用徵辟，嚴保舉，罰其不稱，可也；立明師，養歲貢，如經藝、治事分課，可也；行科目，復對策，如賢良方正三試，可也。』又云：『學校兼騎射，然後用之可以當大事。今西北之人不知耕，東南之人不知戰，皆危道也。』

又嘗謂：『朝廷開史館宜先正前史，去《宋、齊、梁、陳、北齊、魏、周書》，存《南北史》；廢《三國志》，用《季漢書》。』又元人修《宋史》，於《儒林》外別立《道學傳》，先生欲并《道學》入《儒林》，曰：『吾道一貫。文章經術，何者非道？而以此立儒家標幟乎？』又惜韓、范、富、歐陽、李綱、宗澤、岳鵬舉不列儒者之林：『孟子論聖之清、聖之任、聖之和，與集大成之聖相提並論，原非一格。假孟子尚在，則若諸葛，若嚴光、徐穉、郭汾陽，韓、范、富、歐陽、李、宗、岳輩，必得列於夷、尹、惠之倫矣。』宋儒講説，每略事功，先生恒多不滿。

其訓嗣子曰：『貧賤，常境也，常可安也；富貴，暫境也，暫不必羨也。汝曹當守祖父規模，以誦讀爲生涯，以忠信爲根本，以孝悌爲家風，以禮義爲甲胄。時尋祖父執友，詢起居，受教誨，令此心有所嚴憚，則志氣日莊，邪僻無從入。』先生狀貌魁梧，衣冠真率，不服闇，不登危，如臨如履，以守其身。晚年割棄舉子業，專精古文詞，所至以筆墨自隨，汲汲蒐羅遺民孤臣之軼事。後進造請，接引不倦。學者稱文孝先生。

歲壬辰，古滇孝廉俞公卿擢守紹興，爲先生立傳，載郡志。所著有《思復堂文集》。四子：師濂、承明、繼雲、繩朱。

論曰：先生其傑士也哉！讀先生《五世年譜》，知先生六月失恃，又十年繼母孺人卒。卒之明日，大父卒。又八年，弟行正以痘殤。又四年，考告終。自考之亡至於甲子又十五年，大母孺人卒。其遇亦窮矣！然先生堅苦刻厲，學日益篤，行日益修，表章先賢潛德，推揚文成良知，海内學者皆知姚江之有先生也。彌留，誡子書頗類嵇、顔家訓。家無儲粟，而以宗祠祔食、增祭田叮嚀至再，足以見孝思之不匱矣。其本原心性、經濟大概，見於《書院》等傳、《治平略》諸篇。小之出爲酬用，亦不輒以一言輕相假借，庶幾乎古之無苟立言者與？議者多以不獲一第，致憾於與善無徵，而余不謂然。誠使登賢書、享萬鍾，極一時之舄奕，而祖父師友之範圍缺焉勿遵，較其所得，孰多孰少？而況玉瓚黄流，理有必然，邵氏之發祥流慶也又日可俟乎？然則天之報施，殆亦不僣矣夫。於乎！世徒以文章重先生者，其志識何如也〔八〕？

國史儒林傳稿

邵廷采，浙江餘姚人。餘姚自明王守仁講致良知之學，弟子甚衆。江西、泰州、龍谿並述學案，頗異師説，而餘姚傳其學者有徐愛、聞人詮、胡瀚、錢德洪。德洪傳沈國模，國模傳韓孔當、邵曾可，曾可傳其子貞顯。貞顯生廷采。

廷采爲諸生，與徐景范皆從孔當受業，又問學於黄宗羲。初讀《傳習録》無所得，既讀劉宗周《人譜》，曰：『吾知王氏學所始事矣。』蠡縣李塨貽廷采書，論明儒異同，兼問所學。廷采答曰：『致良知者主誠意，陽明而後，願學蕺山。』孝感熊賜履以闢王學爲己任，廷采曰：『是不足辯，顧在力行耳。』

又私念師友淵源及身而絶，思託著述以自見。以爲陽明扶世翼教，作《王子傳》；蕺山功主慎獨，忠清節義，作《劉子傳》；王學盛行，務使合乎準則，作《王門弟子傳》；金鉉、祁彪佳、張兆鰲、黄宗羲等能確守師説，作《劉門弟子傳》。又作《宋明遺民所知傳》《姚江書院傳》、倪文正、施忠愍諸傳，凡數十篇。康熙五十年卒，年六十四。弟子刻其文，爲《思復堂集》。族孫晋涵。

邵念魯先生墓表

大興朱筠撰

有明餘姚王文成公講致良知之學，卒以功業顯著有效，於是門弟子滿天下。江西、泰州、龍谿並述學案，傳授著録者，輒數百人，輻輳馳騁，或不軌師説，爲訾議於世。而同里傳其學，以醇謹稱最者，曰徐愛曰仁、錢德洪緒山、聞人詮邦正、胡瀚今山。後少傳者，惟德洪傳沈國模求如，國模傳韓孔當遺韓、邵曾可魯公。曾可生貞顯，字鶴問。貞顯生廷采，字允斯，又字念魯，學者所稱念魯先生也。鼎革之初，諸老殂喪，先生巋然承絶業於荒江斥海之濱。嘗西北遊，走潼關，思有所用。退而老死，以古文詞傳於其家。死於今六十年，姓名不出於鄉黨，學者罕能道之，而遺書將墜。

筠及門會稽章學誠，篤好其文，數爲筠感激言之。乾隆辛卯冬，先生之親同姓諸孫晋涵來謁筠於太平使院，爲筠言先生，始末詳具，且曰：『先生諸孫，先益、先觀最賢，思欲張大先生之行與文，不幸先後死。先益嘗改葬先生於縣之九壘山，墓道之石未有表者，敢狀以請。』筠故無所聞見於先生，然心知晋涵篤論君子也，不敢辭。

按狀：先生幼失母，少長察察，用父呵自斂。從群兒戲爲白打，祖母孫戒之嚮學。九歲讀史，即操槧爲徐達、常遇春傳，有法。祖自外歸，偶舉宋儒語語先生，生生興曰：『其人安往邪？願得而事之。』祖以爲有志，即爲具衣冠送之姚江書院。

姚江書院者在半霖，崇禎初縣人設以爲講學地也，亂廢，韓孔當率諸人復之。是時沈國模年八十矣，尚在，歲必一再至，爲諸生設講。先生立堦下聽，久之，執所業《尚書》前曰：『孩提不學不慮，堯舜不思不勉，同乎？』國模嘆曰：『孺子知良知矣。能敬以恕，吾何加焉！』自是從孔當受業。徐景范文亦，韓門高弟子也，比見先生，嘆曰：『吾弗如邵子先生！』初讀《傳習録》無所得，既而讀劉宗周《人譜》，曰：『善乎！吾知學王氏學者所始事矣。』

年二十爲縣學生，獨恥爲應舉之文。入則讀古書，出則古衣冠行市中，未嘗旁視。人傳以爲笑。久之，居祖、祖母及父憂，戒家人勿召僧。七七日，陳梵誦，經營窀穸，必誠必信，一慟盡哀。鄉之前輩僉曰：『邵氏子善喪。』笑者愧之。

當是時，書院諸先生相次殁，諸生散去。景范舉鄉試第一，計偕京師，卒。先生獨行，抱遺書，守其師説而不變。然貧無以自守，走嘉興依故人，課童子給食。或有號稱講學，用私憾與王文成爲難者，方負重名。其徒陳縱、馬彭數造先生相辨難，不能屈，則嘆曰：『吾哀若所學，誠學若鄉人之學而已。』先生應曰：『若尚不知毁日月者之喪明，自哀不暇，而暇吾哀邪？』居數年，一與施博論學於放鶴洲，先生曰：『天泉四言，陽明原本無極之説，儒也；龍谿浸淫無生之旨，釋也。不得以彼病此。』博肅拜曰：『博老矣，唯吾子崇尚正學自愛。』河間李塨貽書論明儒同異，先生答曰：『致良知者主誠意，陽明而後，願學蕺山。』其自信如此。初，吏部侍郎宛平孫承澤、大學士孝感熊賜履先後以闢王氏學爲己任，朝野之士譁然從之，相與牽引詆訶，以文成爲異端。學者從事四子書，又以能毁王氏學爲有功於《章句集注》，庸俗群師一談不破。先生固疾之，以爲：『是不足辨，顧在力行耳。』

從同邑黄宗羲問《乾鑿度》算法，會稽董瑒受陳圖，保定王正中學西曆。將軍施琅振旅臺灣，過西湖，遭先生。相與縱談沿海要害，琅奇之，請與俱北，謝不行。間遊鎮江，與梁化鳳部將講坐作擊刺之法，一月而盡之。淮安從防河卒問河、淮離合狀，北入河南訪黄流故道，西走窺潼關，喟然曰：『土則古所耕也，而水利亡矣，奈何！』

會歲辛巳，知黄岡韋鍾藻建姚江書院於縣南〔九〕，博訪有紹文成之學者，乃以禮幣致先生。先一日戒衆。厥明，諸弟子畢至。知縣偕教諭、訓導至，弟子迎於門外，揖。至階，先生出莅階，知縣升階，揖，先生揖。教諭、訓導，次及諸弟子，皆揖。入，釋菜於先賢如禮。出，即講堂揖坐，先生南向，知縣西向，教諭、訓導東向，弟子俟於階。童子歌詩闋，先生爲講《易》艮卦。知縣顧諸弟子曰：『先生哉！先生哉！』既罷，縣之父老喜曰：『數十年，今見此也！』

丙戌，至山東。戊子，入京師。商邱宋至、鄞萬經欲招之與一統志館，先生謝曰：『老矣。』遂歸。康熙五十年辛卯，在會稽居外家。六月病革，作遺訓，卒。先生生順治五年戊子，卒年六十四。

先生貌豐，目有光，紵袍布履，門庭潔如。居室必正坐，飲酒數升不亂。酒酣以往談忠孝事，人人感動。平生篤於三黨，養老姑終其身。從弟廷英數喜言硯蠡之術，固乞先生束脯所入行賈，輒喪之，弗問也。及教陶家堰，鄰婦詘聲數出於梱，聞邵先生過，數止，一年而改。數過道墟章氏，主人設食，主婦聞之，切肉必方，器必再三拭，乃敢進。鄉里童子遭於道，必拱手立。然士之爲俗學者輒貌敬之，而心迂先生，竟莫肯傳其學。

先生少作《觀心録》一卷，宗羲規之曰：『無實者弗爲。』先生輒燬之。又撰《明史論》百篇示景范，景范曰：『未有無紀傳而論贊作者。』先生欲然謝不敏。先生既遊倦無所遇，私念師友淵源之傳，懼及身而即斬也，乃思託著述以自見。以爲：

琦、淹功徹，金、許言絶，於鑠文成，立德以揭。大任良知，曰伊、孟出。鼇午魚爛，〔一〇〕執心辨舌。作《陽明王子傳》。粤神宗朝，異學披猖。意心之主，惟蕺山懋功祇悔，而復藥群髡狂。謚寧志厥存，没揆首陽。作《蕺山劉子傳》。綿綿姚江，浙東以醇，江西以正，艮、畿蜷雜，羅、楊詭亂，望齡、汝登，逃戒慧定，圜規折矩，敢告復性。作《王門弟子傳》。明道以言，不如以身。鉉暨彪佳，白首歸以全；應鰲隱跡，宗羲纂言。死復生不赧，何千萬年。作《劉門弟子傳》。趙氏忽有民，程、黄録之。丞相開府，生祭者北，死哭者西。六陵冬青，英孫、珏來咽咽，曲水蘭亭葬於斯。作《宋遺民所知傳》。裂儒冠而僧，師法别承，徐枋、顧絳、阿恭尹之貞，璞完厥有徵，作《明遺民所知傳》。書院飛以革，半霖有甓，載剥而復，致良知是力，誨爾後生，無忘前則，尚是遊是息。作《姚江書院傳》。人人自作傳，家家異同，厥君有録，厥子有牒系，厥臣有跡蹤，耆舊有聞，用紀於故邦，作倪文正、施忠愍諸傳數十篇。先生卒後，門弟子合記序雜文編之，爲《思復堂文集》二十卷刻焉。又考書院始末，作《姚江書院志略》四卷。間從宗羲問逸事，受《海外録》《行國録》〔一一〕，作《東南紀事》。同邑張五臯從海外芟舍歸，先生就與諮論，合以馮甦《見聞隨筆》，作《西南紀事》。二書未成，或云成輒燬矣。

先生娶陶氏，生子四：長承濂，國子監生，考授州判；次承明；次繼雲，康熙丁酉舉人，陝西西鄉縣知縣；次承朱。孫九人。承濂等初葬先生於慈谿之龍山，仁和龔翔麟銘其墓。後以形家言曰不吉，乃改葬。先生之弟行向榮，晋涵祖父也，嘗從先生問古文法，嘆曰：『紹興自文成講學，傳授矩矱代有。四明所在多遺獻，若張岱、吕章成撰著卓然。先生實兼承其業。自先生殁，而紹興之師法與史學絶矣！』

筠謹案：表所以表其人之大者。今制，三品以上用神道碑，四品以下用墓表。宗羲《金石要例》曰：『墓表有銘，不可謂非也。』先生厥光不曜，而行與文實應銘法。筠既表先生，兼取義於昌黎韓子所以銘施士丐者，而重爲之系曰：

君奭之邑，系姓惟邵，秦、漢越宋，餘姚支克肖。代其有聞，傳授異同，以節開先生。曾祖母翁，聖亦有教，曰文曰行，言修之道，守先正正，一髮引鈞。覓斯郡土脈，先生死矣，師微業絶，卜改葬骨肉。其言在家，祀先生於鄉，鄉先生邪！

文孝邵念魯先生墓志銘

慈谿萬經撰

陽明先生里有古處士，曰念魯先生。篤學至孝，屏居禹穴，未嘗與群士争名，然大江以南已隱然知其姓氏。少穎敏，有大志，勿事舉子業，專精古文辭，余心艷之而未面也。後余入都謁許宗伯，讀先生洛陽、鑒湖著述，多揚忠孝節烈，由是仰山之心益切。

歲戊子，先生年六十一，遊京華，訪余，余飲之酒。酒半，脱冠垂頭，童然禿且白矣。先生曰：『吁！古人年四十文章妙當世，功業濟蒼生。如某者，自惟賦質不後恒人，又承祖父教育，師友皆賢良，本是聖門之徒。卒以家勢艱難，因循叢隳，日削歲剥，喪厥生平，遂成天壤廢人。』余曰：『不然。山左誠子書，諄諄以宗祠祔食、增祭田叮嚀至再，先生之孝，可謂至矣。至於書院記傳、《治平》諸篇，皆本原心性，經世大略，庶幾乎古之無苟立言者歟！昔人云「文以人傳」，先生之謂也。』明年，先生南歸，請先生爲先子立傳。又明年，先生爲《萬氏世傳》寄余。反覆閲讀，感與慚并。

竊謂文章與天地相終始，嘗考其源流。東漢至六朝，文蔓矣，昌黎起而救之以《六經》之文；宋初未能更五代之習，文卑矣，廬陵起而救之以馬遷、韓愈之文；洎乎有明，文成王子勳名理學，直接宋氏，而其文更冠冕一代。嗣後，繼起者鮮。今先生不以被放逐時好而趨勢利，而乃刻意於古以追踪前人，可謂有志之士矣。

先生之在京師也館於余，同館宋山言，家士大夫皆願與之遊，樂誦其文。余亦幸得與先生交，朝夕聆名論。未幾，出春明門去，此古人所以致憾於良友之不常聚爲可惜也。自其南歸之三年，先生以肆力古學遽爾捐館，悲夫！爲人恬静修潔，不苟言笑。其弟子漸漬正學，多有取科第爲郡守者。

先生生於順治戊子正月五日，卒於康熙辛卯五月二十六日，春秋六十有四。同人祭以文，謚之曰文孝。念魯其號，姓邵氏，諱行中，更諱廷采，字允斯。宋儒康節之後，明奉直大夫淮安海州刺史諱甄六世孫也。湖廣靖州太守諱伯棠，高祖也。曾祖諱洪化，早卒。祖諱曾可，孝義理學著姚江。父諱貞顯，有詩文名。母陳氏，一子，即先生。繼母章氏，一子，名行正。邵氏世爲河南右族，南渡遷紹興之餘姚，今爲餘姚人。自其曾祖、祖父以來，素以家貲賑宗黨貧乏，多貯書以招延理學之士。元配龔氏，子女二，子殤，女適蔣申。繼配會稽陶氏，五子，長亦殤，次承濂、承明、承張、承朱；一女，適陶原達。所著有《思復堂文集》，所纂輯有《詩經兒課》《禮記節要》《五世年譜》《姚江書院志略》等書。

按狀：先生六月失恃，又十年，繼母孺人卒。卒之明日，大父卒。又八年，弟行正以痘殤。又四年，考告終。自考之亡至於甲子又十五年，大母孺人卒。其間喪其配龔，有子連喪其二，又喪其長女。及其身歿，家無餘資，客櫬會稽不能歸。其命也夫！其可哀也夫！

後二年，癸巳冬十二月，四子奉先生暨元配龔葬慈谿二十都太平湖龍山廟左，祔先塋之右。將埋，其孤偕門人陶峒、陶德燾、徐宗枚、沈梁序，受業弟向榮等稽首來告曰：『先生德行，願太史誌之。』余不敢以不文辭，遂誌之。并系之銘曰：

傳記先賢，文足以垂也。津梁後學，澤有所施也。先生之孝，邦之儀也，俾其後之人，安以爲遺也。

康熙五十二年，歲次癸巳十月望日，慈水萬經頓首拜撰。

思復堂文集序

邵子念魯刻其思復堂文稿前集、後集成而未有序。友人過而詢之，念魯曰：『吾難其人也。吾山人也，不敢以乞縉紳先生之言。又或學術偏謬，持其是而不肯折衷賢聖，是序適爲争府，吾累也。且吾所以不揣而刻此者，懼泯師友、祖父之淵源，私襲以置諸笥，抑未必能子孫之守我也。生無耀於時，没亦已焉耳，烏用序爲？』

友人曰：『君不觀夫馬之走千里者乎？馬之走千里者，方其初行，或前或却，步緩而視徐，人與凡馬等相也；及其一日而果畢千里，則王良、造父争延譽矣。士固有絀於近而行遠者：昔杜甫晚歲以舟爲家；蘇長公由儋耳歸，浮江東下，當其時，釜生魚，甑生塵。天下之人不能出二子於饑凍，二子者負其行能，亦幾不以自信。然到於今稱二子，則其人之行遠而所以久者可信也。若乃布衣之文，亦有之矣：梁鴻矢五噫之歌，皋羽述西臺之記，下逮貝清江、高季迪，亦以能詩訓后進。本朝魏禧、屈大均、侯方域並居蓬户，光助文明，士大夫不聞以其卑賤而遺之。然則士果卒爲山人，其文豈不重歟？人生於地上，百事瞬息耳。瞬息於文，與瞬息於貨、財、聲、色也孰異？而立言之重，與立功、立德同科。且君嘗爲余言：「行文貴有原本。内無所窺於心性，外之不關家國天下之務，徒敝精神、窮日夜以求其似，雖成亦何所用？不如所云略觀大意，雖非其至，性情之地微有存焉。」余喜稱斯語，以戒子弟之騖於文。文之中有德有功，則可謂之立言。是兩者君兼盡之。其本原心性、經濟大略，見於書院傳記、先賢諸傳。小之出爲酬用，亦不輒以一言輕相假借，庶幾乎古之無苟立言者。是亦可以信其行遠矣！』

念魯曰：『吾於立言之道未有講也，抑稱引布衣諸高士，仰止之下，彌用爲愧。子謂我序之，則請子序之。』

山陰劉士林序，時康熙四十四年十一月初六日。

思復堂文集序

念魯先生自言曰：『文章無關世道者可以不作，有關世道不可不作，即文采未極亦不妨作。』嗟乎！此先生是編之所以作也。今世之善古文詞者，類皆習於淫靡，務於美觀，工於奔競，而其性情汩没焉。先生恥之，一洗庸碌鉛槧之羞，起衰救弊，先生之功偉焉。

先生性恬退，不求聞達，當道縉紳争羅致之，争交譽之，先生勿顧也，故以諸生老。其文章高古樸茂，雅與身相等，世必有識之者，余可無論也。

先生與余爲忘年友，其卒於鄉也，余適在京師。今讀其文稿，一爲泫然，而序之如此。

康熙壬辰二月穀旦，山陰王撲祇如氏頓首撰。

答諸生問思復堂集帖 甬上全祖望撰

近來文士，大半是不知而作。如邵念魯爲是集，其意甚欲表章儒先，發揚忠孝，其意最美。然而讀書甚少，以學究固陋之胸，率爾下筆，一往謬誤。後生或見其集而依據之，貽誤不少。當時如吴農祥之誕妄，直是欺人，念魯非其匹也，然其爲不知而作則略同。今偶拈數條以奉答。

王門弟子徐珊

徐珊初侍陽明，以不對試策著。及官辰州，以墨敗自裁。時人爲之語曰：『君子學道則愛人，小人學道則縊死也。』姚江書院尚以珊配享，至梨洲始斥之。念魯曾問文獻於梨洲，而不及此，乃以高弟推珊，舛矣。

劉門弟子熊汝霖

此言本之劉伯繩，宜不錯，但有可疑。梨洲於劉門弟子無不序其源流，獨不及熊公，其所作熊公行狀亦不及。則似乎熊公以鄉里後進往來劉門，而未爲弟子也。伯繩所列劉門弟子如劉公理順亦覈，當從梨洲，删之爲是。

陳潛夫會稽人

陳公是錢唐産，非會稽人也。至今其後人尚居杭。

王思任死節

遂東並非死節，别有辨正。

金廷韶糾張安

楊機部招四營兵，張安其一也。謂出自曾應遴一人之意，其言亦未確。此事宜更考之。

萬履安之子八人，著者斯年斯大斯同

萬氏八子，最能紹蕺山之學，爲梨洲高弟者，曰斯選，當時以康齋比之。斯大、斯同皆精於經，斯同並精於史。又其一曰斯備，工於詩。而斯年最長，非諸弟匹也。

黄百家用鄭寒村文立石化安山墓門

寒村未及爲此文而卒。

林霽山鄭朴翁

二君何從得其卒之年月？此郢書燕説也。

陳邦彦以諸生起兵

陳公是孝廉。傅節子按：陳公係弘光元年恩貢，隆武元年舉人，見陳恭尹《獨漉堂集·請卹疏》。

王山史不應詞科，薦逃之江南八年

山史何嘗逃江南，真大誣也。

張不二逸其名

不二名秉純。

謝時禋蹈海死

時禋是遺民，然是遇盜索金不遂，被拷投水死，非蹈海死也。謝氏子弟欲附之殉難之列，乃以之誑世，而梨洲信之，遂比之皇甫東生，念魯又襲之。

張閣部肯堂是謝歸昌所葬

非也。閣部是鄞人聞性道所葬，歸昌竊其名，梨洲亦誤聽而載之，念魯又襲之。

西河謂宋儒講學者無一死節，亦適不會其時

西河不喜讀宋以後書，故於朱、陸弟子文獻，茫然一無所知，信口狂言。念魯欲爲之救過，然亦不甚了了。夫宋儒死節多矣：蘄州死事李誠之最在理、度二朝忠臣之先，東萊之高弟也；歐陽巽齋爲朱門世嫡，其弟子爲文山；徐徑畈爲陸氏世嫡，其弟子爲叠山。二公爲宋之大忠，其生平未嘗有語録行世，故莫知其爲朱、陸之私淑者。文山尤不羈，留情聲色，而孰知其遠有源流也。是豈空疏之徒所得語此？況朱子後人有浚，南軒後人有唐，而唐震者，雙峰之高弟也。許月卿者，鶴山之高弟也。其餘如趙淳、吕大圭之徒，不勝指屈。而曰『無一死節』，是夢中囈語也。潭州之陷，嶽麓三舍諸生荷戈登陴，死者尤多，史臣不能博訪，附之《李芾傳》後。今乃反見謗巇於妄人，可爲軒渠。念魯但曰『不會其時』，夫宋儒豈但以乾、淳之前爲限哉？

文集跋

右《思復堂文集》十卷，餘姚邵念魯先生著。先生爲魯公先生冢孫，又習見沈國模、管霞標、史拙修、虛修諸先生，而從韓孔當、施約庵先生游，與黄梨洲、董無休、劉子志、子良、毛西河五先生並禮修相見，謦欬有接，故所學審於王門遺緒、明季舊聞。

集中諸作，昭融忠士，證嚮道統，聞見大小，識知有域，而文筆亦明潤雅暢，動合古範。觀王祇如先生述先生言曰：『文章無關世道者可以不作，有關世道者不可不作，即文采未極，亦不妨作。』《後蒙説》曰：『《國策》不必多讀，因蘇、張習氣壞人心術。宜多讀漢儒董仲舒、王吉、魏相、劉向、匡衡之文，其餘取雄健謹嚴，賈誼、司馬遷、相如、班固外，可弗問也。』可以知其本矣。

雍、乾之際，甬上全氏謝山私淑南雷，與先生涂轍不謀而合。而矜張時地，吴言相折，斥爲不知而作如吴農祥。今考全氏所舉，若熊汝霖、王思任、林霽山、鄭朴翁數科，其所根核本書詳也。陳潛夫以下，則傳聞有譌。如谷應泰《明史紀事本末》，依徐蘋村《倪文正年譜跋》，則徐與陶庵先生同撰，而非谷以金求其藏書。凡若此者，要在後賢理而董之，亦無庸過爲非議。徐珊一傳，著其『不對而出』以明衛道，而不詳墨敗，深得《春秋》諱賢之旨。《答毛西河先生書》謂『宋儒講學無一死節，亦適不會其時』，易地以量，不爲刻酷語。而謝山醜惡毛氏，并及先生，徽羹吹齏，非篤論矣。先生之失，莫顯於陳定生傳末綴『子維崧，字其年』六字。夫其年以康熙鴻詞科授檢討，既不肖元澄之縱酒，復不等季野之謝官。先生載之，頗乖義法，而謝山未之登焉。善乎！章實齋先生之論曰：『謝山生諸老之後，淵源既深，通籍館閣，聞見更廣。故其所見，較念魯先生頗爲宏闊。而乃嗤念魯先生爲迂陋，不知其文筆未足抗衡思復堂也。』

先生之後承其學者，爲族孫二雲先生。二雲先生没，而南江之文獻亡矣。友蘭尤嘆吾郡百餘年來，志乘湮没，耆舊徂謝，中更兵事，益復無徵。而並世學子局促帖括，詢以王、劉遺事，輒茫然謝不敏，無能爲先生學者，矧其細乎？爲亟刊是集以震董之，而附辨謝山之論焉。

光緒二十年七月，會稽徐友蘭識。

校勘記

〔一〕壬戌燕遊，還至江南　壬戌，據盧培考證，當爲『癸亥』之誤。江南，康熙本作『江西』，當據改。

〔二〕勿替此謚　康熙本此下有『康熙五十有二載季冬之月，仁和龔翔麟頓首拜譔』二十字。

〔三〕以告學者云　康熙本此下有『康熙癸巳嘉平月，會稽後學陶思淵頓首拜譔』十八字。

〔四〕篤志聖學　『篤志』前原闕一字，康熙本作『遂』。

〔五〕命也夫　康熙本此下有『康熙辛卯歲菊月既望，受業叔國麟百拜謹識』十八字。

〔六〕先生條次《訓約》十則榜堂楣　《訓約》，其文字與卷十《姚江書院訓約》微有出入。

〔七〕而不過格致於誠意之前　過，康熙本作『補』。

〔八〕其志識何如也　康熙本此下有『康熙五十五年丙申夏四月，甬江萬經頓首拜譔』十九字。

〔九〕知黄岡韋鍾藻　『知』下疑脱一『縣』字。案：韦鍾藻，康熙年間任餘姚知縣。

〔一〇〕蠭午魚爛　原作『蠢午』，不辭。《漢書·劉向傳》：『水、旱、饑、螽蝝、螟，蠭午並起』。如淳曰：『蠭午猶雜沓也。』今據改。

〔一一〕受《海外録》《行國録》　《行國録》當爲《行朝録》之誤。

二〇一二年版後記

一九八七年，浙江古籍出版社推出『兩浙作家文叢』系列叢書，《思復堂文集》作爲叢書中的一種首次校點出版。承出版社錯愛，本人忝爲該書校點者。當時我初涉古籍整理領域，經驗缺乏，困難重重，幸蒙責任編輯孫家遂先生精心指導，方完成了這部三十八萬字著作的整理工作。孫家遂先生早已駕鶴西去。值此《思復堂文集》再版之際，撫卷追思，能不愴然！

這次重版，主要作了以下修改：一是將原簡化字一律改爲繁體字；二是在核對徐刊本和康熙本的基礎上，吸收近年來有關此書的研究成果，糾正原書文字標點訛誤，酌增校記。在修訂過程中，浙江大學人文學院俞忠鑫教授爲我提供了《四庫全書存目叢書》和《叢書集成續編》中的《思復堂文集》電子文本；在重校過程中，採用了南京師範大學古典文獻專業研究生盧培的碩士學位論文《思復堂文集校讀劄記》中的若干寶貴意見；浙江古籍出版社錢之江先生爲該書的重版付出了辛勤的勞動，在此一併致謝。

祝鴻杰

二〇一二年四月十日於杭州